대학연의보 [4] 大學衍義補

권20~권27

대학연의보【4】 大學衍義補

1판 1쇄 인쇄　2023년 8월 3일
1판 1쇄 발행　2023년 8월 16일
—

저　자ㅣ구　준
역주자ㅣ윤정분·오항녕
발행인ㅣ이방원
—

발행처ㅣ세창출판사
　　　신고번호·제1990-000013호ㅣ주소·서울 서대문구 경기대로 58 경기빌딩 602호
　　　전화·02-723-8660ㅣ팩스·02-720-4579
　　　http://www.sechangpub.co.krㅣe-mail: edit@sechangpub.co.kr
—

ISBN　979-11-6684-200-9　94150
　　　　979-11-6684-099-9 (세트)
—

이 번역서는 2015년 대한민국 교육부와 한국연구재단의 지원을 받아 수행된 연구임 (NRF-2015S1A5A7016334).

대학연의보 大學衍義補

권20~권27

A Translation of "Daxue Yanyi Bu"

【4】

구준邱濬 저

윤정분·오항녕 역주

세창출판사

구준(邱濬)이 지은 《대학연의보(大學衍義補)》는 일반에게 잘 알려진 책은 아니다. 그러나 정주학(程朱學) 혹은 성리학(性理學)에 관심이 있거나 중국의 경세학(經世學)에 약간의 상식이 있는 사람이라면 이 거대한 저작에 대해 조금이라도 귀동냥을 했을 법한 나름은 유명한 책이기도 하다.

주지하다시피 성리학은 한때 지나친 관념주의로 치부되어 비판받기도 하였다. 하지만 송대에 주희(朱熹)가 정리한 이래 중국의 역사에서 가장 핵심적인 사상으로서 기능했으며, 또 현실을 움직였던 학문으로 두루 인정된 것은 또한 사실이다. 특히 주희가 주목한 경전으로서의 《대학》은 그 분량이 대단히 적음에도 불구하고 이전의 유학과는 다른 신유학의 핵심 경전이다. 그 《대학》의 순서에 따라 역사적 사실을 결합하여 경사(經史) 일치의 경세학으로서 《대학》과 관련된 여러 저작이 등장하였다.

그 대표적인 것으로 꼽을 수 있는 책이 진덕수(眞德秀)의 《대학연의(大學衍義)》(43권)와 구준의 《대학연의보》(160권)이다. 남송대와 명대를 대표하는 이 두 책은 모두 제왕학에 핵심적인 교재로서 원나라 이후에 경연에서도 읽힐 만큼 경세와 깊은 관련이 있었다. 송나라 후기와 원나라를 거치며, 명과 청 제국에서도 성리학적 사고와 이에 기반한 실천은 중국의 역사를 설명하는 가장 중요한 요소가 되었다.

《대학연의보》는 양명학이 발전한 명에서 주목이 되었던 경세서이다. 주희의 재전(再傳) 제자였던 진덕수는 《대학연의》에서 국가의 통치를 위해서 원칙을 중시하였고, 특히 황제의 개인적인 수양(修養)이 국가의 안녕과 경세의 기초가 됨을 강조하였다. 구준은 여기에 황제 개인의 수양만이 아니라 제도적인 정비와 개선의 노력이 또한 중요함을 《대학연의보》에서 수많은 역사적인 사례를 들어서 설득하려고 시도하였다.

황제 개인에게 권력이 집중됨으로써 황제독재체제를 유지하였던 명조의 상황에서 황제를 향한 이러한 제안은 군주의 마음을 바르게 하는 것에서 출발하여 조정과 백관, 만민과 나아가 사방(세계)을 안정시키는 유일한 경세의 대안이었다. 이전에 군주의 마음 수양에 강조를 두던 경향에 더하여 국가 경영과 민생에 필요한 분야는 모두 망라한 내용은 매우 실용적이고 객관적이며 실천가능한 내용을 포함한 것이었다.

이 때문에 이 책은 성리학으로 국가를 경영하였던 비슷한 처지의 조선에서도 주목이 되었던 것이다. 따라서 《대학연의보》의 번역은 단지 중국의 고전, 경세서로서만이 아니라 많은 문화를 공유하였던 중국과 한국, 특히 명, 청과 조선의 역사와 문화를 이해하는 데에도 매우 큰 시사점을 줄 수 있다.

이 책의 번역은 한국연구재단의 동서양학술명저번역사업의 지원으로 가능하였다. 160권에 달하는 엄청난 분량을 번역하기 위해 고 윤정분 덕성여대 교수를 연구책임자로 번역팀을 구성하여 2015년부터 번역이 시작되었다. 하지만 번역작업을 마쳐 가던 2017년 12월 불의의 사고로 인해 윤 교수님이 유명을 달리하시게 되어서 불가피하게 번역이 지체되어 이제야 간행에 이르게 되었다. 국내에서 《대학연의보》와 명대 정치사의 최고 권위자였던 윤 교수님께서 평생 소원이었던 이 책의 번역과 간행을 미처 보시지 못한 점을 우리 번역팀 모두는 매우 안타깝게 여기면서 윤 교수님의 영전에 이 책을 바친다.

2022년 4월
번역팀 일동

【 차 례 】

일러두기

1. 이 책의 번역 저본은 1506년 명(明) 정덕(正德) 원년(元年)에 주홍모(周洪謨) 등이 교감한 정덕본이다. 소장처는 동경대학 동양문화연구소이다.

2. 1559년 명(明) 가정(嘉靖) 38년(1559) 길징(吉澄) 등이 교감한 가정본, 청의 《사고전서》에 수록된 사고전서본을 참고하여 원문을 교감했다.

3. 번역 저본은 주제별로 경전(經傳)과 사서(史書)에서 발췌한 본문, 본문에 대한 여러 학자들의 해설, '신안(臣按)'으로 표시된 구준(邱濬)의 의견으로 구성되어 있다. 본문과 해설, 구준의 의견은 각기 번역문 하단에 원문을 부기하였다.

4. 원문은 읽기 쉽도록 표점하였으며, 한국고전번역원 표점 지침(2014)을 준용했다.

5. 본문을 비롯한 여러 글의 원주(原註)는 번역문의 중간에 【 】로 표시하고 번역했다.

6. 번역은 원주(原註)를 최대한 반영하였으며, 그러므로 현재 통용되는 해석과는 차이가 있을 수 있다.

7. 역자 주는 각주를 원칙으로 하되, 10자 안팎의 간단한 내용이면 본문 속에 한 포인트 작은 글자로 설명하였다.

8. 번역문은 한글 쓰기를 원칙으로 하되, 필요하면 한글(한자)로 병기했다.

9. 책은 《 》, 편장은 〈 〉으로 표시했다.

10. 책의 이해를 돕기 위하여 160권 말미에 전체 해제를 실었다.

11. 인명·지명·서명·고유명사는 현대 한국어표기법을 따랐다.

12. 각 권별로 번역 책임을 맡은 역자를 책의 첫머리에 밝혀 두었다.

대학연의보

大學衍義補

대학연의보

(大學衍義補)

—

권20

나라의 경비를 관리함[制國用]

이재(理財)의 도리를 총론함(상) [總論理財之道(上)]

《서경 익직(益稷)》에서 우(禹)임금이 말하였다.

"제가 9주(九州)의 하천을 터서 사해(四海)에 이르게 하고 크고 작은 도랑[1]을 파서 하천에 이르게 하였으며, 직(稷)과 함께 백성들에게 곡식 씨앗을 뿌리게 하고【파(播)는 곡식의 씨앗을 뿌리다[布穀種]이다.】, 어렵게【간(艱)은 어려움[難]이다.】 구한 곡식과 날 음식【선식(鮮食)은 날 것으로 먹는 것을 선(鮮)이라고 한다.】을 먹도록 백성들에게 추천하였습니다. 그리고 백성들에게 있는 것과 없는 것을 서로 교역(交易)하고 쌓아 둔 것을 바꾸도록 힘썼습니다【무(懋)는 힘쓰는 것[勉]이다.】. 이에 많은【증(烝)은 많은 것[衆]이다.】 백성들이 곡식을 먹을 수 있게 되었고【입(粒)은 곡식을 먹는 것[米食]을 말한다.】 온 나라가 잘 다스

---

1 크고 작은 도랑: 견회(畎澮)의 견(畎)은 밭 안에 파 놓은 작은 도랑이고, 회(澮)는 밭과 밭 사이에 판 큰 도랑이다.

려지게 되었습니다【작(作)은 다스림[治]이다.】."[2]

> 《書》: 禹曰: "予決九川, 距四海, 浚畎澮距川. 暨稷播【布穀種】, 奏庶艱【難也】食鮮食【血食曰鮮】, 懋【勉也】遷有無化居. 烝【衆也】民乃粒【米食曰粒】, 萬邦作【治也】."

　　채침(蔡沈)[3]이 《서집전(書集傳)》에서 말하였다.

　　"물이 다스려지고 파종을 시작한 때에도 백성들은 여전히 먹는 것이 어려웠다. 이에 힘써서 백성들에게 있는 물자를 없는 것과 서로 교역하게 함으로써, 군주가 쌓아 두는 재화로 변화되도록 하였다. 무릇 물로 인한 재해가 모두 다스려지자 백성들은 파종을 하여 소득을 얻을 수 있게 되었고, 산림천택(山林川澤)에서 나오는 재화 또한 있는 것과 없는 것이 서로 교환됨으로써, 부족한 것을 채울 수 있게 되었다. 이때부터 모든 백성들은 곡식으로 지은 밥을 먹게 되었으며, 온

2　제가 … 되었습니다: 《서경 우서(虞書)》〈익직(益稷)〉에 나온다. 우(虞)는 순(舜)임금의 씨명(氏名)으로, 요(堯)임금 당시 사관이 기록한 것으로 추정되어 〈虞書〉라고 한다. 여기에는 〈요전(堯典)〉, 〈순전(舜典)〉, 〈대우모(大禹謨)〉, 〈고요모(皐陶謨)〉, 〈익직(益稷)〉 등 5편으로 구성되어 있고, '삼대의 정치(三代之治)'의 총괄적인 면모를 묘사하고 있다. 특히 〈익직(益稷)〉에는 순임금이 당시 현신(賢臣)이던 우(禹)·고요(皐陶)·익(益) 등과 문답한 내용을 기록하고 있다. 여기서 인용한 부분은 주로 치수사업과 관련된 내용이다.

3　채침(蔡沈, 1167~1230): 남송 건주(建州) 건양(建陽) 사람으로, 자는 중묵(仲默), 구봉선생(九峰先生)으로 불렸다. 주희(朱熹)의 생질이자 제자로서, 그의 부친 채원정(蔡元定)이 사망한 후에는 가학을 이어받아 구봉(九峰)에 칩거하면서 주희가 완성하지 못한 《서경(書經)》의 집주(集註)에 몰두하였다. 그는 10여 년의 작업 끝에 영종(寧宗) 가정(嘉定) 2년(1206) 《서경집전(書經集傳)》을 완성하였다.

나라에 다스림의 효과가 크게 일어나게 되었다."

蔡沈曰: "水平播種之初, 民尙艱食, 懋勉其民徙有於無, 交易變化其所居積之貨也. 蓋水患悉平, 民得播種之利, 而山林川澤之貨又有無相通以濟匱乏, 然後庶民粒食, 萬邦興起治功也."

신은 이렇게 생각합니다. 《주역》〈계사 하(繫辭下)〉에 말하기를, "무엇으로 백성들을 모을 수 있는가? 재물이다."라고 하였습니다. 재물은 땅에서 나고 사람에게 사용됩니다. 사람이 사람답게 될 수 있는 까닭은 재물에 의지하여 살아가기 때문인데, 그러므로 이것이 하루라도 없어서는 안 되는 것입니다. 이른바 재물이라는 것은 곧 곡식과 재화뿐입니다. 곡식은 이에 의지하여 백성이 먹는 것이고, 재화는 이에 의지하여 백성이 사용하는 것입니다. 그러므로 먹는 것이 있고 사용하는 것이 있게 되면, 백성은 이를 생계와 자식을 양육하는 수단으로 삼아서 함께 모여 의탁할 곳에 살게 됨으로써 서로 안정되게 됩니다. 그러므로 〈홍범(洪範)〉의 팔정(八政)에서 먹을 것[食]과 재화[貨]를 맨 앞에 둔 것은 바로 이 때문입니다. 《서경》〈익직(益稷)〉에서 대우(大禹: 우임금)가 말하는 "애써서 백성들에게 없는 물자와 있는 것을 서로 교환하도록 힘써서 모여 살게 되었다[懋遷有無化居]"는 이 여섯 글자의 말은 만세토록 이재(理財)의 원리로서, 이는 모두 여기에서 비롯되는 것입니다. 그렇지만 단지 있는 물자로 없는 데로 있는 것을 옮겨 거주지의 비축을 바꾸는 것은 모든 백성들이 밥을 먹을 수 있게 하기 위해서입니다. 그러므로 재물을 관리하는 까닭은 곧 백성을 위해서 재화를 관리하는 것이고, 백성의 재물을 관리할 뿐이니, 어찌 후세에 백성이 먹을 것과 사용하는 것을 거두어 들여 관청에 저장하고 이를 군주를 위해 사용하는 경우와 같겠습니까. 옛날에는 부(富)를 백성에게 쌓아 두고 백성의 재물을 잘 관리하였으니, 이로써 군주가 쓰는 것도 부족함이 없었습니다. 그러므로 나라를 부강하게 하려면, 먼저 백성의 재물을 관리하는 데 힘써야 하고, 나라를 위해 재물을 관리하는 것은 그다음입니다.

臣按:《易》曰: "何以聚人曰財." 財出於地而用於人, 人之所以爲人, 資財以生不可一日無焉者也. 所謂財者穀與貨而已, 穀所以資民食, 貨所以資民用, 有食有用則民有以爲生養之具, 而聚居托處以相安矣.《洪範》八政以食與貨爲首者此也, 大禹所謂 "懋遷有無化居", 此六言者萬世理財之法皆出於此. 然其所以徙有於無·變化其所居積者, 乃爲烝民粒食之故耳. 是其所以理財者乃爲民而理, 理民之財爾, 豈後世斂民之食用者, 以貯於官而爲君用度者哉? 古者藏富於民, 民財旣理, 則人君之用度無不足者, 是故善於富國者必先理民之財, 而爲國理財者次之.

《서경 우공(禹貢)》에서 말하였다.

6부(六府)를 크게【공(孔)은 큰 것(大)이다.】정비하여 모든 땅의 등급이 서로 바르게 정해지자, 신중하게 재부(財賦)를 바치게 하되【저(底)는 바치다(致)이다.】모두 상(上)·중(中)·하(下)의 세 가지 등급【칙(則)은 등급을 정하는 것(品節之)이다.】으로 정하여 중국(中國)【중방(中邦)은 중국(中國)이다.】의 조세를 마련하였다.

《禹貢》: 六府孔【大也】修, 庶土交正, 底【致也】愼財賦, 咸則【品節之也】三壤, 成賦中邦【中國也】.

채침(蔡沈)이 말하였다.

"6부(六府)를 크게 정비했다는 것은 수(水)·화(火)·금(金)·토(土)·목(木)의 오곡(五穀)⁴을 일컫는 것으로서, 이 모두를 다 크게 정비했다는 것이다. 왜냐하면 모든 토지가 다 특정 곡식만 똑같이 생산되는 땅이 아니기 때문에, 모든 토지에는 등급이 있게 마련이다. 따라서 토질의 비옥함과 척박함, 지형이 높고 낮음에 따라 거기서 각기 생산되는 곡물을 서로 교환하여 고르게 하고자 백성에게 농사를 맡겼다. 그리고 이르기를 모든 토지에서 나는 소출을 바치게 함으로써 이것을 오직 조세수입으로 삼게 되었다는 것이다. 이때 모든 토지의 조세는 세 종류의 토지로 나누고, 이를 일러 9주(九州)의 경작지라고 하였다. 또한 이를 모두 토질의 등급에 따라 상·중·하 세 등급으로 나누었는데, 이것을 중국 안의 토부(土賦)⁵로 삼았고, 때로는 이를 사방의 오랑캐에게 적용하기도 하였다. 그런데 전부(田賦)⁶의 경우는 중국에의 적용에만

---

4 오곡(五穀): 오행설을 근거로 색깔과 성질에 따라 수곡(水穀: 검은 색의 콩), 화곡(火穀: 붉은 색의 수수), 금곡(金穀: 흰색의 벼), 토곡(土穀: 누런색의 기장), 목곡(木穀: 푸른색의 보리) 등으로 대별하고 있다.

5 토부(土賦): 경작이 이루어지지 않는 토지에 대해 부과하는 세를 의미한다. 즉, 공납(貢納)을 말한다.

6 전부(田賦): 경작지를 중심으로 부과하는 토지세를 의미한다. 전세(田稅)이다.

국한될 뿐이었다.”

蔡沈曰: “六府孔修者, 謂水·火·金·木·土·穀皆大修治也. 庶土則非特穀土也, 庶土有等, 當以肥瘠·高下·名物交相正焉以任土事. 底愼財賦, 謂因庶土所出之財而致謹其財賦之入. 咸則三壤, 謂九州穀土又皆品節之以上·中·下三等. 成賦中邦, 謂土賦或及於四夷, 而田賦則止於中國而已.”

신은 이렇게 생각합니다. 땅은 재물이 저절로 생겨나는 곳입니다. 그렇지만 반드시 금(金)·수(水)·목(木)·화(火)의 네 가지 성질로 정비하여 서로 다듬고 보완하고 난 후에야 비로소 땅은 그 성질에 따라 곡식이 생겨나게 됩니다. 따라서 경작지는 결코 한 가지 등급만 있는 것이 아니고, 이른바 산림(山林), 천택(川澤), 구릉(丘陵), 물가와 평지[墳衍], 높고 마른 땅과 낮고 습한 땅[原濕] 등 다섯 가지 종류로 같지 않습니다. 또한 토질에 있어서도 비옥한 땅이 있고 척박한 땅이 있고, 토지의 형태에 있어서도 높은 곳이 있는가 하면, 낮은 곳이 있기도 합니다. 토지의 색깔에 있어서도 황백색이 있는가 하면, 청적색이 있기도 합니다. 그러므로 모든 토지에서 나는 곡물은 각기 다르게 마련이고, 이 때문에 서로 비교하여 바로잡습니다. 이에 그 경작지에서 나오는 재화로 인해 조세 수입을 삼가 바치는데, 이는 매우 조심스럽게 해야 합니다. 그럼에도 때로는 함부로 하거나 태만하게 하여, 소출이 없는 것을 있는 것으로 하거나, 소출이 많은 곳에서 적게 거두어들이는 것을 감히 잘 따져 보지 않기도 합니다. 그러므로 토지는 비록 다섯 가지로 나누지만, 토양의 질은 세 가지입니다. 이른바 세 가지는 상·중·하로서, 토양이 가장 좋은 상급의 토지에 대해서는 가장 많은 토지세[賦]를 내게 하고, 가운데 등급인 중급 토지는 중급의 토지세를 내게 하며, 하급의 토지는 가장 낮은 등급인 하급의 토지세를 내게 하였습니다. 이렇게 모두 일정한 기준이 있었으며, 이러한 방법을 통해 9주(九州) 안의 토지세를 책정하였습니다. 그런데 황복(荒服)[7] 밖에 해당하는 지역에 대해서는 이 규례를 적용하지 않았습니다. 하(夏)나라가 번성했을 때에도 백성에게서 조세를 거두는 제도가 있었으며, 등급에 따른 기준과 준칙 또한 이와 같았습니다. 그런데 후세의 조세 징수는 그 법도가 없고 오로지 오래된 장부(帳簿) 기록에만 의존하여, 다시는 그 실상을 찾아보고 고찰할 수 없게 되었습니다. 이로써 토지 등급의 구별도 없고, 토지세의 많고 적음에 대한 법도도 없어지게 되었습니다. 이렇듯 이미 삼가하고 조심하는 마음조차도 없게 되고, 모두에 똑같이 적용되는 준칙도 다시는 없게 됨에 따라, 백성의 재물이 늘 부족하였고 국용(國用) 또한 이로 인해 충분할 수 없게 되었습니다.

臣按: 土者財之所自生, 然必修金·水·木·火四者以相製相助, 然後土順其性而穀生焉. 然是土也則非一等, 有所謂山林·川澤·丘陵·墳衍·原隰五者之不同, 其質有肥者焉·有瘠者焉, 其形有高者焉·有下者焉,

---

7 황복(荒服):《서경(書經)》〈하서(夏書) 우공(禹貢)〉에 따르면, 당시 9주(九州)의 오복(五服) 제도는 천자가 직접 관할하지 못하는 변방 오랑캐지역을 의미하는데, 5백 리(里)를 단위로 전복(甸服)·후복(侯服)·수복(綏服)·요복(要服)·황복(荒服)의 순으로 중앙에서 변방지역으로 확장된다고 생각하였다. 특히 황복(荒服)은 오랑캐인 만(蠻)의 지역으로서, 중원에서 가장 멀리 떨어진 지역으로 인식하였다.

> 其色又有黃白者焉·有靑赤者焉. 庶土所生之物各各不同, 以此交相質
> 正, 於是因其土所出之財而致謹其財賦之入, 兢兢焉罔或怠忽, 不敢貴
> 無於有·取少於多也. 然土雖有五而壤則有三, 所謂三者, 上·中·下
> 也. 壤之上者則出上賦, 壤之中者則出中賦, 壤之下者則出下賦, 咸有
> 一定之準則, 用是之法以成賦於九州之內, 若荒服之外則不敢例之以此
> 也. 有夏盛時, 其取民之製有所品節準則如此. 後世征斂無藝, 惟循簿
> 書之舊, 無複考核之實, 田之等則無別, 賦之多寡不倫, 旣無底愼之心,
> 複無咸則之法, 此民財所以恒不足, 而國用亦因之以不充也歟?

《예기 왕제(王制)》에서 말하였다.

총재(冢宰)는 국용을 책정할 때 반드시 해마다 연말에【초(杪)는 끝[末]이다.】
오곡을 모두 거두고 난 후에야 비로소 다음 해의 국용을 책정한다. 이때
토지의 크기를 기초로 삼고 그 다음 해의 경비가 넉넉할지 줄지를 살펴
서 30년의 세수를 통산하여 나라의 경비를 책정하되, 수입을 먼저 헤아
려 지출을 정한다.

> 《王制》: 冢宰制國用, 必於歲之杪【末也】, 五穀皆入, 然後制國用. 用地小大
> 視年之豊耗, 以三十年之通制國用, 量入以爲出.

나라에 9년 치의 비축이 없으면 이를 일러 '부족(不足)하다'고 하고, 6년
치의 비축이 없으면 이를 일러 '급하다'고 하며, 3년 치의 비축이 없으면

이를 일러 '나라가 이미 나라꼴이 아니다'라고 한다.[8]

> 國無九年之蓄曰不足, 無六年之蓄曰急, 無三年之蓄曰國非其國也.

응용(應鏞)이 말하였다.[9]

"반드시 한 해의 연말에 해야 한다는 것은 자연의 현상이 돌고 돌아서 다음 해의 일이 시작되기 때문이다. 따라서 오곡이 익는 데는 앞뒤 순서가 있으니, 모두 거두어들이면 앞뒤로 남기지 않고 넉넉하게 될지 줄지가 다 나타나게 된다."

> 應鏞曰: "必於歲之杪者, 天時旣周而來歲之事方始也. 五穀之熟有先後, 皆入, 則先後無遺而豊歉盡見矣."

신은 이렇게 생각합니다. 선왕들은 나라의 경비를 책정하는 일을 반드시 총재(冢宰)에게 맡겼습니다. 총재는 6경(卿)의 수장으로서, 주나라 때에는 총재가 없었기 때문에 총재는 곧 재상이었습니다. 총재는 해마다 연말이 되면, 오곡을 모두 들어온 후에 그 해의 조세 수입을 봐서 내년의 지출을 계획하고 다음 한 해 동안 쓸 나라의 경비를 책정

---

8 나라에 … 한다:《예기》〈왕제(王制)〉에 나온다. 여기서 제사와 관련된 중간 부분이 생략되어 있다.

9 응용(應鏞)이 말하였다: 응용은 송나라 사람으로, 이 말은《예기찬의(禮記纂義)》에 나온다.

하였습니다. "토지의 크기에 따라 다음 해 나라의 경비가 늘게 될지 줄게 될지를 알 수 있다"고 말한 것은, 토지가 작으면 거두는 것도 적고, 토지가 크면 거두는 것도 많을 터인데, 토지가 적은데 수입이 많으면 그 해에 재정을 넉넉히 쓸 수 있음을 알 수 있고, 토지가 큰데 수입이 적으면 그 해에 재정을 줄여야 함을 알 수 있다는 말입니다. 해마다 토지세의 수입을 통해 다음 해의 나라 경비를 늘리고 줄이는 것을 정하게 되는데, 그 해의 수입이 넉넉하면 다음 해 나라의 경비도 따라서 넉넉히 쓰고, 세입이 줄어 모자라게 되면 다음 해의 나라 경비 또한 그에 따라 아낍니다. 이를 또한 30년을 통산하여 나라의 경비를 책정할 때는 매해의 세입을 네 분기로 나누고 그 지출 경비는 세 부분으로 나누되, 이 중에서 1/3에 해당하는 부분을 비축합니다. 이렇게 매년 지출 경비의 1/3을 남기면, 3년이 되면 전체 지출 경비의 3/3이 남게 되어, 이를 30년 동안 쌓으면 10년분의 지출 경비가 남게 되는 셈입니다. 이렇게 30년을 통산하여 적용하는 원칙으로 삼아, 9년간의 비축분을 항상 남기도록 합니다. 이런 연후에 현재 남아 있는 모든 경비의 액수를 경상비용의 표준으로 삼고, 세입을 미리 계산하여 지출을 정합니다. 그러면 창고가 비어 있는지 가득 차 있는지에 따라 나라의 용도를 늘이거나 축소할 수 있으니, 나라는 부족을 걱정하는 일이 없게 되고, 큰 사업을 일으키고 공을 세우는 일도 달성되지 않을 것이 없게 될 것입니다.

　신이 생각하건대,《예기》〈왕제〉를 설명하는 사람은 이를 상(商)나라의 제도라고 하고 있습니다. 신이 이를 살펴볼 때, 나라의 경비를 책정하는 고금의 방법에는 진실로 이에 더 이상 첨가할 것이 없다고 생각합니다. 무릇 나라에서 가장 위급한 일은 재정 경비입니다. 재물은 땅에서 나서 하늘에서 이루어지지만, 이것을 쓰게 되는 것은 사람입니다. 천지는 해마다 재물을 생기게 하고 사람은 해마다 이를 사용합니다. 해마다 사용하는 숫자는 줄일 수 없지만, 해마다 나는 물건은 혹 부족할 수 있습니다. 해마다 쓰는 지출액은 줄일 수가 없습니다. 진실로 그럴 때마다 매년 제도를 만들 수는 없는 노릇이니, 기한에 앞서 그 숫자를 책정하고 나라의 사업을 시행하기 전에 미리 대비해야 하며, 일이 닥치고 난 후에 조치하면 이미 늦습니다.

臣按: 先王制國用必命冢宰者, 冢宰爲六卿之長, 周時無宰相, 冢宰卽宰相也. 每歲於年終之時・五穀皆入之後, 俾其視今歲之所入以製來年之所出, 而定國家一歲多少之用焉. 用地小大視年之豊耗者, 謂地之小者入亦小・地之大者入亦大, 地小而入大, 則年之豊可知; 地大而入小, 則年之耗可知. 每歲以地所入, 而定其年之豊耗, 年豊則國用隨之而隆, 年耗則國用亦隨之而嗇. 以三十年之通制國用者, 每歲所入析爲四分, 用度其三而儲積其一, 每年餘一, 三年餘三, 積三十年則餘十年矣. 以三十年通融之法, 常留九年儲蓄之貨, 然後計其見在所有之數, 以爲經常用度之節, 量其所入而出之, 因府庫之虛實爲用度之嬴縮, 則國家無不足之憂, 而興事建功無有不成者矣. 竊惟《王制》此章, 說者謂爲商制, 以臣觀之, 古今制用之法, 誠莫有加焉者也. 夫國家之所最急者財用也, 財生於地而成於天, 所以致其用者人也. 天地歲歲有所生, 人生歲歲有所用, 歲用之數不可少, 而歲生之物或不給. 苟非歲歲爲之制, 先期而計其數, 先事而爲之備, 至於臨事而後爲之措置, 則有弗及者矣.

신은 어리석게도 이렇게 생각합니다. 오늘날 나라의 경비를 책정하는 것 또한 이 방법에 따라야 합니다. 해마다 호부(戶部)에서는 먼저 내외에 있는 모든 관청과 변방에 소재하는 관청에 공문을 보내어, 다음 해 일 년 동안 사용할 경비 액수에 대해 미리 계산하도록 합니다. 이때 어떤 지역에서 전곡(錢穀)을 모두 합쳐 얼마를 쓸 것인지, 해당 사업의 경비는 전곡을 모두 합쳐 얼마인지, 현재 창고에 남아 있는 전곡은 얼마인지, 또한 사용할 경비 외에도 비축해야 할 예비분은 얼마인지, 아직까지 운반되지 않은 조세액은 얼마인지 등을 장부로 만들어 일일이 보고하도록 합니다. 또한 각 지방의 포정사(布政司)와 직예(直隸) 지역으로 나누어 미리 책정하고, 매년 동절기 10월에는 모든 곡식을 수확한 후에 한 해의 하세(夏稅)와 추세(秋稅) 등 양세(兩稅)의 수량을 모두 계산하게 합니다. 이 중에 재해의 유무, 세금 포탈과 면세, 그리고 빌려준 것 등의 내용을 모두 기록하여 보고하도록 합니다. 12월 하순에는 집정 대신들의 회의를 열어 해당 관청에서는 내외에서 올린 지난해와 다음 해의 비축분을 모두 수합하여 계산하도록 합니다. 이때 다음 해 일 년 동안 얼마나 쓰고 또 얼마나 남길 것인지, 또한 쓰고도 남는 것이 있다면 아직도 몇 년의 비축분이 되는지 등에 대한 총액을 두루 갖추어 황제께 보고하도록 합니다. 만약 부족하다면 거두되 어떻게 그 부족한 액수를 채울 것인지, 그리고 만약 남는다고 하면 이를 비축하되 앞으로 무엇에 쓸 것인지, 혹시라도 세수가 부족하면 어떤 사업을 감축할 수 있으며 또한 어떤 사업을 잠시 중단해야 하는지도 모두 보고하도록 합니다. 이렇게 하면 나라의 지출 용도를 추적할 수 있게 되어 미리 대비할 수 있게 되는데, 이 역시 모두 보고하도록 합니다. 이로써 황제는 한 해 동안 나라의 재정 경비의 많고 적음과 회계 결산 후의 흑자와 적자 여부, 그리고 비축된 여분 등을 알 수 있게 됩니다.

엎드려 바라옵건대, 황제께서는 정사를 돌보시고 난 여가 시간에는 유념하시고 살피시고, 국고에는 반드시 9년 치의 비축분이 항상 남아 있도록 함으로써, 6년 치의 비축분만 남아 있게 되는 위급한 상황에 이르지 않도록 하셔야 합니다. 혹시라도 비축분이 3년 치에도 못 미친다면, 이는 곧 반드시 염려스럽고 위급한 상황입니다. 그러므로 범사에 모두 절약하고, 무익한 곳에 쓰는 것을 철저히 개혁하여 나라가 나라가 아닌 지경에 이르지 않도록 하여야 합니다. 이렇게 하면 진실로 종묘와 사직이 영원히 걱정이 없게 될 것입니다.

臣愚以爲, 今日制國用亦宜倣此法, 每歲戶部先移文內外諸司及邊方所在, 預先會計嗣歲一年用度之數, 某處合用錢穀若幹, 某事合費錢穀若幹, 用度之外又當存積預備若幹, 其錢穀見在倉庫者若幹, 該運未到者若幹, 造爲帳籍, 一一開報. 又預行各處布政司並直隷府分, 每歲於冬十月百穀收成之後, 總計一歲夏秋二稅之數, 其間有無災傷·逋欠·蠲免·借貸, 各具以知. 至十二月終旬, 本部通具內外新舊儲積之數, 約會執政大臣通行計算嗣歲一年之間所用幾何, 所存幾何, 用之之餘尙有幾年之蓄, 具其總數以達上, 知不足則取之何所以補數, 有餘則儲之何所以待用, 歲或不足, 何事可從減省, 某事可以暫已, 如此則國家用度有所稽考, 得以預爲之備, 而亦俾上之人知歲用之多寡·國計之贏縮·蓄積之有無云. 伏惟萬幾之餘留神省察, 必使國家倉廩恒有九年之餘而不至於六年之急, 萬有一焉而或不及餘三年, 則必惕然儆懼, 凡事皆從減節, 痛革用度之無益者, 使毋至於國非其國焉, 實惟宗社無疆之休.

《주례 춘관(春官)》[10]에서 말하였다.

천부(天府)는 하늘에 제사하는 관청으로, 백성을 관장하고 기록을 관장하여 백성의 인구수와 부세 수량을 기록하여 하늘에 올리고 이를 받아 보관한다.

《周禮·春官》: 天府祭天之司民·司錄, 而獻民數·穀數則受而藏之.

임지기(林之奇)[11]가 《주례강의(周禮講義)》에서 말하였다.

"해마다 백성 수와 곡식 수량을 올리는 것은 태평을 이루는 가장

---

10 주례 춘관(春官): 주(周) 왕실의 천관(天官)·지관(地官)·춘관(春官)·하관(夏官)·추관(秋官)·동관(冬官) 등 관직 제도와 전국 시대(戰國時代) 각국의 제도를 기록한 책으로, 원래의 이름은 《주관(周官)》, 《주관경(周官經)》으로 불리다가 전한(前漢) 말에 이르러 경전에 포함되면서 《예경(禮經)》에 속한다 하여 《주례(周禮)》라 하고 《예기(禮記)》, 《의례(儀禮)》와 함께 《삼례(三禮)》라 칭하게 되었다. 이 책의 편찬 시기에 대해서는 주나라 초 주공(周公)이 지었다는 고문학파(古文學派)의 설과 전국 시대에 이루어진 것이라는 금문학파(今文學派)의 설, 그리고 한대 유흠(劉歆)의 위작(僞作)이라는 견해 등 논란이 있어 왔다. 근래에 이르러서는 주나라와 진나라의 청동기 명문(銘文) 기록에 근거하여 대체로 전국 시대에 성립된 것으로 보는 견해가 일반적이다. 이후 후한(後漢)의 정현(鄭玄)이 주석본 《주례주(周禮注)》를 편찬하였고, 이를 토대로 당(唐)나라 가공언(賈公彥)이 《주례정의(周禮正義)》를 편찬함으로써 13경(經)의 하나로 확정되었다. 이 밖에도 주석본으로는 청나라 학자 손이양(孫詒讓)의 《주례정의(周禮正義)》 등이 있다.

11 임지기(林之奇, 1112~1176): 송나라 후관(侯官) 출신으로, 자는 소영(少穎), 호는 졸재(拙齋)이다. 그는 여조겸(呂祖謙)의 스승으로 잘 알려져 있다. 그는 벼슬을 사양하고 칩거하면서 여러 학자들의 이론을 널리 고찰하여 경전을 주석하였다. 그의 저서로는 《상서집해(尙書集解)》, 《춘추(春秋)·주례강의(周禮講義)》, 《논어주(論語注)》, 《맹자강의(孟子講義)》, 《양자강의(揚子講義)》 등이 있다. 이 밖에도 개인문집으로는 《도산기문(道山紀聞)》, 《졸재집(拙齋集)》, 《관간집(觀瀾集)》 등이 있다. 그의 사적은 《송사(宋史)》 〈유림전(儒林傳)〉에 실려 있다.

중요한 업무이다. 《관자(管子)》에 말하기를, "나라의 경비를 21개 부분으로 나누어 책정하는데, 이 중에서 공상(工商)의 향리는 여섯 부분, 사(士)의 향리는 열다섯 부분이다."[12]라고 하였다. 이를 세 부분으로 나누어 말하면, 즉 그중에서 일곱 부분이 일반민이고, 이 가운데 다섯이 농부이고 둘이 공·상인이다. 선왕이 이렇게 한 것은 다름이 아니라, 백성의 인구수와 곡식의 수에 따라 등급을 매겨 이들로 하여금 본말(本末)에 합당하게 하고 그 경비를 해마다 평균적으로 책정하여 이를 일상적인 제도로 삼고자 했기 때문이다. 홍수와 가뭄을 당하더라도 염려하지 않으려면, 반드시 비축분을 두어 이에 대비해야 하는 것이다. 그러므로 3년을 경작하면 반드시 1년 치의 비축분이 있어야 하며, 이를 30년으로 통산하면 반드시 10년 치의 비축분이 있어야 한다. 이처럼 나라에 10년 치의 비축분이 있게 되면, 이를 일러 태평하다고 하는 것이다. 이 때문에 해마다 백성의 수와 곡식의 수량을 바치는 것이 태평을 이루는 가장 중요한 업무라고 말한 것이다.

그러므로 옛날부터 지금까지 먼저 백성을 위해 힘쓰고 계획을 세워 나라를 경륜하여 나라를 부유하게 함으로써 만민을 잘 살아가게 한 것인데, 그 핵심적 실제는 바로 여기에 있는 것이다. 그러므로 누가 감히 이를 소홀히 하여 생각지도 않은 채 백성이 곤궁해지는 것을 앉아서 보고만 있겠는가?"

林之奇曰: "歲獻民數·穀數, 最爲致太平之要務. 《管子》曰: '制國以爲二十一, 工商之鄕六, 士鄕十五.' 三分其制而言之, 卽所謂七民而五農

---

12 나라의 … 부분이다: 《관자(管子)》〈소광(小匡)〉에 나온다.

夫·二工商也. 先王所以爲此者非他, 爲欲等其民數·穀數, 使之本末相
當, 用爲平歲之經制. 故爾至於水旱不虞之至, 則必有儲蓄以待之, 三
年耕必有一年之蓄, 三十年之通必有十年之儲. 國有十年之儲, 則謂之
太平, 故曰歲獻民數·穀數最爲致太平之要務者也. 自古在昔先民有作,
其所以經綸圖維, 以富邦國·以生萬民者, 其要實在乎此, 孰謂其可忽
而不思, 以坐視天民之窮哉?"

신은 이렇게 생각합니다. 백성은 하늘로부터 생겨나지만 해마다 태
어나고 죽기도 하고, 곡식은 땅에서 나오지만 해마다 풍년과 흉년이
있게 마련입니다. 그러므로 만약 모든 관청에서 각기 해마다 그 수량
을 책정하여 위에 보고하지 않는다면, 조정의 위엄과 나라의 광활함,
그리고 향촌의 감추어진 실상을 어찌 알 수 있겠습니까? 이 때문에
주나라의 전성기에도 해마다 제사를 관장하는 관청과 백성을 관리하
는 관청에게 백성의 인구수와 조세의 수량을 기록하여 바치게 하였
던 것입니다.

이처럼 해마다 백성의 인구수를 보고하면 인구수의 증감 상황을
알 수 있고, 세입의 수량을 보고하여 바치면 세수의 많고 적음을 알
수 있기 때문에, 백성의 인구수를 고려하여 세수의 액수를 책정할 수
있습니다. 이때 해당 군과 읍의 영역 안에 호구가 얼마인지, 또 내외
의 창고에 비축한 곡식(세량)이 얼마인지를 한 읍으로 계산하여, 농경
에 종사하는 사람이 몇 명인지, 공·상업 등 말업(末業)에 종사하는 사
람은 몇 명인지, 그리고 국록(國祿)을 먹는 관리와 병사는 몇 명인지

등을 일일이 열거하고 이를 모두 종합하여 계산합니다. 또한 한 사람이 하루에 먹는 데 필요한 비용은 얼마이며, 한 달간 먹는 데 필요한 비용은 얼마인지, 또 일 년간 먹는 데 필요한 비용은 얼마인지, 그리고 창고에 남아 있는 것은 얼마이며, 이를 방출할 때 족히 먹을 수 있는 사람은 몇 명이 되며, 비축한 것을 몇 년 동안 족히 지급할 수 있는지 등등을 모두 산정합니다.

뿐만 아니라, 한 해의 세수가 들어오게 되면, 수년 동안 쌓인 것을 모두 통산하고 이를 세량으로 계산하여 백성에게 적용하여 계산하되, 그 결과가 합당한지 여부, 3년 치의 세량으로 1년 치의 비축이 가능한지 여부, 10년 치의 세수로 3년 치의 비축이 가능한지 아닌지, 또한 30년 치의 세수로 10년 치의 비축분을 쌓아 둘 수 있는지 여부 등을 서로 맞추어 보고 서로 충당할 수 있는지 따집니다. 이렇게 하여 부족함을 충당하고도 많이 남음이 있으면 백성들이 납부하지 못한 조세를 감면해 주고, 백성들의 지대와 토지세를 면제해 줍니다.

그런데 소득을 최대한으로 올리지 못하면 남아 있는 백성들이 소득이 적어서 세입이 부족하게 되는데, 이럴 경우는 황제의 경상비를 절약하고 사람들의 쓸데없는 비용을 없애며, 또한 사치하여 재정이 축나게 하지 않도록 합니다. 이렇게 하면 백성과 곡식 두 가지가 모두 충족하게 됩니다. 이렇게 백성에게 먹을 것이 남고 나라에도 남는 것이 쌓이게 되면, 흉년과 재난을 대비할 수 있게 됩니다. 이로써 걱정거리와 나라를 어지럽히는 일도 일어나지 않게 되고 풍속도 순박해지게 되어, 다스림과 교화가 밝아지게 될 것입니다. 그러므로 태평(太平)에 핵심적인 일은 이것 이외에 그 무엇이 있겠습니까?

臣按: 民生於天, 而歲歲有生死; 穀產於地, 而歲歲有豊凶. 苟非有司歲歲各具其數以聞之於上, 則朝廷之崇高·海宇之廣遠·閭閻之幽隱, 曷由以知之哉? 是以成周盛時, 每歲必祭司民司祿而獻民數·穀數焉. 獻民數俾其知登耗也, 獻穀數俾其知多寡也, 料其民數·計其穀數, 郡邑版圖其戶口凡若幹, 內外倉場其蓄積凡若幹, 就一邑而計之, 農圃食力者若幹人, 工商末作者若幹人, 吏兵廩食者若幹人, 枚而擧之, 總而會之, 一人之食日費幾何, 一月之食幾何, 一歲之食幾何, 某所有倉廩幾何, 一歲支發幾何·存餘幾何, 散之足以食幾何人, 積之足以給幾何年. 因其一歲之所入通其累年之所積, 以穀之數而較之於民其果相當否邪, 三年而有一年積否邪, 十年而有三年積否邪, 三十年而有十年積否邪. 彼此通融, 有無相濟, 以羨補不足. 多而有餘也, 則蠲民之逋負·除民之租賦, 不盡利以遺民; 少而不足也, 則省上之常費, 除人之冗食, 不侈用以傷財, 如是則民穀兩足矣. 民有餘食, 國有餘積, 則凶荒有備, 禍亂不作, 風俗淳厚, 治敎休明矣, 太平要務豈外是哉?

《대학》에서 말하였다.

군자(君子)는 먼저 자신의 덕(德)을 쌓는 데 힘쓴다. 덕이 있게 되면 사람이 있게 되고, 사람이 있게 되면 땅이 있게 되고, 땅이 있으면 재물이 있게 되며, 재물이 있으면 쓰일 곳이 있게 된다.

《大學》: 君子先愼乎德, 有德此有人, 有人此有土, 有土此有財, 有財此有用.

주희(朱熹)가 말하였다.[13]

"덕(德)은 이른바 밝은 덕[明德]을 일컫는다. '사람이 있다'는 것은 백성을 얻음을 말하고, '땅이 있다'는 것은 나라를 얻게 됨을 말한다. 나라가 있으면 나라의 재용(財用)이 없을까 근심하지 않게 된다. 어떤 사람이 주희에게 묻기를, "먼저 덕을 쌓는 데 힘쓴다는 말은 무슨 의미입니까?"라고 하였다. 주희가 말하기를, "위에서 나라를 가진 군주가 신중하지 않으면 안 된다고 한 말은, 마땅히 신중하되 먼저 해야 할 일은 특히 덕에 있다는 뜻이다. 덕은 이른바 밝은 덕을 일컫는데, 신중한 방도 또한 격물(格物)·치지(致知)·성의(誠意)·정심(正心)함으로써 몸을 닦는 것뿐이다."

> 朱熹曰: "德卽所謂明德, 有人謂得衆, 有土謂得國, 有國則不患無財用矣." 或問熹曰: "所謂先愼乎德, 何也?" 曰: "上言有國者不可不愼, 此言其所愼而當先者尤在於德也. 德卽所謂明德, 所以愼之亦曰格物·致知·誠意·正心以修其身而已矣."

바깥을 근본으로 삼고 안을 말단으로 삼으면, 백성들과 다투어 빼앗게 된다. 이런 까닭에 재물을 거두어들이면 백성들은 흩어지게 되고, 재물을 풀면 백성들이 모이게 되는 것이다. 그러므로 말을 할 때 도리에 어긋나게 내뱉으면 역시 도리에 어긋나는 말로 되돌아오게 되고, 재물을 도리에 어긋나게 거두면 이 역시 도리에 어긋나게 나가게 된다.

---

13 주희(朱熹)가 말하였다: 《대학장구(大學章句)》 〈치국평천하전〉에 나온다.

外本內末, 爭民施奪, 是故財聚則民散, 財散則民聚. 是故言悖而出者亦悖
而入, 貨悖而入者亦悖而出.

주희가 말하였다.

"군주가 덕을 바깥의 일로 도외시하고 재물을 안의 것으로 추구하
게 되면 그 백성들과 싸우게 되고 이들에게 겁탈의 가르침을 펴는 것
이다. 무릇 재물이란 사람들이 누구나 갖고 싶어 하는 것인데, 혈구
(絜矩)[14]하지 못하고 독점하고자 한다면, 백성 또한 모두 들고일어나
재물을 다투어 빼앗게 될 것이다.

바깥을 근본으로 삼고 안을 말단으로 삼으면, 재물을 끌어모음으
로써 백성과 다투게 된다. 따라서 백성은 흩어지는 되는데, 이와 반
대로 하면 덕이 있어 백성이 모일 것이다. 패(悖)는 거스른다는 말이
다. 이는 말이 내뱉는 것과 말을 거둬들이는 것에 따라 재물도 나가
고 들어가는 것이 분명하게 된다는 것이다."

주희가 또 말하였다.

"덕이 있고 사람이 있으며 땅이 있으면, 하늘을 따라 땅을 나누게
되어 재용(財用)이 없을까 걱정하지 않게 된다. 그러나 본말(本末)을 모

---

14 혈구(絜矩): 《대학장구》〈치국평천하전〉에서 혈구는 다음과 같이 설명하고 있다. "윗사람
에게 싫어하는 것으로 아랫사람을 부리지 말며, 아랫사람에게서 싫어하는 것으로 윗사람
을 섬기지 말며, 앞사람에게 싫었던 것으로 뒷사람에게 가하지 말며, 뒷사람에게 싫은 것
으로 앞사람을 따르지 말며, 오른쪽에게 싫은 것으로 왼쪽에게 사귀지 말며, 왼쪽에게 싫
었던 것으로써 오른쪽에게 사귀지 말 것이니, 이것을 두고 혈구의 도라고 한다."

르고 혈구(絜矩)의 마음을 갖지 않게 된다면, 그 백성과 다투지 않은 적이 없게 되고, 또한 이렇게 하여 백성에게 겁탈하는 가르침을 펴는 것이다. 《주역》〈대전(大傳)〉에서 말하기를, "무엇으로 사람을 모을 수 있는가? 재물이다."라고 했으며, 《춘추외전(春秋外傳)》[15]에서는 "왕이란 장차 이익을 만들어 윗사람과 아랫사람에게 나누어 주는 사람이다. 그러므로 위에서 재물을 모으면 아래에서는 백성에게 풀게 되는 것이다. 재물이 아래에게 풀리게 되면 백성들은 윗사람에게 귀의한다. 그러므로 말이 도리에 어긋나게 나가면 이 말은 또한 어긋나서 들어오게 되며, 재물을 도리에 어긋나게 거둬들이면 이 또한 어긋나게 나가게 된다."라고 했다. 정현(鄭玄)[16]이 《대학혹문(大學或問)》에서 말하길, "군주가 거슬리는 명령을 내리면 백성도 거슬리는 말을 하게 된다. 그러므로 위에서 이익을 탐내면 아래 사람들도 차츰 명을 이반하여 자신의 것을 얻게 된다."

---

15 《춘추외전(春秋外傳)》: 춘추 시대 여러 나라의 역사를 정리한 《국어(國語)》를 가리킨다. 주(周)나라 좌구명(左丘明)이 《춘추좌씨전(春秋左氏傳)》을 쓰기 위하여 찬술(撰述)했으며, 주어(周語), 노어(魯語), 제어(齊語), 진어(晉語), 정어(鄭語), 초어(楚語), 오어(吳語), 월어(越語)로 구성되어 있다. 특히 노(魯)나라에 대하여 기술한 《좌씨전(左氏傳)》을 《내전(內傳)》이라 하고, 이와 대비하여 《국어(國語)》를 《외전(外傳)》이라 했다.

16 정현(鄭玄, 127~200): 후한 말 훈고학의 대가이자 대표적인 경학가, 예언가이다. 북해(北海) 고밀(高密: 지금의 산동 고밀시) 출신이으로, 자는 강성(康成)이다. 그는 어릴 때부터 《역경》, 《공양전(公羊傳)》을 암송하여 신동(神童)으로 불릴 정도로 경학에 정통하였다. 마융(馬融)을 사사(師事)하고, 태학(太學)에 들어가 금문경(今文經)과 고문경(古文經)을 두루 배웠다. 44세 때 '당고(黨錮)의 화(禍)'로 인해 저술에 전념하게 되었고, 금고문(今古文)의 경학(經學) 외에 천문 역수(天文曆數)에 통달하는 등 연구와 교육에 몰두하였다. 고문 경설(古文經說)을 위주로 금문 경설(今文經說)도 일부 수용하여 여러 경서에 주석을 달아 한대 경학을 집대성함으로써 '정학(鄭學)'을 수립하여 '경신(經神)'으로 칭해졌다. 그의 저서로는 《모시전(毛詩箋)》, 《모시정전(毛詩鄭箋)》 등이 있다.

朱熹曰: "人君以德爲外, 以財爲內, 則是爭鬥其民而施之以劫奪之敎也. 蓋財者人之所同欲, 不能絜矩而欲專之, 則民亦起而爭奪矣. 外本內末故財聚, 爭民施奪故民散, 反是則有德而有人矣. 悖, 逆也. 此以言之出入明貨之出入也."

熹又曰: "有德而有人有土, 則因天分地, 不患乎無財用矣. 然不知本末而無絜矩之心, 則未有不爭鬥其民而施之以劫奪之敎者也. 《易大傳》曰 '何以聚人曰財', 《春秋外傳》曰 '王人者將以導利而布之上下'者也, 故財聚於上則民散於下矣, 財散於下則民歸於上矣. 言悖而出者亦悖而入, 貨悖而入者亦悖而出, 鄭氏以爲君有逆命則民有逆辭, 上貪於利則下人侵畔, 得其旨矣."

신은 이렇게 생각합니다. 재물이란 사람들이 누구나 다 갖고 싶어 하는 것입니다. 땅에서 생산된 것은 그 수량에서 한정되어 있기 때문에, 군주에게 있지 않으면 백성에게 있습니다. 그런데 재물은 비단 군주만이 좋아하여 가지고자 하는 것이 아니라, 백성들 또한 다른 사람이 이를 가져가는 것을 좋아하지 않기 때문에 이를 남에게 주고 싶어 하지 않습니다.

이처럼 이익을 좋아하는 사람의 마음은 끝이 없으니, 군주가 먼저 힘써 덕을 닦아 의리를 중하게 여기고 재물의 이익을 가볍게 여긴다면, 백성들의 이익을 독차지하고 재물을 빼앗는 일은 거의 없을 것입니다. 그러므로 이제는 오직 덕을 쌓는 일에 힘쓰고 조심하여 자신을 지키고 공경함으로 자신을 유지하십시오. 이로써 재물의 이익은

내 자신이 좋아하는 바이지만 백성들 또한 이를 좋아하는 것이며, 내가 이를 취하고자 하는 마음이 있다면, 백성들은 이를 주고 싶어 하지 않는 마음이라는 사실을 스스로 깨달아 알아야 합니다. 설사 어쩔 수 없이 백성들의 재물을 취한다 하더라도 취하는 것이 모두 천리(天理)의 공정함에 부합하면서도 인정의 욕망을 거스르지 않아야 합니다. 이와 같이 거둔다면 거둬들이는 것 또한 의로운 것에 따르게 되고, 나가는 것 또한 반드시 도리에 맞게 될 것입니다. 이렇게 한다면, 이는 백성과 더불어 좋아하고 싫어하는 것을 함께할 수 있게 되어, 백성의 마음을 나의 마음으로 삼게 되는 것이니, 이른바 혈구의 도리와 치국평천하의 요체는 여기에서 벗어나지 않을 것입니다.

臣按: 財者人之所同欲也, 土地所生止於此數, 不在上則在下, 非但上之人好而欲取之, 而下之人亦惡人之取之而不欲與也. 人心好利無有紀極, 苟非在上者先謹其德, 知義之可重而財利之輕, 其不至專民之利而劫奪之也幾希. 今焉惟德之是謹, 兢兢焉以自守, 業業焉以自持, 知財利吾所好也而民亦好之, 吾之欲取之心是卽民之不欲與之心, 不得已而取之, 所取者皆合乎天理之公, 而不咈乎人情之欲. 如是而取之, 則入之旣以其義, 而出之也亦必以其道矣. 如是則是能與民同好惡, 而以民心爲己心, 所謂絜矩之道而治平之要不外是矣.

재물을 생산함에는 큰 도리가 있다. 이를 생산하는 사람은 많고 먹는 사람이 적으며, 이를 행하는 사람은 바쁘고 쓰는 사람은 한가하면 재물이 늘 풍족할 것이다.

生財有大道, 生之者衆, 食之者寡, 爲之者疾, 用之者舒, 則財恒足矣.

여대림(呂大臨)이 말하였다.[17]

"나라에 떠도는 사람이 없으면 생산하는 사람이 많을 것이다. 조정
에 요행히 차지한 자리가 없으면 녹봉을 먹는 자가 적을 것이다. 농
사지을 시기를 빼앗지 않는다면 백성들은 부지런히 농사를 지을 것
이며, 수입을 헤아려 지출을 정한다면 나라의 경비가 넉넉해질 것
이다."

呂大臨曰: "國無遊民, 則生者衆矣; 朝無幸位, 則食者寡矣. 不奪農時,
則爲之疾矣; 量入爲出, 則用之舒矣."

주희가 말하였다.

"이 문장은 '땅이 있기 때문에 재물이 있다'는 사실을 말한 것으로,
나라를 풍족하게 하는 길은 본업인 농사에 힘쓰는 것과 절용에 있음

---

17 여대림(呂大臨)이 말하였다: 여대림(1046~1092)은 북송 섬서성 남전(藍田) 사람으로 자는 여
숙(與叔)이다. 이 말은 《대학장구》에 나온다. 그는 처음에 장재(張載)에게 배웠으나, 그가
사망한 뒤에는 정호(程顥)·정이(程頤)에게 배워 사량좌(謝良佐), 유초(游酢), 양시(楊時)와 함께
'정문사선생(程門四先生)'으로 알려져 있지만, 그는 장재의 이론을 따랐다고 한다. 그의 형인
여대균(呂大鈞)과 함께 여씨향약(呂氏鄕約)을 만든 것으로 잘 알려져 있다. 특히 그는 6경(六
經), 특히 《예기(禮記)》에 정통하여, 정자(程子)의 예학을 계승하여 심성지학(心性之學)에 치중
했다. 《고문진보(古文眞寶)》〈문편(文篇)〉 5권에 그의 〈극기명(克己銘)〉이 실려 있다.

을 밝혔다."

또 주희가 말하였다.

"〈홍범(洪範)〉의 팔정(八政)에 식화(食貨)를 우선으로 한다고 하였다. 또 자공(子貢)이 정치에 대해 묻자, 공자 역시 풍족하게 먹는 것을 으뜸으로 삼는다고 하였던 것이다.[18] 무릇 백성을 살리는 방안은 하루라도 없어서는 안 되는 것이니, 성인이 어찌 이를 가볍게 여기겠는가. 특히 나라를 경영하는 자가 이익을 취하는 것을 이롭다고만 여기면, 반드시 백성들을 착취하여 자신을 받들고 백성들에게는 어긋나는 명령을 내리는 참화에 이르게 된다. 따라서 그 폐해를 깊이 있게 거론하여 경계한 것이다. 농사를 숭상하고 경비를 아끼는 것은 나라가 항상 지켜야 할 정치이니, 아래로 넉넉하게 하여 백성들을 풍족하게 하면 나라가 견고하여 없어지지 않게 되기 때문이다. 여씨(呂氏)의 설명은 이러한 취지를 설명한 것이다.

또한 유자(有子)가 말하기를, '백성이 풍족하다면 군주가 어떻게 부족할 것인가?'[19]라고 하고, 맹자가 '정사(政事)가 없으면 나라의 경비가 부족해진다.'[20]라고 한 것은 바로 이런 뜻이다. 그렇지만 맹자가 말한 정사라는 것은 제나라 양나라 군주로 하여금 백성의 재산을 관리

---

18 자공(子貢)이 … 것이다:《논어》〈안연(顏淵)〉편에 나온다. "자공이 정치에 대해 묻자, 공자가 답하기를 '양식을 풍족히 하고, 병사를 풍족히 하면 백성들이 믿을 것이다.' 했다.[子貢問政. 子曰: 足食, 足兵, 民信之矣.]"

19 유자(有子) … 것인가:《논어》〈안연(顏淵)〉편에 나오는 애공(哀公)과 유자와의 대화의 한 구절이다. 애공이 정치에 대해 묻자 유자가 답하기를 "백성이 풍족하면 임금은 누구와 더불어 부족할 것이며, 백성이 풍족하지 못하다면 임금은 누구와 더불어 풍족하겠습니까?[百姓足. 君孰與不足? ; 百姓不足, 君孰與足?]" 하였다.

20 정사(政事) … 부족해진다:《맹자(孟子)》〈진심 하(盡心下)〉에 나온다.

하도록 하는 것이었지, 어찌 후세에서처럼 하나하나 키질하듯 세금을 거두고 백성을 학대하여 자신을 살찌우는 것을 일컬었던 것이겠는가."

朱熹曰: "此因有土有財而言, 以明足國之道在乎務本而節用."

又曰: 《洪範》八政食·貨爲先, 子貢問政而夫子告之亦以足食爲首, 蓋生民之道不可一日而無者, 聖人豈輕之哉? 特以爲國者以利爲利, 則必至於剝民以自奉而有悖出之禍, 故深言其害以爲戒耳. 至於崇本節用, 有國之常政, 所以厚下而足民者, 則固未嘗廢也, 呂氏之說得其旨矣. 有子曰 '百姓足君孰與不足', 孟子曰 '無政事則財用不足', 正此意也. 然孟子所謂政事, 則所以告齊梁之君使之制民之産者是已, 豈若後世頭會箕斂·厲民自養之云哉?"

신은 이렇게 생각합니다. 김이상(金履祥)[21]이 《대학소의(大學疏義)》에서 이르기를, "《대학》은 전체 장을 통해 재물에 대해 경계하면서도, 이 장에서는 재물을 생산하는 것에 대해 말하고 있으니, 무엇 때문인가? 나라의 경비는 항상 있어야 할 원칙으로서 하루라도 없어서는 안 되

---

21 김이상(金履祥, 1232~1303): 송원(宋元) 교체 시기의 무주(婺州) 난계(蘭溪) 출신으로, 자는 길부(吉父)이다. 그는 경세(經世)에 뜻을 두고 많은 책을 섭렵하다가 같은 고향 사람 왕백(王柏)과 하기(何基)의 문하에 들어가 주희(朱熹)의 학문에 전념하였다. 이후 송나라가 망하자 금화산(金華山)에 숨어 살면서 후학을 길렀다. 만년에는 인산(仁山) 아래 살아 학자들이 인산선생이라고 불렀다. 저서로는 《대학소의(大學疏義)》, 《논어집주고증(論語集註考證)》, 《통감전편(通鑑前編)》, 《인산집(仁山集)》 등이 있다.

는 것이기 때문이다. 그러므로 여기서는 단지 재물을 모으기만 하는 정치를 금지하고 있을 뿐이다. 재물을 생산하는 실마리를 잘 풀어 보여주지 못하면, 훗날 나라의 경비를 제때에 공급하지 못하게 되어 끝내는 백성들에게 함부로 조세를 거두는 일이 생기는 것을 면치 못하게 될 것이다. 이렇게 되면 재물을 관리하는 것을 꺼리게 되고, 이윽고 재물을 수취하는 근본 원인이 된다.

이른바 생재(生財)라는 것은 하늘로 인해 각자가 땅을 나누어 생산할 수 있는 근원이 반드시 있다는 의미이며, 이른바 도리가 있다는 것은 관자(管子)와 상앙(商鞅) 등이 말하는 공리(功利)의 방법이 결코 아니다. 재물을 생산하는 데 도리가 되는 방도를 궁구하면, 곧 생산은 많고 먹는 것은 적으며, 일하는 것은 바쁘고 쓰는 것은 풍족한 것에 있을 뿐이다. 하늘과 땅 사이에는 저절로 생겨나는 이익이 무궁하게 있어서, 나라를 가진 군주 또한 본래부터 재물을 무궁하게 가질 수 있다. 다만 근면한 자는 이익을 얻을 수 있지만 태만한 자는 이를 잃게 되며, 검소한 자는 이득이 넉넉하지만, 사치하는 자는 이를 소모한다."[22]라고 했습니다.

김이상은 《대학》의 이 네 가지 말은 영원히 지켜야 할 이재(理財)의 큰 원칙이라고 했습니다. 신은 김이상이 말한 근면, 검소, 태만, 사치이 네 가지 말은 또한 만세토록 재물을 관리하는 데 꼭 필요한 원칙이라고 생각합니다.

臣按: 金履祥謂《大學》通章以貨財爲戒, 而此以生財爲言, 何也? 蓋財

---

22 《대학》은 … 소모한다: 김이상(金履祥)의 《대학소의(大學疏義)》에 나온다.

用國之常經, 不可一日無者, 苟徒禁其爲聚財之政, 而不示之以生財之
端, 則異時國用不給, 終不免橫取諸民, 則是以理財爲諱者乃所以爲聚
財之張本也. 所謂生財者必有因天分地之源, 所謂有道者必非管商功利
之術, 而究其所以爲生財之道者, 則生者衆·食者寡·爲者疾·用者舒而
已. 天地間自有無窮之利, 有國家者亦本有無窮之財, 但勤者得之·怠
者失之, 儉者裕之·奢者耗之. 履祥謂《大學》此四語萬世理財之大法,
臣竊以爲履祥所謂勤·儉·怠·奢之四言是又萬世理財之節度也.

어진 군주는 재물을 이용해 몸을 일으키고【발(發)은 세우는 것[起]과 같다.】,
어질지 못한 군주는 몸을 이용해 재물을 일으킨다. 군주가 인(仁)을 좋아
하는데 백성이 의(義)를 좋아하지 않는 경우는 없으며, 백성들이 의를 좋
아하는데 모든 나라의 일을 잘 끝마치지 못하는 경우도 없다. 이렇게 되
면 국고에 있는 재물이 군주 자신의 재물이 아닌 경우가 없다.[23]

仁者以財發【猶起也】身, 不仁者以身發財, 未有上好仁而下不好義者也, 未
有好義其事不終者也, 未有府庫財非其財者也.

주희가 말하였다.

"어진 군주는 재물을 풀어 백성을 모으지만, 어질지 못한 군주는

---

23 어진 … 없다:《대학장구》〈치국평천하전〉에 나온다.

몸을 버려 가며 재물을 증식한다. 윗사람이 인(仁)을 좋아하여 그 아랫사람들을 아끼면, 아랫사람들도 의(義)를 좋아하여 윗사람에게 충심을 다하게 된다. 그리하여 나라의 일을 반드시 잘 끝마칠 수 있게 되어 국고의 재물을 함부로 쓸 걱정이 없게 된다.”

주희가 또 말하였다.

“어진 군주는 사사로이 소유하지 않는 까닭에 재물을 풀고 백성을 모이게 하며 군주 자신의 몸은 존귀해진다. 어질지 못한 군주는 오직 자신의 이익만을 도모하여 일신을 망가뜨리는 화를 부를 정도로 재물을 숭배한다. 그렇지만 또한 《대학》의 이 구절은 재화에 대해 그 효과를 말한 것일 뿐, 어진 군주가 정말 재물을 통해 몸을 일으킨다는 의미는 아니다.

무릇 윗사람이 인(仁)을 좋아하면 아랫사람은 의(義)를 좋아하게 되고, 아랫사람이 의를 좋아하면 모든 나라의 일을 잘 끝마칠 수 있다. 이렇게 모든 나라의 일을 잘 끝마칠 수 있으면, 군주는 편안하고 부귀하며 존경받고 영광을 누리면서 창고의 재물을 오랫동안 지킬 수 있을 것이다. 이것이 바로 재물을 통해 몸을 일으키는 효과이다.

윗사람이 인을 좋아하지 않으면 아랫사람이 의를 좋아하지 않게 되고, 아랫사람이 의를 좋아하지 않으면 모든 나라의 일도 잘 마무리할 수 없게 된다. 이렇게 되면 온 천하의 재물을 다 쏟아부어도 모자라게 되니, 하물며 국고의 재물이 어찌 남아 있을 수 있으며, 더구나 어떻게 군주 자신의 재물로 삼을 수 있겠는가. 이는 마치 상(商)나라의 주왕(紂王)이 스스로 불 질러 죽기 전에 거교(鉅橋)와 녹대(鹿臺)를 세워 막대한 재물을 쌓았으며,[24] 당(唐)나라 덕종(德宗)이 도망을 다니는 처지에서도 경림(瓊林)과 대영(大盈)에 재물로 가득 채운 것[25]과 같으니,

이 모두는 몸을 위해 재물을 일으킨 결과이다."

朱熹曰: "仁者散財以得民, 不仁者亡身以殖貨, 上好仁以愛其下則下好
義以忠其上, 所以事必有終而府庫之財無悖出之患也."
又曰: "仁者不私其有, 故財散民聚而身尊; 不仁者惟利是圖, 故捐身賈
禍以崇貨也. 然亦卽財貨而以其效言之爾, 非謂仁者眞有以財發身之意
也. 夫上好仁則下好義矣, 下好義則事有終矣, 事有終則爲君者安富尊
榮而府庫之財可長保矣, 此以財發身之效也. 上不好仁則下不好義, 下
不好義則其事不終, 是將爲天下衊之不暇, 而況府庫之財又豈得爲吾之
財乎? 若商紂以自焚而起鉅橋·鹿台之財, 德宗以出走而豊瓊林·大盈
之積, 皆以身發財之效也."

맹헌자(孟獻子)가 말하기를, "세금을 가혹하게 걷는 신하보다는 차라리
나라의 재물을 훔치는 신하가 낫다."라고 하였다. 이는 나라가 사사로운
이익으로 이익을 삼아서는 안 되고, 의로움으로 이익을 삼아야 한다는
의미이다.

---

24 상나라 주왕의 거교(鉅橋)와 녹대(鹿臺): 이 내용은 《사기(史記)》〈상본기(商本紀)〉에 나온다.
이에 따르면 상나라 주왕(紂王)은 세금을 가혹하게 거두어 거교(鉅橋)에 곡식을 채우고 녹
대(鹿臺)에 재물을 쌓아 두었는데, 이는 이후 상나라가 멸망하게 되는 원인이 되었다.
25 당(唐) 덕종(德宗)의 경림(瓊林)과 대영(大盈): 이 내용은 사마광(司馬光), 《자치통감(資治通鑑)》에
나온다. 이에 따르면, 당 덕종(唐德宗)은 주차(朱泚)의 반란으로 파천을 해야 했는데, 각 지역
에서 공물을 보내오자 경림(瓊林)과 대영(大盈) 창고에 공물을 쌓아 두게 하였다고 한다.

나라의 우두머리가 되어 재용(財用)에만 힘을 쓰는 것은 반드시 소인(小人)으로부터 나온다【자소인의(自小人矣)는 소인들이 이끈다는 말이다.】. 이처럼 선(善)하지 않는 일【선(善)자 앞에 불(不)자가 있지 않았을까 의심된다.】을 저지르는 저들 소인배에게 나라의 일을 담당하게 하면, 나라에 재앙과 재해가 연달아 일어나니, 비록 정사를 잘하는 군주가 있어도 역시 어찌할 도리가 없다. 그러므로 사사로운 이익으로 이익을 삼아서는 안 되고, 의로움으로 이익을 삼아야 한다.

長國家而務財用者必自小人矣【言由小人導之也】, 彼爲善【善字上疑有不字】之小人之使爲國家, 菑害並至, 雖有善者亦無如之何矣, 此謂國不以利爲利, 以義爲利也.

주희가 《대학혹문(大學或問)》에서 말하였다.

"세금을 가혹하게 거두는 신하는 백성의 고혈(膏血)을 착취하여 군주에게 바치기 때문에 백성들이 그 재앙을 입게 된다. 나라의 재물을 훔치는 신하[도신(盜臣)]는 나라의 창고에서 도둑질하여 자기 것으로 삼기 때문에, 그 화가 아래(백성)에게까지 미치지 않는다. 그런데 어진 군주의 마음은 지성으로 백성을 측은하게 여겨서, 차라리 자신의 재물을 잃을지언정 차마 백성의 노력을 해치는 것을 하지 못한다. 그러므로 '세금을 가혹하게 걷는 신하보다는 차라리 나라의 재물을 훔치는 신하가 낫다'는 말은 또한 '다른 사람의 처지를 공감한다[絜矩]'는 의미인 것이다."

또 말하였다.

"재해가 연달아 일어나면 어찌 할 도리가 없으니, 왜 그런가? 원한이 이미 백성의 마음에 맺히게 되면 하루아침에 이를 풀 수가 없다. 성현(聖賢)이 그 본질을 깊이 탐색하여 이렇게 철저할 정도로 말한 것은, 사람들이 미연에 이를 잘 살펴서 일이 닥쳤을 때는 미처 어찌할 수 없는 그런 후회를 하지 않도록 방비하기 위해서였다. 그런데 후대의 군주 가운데는 상홍양(桑弘羊)[26]·공근(孔僅)[27]·우문융(宇文融)[28]·양신긍(楊愼矜)[29]·진경(陳京)[30]·배연령(裵延齡)[31] 등과 같은 사람들을 등용하여

---

26 상홍양(桑弘羊, ?~기원전 80): 낙양(洛陽) 출신으로, 전한(前漢) 무제(武帝) 때 치속도위(治粟都尉)가 되었고, 소제(昭帝)가 즉위한 이후에도 재정(財政)을 담당한 대신인 대농승(大農丞)으로 염철(鹽鐵)과 주류(酒類)에 대해 국가에서 전매(專賣)하고, 균수평준법(均輸平準法)을 실시할 것을 주장하여 문학사들과 논쟁을 벌였다《漢書 武帝紀》. 나중에 모반의 실패로 죽음을 당하였다. 《史記 卷30 平準書》.

27 공근(孔僅): 전한(前漢) 무제(武帝) 원정(元鼎) 2년(기원전 115) 대농령(大農令)에 임명되어 염철(鹽鐵) 전매를 담당하였다.

28 우문융(宇文融, ?~730): 당(唐) 개원(開元) 연간 감찰어사(監察御史), 호부시랑(戶部侍郎) 등을 역임한 관료로서 부세(賦稅) 중대 정책을 주장하였다가 비리가 발각되어 실각하고 유배지에서 죽었다.

29 양신긍(楊愼矜, ?~747): 수 양제(隋煬帝)의 현손(玄孫)으로 당(唐) 현종(玄宗) 개원(開元), 천보(天寶) 연간에 시어사(侍御史)와 간의대부(諫議大夫), 호부시랑(戶部侍郎) 등을 역임하였다.

30 진경(陳京): 당(唐)나라 덕종(德宗) 때 급사중(給事中)으로서 이희열(李希烈)의 토벌을 위해 민가와 상인들에게 중세하는 정책을 시행하였다.

31 배연령(裵延齡, 728~796): 당(唐) 정원(貞元) 8년(792) 호부시랑판탁지(戶部侍郎判度支)에 제수되어 백성들에게 가혹하게 부세하여 공적을 인정받았다.

나라를 망가뜨린 경우도 있었다. 이 때문에 육선공(陸宣公)[32]이 말하기를, '백성은 나라의 뿌리이고 재물은 백성의 마음이다. 그러므로 백성의 마음이 상하면 나라의 뿌리도 상하고, 뿌리가 상하면 줄기와 가지가 시들어 결국 뿌리 밑바닥이 상하여 뽑히게 된다.'라고 하였던 것이다. 여공저(呂公著)[33]도 말하기를, '소인들이 세금을 거두어 군주의 욕심을 채워 주기 때문에 군주가 그 실상을 깨닫지 못하게 된다. 따라서 나라에 이익이 된다고 여기지만, 결국에는 이것이 해가 된다는 사실을 모르기 때문에 심지어는 충성을 다했다는 이유로 상을 내리기까지 하지만 그것이 오히려 크나큰 불충(不忠)이라는 점을 알지 못한다. 또한 백성들의 원망을 잘 감당했다는 점을 가상히 여기지만 그 원망이 결국에는 위로 되돌아온다는 점도 알지 못한다.'라고 하였던 것이다. 이 두 사람의 말은 《대학》의 이 구절이 어떤 취지인지를 깊이 있게 풀이하고 있으니, 나라를 운영하는 군주가 어찌 이를 잘 살피지 않을 수 있겠는가?"

朱熹曰: "聚斂之臣剝民之膏血以奉上, 而民被其殃; 盜臣竊君之府庫以自私, 而禍不及下. 仁者之心至誠惻怛, 寧亡己之財, 而不忍傷民之力, 所以與其有聚斂之臣寧有盜臣, 亦絜矩之義也."

又曰: "此言菑害並至, 無如之何, 何也? 曰: 怨己結於民心, 則非一朝

---

32 육선공(陸宣公, 754~805): 당(唐)나라의 저명한 정치가이자 문학가 육지(陸贄)로, 시호(諡號)는 선(宣)이다. 정원(貞元) 8년(792) 재상이 되었다. 배연령(裴延齡)과 갈등으로 인해 충주(忠州) 별가종사사(別駕從事史)로 좌천되었다가 임지에서 세상을 떠났다.

33 여공저(呂公著, 1018~1089): 송대(宋代) 원우(元祐) 연간에 상서우복야(尙書右僕射)에 제수되어 사마광(司馬光)과 정국을 이끌었다. 시호(諡號)는 정헌(正獻)이다.

一夕之可解矣. 聖賢深探其實而極言之, 欲人有以審於未然而不爲, 無
及於事之悔也. 以此爲防人, 猶有用桑弘羊·孔僅·宇文融·楊愼矜·陳
京·裴延齡之徒以敗其國者, 故陸宣公之言曰: '民者邦之本, 財者民之
心, 其心傷則其本傷, 其本傷則枝幹凋瘁而根柢蹶拔矣.' 呂正獻公之言
曰: '小人聚斂以佐人主之欲, 人主不悟, 以爲有利於國而不知其終爲害
也, 賞其納忠而不知其大不忠也, 嘉其任怨而不知其怨歸於上也.' 若二
公之言可謂深得此章之指者."

진덕수(眞德修)가 말하였다.[34]

"근래 이른바 이재(理財)에 밝다는 자들은 어찌 이러한 원리를 모르
는가? 백성들이 이미 병들어 있는데도 세금을 가혹하게 징수하는 것
은 날로 더해지니, 이는 가죽이 다 닳아 없어져 털조차 붙어 있을 곳
이 없다는 사실을 모르는 것이다. 이처럼 기묘한 방법을 새로 개발하
여 어리석은 백성을 억지로 옭아매어 탐욕스럽게도 두 배가 남는다
는 핑계로 세금을 내도록 하는데, 이는 조삼모사(朝三暮四)가 전혀 도움
이 되지 못한다는 사실을 모르는 것이다. 따라서 맹자는 '자신이 군주
를 위해 나라의 창고를 채울 수 있다고 말하는 자들이 있는데, 지금은
이들을 훌륭한 신하[良臣]라고 칭하지만 옛날에는 이를 백성들의 적[民

---

34 진덕수(眞德修)가 말하였다: 진덕(1178~1235)의 이 말은 《서산문집(西山文集)》 권5에 나온
다. 송나라 건녕부(建寧府) 포성(浦城) 사람으로 자는 경원(景元) 또는 희원(希元), 호는 서산(西
山)이고, 시호는 문충(文忠)이다. 영종(寧宗) 경원(慶元) 5년(1199) 진사(進士)가 되었다. 《대학
연의(大學衍義)》를 편찬했다.

賊]이라고 불렀다.'라고 하였다."[35]

眞德秀曰: "近世所謂善理財者, 何其憎此也? 元元已病, 而科斂日興, 不知皮將盡而毛無所傅也; 出新巧以籠愚民, 苟邀倍稱之入, 不知朝四暮三之無益也. 孟子曰: '我能爲君充府庫, 今之所謂良臣, 古之所謂民賊也.'"

김이상(金履祥)이 《대학소의(大學疏義)》에서 말하였다.

"나라는 천하의 나라이고, 가문은 천하의 가문이다. 따라서 군주란 천하의 나라와 집안의 수장일 뿐이니, 군주가 얻은 바는 절대로 사적인 것이 아니다. 하물며 오로지 이익만을 추구하여 이를 사사로이 소유하는 것이 어찌 가능하겠는가. 무릇 나라의 수장이 되어 오직 재용(財用)에만 힘쓰는 것은, 그 원인이 모두 소인(小人)들로부터 비롯되는 것이다. 하지만 비록 소인들이 혼란스럽게 하더라도 어찌 군주 역시 스스로 방자하여 그 해악을 더할 수 있겠는가? 이는 오로지 나라를 가진 군주가 소인들이 이익을 거론하는 것을 나라에 좋은 일이고, 백성들의 원망을 그들에게 담당하게 하는 것이 임금에게 충성을 잘하는 것이며, 또한 세금을 끌어모으는 것을 재물 관리를 잘하는 것이라 생각하기 때문이다. 이로써 군주는 국가를 위한다는 이유로 이들을 기용하여 소인들이 국가에서 일을 할 수 있게 된 것이다. 따라서 함부로 세금을 긁어모으는 자가 이르지 않는 곳이 없게 되고, 나라의 재

---

35 맹자는 … 하였다: 《맹자》〈고자 하(告子下)〉에 나온다.

앙과 피해 또한 이르지 않는 곳이 없게 된다.

이로 인해 민중은 궁핍해지고 원망을 많이 품게 되어 반란을 일으키거나 도적질을 하게 되고, 아래에서는 백성들이 등을 돌리고 위에서는 하늘이 노하게 된다. 나라가 이 지경에 이르면 더이상 회복할수가 없는 것이니, 설사 어진 군주가 그 뒤를 잇는다고 하더라도 그역시 어찌하겠는가. 대개 재물을 모으는 사람은 반드시 원한을 쌓게되고, 원한이 쌓이면 반드시 화를 부르게 마련이니, 이미 화가 닥치면회복시킬 수 없는 지경에 이르게 된다. 막심하도다! 소인이 나라에불러오는 화가 이토록 엄청난 것이다. 따라서 처음부터 신중하지 않으면 그 마지막에는 어떻게 이를 구할 수 있으리오.”

金履祥曰: “國天下之國, 家天下之家也, 君之者長之而已, 固非其所得私也, 況可專其利以自私哉? 夫爲國家之長, 而惟財用之務, 其原必起於小人, 小人雖悖, 亦豈能自肆其毒哉? 惟有國家者, 以其言利爲善於體國, 以其任怨爲善於忠君, 以其掊克爲善於理財. 是以使爲國家, 小人之得爲於國家, 所以悖取者無所不至, 而國家之菑禍患害亦將無所不至矣. 蓋民窮衆怨, 兵連盜起, 百姓畔於下, 天變怒於上, 國家至此不可複爲也已, 雖有善者以承其後, 亦將如之何哉? 蓋財之聚者有必聚之怨, 怨之聚者有必至之禍, 而禍之已至者無可回之勢. 甚矣哉! 小人之禍國家若是其烈也, 不謹之於其始, 而何以救於其終哉!”

신은 이렇게 생각합니다. 《대학(大學)》의 치국평천하를 해석하는 부분에서는 이재(理財)에 대해 거듭하여 언급하고 있습니다. 그렇다면 어찌 이처럼 성현(聖賢)이 사람들에게 이익을 추구하는 방법을 가르치고 있겠습니까. 무릇 천하를 평안하게 한다는 말은 서로 각자 바라는 바를 나누어 갖는다는 뜻입니다. 왜 그럴까요? 천하가 크다는 것은 한 사람이 재물을 쌓아 두는 데서 비롯되는데, 모든 백성들이 각자 자신의 분량을 얻게 되면 마침내 백성들은 각자 원하는 것을 갖게 되고, 이로써 천하가 평안하게 되기 때문입니다. 이 때문에 천자는 천하를 가지면 천하를 운영하는 데 필요한 경비를 가지게 되고, 필부(匹夫)는 한 집안을 꾸리면 한 집안을 운영하는 경비를 가지게 됩니다. 이때 천자의 경비는 백성에게서 거둬들인 것인데, 그렇다면 백성들의 경비는 누구에게서 거둔 것입니까? 백성들의 윗자리에 있는 군주가 백성들로부터 경비를 거둘 때는 항상 자신의 마음과 같이 백성들의 마음을 헤아려야 합니다. 그러므로 《맹자》에서 말하기를, "저들 백성의 가정에는 위로는 부모가 있고 아래로는 처자가 있으니, 하루의 식량이 없으면 굶주리게 되고, 한 해의 의복이 없으면 추위에 떨게 될 것이다."라고 하였던 것입니다.[36] 따라서 저들 가정에서는 하루 치 생계를 유지할 것이 없으면 안 되는데, 이는 나라에서 하루 치 예산이 없으면 안 되는 것과 같은 것입니다.

이처럼 군주는 백성의 마음을 헤아려 깨달아 이를 자신에게 반추하고, 백성들은 서로 간에 각자가 처한 분수를 다하게 되면, 마침내 각자가 원하는 바를 달성할 수 있습니다. 또한 한 사람도 그 삶을 유지하지 못하는 사람이 없고 한 사람도 있을 거처를 잃는 사람이 없게 되면, 천하가 평안하지 않을 수가 없게 됩니다. 이것이 바로 《대학》

---

36 맹자에서 … 것입니다:《맹자》〈진심 상(盡心上)〉에 나온다.

에서 말하는 혈구지도(絜矩之道)이고, 그 이치를 끝까지 확장하여 이루게 되면 이것이 바로 성인들이 말씀하신 인(仁)이요 또 서(恕)[37]인 것입니다. 그런데 비록 이러한 마음이 있더라도 이것을 실현하는 정치가 없으면 그것을 일러 거짓 선[徒善]이라 합니다. 이 때문에 다스리고자 하는 군주는 이재(理財)의 방법뿐만 아니라, 또한 이재를 잘할 줄 아는 사람을 갖추고 있어야 합니다. 이때 이재의 방법이란 바로 재화(財貨)를 만들어 내는 큰 원칙을 말하고, 이재를 잘할 줄 아는 사람이란 바로 세금을 가혹하게 걷는 신하를 결코 기용하지 않는 것을 말합니다. 따라서 군주는 세금을 가혹하게 걷는 신하를 기용하지 않으면서 근본을 숭상하고 절약하는 도리를 행하셔야 합니다. 그리고 자신의 마음을 미루어 남의 마음을 헤아리는 마음을 가지고 이를 백성들로부터 세금을 거두는 원칙으로 삼으시고, 또한 오직 자신이 쓸 것에만 만족하면서 분수에 넘치게 많이 구하지 말고 끊임없이 욕심을 부려 사치하지 마십시오. 이렇게 되면 군주도 그 원하는 바를 얻을 수 있을 뿐 아니라, 또한 백성들도 그 원하는 바를 달성할 수 있을 것이니, 천하가 어찌 평안하지 아니하겠습니까.

이에 대해 살펴보면, 이재(理財)에 관한 설명은《주역(周易)》〈대전(大傳)〉에서 처음 보이는데,《대학》에서는 '이(理)'라고 하지 않고 '생(生)'이라고 말한 것은 무엇 때문일까요? 아아, 재물을 이(理)라고 한 것은 아마도 사람이 각기 다르게 나눈다는 의미가 있고, 재물을 생(生)

---

37 서(恕): 공자가 말하는 인(仁)을 실현하는 방법에는 충(忠)과 서(恕)를 들 수 있다. 충(忠)은 자신의 마음을 수양하여 바르게 하는 것이라고 한다면, 서(恕)는 타인의 마음을 헤아리는 것을 의미한다. 따라서 서는 타인의 마음을 자신의 마음에 비춰 반추하여 헤아리는 것을 뜻하는 데, 이는 곧《대학》에서 말하는 '혈구지도'와 같은 의미이다.

이라고 말한 것은 생기게 하는 것이 끊임없이 이어진다는 의미를 담고 있는 것 같습니다. 따라서 생(生)으로 표현하면 재화의 근원이 끊임없이 무궁하다는 뜻이고, 이(理)로 표현하면 재물의 흐름이 서로서로 연결되어 있다는 뜻입니다. 이렇기 때문에 재물은 백성들이 가지고 있어도 부족함이 없고 군주가 사용해도 항상 남음이 있습니다. 그러므로 나라를 다스리고 천하를 평안하게 하는 도리는 여기에서 그 실마리를 구할 수 있습니다. 주희(朱熹)가 인용한 육지(陸贄)와 여공저(呂公著)가 당시 군주에게 충고한 말은 특히 절실하게 중요한 것입니다. 엎드려 청하옵건대, 폐하께서는 이를 유념하여 읽어보시기 바랍니다.

臣按:《大學》釋治國平天下之義, 諄諄以理財爲言, 豈聖賢敎人以興利哉? 蓋平之爲言, 彼此之間各得分願之謂也. 何也? 天下之大由乎一人之積, 人人各得其分·人人各遂其願而天下平矣. 是故天子有天下則有天下之用度, 匹夫有一家則有一家之用度, 天子之用度則取之民, 民之用度將取之誰哉? 居人之上者將欲取於民也, 恒以其心度民之心, 曰彼民之家上有父母·下有妻子, 一日不食則饑, 一歲無衣則寒, 彼之家計不可一日無亦猶吾之不可一日無國計也. 體民之心反之於己, 使彼此之間各止其所處之分, 各遂其所欲之願, 無一人之不遂其生, 無一人之或失其所, 則天下無不平者矣. 是則《大學》所謂絜矩之道, 推極其理卽聖門所謂仁·所謂恕也, 雖然, 有其心無其政是謂徒善, 是以願治之主不獨有理財之法, 又必有理財之人, 理財之法卽所謂生財之大道是也, 理財之人所謂聚斂之臣決不用焉. 不用聚斂之臣而行崇本節用之道, 推吾所以以心度心者以爲取民之節度, 僅足吾用而已, 不分外以多求, 不極欲以侈用, 如是, 則上之人旣得其分願而下之人亦遂其分願矣, 天下豈有不平也哉? 抑考理財之說昉之《易大傳》, 而《大學》不言理而言生, 何哉? 噫! 理之爲言有人爲分疏之意, 生之爲言有生生不窮之意, 有以生之而財之源生生不窮, 有以理之而財之流陳陳相因, 如是, 則存於民也無不足, 而用於君也恒有餘矣, 治平之道端在於此. 朱熹所引陸贄·呂公著告其君之言尤爲切要, 伏惟聖明留神玩味.

이상 이재(理財)의 도리를 총론함(상)이다.

以上總論理財之道(上)

대학연의보
(大學衍義補)

—

권21

나라의 경비를 관리함[制國用]

이재(理財)의 도리를 총론함(하)[總論理財之道(下)]

《논어(論語) 학이(學而)》에서 말하였다.

공자가 말하기를, "비용을 절약하여 백성을 사랑한다."라고 하였다.[1]

> 《論語》: 子曰: "節用而愛人."

양시(楊時)[2]가 말하였다.

"《주역》에, '절약하는 것을 법도(제도)로 삼으면, 재물을 상하지 않

---

1 공자가 … 사랑한다:《논어》〈학이(學而)〉에 공자가 "천승(千乘)의 나라를 다스림에 있어서
   는, 정사를 경건하게 처리하여 신뢰가 있게 하며, 비용을 절약하여 백성을 사랑하며, 백성
   을 부리되 때에 맞게 해야 한다.[子曰: 道千乘之國, 敬事而信, 節用而愛人, 使民以時.]"라고 하였다.

2 양시(楊時, 1053~1135): 북송의 성리학자로 민학(閩學)의 창시자이다. 남검주(南劍州: 현재의 복
   건성) 장락현(長樂縣) 출신이다. 자는 중립(中立), 호는 구산선생(龜山先生)이다. 그는 정호(程
   顥)・정이(程頤)에게 사사하여 이들의 학문을 계승하였고, 특히 정호의 우주관에 따라 기일
   원론(氣一元論)을 주장하였다. 이정의 학문은 양시와 나종언(羅從彦)・이동(李侗)을 거쳐 주희
   (朱熹)에게 전수되었다. 따라서 그는 송대 성리학 발전에 교량역할을 담당하여 유초(游酢)・
   여대림(呂大臨)・사량좌(謝良佐)와 더불어 '정문사선생(程門四先生)'으로 불렸다. 또한 남검주
   출신 나종언(羅從彦)・이동(李侗)과 함께 '도남학파(道南學派)'로도 잘 알려져 있다. 그의 대표

고 백성도 해치지 않는다.'³라고 하였다. 그런데 사치스럽게 쓰면 재물을 상하고, 재물을 상하면 반드시 백성을 해치게 되니, 그러므로 백성을 사랑하는 것은 먼저 반드시 절용해야만 한다."라고 하였다.

> 楊時曰: "《易》曰: '節以制度, 不傷財, 不害民'. 蓋侈用則傷財, 傷財必至於害民, 故愛民必先於節用."

주희(朱熹)가 말하였다.

"나라의 경비는 모두 백성으로부터 나오는 것이니, 만약 이를 절약하지 않아서 그 용도에 모자람이 있게 되면, 반드시 백성에게 세금을 함부로 거둬들이는 것을 먼저 하게 될 것이다. 이로써 비록 사람을 사랑하는 마음이 있다고 하더라도 백성은 그 혜택을 입을 수 없게 된다. 그러므로 백성을 사랑하려는 사람은 먼저 쓰는 것을 반드시 절약해야 하는데, 이는 바꿀 수 없는 원리이다."

> 朱熹曰: "國家財用皆出於民, 如有不節而用度有闕, 則橫賦暴斂必先有及於民者. 雖有愛人之心, 而民不被其澤矣. 是以將愛人者必先節用, 此不易之理也."

적인 저술로는 《이정수언(二程粹言)》, 《구산집(龜山集)》, 《구산어록(龜山語錄)》 등이 있다.

3 절약 … 않는다: 《주역》 〈절괘(節卦)〉에 나온다.

신은 이렇게 생각합니다. 제왕이 다스리는 데 필요한 도리는 공자가 말씀하신 이 말씀에서 벗어나지 않습니다. '백성을 사랑한다'는 이 한 마디의 말씀은 만세의 백성을 다스리는 근본이며, 또한 '경비를 절제한다'는 이 한마디의 말씀은 만세의 이재(理財)에 필요한 요체입니다.

臣按: 帝王爲治之道, 不出乎孔子此言. '愛之' 一言, 萬世治民之本, '節之' 一言, 萬世理財之要.

맹자(孟子)가 말하였다.[4]

"정사(政事)가 잘 이루어지지 못하면, 곧 재용(財用)도 부족해진다."

孟子曰: "無政事, 則財用不足."

주희가 말하였다.

"재물을 생기게 하는 도리가 없고, 이를 취하는 법도가 없으며, 이를 쓰는 것에도 절제가 없기 때문이다."

朱熹曰: "生之無道, 取之無度, 用之無節故也."

---

4 맹자(孟子)가 말하였다:《맹자》〈진심 하(盡心下)〉에 나온다.

신은 이렇게 생각합니다. 나라에서 재용(財用)이 부족한 것을 걱정할 것이 아니라, 오직 정사(政事)가 바로 서지 않는 것만을 걱정해야 합니다. 이른바 정사를 바로 세우는 것은 재물을 일상적인 조세 외에 어찌 다른 것에서 찾을 수 있겠습니까. 그러므로 재물을 생기게 하는 도리가 있고 재물을 취하는 법도가 있으며, 이를 쓰는 데도 절제하는 것 뿐입니다.

> 臣按: 國家不患財用之不足, 惟患政事之不立. 所謂立政事者, 豈求財於常賦之外哉? 生之有道, 取之有度, 用之有節而已.

조간자(趙簡子)가 윤탁(尹鐸)에게 진양(晉陽)을 다스리게 하니, 윤탁이 청하여 말하기를, "견사(繭絲)[5]를 생각하십니까? 아니면 보장(保障)[6]을 할까요?"라고 하였다. 간자(簡子)가 말하기를, "보장으로 해야 한다."고 하였다. 이에 윤탁은 진양의 호수를 줄였다.[7]

> 趙簡子使尹鐸爲晉陽, 請曰: "以爲繭絲乎, 抑爲保障乎?" 簡子曰: "保障哉." 尹鐸損其戶數.

---

5 견사(繭絲): 누에가 실을 뽑듯이 세금을 계속해서 거둬들여 백성을 착취하는 것을 뜻한다.
6 보장(保障): 변방 지역 등을 대상으로 일상적인 세금보다 적게 거두어 백성들의 삶을 보장하게 하는 것을 뜻한다.
7 조간자(趙簡子)가 … 줄였다: 사마광(司馬光), 《자치통감(資治通鑑)》 권1 〈주기(周紀)〉 위열왕(威烈王) 23년(기원전 403)의 기사에 나온다.

호인(胡寅)[8]이 말하였다.

"견사(繭絲)라는 것은 세금을 끊임없이 거둬들여 거둘 수 있을 만큼 모두 다 거둔 후에야 이를 그치는 것을 뜻한다. 윤탁은 비록 적게 거두었지만 마음이 지혜롭고, 간자(簡子)는 비록 세금을 중하게 거두었지만 길게 고려하였다. 그리하여 이들 이후로 무휼(撫恤)[9]은 지씨(智氏)[10]의 공격을 받게 되자, 마침내 진양에서 몸을 의탁하여 죽음을 면할 수가 있었으니, 하물며 천하를 위하는 군주는 어떻겠는가?

그런데 후세에 와서 나라를 도모하는 군주들은 백성을 사랑하고 농업에 힘쓰라는 말을 고리타분한 유자(儒者)들의 상투적인 말로 여기고, 세금을 거둬들여 쌓아 두는 일을 때마다 대처하는 긴급한 업무로 삼았다. 이로써 모든 강과 바다, 숲이 우거진 늪지, 물고기와 소금, 금과 돌, 차 등의 이익은 모두 군주가 다스리는 것에서 풀어놓은 것이었지만, 법을 만들고 영(令)을 시행하여 독점적으로 취하지 않는 것이 없게 되었다. 이전에는 백성이 부유하면 많이 거둘 수 있어서, 이로써 나라가 이미 부유하게 되고 나면 백성이 빈곤하게 되어 거두는 일이 없었다. 또한 이전에는 나라가 부유하면 함부로 경비를 쓸 수가

---

8 호인(胡寅, 1098~1157): 송나라의 유학자이다. 숭안(崇安: 지금의 무인산) 출신으로, 자는 명중(明仲), 호는 치당(致堂)이다. 그는 숙부인 당대의 저명한 학자 호안국(胡安國)의 양자가 되었다. 양시(楊時)에게서 학문을 배워 성학(聖學)의 근본은 심(心)에 있다는 심학(心學)을 강조하였다. 특히 당시 황제에게 '만언서(萬言書)'를 올려 금나라와의 화의를 반대하기도 하였다. 대표적인 저서로는 《논어상설(論語詳說)》, 《독사관견(讀史管見)》, 《비연집(斐然集)》 《서고천문(敍古千文)》 등이 있다.

9 무휼(撫恤): 조간자(趙簡子)의 작은 아들이다.

10 지씨(智氏): 전국 시대 진(晉)나라의 대부 지선자(智宣子)와 그 아들인 지요(智瑤)와 지과(智果)의 집안을 말한다.

있었지만, 이미 백성이 소진하여 나라가 빈곤하게 되면 경비를 쓸 수 있는 것이 없었다. 그런데 천하는 넓어서 여기서 거두는 9공(九貢)[11]의 수입이 있었는데, 한나라의 문제(文帝)와 경제(景帝) 시대에는 1/30세를 유지하였으며, 또한 세금도 거의 다 면제하였음에도 불구하고 국고가 비었다고 걱정하는 것을 들어 보지 못했다. 또한 당나라 명황(明皇)[12]과 덕종(德宗)도 이 세율을 유지하였는데, 당시 큰 도적들에 의해 나라가 매우 위급하고 경황이 없게 됨으로써[13] 도정하지 않은 거친 벼와 보리밥을 먹고, 심지어는 무 뿌리를 씹으면서 배가 부르지 않아도, 세금을 마구 거둬들여 이익을 취했다는 말을 듣지 못했다. 어떻게 나라의 경비를 함부로 사용하여 그 생각하는 것이 조간자와 윤탁에도 미치지 못할 수 있겠는가. 또한 어찌 견사를 하여 금방 쓰는 일에만 급급하고, 세금을 적게 거둬 백성을 보장(保障)할 수 있는 커다란 계획에는 소홀할 수 있겠는가."

胡寅曰: "繭絲者取之不息, 至於盡而後止也. 尹鐸雖少而心智, 簡子雖貴而慮長. 其後無恤爲智氏所攻, 卒於晉陽托身而得免, 況爲天下者乎? 而後世謀國者以愛民敦本爲腐儒常談, 以聚斂積實爲應時急務, 凡江

---

11 9공(九貢): 아홉 가지 공물을 뜻한다. 《주례(周禮)》에 따르면 '9부(九賦)'라고도 하는데, 이는 직업에 따른 세금을 통칭한다.

12 명황(明皇): 당나라 현종을 지칭한다. '명황(明皇)'은 현종의 시호인 '益至道大聖大明孝皇帝'에서 따온 것으로, 특히 시문에서는 이 호칭을 많이 사용하고 있다.

13 큰 … 됨으로써: 대표적인 사건으로는 755년~763년에 일어난 절도사 안사(安史)의 난이다. 8년간 지속된 이 난으로 인해, 당시 인구가 대폭 감소한 것으로 알려질 정도로 그 폐해는 매우 심각하였다. 결국 이를 계기로 당나라는 균전제도를 혁파하고 양세법(兩稅法)을 시행하는 등 전면적으로 세제를 개혁하였다.

海·山林·藪澤·魚鹽·金石·茗荈之利皆王政所弛者, 設法著令無不榷取. 昔也民富可以多取, 旣而國富則民貧而無可取矣; 昔也國富可以橫費, 旣而民盡則國貧而無可費矣. 以四海之大, 九貢之入, 文·景守之則三十稅一, 又且盡蠲, 不聞空匱之患; 明皇·德宗守之則爲大盜所迫, 倉皇奔竄, 食糲麥飯·啖蕪菁根而不能飽, 不聞掊克之益, 何輕用其國而慮不及趙簡子與尹鐸哉? 何急急於繭絲之近用而忽於保障之大計哉?"

신은 이렇게 생각합니다. 견사(繭絲)는 주로 토지세인 조세를 일컫는 것이며, 보장(保障)은 세금을 적게 거두어 울타리처럼 백성을 보호해 주는 것을 일컫는 것입니다. 윤탁의 뜻은 조세를 거두는 데 있는 것이 아니라 울타리처럼 백성을 보호해 주는 것에 있었기 때문에, 간자는 그의 뜻을 알아 이를 따랐고 윤탁은 진양을 지키기 위해 그 호수(戶數)를 줄였던 것입니다. 그 후에 간자의 아들 과(果)는 그 아비의 뒷받침에 힘입어 백성을 보장할 수 있는 실질적인 방안의 원인을 찾아 단지 백성의 호수를 줄였을 뿐입니다. 무릇 나라가 견고하게 보장될 수 있었던 까닭은 백성의 인구수가 많기 때문인데, 이제 와서 이를 보장하기 위해 백성의 호수를 줄이는 것은 어째서입니까?

대체로 호수가 일단 증가하게 되면 백성들은 각자 한 집안[門戶]을 따로 만들어 세우게 되는데, 여기에 세금을 취하면 이미 역(役)이 중복되고 또한 분가한 집마다 애써 재물을 거두게 됩니다. 이에 따라 민생은 날마다 소진하게 되고 민심은 날로 흩어져서 자주 원망하는 마음이 생겨나 배반하게됩니다. 그런데 이제 그 호수를 줄이게 되면 한 집안에서 한 사람의 장정[丁]은 관청에서 징수하는 세량을 내게 되지만, 그 나머지 장정들은 자신의 집안을 꾸려가는 데 필요한 의식비와 생계비가 이미 넉넉하게 됨으로써 그 이익을 더욱 깊게 느끼게 될 것입니다. 그러므로 이들은 오로지 군주가 일단 자신을 버리고 다른 사람들에게 가서 자신을 불쌍히 여기지 않을까 두려워하게 됩니다. 그러므로 혹시라도 나라가 어려움을 당하게 되면 힘을 다해 군주를 지키고 몸을 바쳐 적에 대항하게 되니, 나라를 위해 이들에게 보장하는 것이야말로 이들에게 그 지극함을 다하지 않을 수 없게 만드는 것입니다.

그런데 백성에게 끊임없이 세금을 거둬들이는 견사(繭絲)는 이와 다릅니다. 백성의 힘이 다 소진하도록 이들을 부리고 백성들의 재물이 바닥이 나도록 거둬들일 뿐 아니라, 토지에 이미 토지세를 징수하였어도 여기서 기르고 생산한 것을 다시 징수하니, 심지어는 산과 늪지에서 나는 것이나 먹고 마시는 데 필요한 것에 대해서도 하나라도 세금이 없는 것이 없습니다. 예컨대 여공이 누에를 키우고 길게 명주실로 짜는 것에도, 실을 다 짜내어 번데기가 보이지 않을 정도로 끝까지 세금 징수를 중단하지 않았습니다. 따라서 호씨[胡氏: 호인(胡寅)]가 말하는 '도리를 해치는 사람'[14]이란 어찌 이러한 사람들이 아니겠습니까?

이처럼 군주가 도리를 해치면서 백성을 대하면, 백성도 역시 도리에 어긋나게 이에 대응하여, 마치 작은 벌레가 요동치듯이 계속해서

---

14 적도(賊道): 이 말은 원래 《맹자》〈진심 상(盡心上)〉에서 양자(楊子)와 묵자(墨子), 공자를 비교하는 내용에서 나오는 것으로, 도(道)를 해치는 사람을 의미한다.

눈을 흘겨 군주의 눈치를 보게 되기 때문에 백성들은 오직 혹시라도 빨리 사라지지 않는 것을 걱정할 뿐이니, 하물며 그들을 위해 보장할 것이라고 어찌 기대할 수 있겠습니까?

臣按: 繭絲主賦稅而言, 保障指藩籬而言. 尹鐸之意不在賦稅在乎藩籬, 簡子知其意而從之, 鐸守晉陽損其戶數. 其後簡子之子果賴其庇, 然求其所以爲保障之實不過損民之戶數而已. 夫國家所以爲保障之固者, 以其民戶之衆也, 今欲其保障而乃損其戶數, 何哉? 蓋戶數一增則民間各自立門戶, 取之旣多役之複衆, 力分而財聚, 民生所以日耗, 民心所以日離, 往往生其怨懟之心而背畔也. 今損其戶數, 則一夫應公家之征求, 餘夫營私家之衣食, 生理旣厚, 感戴益深, 惟恐上之人一旦舍我去而他人來不我恤也. 一遇國家有難, 竭力以衛上, 捐軀以拒敵, 凡可以爲國家保障者, 無所不用其極焉. 彼其以民爲繭絲者則異乎是, 盡民之力而役之, 罄民之貲而取之, 旣征其田畝, 又征其畜產, 與夫山澤之所出·飲食之所需, 無一不有稅焉. 譬則工女之繰絲, 縷縷而紬繹之, 非見蛹不止也. 胡氏所謂賊道者, 豈非斯人也哉? 上以賊道待下, 下亦以賊道應之, 肙肙然側目以視其上, 惟恐其去之不速也, 況望爲之保障哉?

당나라 육지(陸贄)가 말하였다.[15]

"땅의 힘은 사물을 아주 많이 생겨나게 하지만, 사람이 사물을 이루게

---

15 육지(陸贄, 754~805): 당나라 오군(吳郡) 가흥[嘉興: 지금의 절강(浙江) 가흥] 출신으로, 자는 경여(敬輿)이다. 시호인 선(宣)을 따서 육선공(陸宣公)으로 불렀다. 당 덕종(德宗) 시기에 재상을 지

하는 것은 큰 한계가 있게 마련이다. 그러므로 이를 거두는 것에 법도가 있고, 이를 쓰는 데에도 절제가 있으면 늘 족하게 되지만, 이를 거두는 데에 법도가 없고 이를 쓰는 데에도 절제가 없으면 늘 부족하게 된다. 사물이 생겨나는 것이 풍족한지 그렇지 않은지는 하늘에 달려 있고, 사물을 많이 사용하고 적게 사용하는 것은 사람에게 달려 있다. 그러므로 선왕들은 그 기준을 세워 수입을 고려하여 지출을 정하였으니, 이로써 비록 재난을 당하여도 백성이 곤궁하지 않게 되고, 이미 쇠했던 것을 잘 다스려서 곧바로 그 반대의 상태로 만들었다.

걸(桀)[16]은 천하를 전부 사용하여도 부족했지만, 탕(湯)[17]은 70리를 사용해서도 남음이 있었으니, 이는 사용하는 경비가 창고에 가득 차고 비는 것은 바로 절제하느냐 절제하지 않느냐에 달려 있다. 즉 절제하지 않으면 가득 차더라도 반드시 고갈되고, 절제할 수 있으면 비록 창고가 비어 있어도 반드시 가득 차게 된다."

唐陸贄曰: "地力之生物有大數, 人力之成物有大限. 取之有度, 用之有節則常足; 取之無度, 用之無節則常不足. 生物之豊敗由天, 用物之多少由人. 是以先王立程, 量入爲出, 雖遇菑難下無困窮, 理化旣衰則乃反是. 桀用天

냈다. 특히 그는 양세법(兩稅法)을 반대한 인물로 잘 알려져 있다. 의학에도 조예가 깊었다. 저서로는 《육선공집(陸宣公集)》, 《육선공주의(陸宣公奏議)》, 《한원집(翰苑集)》 등이 전해지고 있다. 이 말은 《육선공주의》에 실려 있다.

16 걸(桀): 하(夏)나라의 마지막 군주로, 이름은 이계(履癸)이다. 상(商)나라의 주왕(紂王)과 더불어 중국 역사에서 폭군의 대명사로 알려져 있다. 《史記 卷3 殷本紀》.

17 탕(湯): 하나라의 마지막 군주인 걸(桀)을 제거하고 상(商)나라를 세운 어진 군주로 잘 알려져 있다.

下而不足, 湯用七十裏而有餘, 是乃用之盈虛在於節與不節耳, 不節則雖盈
必竭, 能節則雖虛必盈."

신은 이렇게 생각합니다. 육지(陸贄)가 자신의 군주에게 진언했던 한
구절 가운데 나오는 이 말은 진실로 만세의 모든 군주들이 씀씀이를
절제하고 재정을 풍요롭게 하는 핵심적인 도리입니다. 절제하느냐
절제하지 않느냐는 군주가 덕을 닦았는지 그렇지 아닌지를 입증하는
증거입니다. 또한 나라의 창고가 가득한지 비어 있는지는 백성을 편
안하게 하는지 곤고하게 만드는지를 결정하는 근본 원인인 동시에,
나라의 안정과 어지러움의 바탕이기도 합니다.

육지(陸贄)는 이 말을 그의 군주 앞에서 고하였는데, 이는 위(衛)나라
의 문공(文公), 한나라의 문제(文帝), 당나라의 태종(太宗) 세 사람의 군주
처럼 이들이 처음에는 가난하고 곤궁하였지만, 마침내는 풍족한 복
을 누릴 수 있게 된 것을 언급한 것입니다. 따라서 그는 군주가 절제
할 수 있다면 비록 나라의 창고가 비어 있더라도 반드시 가득하게 되
는 결과를 초래한다는 사실을 밝힘으로써, 그 효과를 자신의 군주에
게 권면한 것입니다. 한편, 진(秦)나라의 시황(始皇), 한(漢)나라의 무제
(武帝), 수(隋)나라의 양제(煬帝) 세 사람의 군주는 비록 경비가 풍부하고
넉넉하게 출발하였지만 마침내는 경비가 쪼그라들어 망하게 되었으
니, 이처럼 군주가 절제할 수 없으면 비록 창고가 가득 차더라도 반드
시 고갈되는 결과를 초래한다는 것을 보여 줌으로써, 군주에게 이를
경계하였던 것입니다.

그는 또한 말미에서 말하기를, "진나라 시황제와 수나라 양제는 이를 깨닫지 못하여 나라가 멸망하게 되었고 한나라 무제는 도중에 이를 후회하여 나라를 보존할 수 있었으니, 이처럼 잘못을 깨닫는 것과 깨닫지 못하는 것, 그리고 각성하는 것과 각성하지 못하는 것에는 그 득(得)과 실(失)에서 너무나 큰 차이가 있을 뿐만 아니라 또한 나라가 보존되고 망하게 되는 차이가 있으니, 어찌 이를 생각하지 않을 수 있으며 또한 두려워하지 않을 수 있겠습니까?"라고 하였습니다. 이것이야말로 그가 그의 군주를 개과천선(遷善改過)하게 하는 계기를 열어 준 것입니다.

아! 후세의 영명하고 자애로운 군주들은 이처럼 민생(民生)를 보장하고 나라의 명맥을 오랫동안 이어가는 데 그 뜻을 두고자 한다면, 마땅히 그가 말한 이 말을 마음속에 깊이 새겨, 육지(陸贄)가 인용한 여섯 사람의 군주들 중에서 절제하는 사람과 절제하지 않은 사람을 경계로 삼아 이를 바르게 생각하고 두려워해야 합니다. 이렇게 되면 종묘와 사직의 영령과 백성들이 이에 의지하여 편안하게 쉬고 살아갈 수 있을 것입니다.

臣按: 陸贄進言於其君所謂節之一言, 誠萬世人君制用豊財之要道也. 節與不節是蓋君德修否之驗, 府庫盈虛之由, 生民休戚之本, 國家治亂之基. 贄既卽此言告其君於前, 復卽衛文公·漢文帝·唐太宗三君始由艱窘而終獲豊福, 以著其能節則雖虛必盈之效, 以爲其君勸; 秦始皇·漢武帝·隋煬帝三君始由豊厚而終以蹙喪, 以著其不能節則雖盈必竭之效, 以爲其君戒. 其末又曰: "秦隋不悟而遂滅, 漢武中悔而獲存, 乃知懲與不懲·覺與不覺, 其於得失相遠, 復有存滅之殊, 安可不思·安可不懼?"是又開其君以遷善改過之機也. 吁! 後世之英君誼主, 有志於保民生·壽國脈者, 當以節之一言佩服於心, 而以贅所引之六君, 節與不節者以爲勸戒而是思是懼, 則宗社之靈長·生靈之安養實有賴焉.

소식(蘇軾)이 말하였다.[18]

"나라를 다스리는 데는 세 가지 방안이 있는데, 즉 영구적인 방안, 일시적인 방안, 한 달도 못 미치는 방안 등이다. 옛날에는 3년 동안 경작하면 반드시 1년간의 경비를 비축하였으니, 이를 30년으로 통산하면 9년 동안 굶주림이 없게 되는 셈입니다. 이로써 해마다 수입은 충분히 쓰고도 남음이 있고 9년간의 비축분은 늘 남아서 쓰지 않게 되니, 갑자기 수재와 한재가 닥치는 변란이나 도적이 발생하는 걱정거리가 있더라도 관청에서는 이를 자체적으로 처리할 수 있어 백성은 이를 알지도 못했다. 이와 같이 하면 하늘도 백성에게 재해를 입게 하지 못하며, 땅도 백성을 빈곤하게 만들지 못하며 도적도 백성을 어렵게 하지 못하니, 이것야말로 만세의 방안인 것이다. 그런데 이렇게 할 수 없을 때는 한 해의 수입이 오직 한 해의 지출을 하기에 족할 뿐이고, 천하가 생산하는 것도 겨우 천

---

18 소식(蘇軾)이 말하였다: 소식(1036~1101)은 북송의 유학자로서 사천(四川)성 미산(眉山) 출신이다. 자는 자첨(子瞻), 호는 동파(東坡)이다. 그는 왕안석의 신법에 반대하여 투옥되기도 하였다. 그는 성(性)에 선악이 있는 것이 아니라 정(情)에 의해 비롯된다고 주장하여 고자(告子)의 학설을 선양하였고, 시사(詩詞)에도 능했던 당송팔대가(唐宋八大家)의 한 사람이다. 대표적인 저서로는 《동파문집(東坡文集)》, 《구지필기(仇池筆記)》, 《역서전(易書傳)》, 《논어설(論語說)》 등이 있다.

하가 사용하는 것을 공급하기에만 족하게 되니, 평상시에는 비록 백성에게서 혹독하게 세금을 거두는 지경에까지 이르지 않는다고 하더라도 나라가 위급하게 되면 과중한 세금을 면하기 어렵게 된다. 따라서 나라는 잠잠할 수는 있어도 움직일 수는 없게 되고, 또한 안일해질 수는 있어도 노력을 다할 수 없게 되니, 이것이 바로 일시적인 방안이다. 가장 저급한 방안은 아무것도 꾀하지 않은 것인데, 지출을 헤아려 수입을 정하고 쓰는 것이 모자라면 더 많이 거두며, 천하가 편안하고 큰 환난이 없으면 나라를 쇠퇴하게 하는 별별 구차한 방법을 다 동원하여 세금을 거둠으로써, 나라가 일단 위급하게 되면 여기에서 어떻게 더 해야 하는지 그 방안조차 알지 못하니, 이것을 일컬어 한 달도 못 채우는 방안이라 하는 것이다."

蘇軾曰: "爲國有三計, 有萬世之計, 有一時之計, 有不終月之計. 古者三年耕必有一言【年】之蓄, 以三十年之通計, 則可以九年無饑也, 歲之所入足用而有餘. 是以九年之蓄常閒而無用, 卒有水旱之變・盜賊之憂, 則官可以自辦而民不知. 如此者, 天不能使之蓄, 地不能使之貧, 盜賊不能使之困, 此萬世之計也. 而其不能者, 一歲之入, 才足以爲一歲之出, 天下之產, 僅足以供天下之用, 其平居雖不至於虐取其民, 而有急則不免於厚賦, 故其國可靜而不可動・可逸而不可勞, 此亦一時之計也. 至於最下而無謀者, 量出以爲入, 用之不給則取之益多, 天下晏然無大患難而盡用衰世苟且之法, 不知有急則將何以加之, 此所謂不終月之計也."

신은 이렇게 생각합니다. 옛날부터 지금까지 국용(國用)을 관리하는 큰 방침에는 소식의 이 말이 가장 적당합니다. 군주는 조종(祖宗)의 대통을 이어받아 백성의 주인이 되어, 토지를 통해 재화를 생산하는 것으로 삼고 백성을 통해 재물을 생기게 하며 신하를 통해 재물을 다스리도록 하였으니, 나라에 아무 일이 없을 때에 마땅히 나라에서 시행할 사업의 수단을 미리 강구하여 만세의 방안으로 삼아야 합니다. 그런데 불행하게도 나라의 수입이 지출하기에만 족할 뿐이고 또한 땅에서 나는 생산도 겨우 쓰기에만 족할 경우에는, 군주 스스로 경비를 뼈아플 정도로 줄이고 절약에 힘써서 중단할 수 있는 사업은 중단해야 하며, 또한 부득이 반드시 써야 할 것만 쓰고 마땅히 쓰지 않아도 될 것은 쓰지 않아야 합니다.

그뿐 아니라, 유익하지 않는 일에는 재정을 소모하지 않고 쓸데없는 곳에는 재정을 쓰지 않으며 공로가 없는 사람에게는 재정을 지원해 주지 않아야 합니다. 이와 같이 하면 나라의 재정 회계가 한 달도 못 가는 방안을 세우지 않게 될 뿐만 아니라, 이른바 일시적인 방안도 또한 이를 잘 경영하고 운영하여 아주 작은 것도 쌓이고 쌓이면 많아지게 되고, 아침저녁으로 늘 이렇게 하면 작은 것이 크게 되고 적은 것이 쌓이면 많게 됩니다. 이로써 하루의 경비가 부족하지 않게 되고 매달의 경비가 남게 되니, 이렇게 한 해를 거듭하여 3년을 쌓으면 1년의 비축이 있게 되고 이렇게 9년을 쌓으면 3년분이 남게 되며, 30년을 쌓으면 10년분이 비축되게 됨으로써, 영원히 자손들을 위해 무궁한 방안이 될 것입니다. 그러므로 이른바 "하늘도 재해를 만들 수 없고 땅도 백성을 가난하게 할 수 없으며, 사람도 이들을 어렵게 할 수 없다."라고 한 이 말이 필연적이라는 사실을 어찌 믿지 않을 수 있겠습니까?

臣按: 古今制國用之大略, 蘇軾此言盡之矣. 人君承祖宗之統, 爲生靈之主, 有土地爲之産財, 有黎庶爲之生財, 有臣工爲之理財, 當夫國家無事之時, 豫爲國家先事之具, 以爲萬世之計可也. 不幸所入才足以爲出, 所産僅足以爲用, 吾則痛加抑損·力爲撙節, 可已則已, 非不得已必已可用則用, 非必當用不用, 不耗其財於無益之事, 不費其財於無用之地, 不施其財於無功之人. 如此則所以爲國計者, 非但不爲不終月之計, 而所謂一時之計者, 方且經之營之, 寸積銖累, 朝斯夕斯, 由小而致大, 積少而成多, 日計不足, 月計有餘, 歲複一歲, 積三年而有一年之儲, 由九年而致三年, 由三十年而致十年, 由是而致夫百千萬年以爲子孫無窮之計. 所謂天不能菑、地不能貧、人不能困之者, 豈不信其必然哉.

소철(蘇轍)이 말하였다.[19]

"오늘날의 방안은 재정을 풍부하게 하는 것보다 더 중요한 것은 없으니, 이른바 재정을 풍부하게 한다는 것은 결코 재정만을 추구하여 이익을 보려는 것이 아니라, 재정을 해치는 일을 없애는 데 있을 뿐이다. 만약 재정을 해치는 일을 최대한 다 없애지 않는다면, 재정을 통해 이익을

---

19 소철(蘇轍)이 말하였다: 소철(1039~1112)은 북송 시대의 문인·정치가로, 자는 자유(子由), 호는 동헌장로(東軒長老)·영빈유로(潁濱遺老)이다. 그는 특히 문장으로 뛰어나 부친인 소순(蘇洵), 형 소식(蘇軾)과 함께 '삼소(三蘇)'로 일컬어지며, 세 사람 모두 당송팔대가(唐宋八大家)의 반열에 올랐다. 특히 그는 강직한 성품으로 왕안석(王安石)의 신법(新法)을 반대하여 정치적으로 부침이 매우 심했다. 그의 대표적인 저서로는 《춘추집해(春秋集解)》, 《고사(古史)》, 《난성집(欒城集)》 등이 있다.

도모하려 해도 재정은 더욱 부족하게 되지만, 재정을 해치는 일을 최대한 없애 버리면 비록 풍부한 재정을 구하지 않아도 재정이 풍부하지 않게 되는 일이 있을 수 없게 된다.

　재정을 해치는 일에는 세 가지가 있는데, 첫째, 불필요하게 많은 관리이고, 둘째, 불필요하게 많은 병사이며, 셋째, 불필요하게 쓰는 비용이다. 이 세 가지 불필요한 것을 없애면 천하의 재물로 날마다 생계를 이어갈 수 있어도 재정을 축나게 하는 것이 없게 되고, 백성은 쓰기에 충족하고 나라의 창고도 차고 넘치게 되니, 군주도 이루지 않는 것이 없고 바라는 바를 뜻대로 하지 않는 것이 없게 된다."

蘇轍曰: "方今之計莫如豊財, 然所謂豊財者, 非求財而益之也, 去事之所以害財者而已. 使事之害財者未去, 雖求財而益之, 財愈不足; 使事之害財者盡去, 雖不求豊財然而求財之不豊, 亦不可得也. 事之害財者三, 一曰冗吏·二曰冗兵·三曰冗費, 三冗旣去, 天下之財得以日生而無害, 百姓充足, 府庫盈溢, 人君所爲無不成·所欲無不如意矣."

　신은 이렇게 생각합니다. 소철(蘇轍)은 재정을 풍부하게 하는 도리는 오직 재정을 해롭게 하는 것을 없애는 것뿐이라고 하였습니다. 재정을 해롭게 하는 일에는 세 가지가 있는데, 이른바 관리가 쓸데없이 많고 병사가 너무 많아 쓸데없이 많이 먹는 것인데, 이 가운데에는 비록 여러 가지 구체적인 조목이 많지만 그 핵심은 일정한 정원과 항상 필요한 숫자가 있어서, 번잡스럽고 쓸데없는 것을 없애고 그 필요한 핵심만을 남겨 재정을 해롭게 하는 것을 없앤다는 것입니다. 또한 비용이 쓸데없이 번잡하다는 것은 거쳐야 하는 곳이 너무 많을 뿐만 아니라, 새는 곳도 들쑥날쑥하여 함부로 혜택을 베푸는 것이 넘쳐나고, 건물을 수리하거나 건축하는 일을 지나치게 자주 일으키고, 또한 군주가 기도와 유흥을 어지럽게 거행하는 등 쓰지 말아야 할 경비를 쓰고주지 말아야 할 것을 주는 것입니다.

이 세 가지 피해 중에서도 쓸데없이 비용을 쓰는 피해가 특별히 심하니 어쩔 수 없이 이를 반드시 없애 버리되, 만약 쓸데없는 관리와 병사들을 전적으로 다 없앨 도리가 없다면, 단지 쓸데없는 비용 중에서 그 완급과 경중을 고려하여 없앱니다. 이른바 쓸데없는 것은 있어도 괜찮고 없어도 괜찮은 것을 모두 일컫는 것입니다. 있어도 되고 없어도 되는 사안에 대해서는 차라리 없애고 놔두지 않는 편이 나라의 재정을 해치지 않는 것입니다.

臣按: 蘇轍論豊財之道, 去其害財者而已. 害財之事有三, 所謂吏之冗員·兵之冗食, 其中節目雖多, 然大要有定, 名有常數, 除其繁冗而存其切要, 害斯去已. 惟所謂費之冗雜者, 則途轍孔多, 竅臼不一, 橫恩濫賜之溢出, 修飾繕造之泛興, 禱祈遊玩之紛擧, 不當用而用, 不可予而予. 三害之中冗費之害尤大, 必不得已而去之, 吏·兵無全去之理, 惟費之冗者則可權其緩急輕重而去之焉. 凡所謂冗者, 有與無皆可之謂也, 事之至於可以有可以無, 吾寧無之而不有焉, 則不至害吾財矣.

증공(曾鞏)이 말하였다.[20]

"재정을 사용함에 있어서 이를 절제하면 천하는 비록 가난하더라도 부유하게 바뀌게 되지만, 재정을 사용함에 있어서 절제하지 않으면 천하가 설사 부유하더라도 또한 가난하게 바뀌게 된다. 한나라와 당나라의 초기에는 나라의 재정이 어려웠지만, 한나라 문제와 당나라 태종은 경비를 사용함에 있어서 절약하였기 때문에 공사(公私)의 경비가 남음이 있어서 나라가 부유하게 되었다. 그런데 한나라와 당나라의 전성기에는 나라의 경비가 풍요로웠지만, 한나라 무제와 당나라 현종은 절약하는 것을 법도로 삼지 않았기 때문에, 마침내는 공사의 경비가 고갈되어 나라가 가난하게 되었다. 또한 송나라의 경덕[景德: 진종(眞宗)의 연호], 황우[皇祐: 인종(仁宗)의 연호], 치평[治平: 영종(英宗)시기의 연호] 연간을 비교해 보면, 경덕 연간의 인구는 730만 호, 경작지(墾田)는 170만 경(頃)이고, 황우 연간의 인구는 1,090만 호, 경작지는 225만 경이며, 치평 연간의 인구는 1,290만 호, 경작지는 430만 경이었다.

한편 천하의 세수는 황우, 치평 연간이 모두 1억 량 이상이고 세출역시 1억 량 이상이었다. 또한 경덕 연간의 관원 수는 1만여 명이고 황우 연간에는 2만여 명, 치평 연간은 2만 4천 명으로서, 황우 연간의 관원 수는 경덕 연간의 두 배이고 치평 연간은 3배에 달하며, 그 나머지 재정 경비의 항목들도 모두 배에 달하는 것을 알 수 있다. 따라서 모든 관청에 명하여 장부에 기재된 것을 찾아 이를 근거로 그 출처를

---

20 증공(曾鞏)이 말하였다: 이 말은 《원풍유고(元豊類稿)》 권15에 나온다. 증공(1019~1083)은 북송의 문장가이자 정치가로 건창(建昌) 남풍(南豊) 사람이다. 자는 자고(子固), 호는 남풍선생(南豊先生)으로, 젊은 시절부터 왕안석(王安石)과 교유하였다. 그는 지방관을 두루 역임하면서, 불필요한 재정 지출을 없애는 등 민생 현안을 개선하는 데 힘썼다. 특히 그는 구양수(歐陽脩)와 더불어 '구증(歐曾)'으로 불릴 만큼 당대에도 문장가로 이름을 날려, 당송팔대가의 반열에 올랐다. 지금까지 전해지는 그의 대표적 저서로는 《금석록(金石錄)》, 《원풍유고(元豊類稿)》가 있다.

찾고 강구하여, 모든 관청에 들어오는 세입의 여러 가지 출처와 경비를 사용하는 다양한 항목들을 일일이 기록하여 살펴서 알 수 있도록 해야 한다. 이렇게 한 후에 이에 대해 모두 논의하여 없앨 것은 없애고, 줄일 수 있는 경비는 줄여서 쓰는 경비를 모두 경덕 연간의 수치와 같게 맞추면 줄일 수 있는 경비는 절반이 될 것이다. 또한 이를 항목별로 추정하여 나라가 쓸 경비를 이전과 비교하여, 이전에는 절약하였지만 오늘날 낭비한 것과 이전에는 낭비하였지만 오늘날에는 절약한 것 등으로 나누되, 만약 오늘날이 이전보다 낭비하는 것이 있다면 반드시 낭비하게 된 까닭을 찾아 스스로 이를 없애며, 절약할 것에 대해서는 반드시 절약하게 된 이유를 찾아 이에 따르도록 한다.

이처럼 힘써 이를 시행하면 세입이 1억만 이상이라면, 여기서 덜 수 있는 것이 3/10이라면, 이는 곧 해마다 3만만을 남길 수 있게 되는 셈이다. 또한 이를 30년으로 통산하면 남는 재정이 9억만으로서, 15년간의 비축이 될 수 있게 된다."

曾鞏曰: "用財有節, 則天下雖貧其富易致也; 用財無節, 則天下雖富其貧亦易致也. 漢唐之始, 天下之用嘗屈矣, 文帝·太宗能用財有節, 故公私有餘而致天下之富焉; 漢唐之盛時, 天下之用嘗裕矣, 武帝·明皇不能節以制度, 故公私耗竭而致天下之貧焉. 且以宋景德·皇祐·治平校之, 景德戶七百三十萬·墾田一百七十萬頃, 皇祐戶一千九十萬·墾田二百二十五萬頃, 治平戶一千二百九十萬·墾田四百三十萬頃; 天下歲入, 皇祐·治平皆一億萬以上, 歲費亦一億萬以上, 景德官一萬餘員, 皇祐二萬餘員, 治平二萬四千員, 皇祐官數一倍於景德, 治平則三倍之矣, 其餘用財之端皆倍可知也. 誠詔有司按尋載籍而講求其故, 使凡入官之多門·用財之多端, 皆可考而知之, 然後各議其可罷者罷之, 可損者損之, 使其所費皆如景德之數, 則所省者蓋半矣, 則又以類而推之, 天下之費有約於舊而浮於今者·有約於今而浮於舊者, 其浮者必求其所以浮之自而杜之, 其約者必求其所以約之由而從之. 如是而力行, 以歲入一億萬以上計之, 所省者十之三, 則歲有餘財三萬萬, 以三十年之通計之, 當有餘財九億萬, 可以爲十五年之蓄矣."

신은 이렇게 생각합니다. 증공은 이 논의에서 진종, 인종, 영종 등 세 왕대를 비교하여 그 조세의 수입과 지출의 통계치를 비교하여 보여주면서, 각 관청에 조서를 내려 관련 서적을 찾아 이 세 왕조에서 쓴 재정 경비의 출처를 찾아내는 방안을 강구하도록 요청하고, 그 통계치를 알도록 하였습니다. 이로써 오늘날의 재정 경비 통계를 이전 것과 비교하여 없앨 것은 없애고 줄일 것은 마땅히 줄이는 한편, 이전에 절약한 것을 따라 사치스러운 경비를 없애도록 요청하되, 이 중에서 특히 그 의견이 탁월하여 시행할 수 있는 것은 군주가 이를 수용할 것인지 아닌지에 달려 있다고 했습니다.

신은 이 말에 전적으로 동감하여 일찍이 소(疏)를 올려, 이것이야말로 오늘날 마땅히 시행해야 할 중요한 업무라고 하였던 것입니다. 제가 생각하기에 우리 명나라의 강역은 송나라에 비해 넓고, 지금까지 약 백 년 동안 아주 심하다 할 정도의 큰 경비지출은 없었습니다. 그러므로 송나라에서 말하는 이른바 손님을 출영할 때 쓰는 비용이나 세폐(歲幣), 제사를 지내는 비용 같은 것 등이 모두 없었습니다. 이 중에서 가장 많이 쓰는 경비는 종실(宗室)의 봉록이나 양병(養兵)에 필요한 비용과 조상의 공덕으로 임용된 관리의 봉록뿐이었는데, 그나마도 조상의 공덕으로 임용된 사람들에 대한 봉록은 단지 무관직에 국한되어 문관직의 경우는 얼마 되지 않았습니다.

신이 《제사직장(諸司職掌)》을 살펴보니, 홍무(洪武) 연간의 인구는 1,065만 2,870호이고 경작지는 849만 6,523경, 세량(稅糧)은 2,944만 섬(石)[21]으로서, 호구 수는 송나라와 비교할 때 대략 비슷하지만 오늘날의 경작지는 송나라에 비해 훨씬 많았습니다. 이처럼 수입이 이미 많은데 지출하는 경비가 이에 비해 또한 적으니, 나라에 비축된 액수는 마땅히 송나라에 비해 배가 됩니다. 청하옵건대, 지금부터 시작하여 회계를 잘하는 신료들에게 명하여 홍무, 영락(永樂), 선덕(宣德), 정통(正統) 이래의 호구, 경작지와 전량(錢糧), 금은(金銀), 견백(絹白) 등의 통계에 대해 잘 살피고 헤아려, 매년의 지출과 수입이 오늘날에 비해 무엇이 더 많고 적은지를 일일이 계산하도록 하시기 바랍니다. 또한 이렇게 한 후에 현재 세입을 기준으로 다음 해의 지출을 책정하되, 반드시 써야 하는 비용은 얼마이고 비축해야 할 경비는 얼마인지 등 오늘날의 수입과 지출 액수를 정함으로써, 조종(祖宗)이 튼실한지의 여부와 나라의 창고가 비었는지 찼는지를 확연하게 알 수 있게 하여 재정 경비를 감히 가볍게 쓰지 않도록 하시옵소서.

---

21 섬(石): 곡식 등의 무게의 단위로, 한 섬은 10말이다. 섬(石)은 원래 세금을 부담한다는 의미의 담(擔)으로 사용하였다가, 그 약자인 석(石)으로 변화되었다. 따라서 원칙적으로는 석은 담이라고 읽은 것이 옳다고 하겠다. 따라서 현재 서구의 논문에서는 이를 영문 표기할 때 shih가 아니라 t'an 또는 dan으로 표기하는 것이 상례이다. 다만 우리의 경우는 관습상 '섬'으로 표기하고 있어서, 여기에서는 섬으로 쓴다.

또한 신이 보니, 증공은 자신의 군주에게 이르기를, "이전에 재정이 고갈되었을 때에도, 재정이 빈궁한 것을 바꾸어 부유하게 할 수 있었습니다. 그런데 오늘날 우리가 전성기를 맞이하였으니, 재정을 쓸 때에도 절약하여 하나를 아끼는 것이 있으면 내가 그 하나를 가지게 되며, 아끼는 것이 둘이면 나의 것도 둘이 되니, 이전의 어려움도 우리가 바꿀 수 있었음을 굳이 논하지 않아도 알 수 있습니다."라고 했습니다. 오호라! 이처럼 송나라 시절에는 수입은 적고 지출이 많았으니, 신하는 그 군주가 이를 어렵지 않다고 여기는 것을 이렇게 책망하였는데, 하물며 오늘날과 같은 전성기에 있어서는 여러 가지 풍요로움이 송나라와 비교할 수 없으니, 군주께서 이렇게 절약하는 것이 또한 무엇이 어렵겠습니까. 증공이 말한 바, 불필요한 경비는 반드시 그 불필요한 까닭을 찾아 군주 스스로 이를 없애고, 경비를 절약할 것은 반드시 절약할 이유를 찾아 이에 따르도록 한다는 이 말과, 또한 소식(蘇軾)이 말한 바, 없애는 것이 매우 쉬우면서 손해가 없는 것이나 유지하기가 매우 어려우나 무익한 경우를 줄이라는 이 두 가지 말은 진실로 군주가 쓸데없는 비용을 없애고 나라의 경비를 충족하게 하는 데 필요한 바른 말이자 핵심적인 원칙입니다. 엎드려 바라옵건대, 군주께서는 이를 유념하여 살피시면, 이 또한 어찌 어렵고 쉽지 않다고 할 수 있겠습니까.

臣按: 曾鞏此議以宋眞宗·仁宗·英宗三朝校之以見其財賦出入之數, 乞詔有司按尋載籍講求三朝所以費用其財者, 考知其數, 卽今比舊, 罷其所可罷·損其所當損, 從其約而杜其浮, 其議卓然可行, 顧人君肯用與否耳. 臣嘗因其言而疏以爲今日當行之要務, 竊惟我朝疆宇比宋爲廣, 而百年以來無甚鉅費, 凡宋所謂郊賚·歲幣·祠祿皆無之, 其最費者宗祿·養兵·蔭子耳, 然蔭子止於武職, 文臣亦無幾焉. 臣考諸司職掌, 洪武中人民一千六十五萬二千八百七十戶·墾田八百四十九萬六千五百二十三頃·稅糧二千九百四十四萬石, 戶口之數校之宋雖略相當, 而今日墾田則過之遠矣, 所入旣多而所費比之又少, 是宜國家儲積數倍於宋焉. 請自今爲始, 乞命有心計臣僚稽考洪武·永樂·宣德·正統以來戶口·墾田及錢糧·金銀·絹帛之數, 每歲出入比今孰多孰少, 然後卽其見在據其歲之所入以計其歲之所出, 該用幾何·餘積幾何, 以定今日出入之數, 庶幾曉然知祖宗之故實·府庫之虛實, 而不敢輕費焉. 臣又觀鞏告其君有曰: "前世於凋弊之時猶能易貧而爲富, 今吾以全盛之勢, 用財有節, 其所省者一則吾之一也, 其所省者二則吾之二也, 前世之所難吾之所易, 不論可知也." 吁! 宋之時入少而出多, 其臣猶責其君以爲非難, 況今日之全盛庶富非宋可比, 在聖君爲之又何難哉? 鞏所謂 "其浮者必求所以浮之自而杜之, 其約者必求所以約之由而從之", 與夫蘇軾所謂 "去之甚易而無損, 存之甚難而無益", 是二人之言誠人君去冗費·足國用之正論要法也, 伏惟聖心加察, 又何難而不易哉?

이상 이재(理財)의 도리에 대한 총론이었습니다.

以上總論理財之道.

신은 이렇게 생각합니다. 군주가 다스림에 있어서 나라의 경비를 절제하는 것보다 더 중요한 것이 없으니, 나라에서 쓰는 것은 재물이고, 이 재물은 하늘에서 나와 땅에서 생산되고 사람에 의해 이루어지는데, 그 용도를 절제하는 것은 바로 군주입니다. 그러므로 군주가 그 경비를 절제하는 것은 비록 나라를 위해서라고 하더라도 실제로는 백성을 위한 것입니다. 그런 까닭에 군주가 부족하게 되면 곧바로 백성으로부터 이를 거두게 되고, 백성이 부족하게 되면 군주로부터 이를 거두게 되어, 상하가 서로 융통하고 서로의 경비로 삼게 되니, 때에 따라 거둬들이고 풀기도 하며 있는 것과 없는 것을 유통하게 되니, 그러므로 군주가 나라의 경비를 절제하는 것은 결코 그 경비를 전용(專用)하여 군주를 봉양하는 데 있는 것이 아닙니다. 이런 까닭에 옛날의 어진 군주들은 하늘을 위해 나라의 경비를 지키며 백성을 위해 재물을 거둔다는 것을 알아서, 모든 용도는 하늘을 위하고 백성을 위하는 것이 아니면 결코 감히 가볍게 쓰지 않았습니다.

또한 소비하는 모든 것은 반드시 신(神)들이 이를 누릴 수 있고 만민이 평안해질 수 있도록 하기 위해서였기 때문에, 털끝만큼이라도 감히 군주 자신의 사유물로 여기지 않았습니다. 이는 무엇 때문일까요? 하늘은 5재(五材)[22]를 낳고 백성들은 이를 함께 사용하는데, 군주는 특히 백성을 위하여 이를 절제할 뿐이고 결코 군주가 이를 얻어 사유하는 것이 아닙니다. 만약에 이를 군주 자신의 것이라고 여겨 개인적으로 사용한다면, 하늘이 생기게 하는 재화는 한정되어 있고 백성

---

22 5재(五材): 농업에 영향을 미치는 다섯 가지 요소, 즉 수(水)·화(火)·목(木)·금(金)·토(土)의 오행(五行)을 뜻한다.

의 힘도 크게 어려워져서 백 년을 쌓아도 부족할 뿐 아니라, 이를 하루 동안 풀어도 남음이 없게 된다는 사실을 알지 못하는 것입니다. 이로써 날마다 쓰고 달마다 소모하여 일단 나라의 창고가 비게 되고 나라의 경비가 고갈되기에 이르면, 모든 관청에서 경비를 염출하게 되고 마침내 관청에도 비축해 둔 것이 없으면 백성에게서 경비를 염출하게 됨으로써, 결국에는 백성들도 이를 저장해 두는 것이 없도록 만들게 됩니다. 이 지경에 이르게 되면 백방으로 노력하고자 하여도 아무것도 할 수 없게 되니, 군주의 자리는 무엇에 의지하여 편안할 수 있으며 또한 나라는 무엇을 근거로 다스릴 수 있겠습니까?

이를 비유하면, 사람이 거처하는 집은 무릇 수많은 처소와 먹을 것, 그리고 공적 사적으로 영위하는 일이 있는데, 만약 돈이 있다면 이를 다 이룰 수 있지만 만약 돈이 없다면 한 가지 일이라도 이룰 수 없고 한 가지 사물도 얻을 수 없으니, 평안할 때는 마땅히 이를 빌어 자신을 지탱할 수 있지만 일단 수재나 한재, 도적 등 변란이 있게 되면 허리가 구덩이에 빠진 것처럼 꼼짝하지 못하게 되는 것과 같습니다. 이와 같이 가정과 나라는 동일한 이치인데, 다만 그 규모가 크고 작은 것이 다를 뿐입니다. 그러므로 백성은 한 집안은 아니지만 우리 집이 비록 부족하더라도 이를 이웃에서 구할 수 있지만, 만약 나라의 재정이 부족하게 되면 이를 저장해 둔 관청도 이미 비었을 뿐만 아니라 백성에게서 거두는 것도 또한 고갈되었다면, 앞으로 어디에서 구할 수 있겠습니까.

그러므로 군주는 나라에 큰일이 없이 평안할 때에 이를 잘 생각하시어 늘 조심하고 이를 삼가 경계하여 항상 아끼고 아껴서 천하의 경비를 가볍게 쓰지 않아야 합니다. 이렇게 하면 나라의 재정은 부족하지 않고 나라의 근본도 더욱 튼튼하게 되어, 백성들은 집안에 필요한 것이 충분하게 공급되는 즐거움이 있게 될 것입니다. 그뿐 아니라, 군주도 역시 편안하고 부유하며 존경스럽고 영화로운 휴식을 얻게 되어, 군주가 하고자 하는 모든 일이 뜻대로 되지 않는 것이 없고, 조정도 도모하지 못할 일이 없게 되며, 또한 나라 안에 거처를 마련하지 못한 사람이 없게 됩니다. 《대학》에서 이재(理財)를 평천하(平天下)를 위한 핵심적인 도리로 삼은 것에 대해, 신이 여기서 살펴볼 때 이 도리를 더욱 확신하게 되었습니다. 엎드려 생각건대, 황상께서는 정사를 돌보시고 난 여가 시간에는 《대학》이라는 이 책에 특별히 유념하시고 혈구(絜矩)와 같은 이 말을 음미하신다면, 신은 더 이상 바랄 것이 없겠습니다.

臣按: 人君爲治莫要於制國用, 而國之所以爲用者財也, 財生於天・産於地・成於人, 所以制其用者君也. 君制其用雖以爲國, 實以爲民, 是故君不足則取之民, 民不足則取之君, 上下通融, 交相爲用, 時斂散・通有無, 蓋以一人而制其用, 非專用之以奉一人也. 是以古之仁君知其爲天守財也, 爲民聚財也, 凡有所用度非爲天・非爲民決不敢輕有所費, 其有所費也必以爲百神之享, 必以爲萬民之安, 不敢毫厘以爲己私也. 是何也? 天生五材, 民並用之, 君特爲民理之耳, 非君所得而私有也. 苟認以爲己物而私用之, 不知天生之有限・民力之孔艱, 積之百年而不足, 散之一日而無餘, 日消月耗, 一旦馴致於府庫空虛・國計匱乏, 求之於官官無儲峙, 求之於民民無蓋藏, 於是之時, 凡百謀爲皆不遂矣, 君位何所恃以爲安, 國家何所資以爲治哉? 譬則人之處家焉凡百居處, 食用之物・公私營爲之事, 苟有錢皆可以致也, 惟無錢焉則一事不可成・一物不可得，當夫平寧之時尙可借貸以支吾，一旦有水旱盜賊之變，則爲溝中瘠矣．家·國一理，但有小大耳，然民非一家，吾家雖乏猶可求之於比鄰，若夫國之乏絕，藏之官者旣虛，取之民者又竭，其將求之何所邪？人君當無事之日而興念及此，其尙兢兢焉戒謹，介介焉吝惜，而不輕用天下之財．如此則國計不虧·邦本益固，下之人有家給人足之樂，上之人有安富尊榮之休，凡百所爲無不如意，朝廷無不可爲之事，海宇無不得所之人矣．《大學》以理財爲平天下之要道，臣觀於此而益信．伏惟聖明萬幾之暇留神《大學》之書，而玩味夫絜矩之一言，臣不勝大願．

대학연의보

(大學衍義補)

권22

나라의 경비를 관리함[制國用]

공물과 세금의 원칙[貢賦之常]

《우공(禹貢)》에서 말하였다.[1]

기주(冀州)는 그 부(賦)가 일등급[上上]에 섞여 있다【상상(上上)은 일등급이다. 착(錯)은 잡(雜)으로, 2등급이 섞여 있는 것을 뜻한다.】. 곤주(袞州)는 그 부(賦)가 최대한 적게 부과되었고【정(貞)은 정(正)으로, 부(賦)가 최대한 적게 부과되는 것을 정(正)이라고 한다.】 그 공물[貢]은 옻과 뽕이며【곤(袞)은 마땅히 옻나무와 뽕나무를 심어야 하는 땅이다.】, 공물을 담는 대광주리[篚]【궤(篚)는 대나무로 만든 그릇으로, 공물인 베와 비단이 가득 찬 것을 뜻한다.】에는 무늬가 있는 비단[織文]【직문(織文)은 무늬가 있는 비단 종류를 뜻한다.】이 가득 찼다. 청주(靑州)는 그 부(賦)가 중상(中上) 등급【중상(中上)은 네 번째 등급이다.】으로 공물은 소금과 갈포[絺]【치(絺)는 가는 칡으로 짠 갈포(葛布)이다.】이고 바다에서 생산되는 여러 가지【착(錯)은 한 종류가 아닌 것을 뜻한다.】가 있었다. 서주(徐州)는 그 부가 중중(中中) 등급【중중(中中)은 다섯 번째 등급이다.】이고 공물은 오색 흙[土五色]【토오색(土五色)은 다섯 지방의 흙으로 제후국의 경계를 나타내는 토봉(土封)으로 삼는 것이다.】·오색 꿩[夏翟]【하적(夏翟)은 다섯 가지 색깔로 염색한 꿩을 뜻한다.】·오동나무[孤桐]【고동(孤桐)은

---

1 우공(禹貢)에서 말하였다:《서경》〈하서(夏書) 우공(禹貢)〉에 나온다.

비파의 재료가 되는 오동나무이다.】·물에 뜨는 경쇠[浮磬]【부경(浮磬)은 석로수(石露水) 해변에서 나는 경(磬)을 만들 수 있는 경쇠이다.】·진주조개[蠙珠]【빈주(蠙珠)는 옷에 장식하는 구슬로 사용되는 진주조개의 일종이다.】【기(曁)는 급(及)의 뜻이다.】·물고기【물고기[魚]는 제사에 쓰인다.】 등이며, 공물을 담는 대광주리에는 적흑색 비단과 흰색 비단[玄纖縞]【현직호(玄纖縞)는 현(玄)이 적흑색의 비단이고, 섬호(纖縞)는 흰색 바탕의 비단이다.】이 가득 찼다. 양주(揚州)는 부가 하상(下上) 등급으로 위의 등급이 섞여 있고【하상(下上)은 일곱 번째 등급이다. 상착(上錯)은 여섯 째 등급이 섞여 나온다는 뜻이다.】, 공물은 금3품(金三品)【금3품(金三品)은 금·은·동을 뜻한다.】·옥돌[瑤琨]【요곤(瑤琨)은 옥돌이다.】·가는 대나무와 굵은 대나무[篠簜]【소탕(篠簜)은 가는 대나무와 굵은 대나무라는 뜻으로, 활과 관을 만드는 데 쓰인다.】·가죽[齒革]【치혁(齒革)은 수레와 갑옷을 만들 수 있는 가죽이다.】·깃털[羽]【우모(羽毛)는 깃대를 만드는 데 쓰이는 깃털이다.】·나무[惟木]【유목(惟木)은 집의 기둥과 추녀에 쓰인다.】, 섬 오랑캐의 목면 옷[卉服]【훼복(卉服)은 오늘날의 목면이다.】 등이고, 대광주리에는 직폐(織貝)【직폐(織貝)는 목면 중에서 정교하게 짠 것을 뜻한다.】·공물을 싼 꾸러미[厥包]【궐포(厥包)는 물건을 싼 꾸러미[裹]를 뜻한다.】·크고 작은 귤[橘柚]【귤유(橘柚)는 작은 것이 귤(橘)이고, 큰 것은 유자[柚]이다.】·석공(錫貢)【석공(錫貢)은 명을 내릴 때까지 기다린 후에 바치는 공(貢)을 뜻한다.】 등이 있다. 형주(荊州)는 부(賦)가 상하(上下) 등급【상하(上下)는 세 번째 등급이다.】이고, 공물은 깃털·가죽·금3품·옻나무와 전나무와 동백나무[杶榦栝柏]【춘간괄백(杶榦栝柏)은 옻나무와 전나무와 동백나무 등 세 가지 나무 이름이다.】·숫돌[礪砥]【여(礪)와 지(砥)는 모두 칼 등 금속을 가는 데 쓰는 숫돌이다.】·돌화살촉[砮]【노(砮)는 돌로 만든 화살촉이다.】·단사[丹]【단(丹)은 단사이다.】·화살을 만드는 대나무[箘簵]【균로(箘簵)는 대나무이다.】·활을 만드는 싸리나무[楛]【호(楛)는 싸리나무이다.】·술 주정을 싼 갑[包匭]【포궤(包匭)는 술 주정을 싸서 넣은 갑(匣)이다.】·제사용 술을 만든 풀로 된 주정[菁茅]【청모(菁

茅)는 술을 압축하는 데 쓰는 주정이다.】 등이고, 대광주리에는 붉은색 화폐[玄纁]【현훈(玄纁)은 붉은색의 화폐이다.】·구슬[璣]【기(璣)는 둥글지 않은 구슬을 뜻한다.】·조(組)【인장이나 옥폐를 차는 데 쓰는 끈[綬] 종류이다.】 등이 차 있었다. 예주(豫州)는 부(賦)가 상중(上中) 등급이 섞여 있었고【착상중(錯上中)은 둘째 등급이 첫째 등급에 섞여서 나오는 것을 뜻한다.】 공물은 옻[漆]·칡베[枲]·짜지 않은 모시 실[絺]·이미 짠 모시[紵] 등이고, 대광주리에는 비단[纖]과 면사[纊]【광(纊)은 가는 면사이다.】가 차 있다. 양주(梁州)는 부(賦)가 하중(下中)이 세 가지 등급으로 섞여 있고【하중삼착(下中三錯)은 여덟 번째 등급이 일곱 번째와 아홉 번째 등급에 섞여 나오는 것을 뜻한다.】, 공물은 옥경[璆]【구(璆)는 옥으로 된 경(磬)이다.】·철【철(鐵)은 무른 쇠이다.】·은【은(銀)은 흰색 은이다.】·강철[鏤]【루(鏤)는 강철이다.】·돌화살촉【노(砮)는 돌화살촉이다.】·경(磬)【경(磬)은 돌로 된 경이다.】·곰과 큰 곰[熊羆], 여우와 담비[狐狸] 등의 직물과 가죽【웅비호리직피(熊羆狐狸織皮)는 곰·큰 곰·여우·담비 등 네 가지 짐승의 가죽과 털을 짜서 만든 직물이다.】 등이 있다. 옹주(雍州)는 부(賦)가 중하(中下) 등급이고【중하(中下)는 여섯 번째 등급이다.】, 공물은 아름다운 옥[球琳]【구림(球琳)은 아름다운 옥이다.】·옥돌[琅玕]【낭간(琅玕)은 마치 옥과 같은 돌이다.】이다.

《禹貢》: 冀州, 厥賦惟上上錯【上上, 第一等. 錯, 雜也. 謂雜出第二等也】; 兗州, 厥賦貞【貞, 正也. 賦以最薄者爲正】, 厥貢漆絲【兗地宜漆宜桑】, 厥篚【竹器, 盛布帛者】織文【錦綺之屬】; 靑州, 厥賦中上【第四等】, 厥貢鹽絺【細葛】, 海物惟錯【非一種也】; 徐州, 厥賦中中【第五等】, 厥貢惟土五色【五方之土以爲土封】, 夏翟【染雉羽爲五色】·孤桐【以爲琴瑟材】·浮磬【石露水濱可爲磬者】·蠙珠【珠爲服飾】曁【及也】魚【用祭祀】, 厥篚玄纖縞【玄, 赤黑色. 纖·縞皆繒】; 揚州, 厥賦下上上錯【第七等雜出第六等】, 厥貢惟金三品【金·銀·銅】, 瑤琨【玉石】·篠簜【竹可爲矢及管者】·齒革

【可以成車甲】·羽毛【可以爲旌旄】, 惟木【可以備棟宇】, 島夷卉服【今木綿】, 厥篚織貝【木綿之精好者】, 厥包【裹也】橘柚【小曰橘, 大曰柚】, 錫貢【待錫命而後貢】; 荊州, 厥賦上下【第三等】, 厥貢羽毛·齒革, 惟金三品, 杶榦·栝·柏【三木名】, 礪·砥【磨石】·砮【石砮】·丹【砂也】, 惟箘簵【竹也】·楛【木名, 可爲矢】, 包匭【匣也】菁茅【供縮酒者】, 厥篚玄纁【絳色幣也】·璣【珠不圓者】·組【綬類】; 豫州, 厥賦錯上中【第二等雜出第一等】, 厥貢漆·枲·絺·紵, 厥篚纖·纊【細綿】; 梁州, 厥賦下中三錯【第八等雜出第七等·第九等】, 厥貢璆【玉磬】·鐵【柔[2]鐵】·銀【白銀】·鏤【剛鐵】·砮【石砮】·磬【石磬】·熊·羆·狐·狸·織皮【四獸之皮及氄毛可織爲罽者】; 雍州, 厥賦中下【第六等】, 厥貢球琳【美玉】·琅玕【石之似珠者】.

채침(蔡沈)이 말하였다.[3]

"위에서 거둬들이는 것을 부(賦)라고 하고, 백성이 제공하는 것을 공(貢: 공물)이라고 한다. 이 편(篇)에서는 공과 부를 다 싣고 있지만, 오직 공(貢)이라는 이름만으로 책의 편(篇)으로 삼은 것은 맹자가 말하기를, '하후(夏后氏)는 50무를 받아 공을 바쳤다.'라고 하였기[4] 때문이다. 이때 공은 한 해의 소출을 계산하여 그 중간치를 경상적인 제도로 삼

---

2 柔: 저본의 심(尋)은 柔의 오자로 보인다.

3 채침(蔡沈)이 말하였다: 이 말은 《서경집전(書經集傳)》에 나온다. 채침은 《대학연의보》 권20 주) 3 참조.

4 맹자가 … 하였기: 《맹자》〈등문공 상(滕文公上)〉에 나온다. 당시 공(貢)은 한 사람의 장정에게 50무의 토지를 분급하고 이 중에서 1/10에 해당하는 5무의 소출을 바치도록 하였는데, 이는 토지세를 포함하는 세제의 총칭으로 공법(貢法)이라고도 한다.

았으니, 이때 공은 또한 하후씨 시대의 토지세인 전부(田賦)를 두루 칭
하는 것이기도 하였다."

蔡沈曰: "上之所取謂之賦, 下之所供謂之貢. 是篇有貢有賦而獨以貢名
篇者, '孟子曰: 夏后氏五十而貢', 貢者較數歲之中以爲常, 則貢又夏后
氏田賦之總名."

신은 이렇게 생각합니다. 나라의 경비는 모두 백성에게서 거두는데,
백성에게서 거두는 것으로 중요한 것은 크게 토지세인 부(賦)와 공(貢)
뿐입니다. 이 두 가지의 제도는 당우(唐虞: 요·순임금) 시대에 이미 있
었으며, 우임금 시대에 이르러 보다 상세하게 되었습니다. 대체로 우
임금이 치수(治水)를 하기 전에는 토지가 아직 경작지로 개발되지 않
았기 때문에 여기서 나는 생산물도 아직 크게 번성하지 못했을 뿐
만 아니라, 버려둔 전답도 아직 완전하게 개간되지 않았습니다. 그런
데 이제 물과 땅이 다스려지게 되자 비로소 토지를 맡기고 공물을 바
치게 하고 토지를 나누어 세금을 정하기 시작하였습니다. 이에 따라
9주(九州)에는 각기 부와 공이 있게 되었는데, 모든 부는 제후들이 제
후국의 경비에 충당하는 것으로 삼았고, 모든 공은 제후들이 천자에
바치는 것이었습니다.

　우임금이 이처럼 업적을 이루고 난 후에는 9주에서 나는 모든 것
을 일일이 열거하여 이를 법도로 정하였는데, 이로써 공자는 《서경》
을 정리하면서 이 내용을 특별히 〈하서(夏書)〉의 맨 앞에 실어 이를 천
하의 법도로 삼았을 뿐 아니라, 토지와 백성을 가진 후세의 제후와 왕

들에게도 이를 백성에게서 거두는 세금 제도의 기준으로 삼도록 하였습니다. 그런데 부와 공 두 가지 외에도 다른 명목의 세금이 있었으니, 예컨대 후세의 진봉(進奉)[5]이나 화매(和買),[6] 권차(勸借: 세금을 빌려주는 것) 등과 같은 것들인데, 이는 모두 중정(中正)의 도리가 아닐 뿐더러, 또한 천하에서 변하지 않는 법제가 결코 아닙니다.【여기서는 공과 부를 겸해서 언급하였다.】

臣按: 國家之用度皆取於民, 而取民之大綱曰賦·曰貢而已. 二者之制在唐虞已有之, 至夏后氏之世始詳焉. 蓋以禹未治水之前地猶未平, 物之生者未繁, 田之辟者未盡, 至是水土旣平, 始可以任土作貢, 分田定稅焉. 九州各有賦有貢, 凡賦諸侯以供其國用者也, 凡貢諸侯以獻於天子者也. 大禹成功之後, 條陳九州所有以爲定法, 孔子刪《書》特載之於《夏書》之首, 以示法天下, 俾後世之有土有民者, 取民之制視此爲準焉. 凡外此而別爲名目, 如後世之進奉·和買·勸借之類, 皆非中正之道·天下經常之制也.【此兼言貢賦】

5백 리 안에 있는 지역을 전복(甸服)【전복(甸服)은 수도 부근 지역의 땅을 뜻한다.】이라고 한다. 이 중에서 백 리 안의 지역의 부(賦)는 '총(總)'【총(總)은 벼 그 자체를 뜻한다.】을 납부하고, 2백 리 안의 지역에서는 '질(銍)'【질(銍)은 낫으

로 자른 벼 이삭을 뜻한다.】을 납부하며, 3백 리 안의 지역에서는 '갈(秸)'【갈(秸)
은 볏집의 껍질을 벗겨 낸 것을 뜻한다.】을 납부하는데, 이를 모두 모아 운반하
는 일에 복역[服]한다【복(服)은 앞의 것을 종합하여 운반하는 일에 복역하는 것을 뜻
한다.】. 4백 리 지역에서는 곡식【속(粟)은 도정하지 않은 벼나 조 등을 뜻한다.】을
내고 5백 리 지역에서는 쌀을 납부한다.[7]

五百里甸服【畿甸之地】. 百里賦納總【禾本全】, 二百里納銍【禾反稿】, 三百里納
秸【半稿去皮禾本全】, 服【總結上皆有服役之事】, 四百里粟【納穀】, 五百里米.

주희(朱熹)가 말하였다.

"전(甸)이란 토지를 다스린다는 의미이다. 기내(畿內)의 토지는 천자
의 경작지로서, 이곳의 백성은 천자를 위해 토지를 경작하는 일을 위
주로 하기 때문에, 전복(甸服)이라고 일컫는다. 이 중에서 가까이 있는
지역은 도정하지 않은 채 납부하고 먼 곳은 도정하여 납부하였는데,
기내(畿內)는 전적으로 전부(田賦)라고 말하는 것은 기내의 땅은 제후에
게 분봉하지 않기 때문이며, 전부는 천자에게 내는 것이다."

朱熹曰: "甸, 治田也. 畿內天子之田, 其民主爲天子治田事, 故謂之甸
服. 近麤而遠精, 畿內專言田賦者, 畿內不封諸侯, 故田賦入於天子."

---

7 5백 … 납부한다:《서경》〈우공〉에 나온다.

채침(蔡沈)이 말하였다.

"기내(畿內)에서 백 리가 가장 가깝기 때문에 벼와 벼 줄기를 통째 부(賦)로 냈고, 그다음 백 리 바깥 지역에서는 벼를 낫으로 베고 그 벼와 볏짚을 반반으로 납부한다. 그다음 백 리에서는 볏짚의 껍질을 버리고 벼이삭만을 납부한다. 또한 그다음 백 리에서는 지역이 멀기 때문에 이삭을 탈곡하여 곡식 낱알을 납부하고, 그리고 그다음 백 리에서는 더욱 멀기 때문에 곡식 껍질을 도정하여 쌀을 납부하였다. 이는 대체로 지역의 거리를 참작하여, 납부할 부의 무게에 따라 곡식을 도정할 것인지의 여부를 정하였기 때문이다."

蔡沈曰: "內百里爲最近, 故並禾本總賦之; 外百里次之, 隻刈禾半槁納也; 外百里又次之, 去槁麤皮納也; 外百里爲遠, 去其穗而納穀; 外百里爲尤遠, 去其穀而納米. 蓋量其地之遠近而爲納賦之輕重・精麤也."

마단림(馬端臨)이 말하였다.[8]

"《서경(書經)》〈우공(禹貢)〉에, 8개 주(州)에는 모두 공물이 있었지만 오직 기주(冀州)에만 공물이 없었고, 기내(畿內)에서 백 리 안의 지역인 전복

---

8 마단림(馬端臨)이 말하였다: 이 말은 《문헌통고(文獻通考)》 전부(田賦) 1에 나온다. 마단림 (1254~1323)은 남송 말의 승상인 마정란(馬廷鸞)의 아들로서 강서(江西)의 낙평현(樂平縣)에서 태어났으며, 자는 귀여(貴與), 호는 죽주(竹洲)이다. 그는 남송이 멸망하자 자호서원(慈湖書院) 과 가산서원(柯山書院)의 산장(山長)으로서 재야에 머물며 저술에 몰두하였다. 그의 대표적 인 저서로는 당나라 두우(杜佑)의 《통전(通典)》을 보충한 《문헌통고》가 유명하며, 이 밖에 도 《대학집록(大學集錄)》, 《다식록(多識錄)》 등이 있다.

(甸服)에는 곡식을 바치는 것이 있었지만 나머지 네 가지 지역에서는 없었다고 하였다. 혹자는 왕기(王畿)의 밖에 있는 8개 주(州)에서는 모두 전부(田賦)가 있었으며, 이를 납부할 때는 시장에서 공물로 바쳐야 할 물자로 바꿨으므로 곡식을 바치지 않았으니, 토산물의 공물이 곧 조세였다."

馬端臨曰: "《禹貢》八州皆有貢物而冀州獨無之, 甸服有米粟之輸而餘四服俱無之. 說者以爲王畿之外八州俱以田賦, 所當供者市易所貢之物, 故不輸粟, 然則土貢卽租稅也."

신은 이렇게 생각합니다. 우하(虞夏: 순임금과 우임금)의 시대에 천자의 토지는 단지 기전(畿甸)에 한정되어 있었는데, 이른바 5백 리는 사방의 거리가 각각 천 리입니다. 이 지역의 전부(田賦)의 수입은 단지 쌀과 도정되지 않은 곡식에 한정되었고, 여기에서 가까운 지역은 벼와 볏짚을 함께 거두었습니다. 대체로 쌀은 사람이 먹고 볏짚은 말을 먹이는 데 쓰였으니, 이 모두가 국용(國用)이 되지 않은 것이 없었습니다. 그렇지만 이를 거두는 것은 그 지역에 따라 각기 납부할 세금의 무게에서 무겁고 가벼움의 차이, 도정한 것과 그렇지 않은 것의 차이가 있었으니, 후세에서처럼 이를 일괄적으로 거두고 분별이 없던 것이 결코 아니었습니다.

臣按: 虞夏之世天子之田止於畿甸, 所謂五百里, 四方相距各千里也. 田賦之入止於米粟, 近地則並其本槀取焉. 蓋米以食人, 槀以飼馬, 無

非以爲國用也. 然其取之也, 因其地之遠近各有輕重之等·精麤之異,

非若後世一槪取之, 無所分別焉.

《춘추(春秋)》에서 말하였다.

노나라 선공 15년에 처음으로 무(畝)에 세를 매겼다.[9]

魯宣公十五年, 初稅畝.

공양고(公羊高)가 말하였다.[10]

처음으로 1무(畝)[11]마다 토지세를 매긴 것을 기록한 것이다. 이전에는 1/10을 원칙으로 삼았는데, 1/10이야말로 천하의 중정(中正)이다. 그러므로 "1/10보다 많은 것을 '대걸(大桀)' 또는 '소걸(小桀)'이라 하고,

---

9 노나라 … 매겼다: 중국 춘추 시대 노(魯)나라 선공(宣公) 15년(기원전 594)에 토지 면적 1무(畝)의 단위로 세금을 징수하였다. 이를 중국 최초의 전부(田賦) 제도라고 한다.

10 공양고(公羊高)가 말하였다: 이 말은 《춘추공양전(春秋公羊傳)》에 나온다. 공양고(公羊高)는 《춘추(春秋)》를 해석한 3전(傳) 중 하나인 《춘추공양전》의 저자로 알려져 있다. 《한서(漢書)》〈예문지(藝文志)〉에는 공양자(公羊子)라고만 하여 구체적인 이름이나 출신을 기록하지 않았다. 그런데 후한(後漢) 시대의 대굉(戴宏)은 공양전의 계보에 대해, 공자의 제자인 자하(子夏)가 공양고에게 전수하였으며, 이후에도 공양 가(家)의 여러 사람을 거쳐 마침내 전한 시대의 동중서(董仲舒)에게 전했다고 하였다.

11 1무(畝): 1무는 원래 100보의 이랑을 말했다. 그런데 진나라에서 240보의 길이로 바뀌었다. 이를 계산을 해보면 맹자(孟子) 당시의 1무는 50평이 조금 넘는 정도이고, 현재의 단위로 계산하면 대체로 30평에 해당한다.

1/10보다 보다 적은 것을 '대맥(大貉)' 또는 '소맥(小貉)'이라 하였다."[12]라고 하여, 1/10세가 시행되자 칭송하는 목소리가 있게 되었다.

> 公羊高曰: "譏始履畝而稅也. 古者什一而籍, 什一者天下之中正也. 多乎什一大桀·小桀, 寡乎什一大貉·小貉, 什一行而頌聲作矣."

신은 이렇게 생각합니다. 1/10세는 천하의 중정이라는 이 한 마디의 말은 진실로 백성에게서 세금을 거두는 데 있어서 정해진 제도입니다.

> 臣按: 什一者天下之中正一言, 誠萬世取民之定制.

맹자가 말하였다.[13]

"하후씨(夏后氏: 우임금)는 50무를 주고 '공(貢)'으로 삼았고, 은(殷)나라 사람들은 70무(畝)를 주고 조(助)라 하였으며, 주(周)나라 사람들은 100무를 주고 철(徹)이라 하였는데, 실제로 이것들은 모두 1/10세였다."

---

12 1/10보다 … 하였다:《맹자》〈고자 하(告子下)〉에 나온다. 여기서 대걸(大桀)과 소걸(小桀)의 걸(桀)은 하나라의 마지막 군주로서 포악하기로 유명한 걸(桀)왕이 세금을 가혹하게 거두는 등 백성을 가렴주구한 것을 비유한 것이다. 또한 대맥(大貉)과 소맥(小貉)은 북방 오랑캐인 맥족이 세금을 거의 걷지 않는 풍습을 비유한 것이다.

13 맹자가 말하였다:《맹자》〈등문공 상(滕文公上)〉에 나온다.

孟子曰: "夏后氏五十而貢, 殷人七十而助, 周人百畝而徹, 其實皆什一也."

주희가 말하였다.

"하(夏)나라 시대에는 한 사람의 장정은 50무(畝)의 토지를 받았는데, 한 장정마다 5무의 수입을 책정하여 공(貢)으로 삼았다. 상(商)나라 사람들은 정전(井田)제도를 시작하였는데, 즉 630무의 토지를 9개 구역으로 구획하여 한 개 구역은 70무이고 그 가운데를 공전(公田)으로 삼고 그 나머지 토지는 여덟 가족[家]이 각기 한 구획을 받았다. 이때 여덟 가족은 단지 모두 노동력을 차출하여 공전을 경작하는 일을 돕되, 이들의 사전(私田)에는 세금을 중복하여 부과하지 않았다. 한편 주(周)나라 시대에는 한 사람의 장정이 토지 100무를 받았으며 향(鄕)마다 공법(貢法)[14]을 적용하였고 10명의 장정마다 도랑을 두었다. 또한 도(都)와 비(鄙)[15]에서는 조법(助法)을 적용하여 여덟 가족이 동일한 정전을 갖되 경작할 때는 함께 노력하여 힘쓰고, 이를 거둘 때는 무를 단위로 세금을 계산하여 나누었으니, 따라서 이를 철(徹)[16]이라 하였다.

---

14 공법(貢法): 중국 하(夏)나라 때 시행된 것으로, 농민 한 사람에게 토지를 50무(畝)씩 지급하고 그중 1/10에 해당하는 5무의 수확량을 세금으로 거둔 정액 세제를 뜻한다.

15 도(都)와 비(鄙): 중국 춘추 시대는 기본적인 사회조직인 읍(邑)으로 구성된 읍제 국가로서, 여기에는 제후의 국(國), 경이나 대부에게 하사한 봉토인 도(都)와 비(鄙)로 구성되어 있다. 이때 도는 읍보다 작은 규모의 읍제 국가를 의미하고, 비는 도의 하급 사회조직으로 농경이 가능한 자연 취락을 뜻한다.

16 철(徹): 철은 균등하다는 의미로, 주(周)나라의 정전제에서 9등분한 것 중에서 그 가운데 하나를 공전으로 삼고 여기서 나오는 수확물을 국가에 바치는 것을 뜻한다.

실제로 이 모두는 1/10세로서, 공법은 모두 1/10을 변함없는 원칙으로 삼았고, 단지 조법(助法)만은 1/9세였는데, 다만 상인에 대한 제도는 찾아볼 수가 없다. 주나라의 제도는 공전 100무 가운데 20무를 거주지 터로 삼게 되어, 한 장정이 경작하는 공전은 실제로 10무인데 여기에 사전(私田) 100무를 더하여 이를(110무) 십일 등분하여 그중에서 하나를 거두었으니, 이는 대체로 1/10세보다 가벼운 셈이었다. 상(商)나라의 상인의 토지제도를 추정해 보면, 이 또한 이와 유사하였을 것으로 보이는데, 즉 44무[17]를 거주지 터로 하고, 한 사람의 장정은 실제로 공전 7무를 경작하여 이 역시 1/10을 넘지 않았다."

朱熹曰: "夏時一夫受田五十畝, 而每夫計其五畝之入以爲貢. 商人始爲井田之制, 以六百三十畝之地畫爲九區, 區七十畝, 中爲公田, 其外八家各授一區, 但借其力以助耕公田, 而不復稅其私田. 周時一夫授田百畝, 鄕遂用貢法, 十夫有溝, 都鄙用助法, 八家同井, 耕則通力而作, 收則計畝而分, 故謂之徹. 其實皆什一者, 貢法皆以十分之一爲常數, 惟助法乃是九一. 而商制不可考, 周制則公田百畝中以二十畝爲廬舍, 一夫所耕公田實計十畝, 通私田百畝爲十一分而取其一, 蓋又輕於十一矣. 竊料商制亦當似此, 而以四十四畝爲廬舍, 一夫實耕公田七畝, 是亦不過什一也."

---

[17] 44무: 저본의 十四畝는 四十四畝로서 앞의 '四' 자가 오탈(誤脫)된 것으로 보인다. 한 장정이 공전 7무를 경작한다면 8가족은 모두 56무를 경작하는 셈이다. 따라서 공전 100무에서 이를 제하고 나면 44무가 거주지 터가 되는 것이 타당하다.

애공이 유약(有若)에게 물었다.[18] "해마다 기근이 들어 나라의 경비가 부족하니, 어떻게 하면 좋겠는가?" 유약이 대답하기를, "어떻게 철(徹)이라는 세법을 시행하지 않으십니까?" 하니, 이에 애공이 말하기를 "2/10로도 나는 오히려 부족하거늘, 어찌 그 철이라는 세법을 쓰겠는가?" 하니, 유약이 대답하기를 "백성들이 풍족하면 군주께서 어찌 혼자만 부족하며, 백성이 부족하면 군주께서 어찌 혼자만 풍족하겠습니까?" 하였다.

> 哀公問於有若曰: "年饑, 用不足, 如之何?" 有若對曰: "盍徹乎." 曰: "二吾猶不足, 如之何其徹也?" 對曰: "百姓足, 君孰與不足? 百姓不足, 君孰與足?"

주희가 말하였다.

"백성이 부유하게 되면 군주 혼자서만 빈곤하게 되지 않고, 백성이 빈곤하게 되면 군주는 혼자서만 부유해질 수 없다. 이처럼 유약(有若)은 군주와 백성이 한 몸이라는 깊은 의미를 언급함으로써, 공적으로 세금을 많이 거두는 것을 중단해야 한다는 사실을 백성의 위에 군림하는 군주는 마땅히 이를 깊이 유념해야 한다는 것이다."

> 朱熹曰: "民富則君不至獨貧, 民貧則君不能獨富, 有若深言君民一體之意, 以止公之厚斂, 爲人上者所宜深念也."

---

18 애공이 유약(有若)에게 물었다: 《논어》〈안연(顏淵)〉에 나온다.

양시(楊時)[19]가 말하였다.

"'어진 정치는 반드시 토지의 경계를 바로잡는 것에서 시작되어야 한다.'[20]라고 하였으니, 경계를 바르게 하고 난 후에야 정전(井田)이 균등하게 되고 봉록도 공평하게 되었으니, 군사와 나라에서 필요한 경비는 모두 이로써 지출했다. 그러므로 이처럼 철(徹)을 한번 시행하면 모든 법도가 세워지게 되니 상하가 어찌 부족한 것을 걱정하겠는가? 애공(哀公)이 2/10로도 오히려 부족하다고 한 데 대해 유약(有若)이 1/10세인 철법을 가르친 것이 우활한 듯하다. 하지만 1/10세는 천하의 중정(中正)이니, 이보다 많으면 걸(桀)[21]이 되고, 이보다 적으면 맥(貉)[22]이 되니 바꿀 수 없는 것이다. 후세에는 그 근본을 찾지 않고 오직 그 말단을 꾀하는 까닭에 세금을 징수하는 데 대중이 없고 경비를 지출하는 데에도 원칙이 없어서 상하가 곤란을 겪고 있으니, 또한 어찌 철법이야말로 급선무이며 우활한 견해가 아니라는 것을 어찌 알겠는가?"

---

19 양시(楊時, 1053~1135): 《대학연의보》 권21 주) 2 참조.

20 어진 … 한다: 《맹자》 〈등문공 하〉에 나온다. 등문공이 인정(仁政)에 대해 답하는 가운데, "어진 정치(仁政)는 반드시 토지 경계를 바로잡는 것에서 시작되어야 합니다, 경계가 올바르지 않으면 정전(井田)의 분배가 공평하지 않고 관리에게 주는 봉록도 공평하지 않게 됩니다."라고 하였다.

21 걸(桀): 하나라 마지막 왕인 걸(桀)은 포악한 군주로 잘 알려져 있는데, 특히 백성들에게 세금을 함부로 거둠으로써 백성을 도탄에 빠지게 하였다. 따라서 여기에서 유래한 걸은 세금을 중과하는 것을 뜻한다. 《대학연의보》 권21 주) 16 참조.

22 맥(貉): 《맹자》 〈고자(告子)〉에 백규(白圭)라는 인물이 맹자에게 "나는 세금을 1/20만 받으려고 하는데 어떻습니까?"라고 묻자, 맹자가 "그것은 맥(貉)의 방법입니다."라고 대답하였다. 여기서는 세금이 적은 것을 뜻한다.

楊時曰: "仁政必自經界始, 經界正而後井田均・穀祿平, 而軍國之須皆
量是以爲出焉. 故一徹而百度擧矣, 上下寧憂不足乎? 以二猶不足而敎
之徹, 疑若迂矣, 然什一天下之中正, 多則桀・寡則貉, 不可改也. 後世
不究其本而唯末之圖, 故征斂無藝・費出無經而上下困矣, 又惡知盍徹
之當務而不爲迂乎?"

　애공(哀公)이 또 공자에게 묻자, 공자가 말씀하셨다. "세금을 적게 거두
니 백성이 부유하게 되었습니다." 이에 애공이 말하기를, "그렇다면 과인
이 가난해집니다." 하니, 공자가 대답하기를, "'화락한 군자여, 백성의 부
모로다.' 하였으니, 자식이 부유한데 아버지가 가난한 것을 본 적이 없습
니다." 하였다.[23]

哀公又問於孔子, 孔子曰: "薄賦斂, 則人富." 公曰: "若是, 則寡人貧矣."
對曰: "'豈弟君子, 民之父母', 未見子富而父貧也."

　신은 이렇게 생각합니다. 선유(先儒)들이 일컫기를 유약(有若)이 노나
라의 애공에게 철법(徹法)을 시행하기를 청한 것은 나라의 경비를 절
약하여 백성을 풍요롭게 하고자 한 것이라고 했습니다. 대체로 나라
의 재정은 모두 백성에게서 나오며, 군주가 사용하는 것도 모두 백성

23　애공(哀公)이 … 하였다: 《군서치요(群書治要)》 권10 〈孔子語類〉에 나온다.

이 제공하는 것입니다. 그러므로 군주가 경비를 절용하면 적게 거두어도 남음이 있게 되니, 백성이 풍요롭게 되면 군주도 풍요롭게 되지만, 사치스럽게 쓰게 되면 백성에게서 최대한 거두게 됨으로써 백성은 가난하게 되니, 군주는 누구와 더불어 풍요로움을 지킬 수 있겠습니까. 유약이 "백성들이 풍족하면 군주께서 어찌 혼자만 부족하며, 백성이 부족하면 군주께서 어찌 혼자만 풍족하겠습니까?"라고 했던 말과, 공자가 "'화락한 군자여, 백성의 부모로다.' 하였으니, 자식이 부유한데 아버지가 가난한 것을 본 적이 없습니다."라고 한 두 가지 말씀은 가장 상세하면서도 명확한 설명입니다. 구중궁궐에 계신 황제께서는 이를 유념하고 또 유념하시어, 이를 만세의 자손들에게 가르침을 보이시면 백성들에게는 영원토록 매우 다행일 것입니다.

臣按: 先儒謂有若請魯哀公行徹法, 欲其節用以厚民也. 蓋國家之財皆出於民, 君之所用者皆民之所供也. 君能節用則薄取而有餘, 民之富卽君之富也, 侈用則盡取而不足, 民旣貧矣, 君孰與守其富哉? 有若所謂 "百姓足, 君孰與不足? 百姓不足, 君孰與足", 孔子所謂 "豈弟君子, 民之父母, 未見子富而父貧", 斯二言也最爲親切著明. 九重之上念茲在茲, 以示教於千萬世之聖子神孫, 則千萬世之生靈不勝幸甚.

위(魏)나라 문후 때에는 세금이 정상보다 배로 증가하여 어떤 이가 이를 축하하자, 문후가 말하였다. "오늘날 호구는 더 늘어나지 않았음에도 불구하고 세금은 배가 되었으니, 이는 세금을 많이 부과했기 때문이다. 무릇 세금을 탐하는 것은 백성을 사랑하는 것이 아니어서, 이는 마치 어떤 우인(虞人)이 오직 그 털이 아깝기 때문에 가죽옷을 뒤집어 입은 채 땔나무를 등에 지고 있는 것과 같아서,[24] 이는 가죽이 다 닳아지면 그 털도 붙어 있을 곳이 없음을 모르는 것이다.”

魏文侯時, 租賦增倍於常, 或有賀者, 文侯曰: “今戶口不加而租賦歲倍, 此由課多也. 夫貪其賦稅不愛人, 是虞人反裘而負薪也, 徒惜其毛, 而不知皮盡而毛無所傅.”

신은 이렇게 생각합니다. 위나라 문후는 한 나라의 제후로서, 그 강역은 한정되어 있고 쓰는 것이 매우 많은데도 오히려 백성들에게 세금 부과가 과다한 폐해를 알고, 가죽과 털의 비유를 들었습니다. 하물며 1만 대의 전차를 가진 존귀함에 사해라는 커다란 부를 가지고 있는 사람이겠습니까.

臣按: 魏文侯一國之諸侯, 疆域有限而用度孔多, 尙知課多之害於民, 而設爲皮毛之喩, 況萬乘之尊而富有四海之大者乎?

진(秦)나라에서는 토지를 놔두고 사람에게 세금을 부과하여 수확의 절

---

24 우인(虞人)이 … 같아서: 전국 시대 위나라 문후가 사냥 중에 행인이 갖옷을 뒤집어 입고서 꼴을 지고 가는 것을 보고는 “어째서 갖옷을 뒤집어 입고 꼴을 지고 가는가?” 물었는데, 그가 “제가 털을 아끼려고 그럽니다.”라고 대답했다. 문후가 “그 옷의 안감이 모두 해지면 털도 붙어 있을 곳이 없다는 것을 그대는 모르는가.”라고 탄식했다.《新序 雜事》.

반을 부(賦)로 거두었고, 천하의 재물을 다 긁어 시황제를 받들었지만, 여전히 그의 욕심을 채우기에는 부족하였다. 그의 이세(二世)가 승계한 뒤에도 변화가 없었기 때문에 온 천하가 흩어지고 반란을 일으켰다.

> 秦舍地而稅人, 收大半之賦, 竭天下之資財以奉其政, 猶未足以贍其欲也.
> 二世承之不變, 海內潰叛.

신은 이렇게 생각합니다. 반란에 이르게 되는 데는 여러 가지 이유가 있지만, 특히 세금을 무겁게 거두는 것보다 더 심한 것은 없습니다. 삼대 이래로는 모두 토지에서 세금을 거두었는데, 진나라에 이르러서는 토지를 버리고 사람에 세금을 부과하기 시작하였습니다. 또한 이전에는 모두 열 가운데 하나를 거두었으나, 진나라에 이르러서는 열 가운데 다섯을 거두었습니다. 이와 같은 정치를 행하니, 가난한 백성이 어떻게 생계를 도모할 수 있겠습니까. 가난하여 살아갈 길이 없으면 백성들은 죽음도 아까워하지 않게 되니, 이것이 백성들을 반란으로 몰아가는 것입니다.

> 臣按: 致亂之道多矣, 而尤莫甚於厚斂. 自三代以來, 皆因地而取稅, 至秦始舍地而稅人; 皆十分而取其一, 至秦始十分而取其五行. 如是之政, 則民之貧者何以爲生哉? 貧無以爲生則不愛其死, 是趣民而使之潰叛也.

한(漢)나라가 일어나서 천하가 평정되자 한나라 고조는 각종 법규를 줄이고 금령을 정돈하여 줄였는데, 이에 토지세를 가볍게 하여 1/15로 정하였으며 관리들의 봉록을 계산하고 관청의 비용을 조사하여 이를 백성에게 부과하는 부(賦)로 삼았다. 문제(文帝) 12년, 조서를 내려 천하 백성의 조(租)를 절반으로 줄였다.

漢興, 天下旣定, 高祖約法省禁, 輕田租, 什五而稅一, 量吏祿·度官用以賦於民. 文帝十二年, 詔賜天下民租之半.

신은 이렇게 생각합니다. 한나라 문제가 재위할 때는 천하의 조세[租]를 다시 절반으로 하였고, 그 후에는 마침내 이를 없애고 거두지 않은 것이 10여 년이 되었는데, 당시엔들 어떻게 나라에서 쓰는 모든 경비가 없었겠습니까. 이는 아마도 문제(文帝)가 매우 검약하고 절용하며, 또한 당시 나라에는 비축분이 있었기 때문에 가능했던 결과일 것입니다. 무릇 문제는 고조의 뒤를 이어 모든 일마다 이를 받들어 이루면서도 여기에 조금씩 절약하여 저절로 남게 하였기 때문에 진실로 심히 어려운 바는 없었습니다.

우리 명나라 태조는 나라를 얻게 된 초기에는 모든 일이 처음으로 시작하였기 때문에 제대로 될 수 있는 것이 없었지만, 그럼에도 세금을 면제하는 조서를 내리지 않은 해가 없었으니, 이는 한 문제가 경비가 넉넉하게 된 것을 볼 때 어찌 어렵지 않았겠습니까? 지금 신이 《어제문집(御制文集)》을 살펴보니, 홍무 2년 2월에 세금을 면제하는 조서는 모두 세 번이 있었습니다. 그 하나는 중원의 백성이 오랫동안 전란의 잔재로 인해 어려웠기 때문에, 산동(山東)·북평(北平)·연남[燕南: 지금 하남(河南) 활현(滑縣) 일대]·하동(河東)·산서(山西)·하남(河南)·진농[秦隴: 지금 섬서(陝西) 서부] 등지의 하세(夏稅)와 추세(秋稅) 양세를 면하되, 산동에 대해서는 2년, 그 나머지는 일 년을 면해 주었습니다.

두 번째는 창업 초에 응천(應天: 명 태조가 도읍한 남경)·태평(太平)·진강(鎭江)·영국(寧國) 등 4군(四郡)에 대해 그 세금을 일 년 면제해 준 것입니다. 세 번째는 금릉(金陵)에 건도(建都)한 이후에 태평(太平)·진강(鎭江)·영국(寧國)·광덕(廣德)을 경사(京師)의 보좌 지역으로 삼게 되자, 응천·태평·진강·영국에 대해 다시 일 년 동안 면제하고, 광덕과 저주(滁州)·화주(和州)·무위주[無爲州: 지금 안휘(安徽) 무위현] 또한 이와 더불어 일 년을 면제해 준 것입니다. 홍무 3년 3월에는 또다시 응천에서 무위주에 이르는 일곱 군(郡)과 휘주(徽州)·지주(池州)·여주(廬州)·금화(金華)·엄주(嚴州)·구주(衢州)·처주(處州)·광신(廣信)·요주(鐃州) 등의 아홉 군 및 산동과 하남의 두 포정사(布政司)에 대해 일 년을 면제하였습니다.

이뿐 아니라 홍무 4년 5월에도 양절(兩浙)과 강서(江西)에 대해 세금을 면하는 조서를, 또 5년 10월에는 응천부 등 5부(府)에 대해서도 세금을 면하는 조서를 내렸습니다. 홍무 9년 2월에는 산동과 섬서 오른쪽 지역에 대해 세금을 면하는 조서를 내린 바 있었고, 11년 8월에는 태평 등 6주(六州)·의흥(宜興) 등 4현에 대해 면세 조서를 내렸습니다. 또 12년에는 북평 지역에 대해 전면적으로 세금을 면하는 조서를 내리고, 13년에 이르러서도 조서를 내려, "위로는 하늘의 도움을 입어 중국 민족과 주변의 오랑캐[華夷]를 다스린 지 13년이 되어, 나라의 창고가 가득 차고 지방의 창고도 충분하게 되었지만, 아직 백성의 힘이 되살아나지 않았다. 이 천하의 올해 하세(夏稅)와 추량(秋糧)을 최대한 면제한다."라고 하셨습니다.

오호! 태조 홍무제가 나라의 명운을 바꾸어 등극한 초기에는 모든 제도를 창제하고 법도를 세우기 시작하였는데, 이때까지 모든 일이 아직까지 다 갖추어지지 않았으므로 무릇 궁궐·호위군대·관청·성곽·번부(藩府) 등과 담·학교·예악·그릇 등을 일일이 창제하여 설치하였습니다. 하물며 큰 전란이 막 평정된 나머지 아직까지 백성들의 피곤함이 극에 달하였는데, 줄을 지어 진을 치고 놀고먹으면서 나라에서 주기만을 바라는 사람들이 많았고, 또한 여러 관직을 나누고 관리들을 둠으로써 녹읍을 먹는 사람이 많았으니, 소요되는 경비가 평안할 때보다 어찌 수천만에 달할 뿐이겠습니까. 그럼에도 남아 있는 재물로 경비로 조달하고 세금을 면제하는 조서를 내리지 않은 해가 없었으니, 이는 우리의 태조께서 백성들의 마음을 모아 천명을 이루어 영원히 망하지 않은 나라의 기틀을 심고자 했기 때문이니, 그 단초가 바로 여기에 있었습니다.

오늘날 여러 성왕들이 다진 나라가 오랫동안 안정되고 평안하게 된 후에 팔을 여미고도 이미 이룩한 것을 우러러보며 모든 법도가 정리되고 세워져서 다시 이를 바꾸고자 할 필요가 없기 때문에, 이제까지 이룬 모든 공적에 덧붙여 절약하고 절제하시면 자연히 남는 것이 있을 것입니다.

엎드려 바라옵건대, 지혜로우신 황제께서는 최고의 자리에 계시면서 한나라 문제의 검소한 덕을 본받고 명 태조의 어진 마음을 깨달아, 삼가하여 검소한 덕을 갖추고 오직 길이 도모할 생각만을 가지고 나라의 재정이 늘 풍족하여 남음이 있도록 하십시오. 때마다 유사(有司)

에 명하여 나라의 비축이 많은지 적은지 통계를 내도록 하고, 한 해의 수입이 늘어났는지 증가했는지에 따라 세금을 관대하게 징수하도록 하는 조서를 빈번하게 내림으로써, 농민들이 빈곤함에서 되살아나도록 하십시오. 백성들의 마음을 단단하게 결집하게 하는 방도는 바로 여기에 있고, 나라의 근본인 농업을 기르고 번성하게 하는 것 또한 여기에 있으니, 종묘사직과 백성들에게는 큰 행운이 아닐 수 없을 것입니다.

臣按: 漢文帝在位再賜天下半租, 其後也遂除之而不收者十餘年, 當是時豈一切無所用度哉? 茲蓋文帝恭儉節用, 國有餘蓄之明效也. 夫文帝承高祖之後, 事事仰成, 稍加節約自有贏餘, 固無甚難者. 我聖祖得國之初, 凡事草創, 無所因仍, 然而免租之詔無歲不下, 其視漢文益數焉, 豈非難哉? 今卽御制文集考之, 洪武二年二月免租之詔凡三焉, 其一謂中原之民久困兵殘, 免山東·北平·燕南·河東·山西·河南·秦隴夏·秋二稅, 山東二年, 其餘一年; 其二謂創業之初取辦應天·太平·鎭江·寧國四郡, 免其租一年; 其三謂建都金陵, 以太平·鎭江·寧國·廣德爲京師之翼, 其應天·太平·鎭江·寧國再免一年, 其廣德及滁州·和州·無爲州亦與免一年. 洪武三年三月, 又詔免應天以至無爲州等七郡, 徽州·池州·廬州·金華·嚴州·衢州·處州·廣信·饒州九郡及山東·河南二布政司一年. 不寧惟是, 四年五月又有免兩浙·江西之詔, 五年十月有免應天等五府之詔, 九年二月有免山東·陝右之詔, 十一年八月有免太平等六州·宜興等四縣之詔, 十二年有全免北平之詔, 至十有三年, 乃下詔曰: "荷上天眷佑, 君主華夷十有三年, 倉廩盈·府庫充, 今民力未蘇, 凡天下今年夏稅·秋糧盡蠲免之." 嗚呼, 我聖祖革命建極之

初, 正創制立度之始, 事事未備, 凡宮室·禁衛·官署·城池·藩府與夫
壇墠·學校·禮樂·器用, 一一皆當創置, 矧幹戈甫定之餘, 人民疲困之
極, 列屯坐食, 仰給者衆, 分官置吏, 祿食者多所費, 比於承平之世奚
翅千萬, 尙有餘貲以資用度, 而免租之詔無歲無之, 此我聖祖所以結人
心·凝天命而培千萬年不拔之基, 端有在於此也. 矧今承列聖重熙累洽
之後, 垂拱仰成, 百度修擧, 不必更有作爲, 一切事功略加省節, 自然有
餘. 伏願聖明在上, 法漢文之儉德, 體聖祖之仁心, 愼乃儉德, 惟懷永
圖, 使國計常足而有餘蓄, 時令有司計國儲之多寡, 因歲事之登耗, 屢
下寬征之詔, 以蘇農民之困, 所以固結人心者在是, 所以培殖國本者在
是, 宗社生靈不勝大幸.

한 문제 13년 조서(詔書)에서 말하였다.

"농사는 천하의 근본이기 때문에 이보다 더 크게 힘쓸 일은 없다. 오늘
날 애써 노력하여【근(厪)은 권(勸)의 옛 글자이다.】농사에 종사하는데 조세(租
稅)의 부(賦)가 있으니, 이는 근본인 농사와 말단인 상업의 차이가 없는 것
이다. 그러므로 이는 농사를 권장하는 도리가 미비한 것이니 농지에 대
한 조세를 없애도록 하라."

十三年詔曰: "農天下之本, 務莫大焉. 今厪【古勤字】身從事而有租稅之賦,
是爲本末者無以異也. 其於勸農之道未備, 其除田之租稅."

호인(胡寅)[25]이 말하였다.

"한나라 문제 때에 이르러 봉국이 점차 많아져 여러 제후들은 자신들의 영토에서 독립적으로 먹고살게 됨에 따라, 황실의 수입이 적게 되었다. 또한 흉노와 화친을 맺어 그 대가로 해마다 금과 비단을 바쳤고, 그 이후로는 번번이 변방의 근심거리가 되었다. 이에 천자가 친히 출병하고자 하여도 황하가 범람하여 요새를 쌓는 노고와 비용이 들게 되니, 대사농(大司農)이 관리하는 재정도 마땅히 충분하지 않게 되었다. 그런데도 문제가 재위 12년에는 백성의 세금[租]을 절반으로 하도록 조치하는가 하면, 다음 해에는 마침내 그나마도 이를 없애버렸음에도 불구하고, 어떻게 나라 재정이 풍족할 수 있었는가?

대체로 문제는 삼가하고 검소하여 여러 가지 금속으로 된 화폐 또한 실제로 사용하지 않았고, 궁궐을 그대로 쓰고 나라의 수도도 이전의 것을 물려받아 사치하는 풍습이 없었으니, 이렇게 하는데 어찌 풍요롭지 않겠는가? 그러므로 재정을 대체로 다 쓸 수가 없었다. 그러나 그 이후로는 아부하여 악을 행하는 자들이 군주에게 황당하고 음란한 일을 하도록 유인하여 백성들에게 세금을 무거운 꾸러미로 거둬들이면서 이를 진흙처럼 수없이 사용함에 따라, 급기야는 재정은 고갈되고 백성이 반란을 일으키어 드디어 군주를 망하게 하기에 이르렀으니, 그 죄가 죽음을 면할 수 있겠는가."

胡寅曰: "漢至文帝時封國漸衆, 諸侯王自食其地, 王府所入寡矣. 又與匈奴和親, 歲致金繒, 後數爲邊患, 天子親將出擊, 復因河決有築塞勞

25　호인(胡寅, 1098~1157): 《대학연의보》 권21 주) 8 참조.

費, 大司農財用宜不充益矣. 而文帝在位十二年卽賜民半租, 次年遂除之, 然則何以足用乎? 蓋文帝恭儉, 百金之費亦不苟用, 宮闈是效, 流傳國都, 莫有奢侈之習, 如之何不富? 其財蓋不可勝用矣. 然後知導諛逢惡者納君於荒淫, 取之盡錙銖, 用之如泥沙, 至於財竭下畔而上亡, 其罪可勝誅哉?”

신은 이렇게 생각합니다. 진나라와 한나라가 교체되던 시기에 나라가 흥하고 망하는 원인은 비단 한 가지 이유에서 비롯되지 않지만, 가장 큰 핵심은 민심을 얻는 것과 민심을 잃는 것, 바로 이것뿐입니다. 진나라에서는 백성에게서 절반의 세금을 거두었고 한나라는 1/15을 거두었는데, 그 이후로는 이를 거의 다 없애버렸습니다. 대체로 재물은 백성들의 마음이기 때문에 이 재물을 많이 거두게 되면 백성들의 마음을 잃게 되고 그렇지 않으면 민심을 얻게 되니, 설사 군주 자신이 비록 그 재물을 얻지 못하더라도 얻는 것이 이 재물보다 만 배가 될 수 있습니다. 오호! 천하와 나라를 가진 군주는 진나라와 한나라가 얻은 것과 잃은 것을 늘 거울로 삼아, 취할 것은 취하고 버릴 것은 버려야 할 것입니다.

臣按: 秦·漢之際, 其所以興亡者非止一端, 大要在得民心與失民心而已. 秦取民大半之賦, 漢則十五而取一, 其後乃盡除之焉. 蓋財者民之心, 得其財則失其心, 苟得民心, 吾雖不得其財, 而其所得者乃萬倍於財焉. 嗚呼, 有天下國家者其尙鑒秦·漢之所以得失以爲取舍哉!

한 소제(漢昭帝) 원봉(元鳳) 2년, 수도 지역과 태상군(太常郡)은 콩과 조를 세금으로 거두도록 명하였다.

昭帝元鳳二年, 令三輔·太常郡得以菽粟當賦.

신은 이렇게 생각합니다. 콩과 조 같은 곡식을 부(賦)로 삼게 한 것은 이를 돈으로 삼을 수 있기 때문입니다. 대체로 곡식은 땅에서 생산되지만 하루에 생산할 수 있는 것이 결코 아니지만, 돈은 사람의 노력으로 생산되기 때문에 열흘에서 한 달 정도면 만들 수 있습니다. 옛날부터 다스림의 근본을 깨달은 군주는 늘 곡식을 중시하고 돈을 가볍게 여겼는데, 이는 대체로 돈은 없어도 되지만 곡식은 없어서는 안 되기 때문이었습니다. 후세에 와서 돈이 되는 물건으로 세금을 대신하게 한 것은 경중(輕重)의 마땅함을 잃어버리고 완급(緩急)의 순서를 위반한 것이라 할 수 있습니다. 그러므로 나라를 위해 장구한 계획을 세우는 군주는 차라리 콩이나 조 등 곡식을 돈으로 삼아 설사 이것들이 창고에서 썩더라도 무용할 때조차 준비해야 합니다. 돈을 콩이나 조 등 곡식으로 여겨서는 안 되니, 혹 하루아침에 하늘이 재앙을 내려 땅에서 소출이 없게 되면 금과 은이나 포백(布帛) 등 돈으로는 굶주림을 메울 수 없으니 속수무책으로 죽음을 맞이할 수 있기 때문입니다.

臣按: 以菽粟當賦謂聽以菽粟當錢物也, 蓋粟生於地, 非一日所能致, 錢出於人力, 可旬月間而辦也. 自古識治體者恒重粟而輕錢, 蓋以錢可無而粟不可無故也. 後世以錢物代租賦, 可謂失輕重之宜·違緩急之序

矣. 故爲國家長久之計者, 寧以菽粟當錢物, 使其腐於倉庾之中, 備之
於無用. 不肯以錢物當菽粟, 恐一旦天爲之災, 地無所出, 金銀布帛不
可以充饑, 坐而待斃也.

당나라 초, 처음으로 조용조(租庸調) 법을 정하여 인정(人丁)을 기준으로
삼았다. 그 하나는 토지세인 조(租)로, 정남(丁男) 한 사람은 100무의 토지
를 받지만 해마다 속(粟) 2섬[石]을 조(租)로 납부하였다. 두 번째는 조(調)
로, 한 사람의 정(丁)은 해당 지역의 토지에서 나는 특산물에 따라 해마다
비단이나 무늬가 있는 비단[綾絁] 2장(丈)이나 무명실[綿] 3량(兩)을 내게 하
며, 면포로 납부하는 경우는 마(麻) 3근을 내게 하였다. 세 번째는 용(庸)
으로, 한 사람의 정(丁)은 20일간의 부역(役)을 담당하는데, 만약 부역을
담당하지 않을 경우는 하루치로 비단 3척(尺)을 내도록 하였다.

唐初, 始定租庸調之法, 以人丁爲本. 一曰租, 丁男一人授田百畝, 但歲納
租粟二石; 二曰調, 每丁隨鄉土所出, 歲輸絹或綾絁共二丈·綿三兩, 輸布
者麻三斤; 三曰庸, 每丁定役二十日, 不役則日爲絹三尺.

신은 이렇게 생각합니다. 옛날부터 중국의 면포와 실의 징수는 오직
견사와 삼베, 두 가지뿐이었으나, 오늘날에는 여기에 또한 목면을 첨
가했습니다. 당나라 사람들의 조법(調法)에서 민정(民丁)은 해마다 비
단과 무늬가 있는 비단, 무명실, 또는 면포와 삼베를 운반하여 바쳤지

만, 이때까지도 목면은 없었습니다. 남송의 임훈(林勳)이 지은《정본
서(政本書)》에 따르면, 한 사람의 여자[匹婦]가 납부하는 공(貢) 또한 오직
비단과 무명실이었으며, 누에를 치는 지방이 아닐 경우는 면포와 삼
베였다고 합니다.《원사(元史)》의 〈곡식과 나무를 심는 제도[種植之制]〉
에 따르면, 한 사람의 정(丁)은 해마다 뽕나무와 대추나무 또는 여러
과실수를 심도록 하였다고 하여, 여기에서도 목면에 대해서는 언급
하지 않고 있습니다. 이로써 볼 때 원나라 이전에는 목면을 공부(貢賦)
로 납부하는 것은 아직 시작되지 않았던 것입니다.

　　《서경》 〈하서 우공〉을 살펴보면, "양주(揚州)의 섬 오랑캐는 갈포[卉
服]를 바쳤다."라고 하면서, 이를 목화[吉貝]라고 주석을 달았는데, 이는
곧 요임금 시대에 이미 공(貢)이 있었다는 것입니다. 이처럼 섬 오랑
캐의 경우에 때로는 직물을 공으로 충당하기도 했지만 중국에는 없
었던 것입니다. 그러므로《주례(周禮)》에는 아홉 가지 직업[九職][26]으로
나누어 백성들에 맡기면서, 부녀자들에게는 오직 누에를 치고 비단
을 짜는 것뿐이었고 목면은 없었습니다. 따라서 목면을 공으로 삼는
것이 중국에 있기 시작한 것은 아마도 송나라와 원나라가 교체된 시
대였을 것입니다. 【원나라 초 맹기(孟祺)[27]가 지은《농상집요(農桑輯要)》에서 말하
기를, "목면은 섬서 지방의 오른쪽 지역에서 심고 이를 공(貢)으로 바치는 것을 시행

---

26 9직(九職): 만민에게 직업을 담당하게 한 것으로서, 삼농(三農)·원포(園圃)·우형(虞衡)·수목(藪
牧)·백공(百工)·상고(商賈)·빈부(嬪婦)·신첩(臣妾)·한민(閒民) 등이다.《주례 대재(大宰)》 권2에
나온다.

27 맹기(孟祺, 1230~1281): 원나라 명신(名臣)으로 숙주(宿州: 지금의 안휘 숙주) 출신이다. 자는 덕
경(德卿)이다. 대표적인 저서로는《농상집요(農桑輯要)》가 있다.《원사(元史)》 열전47 〈맹기
(孟祺)〉.

했고, 이 밖의 다른 주(州)와 군(郡)은 대부분의 토지가 이를 적용하기가 적합하지 않았다."라고 하였다. 근자에 와서 도구성(陶九成)이 저술한 《철경록(輟耕錄)》[28]에서 말하기를, "복건과 광동 지역에서는 목면을 많이 심어 이를 방직하여 포로 만들었으니, 이에 송강(松江) 지역의 백성들이 심는 기술을 꾀하여 다른 지역에서도 이를 심고자 씨앗을 이곳에서 구했다."라고 하였다.】 대체로 옛날부터 중국에서 옷으로 사용한 것은 견사·삼베·갈포·털 등 네 가지뿐이었고, 한나라와 당나라가 교체된 시대에는 멀리 있는 오랑캐가 비록 목면을 공물로 바친 적은 있지만, 중국에서는 이것을 심은 적도 없고 백성이 이를 옷으로 만들어 입은 적도 없었기 때문에, 나라에서 이를 조(調)로 삼은 적도 없습니다.

송나라와 원나라 교체기에 이 종자가 중국에 처음으로 들어와 관중과 섬서, 복건과 광동 지역에서 이를 심어 처음으로 이득을 얻기 시작하였습니다. 이에 따라 대체로 목면에서 나오는 물품들은 외이(外夷)와 복건·광동 지역으로 나가 바다를 통해 배로 거래되었으니, 관중과 섬서 지방의 땅이 서역과 접해 있기 때문입니다. 그렇지만 이 시기에도 아직까지 이를 세금으로 징수하지 않았기 때문에, 《송사(宋史)》나 《원사(元史)》의 〈식화지〉에는 모두 이를 기록하지 않고 있습니다.

---

28 철경록(輟耕錄): 도종의(陶宗儀)의 자는 구성(九成)으로, 그는 원나라 말 반란을 피하여 송강(松江) 화정(華亭) 남쪽 교외에서 경작을 하면서 느낀 경험담을 나뭇잎에 적어 이후에 이를 책으로 편찬한 것으로, 자신의 호인 남촌(南村)을 따서 《남촌철경록(南村輟耕錄)》이라고도 하였다. 이 책은 필기 형식으로 그 내용은 주로 원나라 시대의 전장(典章)·문물·풍속·군사 등을 번잡하게 다루고 있지만, 특히 원대의 농경과 심지어는 원곡(元曲)에 이르기까지 당시 민간의 생활사를 고찰할 수 있는 귀중한 자료이다.

우리 명 왕조에 이르러서 비로소 이를 심게 되어 마침내 천하에 널리 보급됨에 따라 지역을 가리지 않고 모두 이를 심으니, 사람들은 가난하고 부유한 것을 가리지 않고 모두 이것에 의지하게 됨에 따라, 그 이익이 명주실이나 비단보다 백배에 달하는 것으로 여기게 되었습니다. 따라서 신은 이런 사실을 밝혀내어 후세의 모든 사람들에게 면화옷의 이익이 최근에 와서 성하게 되기 시작하였음을 알게 하고자 합니다.

臣按: 自古中國布縷之征惟絲·枲二者而已, 今世則又加以木綿焉. 唐人調法, 民丁歲輸絹綾絁及綿·輸布及麻, 是時未有木綿也. 宋林勳作《政本書》, 匹婦之貢亦惟絹與綿, 非蠶鄕則貢布·麻. 《元史》種植之制, 丁歲種桑棗雜果, 亦不及木綿, 則是元以前未始以爲貢賦也. 考之《禹貢》"揚州島夷卉服", 註以爲織貝, 則虞時已有之, 島夷時或以充貢, 中國未有也. 故《周禮》以九職任民, 嬪婦惟治蠶枲而無木綿焉. 中國有之, 其在宋元之世乎【元初孟祺作《農桑輯要》云: "木綿種於陝右行之, 其他州郡, 多以土地不宜爲解". 近世陶九成作《輟耕錄》亦云,: "閩廣多種木綿, 紡緝爲布, 松江民因謀樹藝, 覓種於彼"】. 蓋自古中國所以爲衣者絲·麻·葛·褐四者而已, 漢·唐之世遠夷雖以木綿入貢, 中國未有其種, 民未以爲服, 官未以爲調, 宋·元之間始傳其種入中國, 關·陝·閩·廣首得其利. 蓋此物出外夷, 閩·廣海通舶商, 關·陝壤接西域故也. 然是時猶未以爲征賦, 故宋·元史《食貨誌》皆不載, 至我朝其種乃遍布於天下, 地無南北皆宜之, 人無貧富皆賴之, 其利視絲·枲蓋百倍焉. 臣故表出之, 使天下後世知卉服之利始盛於今代.

당 대종(唐代宗)은 무(畝)를 기준으로 세금을 정하되, 여름과 가을에 이를 거두기 시작하였습니다.

代宗始以畝定稅, 而斂以夏 · 秋.

당 덕종(唐德宗) 때 양염(楊炎)[29]이 재상이 되어 마침내 양세법을 시행하였으니, 하세(夏稅)는 6월을 넘기지 않고 납부하고, 추세(秋稅)는 11월을 넘기지 않고 납부하게 하였는데, 대력(大曆) 14년(779)에는 경작지의 면적을 정하여 이를 균등하게 거두었다.

德宗時, 楊炎爲相, 遂作兩稅法, 夏輸無過六月, 秋輸無過十一月, 以大曆十四年墾田之數爲定而均收之.

육지(陸贄)가 말하였다.[30]

---

29 양염(楊炎, 727~781): 당나라의 저명한 재정 전문가이다. 섬서 봉상부(鳳翔府) 사람으로 자는 공남(公南)이다. 그는 당 덕종 시의 재상으로 발탁되어, 780년 양세법을 단행하여 개정 개혁을 추진하였다. 그의 양세법은 조용조 세제하에서 실시되었던 호세와 지세를 기초로 그 밖의 잡세를 단일화하는 한편, 나라의 예산제도인 양출제입(量出制入)을 처음으로 시행하였다. 양세법의 주요 내용은 모든 세금을 여름(6월)과 가을(11월) 2기로 나누어 양세로 납부하고, 현 거주지의 자산에 따른 호의 등급에 따라 전(錢)으로 납부하게 하는 누진세이다. 하지만 이 과정에서 그는 국정을 농단함에 따라 반대파에 의해 그 이듬해에 사약을 받고 죽었다. 그러나 그가 시행한 양세법은 사유제에 입각한 누진세제로 이후의 왕조에서 계속 시행되었다.

30 육지(陸贄)가 말하였다: 이 말은 《육선공주의(陸宣公奏議)》에 나온다. 육지(754~805)는 《대학

"조용조의 제도는 이전의 현인들의 법도를 본받고 역대의 조세제도에서 나타난 이로움과 해로움을 참고하여, 토지가 있으면 조(租)를, 한 가정이 있으면 조(調)를, 노동력이 있으면 용(庸)을 부과하였는데, 이로써 법제가 균일하여 백성은 빈곤하지 않게 되고 나라는 경비가 풍족하게 되었다. 양세법은 모든 주(州)에서 각기 대력(大曆) 연간(766~779)의 어느 한 해의 조세율에 따라 거두었고, 전곡(錢穀)의 수량이 가장 많은 것을 양세의 수량으로 삼되, 오직 자산을 기준으로 삼고 정(丁)을 기준으로 하지 않았는데, 이로써 자산이 적으면 세금은 가볍고 많으면 세금이 많았다."

陸贄曰: "租庸調之法宗本前哲之規模, 參考歷代之利害, 有田則有租, 有家則有調, 有身則有庸, 法制均一, 下不困而上用足. 兩稅之法, 每州各取大曆中一年科率, 錢穀數最多者定爲兩稅額, 惟以資產爲宗, 不以丁身爲本, 資產少者稅輕, 多者稅重."

여조겸(呂祖謙)이 말하였다.[31]

"토지제도는 전국 시대에 상앙(商鞅)이 이를 문란하게 하였지만[32] 조

연의보》 권21 주) 15 참조.

31 여조겸(呂祖謙)이 말하였다: 여조겸(1137~1181)은 남송의 유학자이자 정치가로, 수주(壽州: 지금의 안휘 봉태) 출신이다. 자는 백공(伯恭), 동래선생(東萊先生)으로 불린다. 그는 주희, 장식(張栻)과 더불어 '동남3현(東南三賢)'으로 불린다. 그의 저서로는 《좌전설(左傳說)》, 《동래좌씨박의(東萊左氏博議)》, 《역대제도상설(歷代制度詳說)》, 《송문감(宋文鑑)》 등이 있고, 주희과 더불어 《근사록(近思錄)》을 편찬하기도 하였다.

32 상앙(商鞅)이 … 하였지만: 상앙은 진(秦)나라의 대표적 정치가이자 법가로 잘 알려져 있다.

세제도의 경우는 역대의 법제와 같았는데, 다만 양세법이 만들어지면서 이때부터 옛날 조세제도는 없어지게 되었다."

呂祖謙曰: "田制雖商鞅亂之於戰國, 而租稅猶有歷代之典制, 惟兩稅之法立, 古制然後掃地."

마단림(馬端臨)이 《문헌통고(文獻通考) 전부(田賦)》에서 말하였다.

"농지가 백성에게 있는지에 따라 세금을 징수하고 농지의 많고 적음을 다시 묻지 않는 것은 상앙(商鞅)에서 시작되었다. 백성이 농지를 소유했는지에 따라 세금을 징수하고 농지가 적은지 중간인지 여부를 묻지 않은 것은 양염에서 시작되었다. 이로써 삼대(三代)[33]의 정전제라는 좋은 제도는 상앙에 의해 파괴되었고, 또한 당나라의 조용조의 좋은 제도는 양염에 의해 파괴되었다. 따라서 이 두 사람의 일은 군자들이 부끄럽다고 말하는 것임에도 불구하고, 이후에 나라를 도모하는 군주들은 이 제도를 따르지 않은 자가 없거나 또 때로는 이를 변경하였으니, 도리어 번잡하고 황당무계하게 되었다. 관청과 백성이 모두 그 폐해를 받게 되었으니, 고금이 사의(事宜)가 달랐기 때문이다."

그는 전국 시대 말 진나라의 재상으로 두 차례에 걸친 개혁을 강력하게 추진하여, 진나라가 마침내 중국 최초로 통일국가를 이루는 데 기반을 마련하였지만, 자신은 혜왕에 의해 사지를 찢어 죽이는 거열형에 처해졌다. 토지제도를 문란하게 했다는 것은 그가 정전제를 폐지하고 원전재(轅田制)를 시행한 것을 지적하고 있는 것으로 보인다.

33 삼대(三代): 하(夏)·은(殷)·주(周)의 삼대를 말하며, 특히 당시의 성왕의 정치의 모범이 된 요(堯)·순(舜)·무왕(武王)의 전성기를 뜻하며, 이를 유가에서는 이상적인 시대로 생각하였다.

馬端臨曰: "隨田之在民者稅之, 而不復問其多寡, 始於商鞅; 隨民之
有田者稅之, 而不複視其下中, 始於楊炎. 三代井田之良法壞於鞅, 唐
租庸調之良法壞於炎, 二人之事君子所羞稱, 而後之爲國者莫不一遵
其法, 或變之則反至於煩擾無稽, 而官與民俱受其病, 則以古今異宜
故也."

신은 이렇게 생각합니다. 마단림은 또 말하기를, "부세는 반드시 농
지의 면적을 근거로 살폈는데, 이는 고금의 바꿀 수 없는 제도였다.
삼대(三代) 시대의 공법(貢法)과 조법(助法), 철법(徹法) 역시 단지 농지를
살펴서 세금을 부과하였고 이와는 별도로 호구(戶口)에 부과하는 부
(賦)는 없었다. 그러므로 대체로 사람들은 농지를 받았지만 별도로 호
부(戶賦)가 아직은 없었던 것이 삼대 시대이며, 토지를 사람들에게 수
전하지는 않았지만 여기에 호부를 부과한 것은 양한(兩漢: 전한과 후한)
시대였다. 농지를 준다는 명분으로 호부(戶賦)를 무겁게 부과하였을
뿐만 아니라, 또한 농지를 지급했는지 않았는지가 일정하지 않았음
에도 무겁게 부과한 세금은 이미 다시 가볍게 할 수 없었다. 이리하
여 마침내 거듭 백성의 병폐가 되었으니, 이는 위(魏)나라에서 당나라
중엽까지의 시기가 그러하였다. 그런데 설사 양세법이 시행되어 이
러한 병폐가 사라진다고 해도, 어떻게 양염(楊炎)으로부터 비롯된 양
세법의 병폐가 적다고 할 수 있겠는가?"라고 하였습니다.

마씨의 이 말로 미루어 볼 때, 양세법은 실제로 옛날 사람들이 백
성에게서 세금을 거둔 취지를 살린 것이긴 하지만, 후세에는 단지 육

지(陸贊)가 말한 것 때문에 잘못된 것이라고 했습니다. 그런데 육지가 한 이 말은 단지 당시의 제도를 바꾸지 않기 위해 양세법의 폐단을 극언한 것뿐입니다. 신이 생각건대, 농지는 만세토록 변하는 것이 아니지만 정(丁)과 호구(戶口)는 때에 따라 많아지기도 하고 적어지기도 하기 때문에, 정(丁)을 헤아려 세금을 정하기는 어려워도 농지의 면적을 조사하여 세금을 정하는 것은 쉽습니다. 그러므로 양세법에서 자산을 근거로 삼아 징수하는 것은 전적으로 반드시 틀린 것이라고는 할 수 없습니다. 다만 이를 입법한 초기에는 양세 이외에는 털끝만큼 아주 적은 어떤 징수도 허락하지 않았지만, 군사비가 증가될 때에는 이것 외에도 별도의 세금을 징수하지 않을 수 없게 되었습니다. 이것이 바로 이 시기의 폐단이긴 하지만, 그렇다고 양세법의 폐단은 결코 아닙니다. 그러므로 이는 당나라에서 양세법을 입법한 이래 지금까지 시행되었고, 백세토록 바뀌지 않을 제도가 되었던 것입니다.

우리 명나라에서는 옛날 제도를 살펴서 천하의 경작지에 부세를 정하되, 그 토지가 있는 위치에 따라 등급을 정하여 이를 징수하였습니다. 이때 여름에 징수하는 것을 세(稅)라고 하고, 가을에 징수하는 것을 량(糧)이라 하였습니다. 여기에는 매해 세수의 정액이 있었고 각 호[家]에는 일정한 세액이 있었지만, 당나라처럼 여러 가지 역(役)에 필요한 비용이 있을 때마다 그 총액을 모두 미리 계산하여 이를 사람들에게 징수하는 것이 결코 아니었습니다. 또한 농지가 넓고 좁은 것에 따라 그 세금을 많이 거두거나 적게 징수하여, 당나라처럼 일 년간의 세율이 가장 많은 것을 징수액으로 삼는 것이 아니었습니다.

그리고 이 세액은 모두 황적(黃籍)[34]에 기록하여 호부가 총괄하게 하며, 이를 기한 내에 징수하고 운반하는 일은 각 지방에 속하는 주(州)

와 현(縣)에서 책임지게 하였으니, 이는 당나라의 양세법과 같이 양세사(兩稅使)를 두어 이를 총괄하는 것이 아니었습니다. 따라서 무릇 정(丁)과 호구(口)의 세금이 여러 가지라 하더라도 이를 거두지 않았고, 오직 모든 호(戶)를 이갑(里甲)[35]으로 편성하여 10년에 한 번씩 돌아가면서 이갑 정역을 담당하며, 그 나머지 담당하지 않는 해에는 이를 운영하는 관청에서 나누어 여기서 필요한 일을 위해 수시로 이들을 모집하여 고용하지만 관청의 일이 끝나면 곧바로 쉬게 하였습니다. 이로써 이른바 비단이나 포를 징수하는 조(調)가 없었으며 또한 역을 담당하지 않을 경우에 납부하는 비단 같은 용(庸)도 없었습니다. 그러므로 이 제도가 한번 정해지면 세수의 액수를 유지할 수 있어서 오랫동안 어지럽게 되지 않고 관리들도 간사한 짓을 할 수 없게 될 뿐만 아니라, 백성들도 또한 무거운 세금으로 인한 어려움에 빠지지 않게 되었습니다.

이 때문에 육지(陸贄)가 말한바 "세금 징수의 법은 원대해야 하고, 입법 취지는 깊어야 하며, 재화를 거두는 것은 균등해야 하고, 백성을

---

34 황적(黃籍): 부역황책(賦役黃冊)을 뜻한다. 명나라에서는 부역과 세금징수를 위해 10년을 주기로 토지의 면적이나 소유자를 상세하게 기록하고 표시하여 그 그림이 마치 생선의 비늘 같은 어린도책(魚鱗圖冊)과 부역대장인 부역황책을 만들었다. 각 지방에서 완성한 토지대장과 부역대장은 각 지방의 주와 포정사(布政司) 별로 관장하고, 이를 전국적으로 종합한 것은 호부와 황실에 한 부씩 보관하였는데, 특히 황제에게 바친 것은 노란색 황책(黃冊)이었다.

35 이갑(里甲): 세금징수를 위해 만든 명나라의 향촌조직으로, 전국의 민호(民戶)를 정(丁)과 량(糧)의 다과에 따라 110호의 里를 조직하여 역을 부과하였다. 이때 1갑(甲)은 민호 10호와 그 대표자인 갑수호(甲首戶) 1호를 합해 모두 11호였으며, 이를 10년을 주기로 하는 10갑을 리(里)라고 하였다. 이렇게 만들어진 이갑제는 세금의 징수와 운반, 토지대장과 부역대장의 편찬 등의 역을 담당하였는데, 이를 '이갑정역(里甲正役)'이라고 한다.

지키는 일은 굳건히 해야 하며, 규정 마련은 간략해야 하고, 환난에 대한 대비는 주밀해야 한다"는 이 여섯 가지 말이야말로 진실로 우리 명나라 조종(祖宗)에서 백성들에게 세금을 거두던 제도에 해당되는 것입니다. 저 조용조 법이 어찌 감히 이것과 동일한 차원에서 거론할 수 있겠습니까.

臣按: 馬端臨又言賦稅必視田畝乃古今不易之法, 三代之貢助徹亦只是視田而賦之, 未嘗別有戶口之賦. 蓋授人以田, 而未嘗別有戶賦者三代也; 不授人以田, 而輕其戶賦者兩漢也. 因授田之名而重其戶賦, 田之授否不常, 而賦之重者已不可復輕, 遂至重爲民病, 則自魏至唐之中葉是也. 自兩稅之法行而此弊革矣, 豈可以其出於楊炎而少之乎? 由馬氏斯言觀之, 則是兩稅之法實得古人取民之意, 後世徒以陸贄之言而非之, 贄之言蓋不欲苟變當時之法, 故極言其法之弊耳. 臣竊以謂, 土地萬世而不變, 丁口有時而盛衰, 定稅以丁稽考爲難, 定稅以畝檢核爲易, 兩稅以資產爲宗未必全非也, 但立法之初謂兩稅之外不許分毫科率, 然兵興費廣不能不於稅外別有征求耳, 此時之弊非法之弊也. 自唐立此法之後至今行之, 遂爲百世不易之制. 我朝稽古定制, 以天下之墾田定天下之賦稅, 因其地宜立爲等則, 征之以夏者謂之稅, 征之以秋者謂之糧, 歲有定額·家有常數, 非若唐人遇有百役之費先度其數而賦於人也; 隨其田之寬狹取其稅之多寡, 非若唐人以一年之科率最多者以爲額也; 其額數則具於黃籍, 總於戶部, 其征輸期限則責之藩服州縣, 非若唐人別設兩稅使以總之也. 若夫丁口之稅百無取焉, 惟逐戶編爲里甲, 十年一度輪差, 其餘年分官司有所營爲, 隨時起集傭倩, 事已卽休, 所謂絹布之調無有也, 不役之絹無有也. 其法一定而可守其額百世而不虧, 吏不

能以爲奸, 民不至於重困, 陸贄所謂其取法也遠・其立意也深・其斂財
也均・其域人也固・其裁規也簡・其備患也周, 此六言者我祖宗取民之
制眞足以當之矣, 彼租庸調法烏可與同日語哉?

당 헌종(唐憲宗) 때 이발(李渤)[36]이 황제에게 말하였다.

"신은 위수의 남쪽을 지나며 듣건대, 장원향(長源鄕)은 옛날에는
4백호이던 것이 지금은 겨우 1백여 호에 지나지 않고, 문향현(閺鄕縣)
은 옛날에는 3천 호이던 것이 지금은 겨우 1천 호에 불과한데 기타
주와 현도 대개 이와 비슷하다고 합니다. 그 까닭을 찾아보니 이 지
역은 모두 도망한 호의 세금이 이웃에게 전가되어 모두 도망하게 내
몰았기 때문입니다. 이는 모두 세금을 거두는 무리들이 아랫사람에
게는 빼앗고 윗사람에게는 아부하여 오직 연못을 마르게 하는 것만
생각하고 물고기가 없을 것을 고려하지 않는 것입니다. 바라옵건대,
조서를 내려 남에게 전가하여 백성이 도망하는 폐단을 없애고 도망
한 호의 재산에 대한 세금이 부족한 사람에게는 최대한 면제하여 몇
해 동안 이를 계산에 넣지 않게 하시면, 백성들은 모두 다시 농사에
복귀할 것입니다."

---

36 이발(李渤): 당나라 시인으로, 목종 때 고공원외랑(考功員外郞)에 올랐다. 그는 성격이 거칠고
직언을 서슴지 않아 조정에서 비판을 많이 받았지만 장경(長慶) 원년(821)에는 강주(江州)
자사(刺史)를 지냈다.

憲宗時, 李渤上言: "臣過渭南, 聞長源鄉舊四百戶, 今纔百餘戶, 閺鄉縣舊三千戶, 今纔千戶, 其他州縣大率相似. 跡其所以然, 皆由以逃戶稅攤於比鄰, 致驅迫俱逃. 此皆聚斂之徒剝下媚上, 惟思竭澤, 不慮無魚. 乞降詔書絕攤逃之弊, 盡逃戶之產稅不足者乞免之, 計不數年, 人皆復於農矣."

신은 이렇게 생각합니다. 《여씨춘추(呂氏春秋)》에 "연못을 마르게 하여 물고기를 잡고자 하면, 어떻게 물고기를 잡을 수 없겠는가. 하지만 그다음 해에는 물고기가 없게 된다."[37]라고 하였습니다. 이발(李渤)이 "오직 연못을 마르게 하는 것만 생각하고 물고기가 없을 것을 고려하지 않는다"고 한 이 말은 대체로 여기에서 비롯된 것입니다. 무릇 백성에게 세금을 거두는 것은 연못에서 물고기를 잡는 것과 같아서, 연못은 물고기를 기르되 반드시 물고기를 기를 수 있는 물이 늘 있어야만 물고기가 생기게 됩니다. 그런데 오로지 목전에 있는 것만을 취하고 물고기를 기르는 물을 마르게 하고 여기서 생기는 모든 것들을 한꺼번에 다 없애면, 그 후에는 어찌 계속해서 물고기를 잡을 수 있겠습니까? 후세에 와서 백성에게 큰 비율로 세금을 거두는 것은 이와 같습니다. 이 중에서 남의 세금까지 전가시키는 해독이 특히 심하니, 이는

---

37 연못을 … 된다: 《여씨춘추》〈의상(義賞)〉에 나온다. 진 문공(晉文公)이 군사를 이끌고 초나라와 대치하고 있을 때 호언(狐偃)이라는 사람에게 강한 초나라 군사를 이기는 방법을 묻자 연못에 물을 마르게 하여 고기를 잡는 방안을 제시하였다. 이에 대해 옹계(雍季)라는 사람은 이 방법은 속이는 방법이라고 답하였다.

비단 한꺼번에 백성을 고갈시키는 것일 뿐만 아니라, 또한 앞으로도 백성을 고갈시키는 것이 거듭되어 끊이지 않게 되는 것입니다.

이처럼 물줄기를 마르게 하여 모든 어종(魚種)이 다 죽을 때까지 그치지 않으니 어떻게 해야 하겠습니까? 보통 사람의 경우 한 가구의 재산은 겨우 한 가구의 세금을 내기에 족하기 때문에, 혹시 수재와 한재 또는 역병이 있게 되면 세금이 모자라는 것을 빌려 내게 되는 것을 면할 수 없는데, 하물며 다른 사람을 대신하여 두 배를 낼 수 있겠습니까.

하나의 이(里)를 들어 설명해 보면, 한 개의 이(里)는 1백 호인데 각 가구는 한 해에 한 가구의 세금을 내면 되지만, 만약에 금년에 20호가 도망하였다면 이 20호의 세금이 남아 있는 80호에 전가되어 4호가 5호의 세금을 내야 됩니다. 한편 그다음 해에는 만약 30호가 도망했다면, 또한 30호의 세금이 남아 있는 70호에 전가되어 5호가 7호의 세금을 납부해야 합니다. 또 그다음 해에는 만약 50호가 도주한다면, 50호의 세금이 남아 있는 50호에 전가되어 한 가구는 두 가구의 세금을 내어야 합니다.

이처럼 도주하여 사라진 사람이 남긴 세금의 액수가 날마다 증가하고, 남아서 거주하고 있는 사람들에게 전가되는 세금도 날로 쌓이게 됩니다. 이로써 남아 있는 사람들은 이를 감당할 수 없게 되며, 마찬가지로 이에 비례하여 사람들도 도망쳤고, 이렇게 한 해 또 한 해 더해져 쌓이는 압박이 더욱 심하게 되었으니 소민(小民)이 어떻게 감당할 수 있겠습니까. 비단 백성만이 생계를 이어갈 수 없을 뿐만 아니라, 나라 또한 나라꼴을 유지할 수 없게 될 것입니다. 그렇다면 오늘날을 위한 대책을 어떻게 해야 합니까?

이발(李渤)이 말한 대로 도망한 가구의 재산에 대한 세금이 부족한 것을 면제하는 것은 당연합니다. 그렇지만 백성은 도망쳤더라도 그 재산은 남아 있기 때문에, 마땅히 이를 잘 참작하여 모두 상법(常法)으로 삼아야 합니다. 매년 10월 이후에는 각 포정사(布政司)[38]에게 조서를 내려, 관할하는 지역에 관리 한 명을 맡기고 관할하게 될 지역의 주와 현에 직접 내려가 이곳의 서리와 각 이(里)의 아전들에게 그 지역의 현과 이(里)의 인구수와 도주하여 호적에서 제외된 자의 숫자가 얼마인지, 또한 이주해 온 사람에게 새롭게 징수한 세금은 얼마인지, 그리고 사람은 도망쳤다 하더라도 그 재산이 남아 있는지 등을 명확하게 조사하여 이를 모두 상세하게 보고하도록 합니다.

거둬들인 세금으로써 없어진 것을 보충하는 한편, 재산을 확인하여 세금을 거두도록 합니다. 만약 실제로 도주한 사람이 흩어져 사라졌고 그 재산 또한 종적이 없다면, 이에 대해 모두 보고하게 하여 이에 대한 실제 여부를 확인한 다음에 이발이 말한 대로 세금을 면제해 주면, 세금이 남에게 전가되는 폐단은 사라질 것입니다. 이렇게 하면 백성의 생계는 안정되고 나라의 경비 또한 풍족하게 될 것입니다.【이상은 부세(賦稅)이다.】

臣按:《呂氏春秋》曰: "竭澤而漁, 豈不得魚? 明年無魚." 李渤所謂惟思竭澤不慮無魚, 其言蓋本諸此. 蓋以取稅於民如取魚於澤也, 澤以養魚必常有所養斯常有所生, 苟取具目前, 竭其所養之所 · 空其所生之物, 則一取盡矣, 後何所繼乎? 後世取民大率似此, 而攤稅之害尤毒, 非徒

一竭而已, 且將竭之至再至三而無已焉, 不至水脈枯而魚種絕不止也,
何則? 中人一家之產僅足以供一戶之稅, 遇有水旱疾厲不免舉貸通欠,
況使代他人倍出乎? 試以一里論之, 一里百戶, 一歲之中一戶惟出一戶
稅可也, 假令今年逃二十戶, 乃以二十戶稅攤於八十戶中, 是四戶而出
五戶稅也; 明年逃三十戶, 又以三十戶稅攤於七十戶中, 是五戶而出七
戶稅也; 又明年逃五十戶, 又以五十戶稅攤於五十戶中, 是一戶而出二
戶稅也. 逃而去者遺下之數日增, 存而居者攤與之數日積, 存者不堪,
又相率以俱逃, 一歲加於一歲, 積壓日甚, 小民何以堪哉? 非但民不可
以爲生, 而國亦不可以爲國矣. 爲今之計奈何? 曰李渤謂盡逃戶之產稅
不足者免之, 是固然矣, 然民雖去而產則存, 宜斟酌具爲常法. 每歲十
月以後, 詔布政司委官一員於所分守之地親臨州縣, 俾官吏・里胥各具
本縣・本里民數逃去開除者若幹・移來新收者若幹, 其民雖逃其產安在,
明白詳悉開具, 卽所收以補所除, 究其產以求其稅, 若人果散亡・產無
蹤跡, 具以上聞, 核實除免, 如李渤所言, 絕攤逃之弊. 如此, 則民生旣
安, 國用亦足矣.【以上賦稅】

밝으신 왕께서 삼가 덕을 닦으시니 사방의 오랑캐가 멀고 가까운 곳을
가리지 않고 다 와서 방물(方物)을 바치니, 오직 입는 것과 먹는 것, 그릇
과 쓰는 일상품 등이다.[39]

---

39 밝으신 … 등이다:《서경》〈주서(周書) 여오(旅獒)〉에 나온다. 이 내용은 주 무왕(周武王)이 은
나라를 정복하여 통일하자 사방의 오랑캐들이 공물을 바치게 된 상황을 설명하고 있다.

明王愼德, 四夷咸賓, 無有遠邇, 畢獻方物, 惟服食器用.

채침(蔡沈)이 《서경집전(書經集傳)》에서 말하였다.

"삼가 덕을 닦으셨다."라는 말은 이 편(篇)의 강령이다. 방물(方物)은 오랑캐 나라에서 나는 물건을 바치는 것이다. "밝으신 왕께서 삼가 덕을 닦으시니 사방의 오랑캐가 모두 빈객으로 와서 공물을 바치는 것은 오직 입는 것과 먹는 것, 그릇과 쓰는 일상품 등이다."라는 말은 이 외에 다른 물건이 없는 것을 말한다.

蔡沈曰: "愼德, 一篇之綱領也. 方物, 方土所生之物. 明王愼德, 四夷咸賓, 其所貢獻惟服食器用而已, 言無異物也."

신은 이렇게 생각합니다. 주 무왕이 상나라를 정복한 후에 서쪽에 있는 오랑캐 나라인 여(旅)가 개를 바치자 소공(召公)은 이를 받아서는 안 된다고 생각하여, 이 책을 써서 무왕에게 경계로 삼은 것입니다. 대체로 덕을 밝게 하신 군주라고 말하는 것은 삼가 자신의 덕을 닦을 수 있는 자로서, 이 때문에 사방의 오랑캐가 빈객으로 거리가 멀고 가까운 것을 가리지 않고 모두 와서 오랑캐 나라에서 나는 것을 바쳤는데, 그 바친 것은 의복과 음식, 일상품뿐이었습니다. 이렇게 한 까닭은 바치는 물건으로써 덕을 표현하고, 또한 늘 있는 일상품을 바치는 것은 늘 있는 덕을 표현하기 때문입니다.

만약 특이한 물건을 바친다면, 이는 곧 일상적인 것이 아니기 때문에, 군주는 반드시 일정한 덕을 유지하지 못하게 되어, 중국 밖에 있는 신기하고 귀한 물건에 애착을 가지고 이를 바치는 사람에게 귀를 기울이게 되는데, 이 때문에 오랑캐들 역시 이를 통해 틈을 엿보게 됩니다. 오호! 그러므로 군주가 좋아하고 싫어하는 것은 그 마음의 덕을 닦는 것과 관련되어 있습니다. 이와 같을진대 어찌 군주가 삼가 덕을 닦지 않겠습니까.

臣按: 武王克商之後, 西旅獻獒, 召公以爲非所當受, 作此書以戒武王. 謂夫明德之君能愼其德, 故致四夷咸來賓服, 若遠若近皆獻其方土所生之物, 然所獻者衣服·飲食·器具·用度之物而已. 所以然者, 以物表德, 獻有常之物所以表有常之德也. 苟以異物進焉則非常矣, 必其君無有常德, 而玩好之偏聞諸中外, 故遠人亦以是覘之歟. 嗚呼, 人主之好惡有關於心德者, 如此可不愼哉?

태재(太宰)는 9공(九貢)으로 나라의 경비를 마련하는데, 그 하나는 사공(祀貢)【희생과 제사 때 쓰는 주정을 싼 띠 등의 종류이다.】, 둘째는 빈공(嬪貢)【명주실과 비단 종류이다.】, 셋째는 기공(器貢)【엽전과 철, 옥돌 종류이다.】, 넷째는 폐공(幣貢)【옥으로 된 말과 가죽 비단 등의 화폐 종류이다.】, 다섯째는 재공(材貢)【전나무와 동백나무, 가늘고 굵은 대나무[篠簜] 종류이다.】, 여섯째는 화공(貨貢)【금이 든 옥과 거북껍질로 만든 화폐 종류이다.】, 일곱째는 복공(服貢)【갈포와 모시 종류이다.】, 여덟째는 유공(斿貢)【깃털로서 깃발을 만들 수 있다.】, 아홉째는 물공(物貢)【땅에서 생산되는 여러 가지 물건이다.】이다.[40]

太宰以九貢致邦國之用, 一曰祀貢【犧牲·包茅之屬】, 二曰嬪貢【絲枲之屬】, 三曰器貢【錢鐵·石磬之屬】, 四曰幣貢【玉馬·皮帛之屬】, 五曰材貢【栝柏·篠簜之屬】, 六曰貨貢【金玉·龜貝之屬】, 七曰服貢【絺紵之屬】, 八曰斿貢【羽毛可以爲旌旄者】, 九曰物貢【所産雜物】.

양시(楊時)[41]가 말하였다.

"태재(太宰)는 9부(九賦)[42]로써 재물을 거두었고, 9식(九式)[43]으로써 경비를 두루 절약하였으며, 9공(九貢)으로 나라의 경비를 충당하였으니, 재화를 관리하는 이재(理財)야말로 진실로 재상의 직무이다. 대체로 옛날에는 나라의 경비[國用]를 관리함에 있어서는 수입을 헤아려 지출을 정하였다. 따라서 9부를 거두고 난 다음에는 9식으로 이를 두루 절약하였으며, 이를 거둘 때는 필요한 법도가 있고 쓸 때에도 또한 절약하여, 이렇게 한 후에야 비로소 제후국을 족히 다스리고 그 경비를

---

40 태재(太宰)는 … 물공(物貢)이다: 《주례(周禮)》 〈천관(天官) 태재(太宰)〉에 나온다.

41 양시(楊時, 1053~1135): 《대학연의보》 권21 주) 2 참조.

42 9부(九賦): 이는 나라 안의 세금[邦中之賦], 성곽 주변의 세금[四郊之賦], 국도에서 100리~200리까지 떨어진 지역의 세금[邦甸之賦], 국도에서 300리~400리 떨어진 지역의 세금[家削之賦], 국도에서 400리~500리까지 떨어진 지역의 세금[邦縣之賦], 관문과 상업의 세금[關市之賦], 산림과 천택(川澤)의 세금[山澤之賦], 공용(公用)의 나머지 재물[幣餘之賦] 등을 말한다.

43 9식((九式): 나라의 경비를 고루 절약하는 방법을 뜻하는 것으로, 제사의 법도[祭祀之式], 빈객의 법도[賓客之式], 상사(喪事)와 흉년의 법도[喪荒之式], 왕의 음식과 복식의 법도[羞服之式], 기물(器物)을 제작하는 법도[工事之式], 방문 도중의 경비와 선물 증정의 법도[幣帛之式], 소나 말의 먹이의 법도[芻秣之式], 하사하는 재물의 법도[匪頒之式], 연회에서 하사하는 경비의 법도[好用之式] 등을 말한다.

바치게 할 수 있었다. 바친다는 것은 제후국이 스스로 바치게 하는 것으로, 만약에 천자가 수레와 황금을 요구한다면, 이는 곧 스스로 바치는 것이 아니다. 그러므로 선왕들이 말하는 이재(理財) 역시 이를 두루 절약하는 것으로 이들에게 마땅한 것을 스스로 하도록 하는 것뿐이니, 오로지 남는 것만을 정신없이 계산하는 것을 재상의 직으로 삼는다면, 이는 곧 의로움이 아니다."

楊時曰: "太宰以九賦斂財賄, 以九式均節財用, 以九貢致邦國之用, 則理財眞宰相之職也. 蓋古之制國用者量入以爲出. 故以九賦斂之而後以九式均節之, 取之有藝・用之有節, 然後足以服邦國而制其用. 致者使其自致也, 若天王求車求金, 則非自致也. 然則先王所謂理財者, 亦均節之使當而已矣, 徒紛紛較其贏餘以爲宰相之職, 則非其義也."

임지기(林之奇)가 말하였다.[44]

"선왕이 공(貢)을 제정한 것은 토지에 마땅히 나는 것에 따라 다스림의 순서로 삼았고, 또한 멀고 가까운 것, 상세하고 소략한 것 등의 차이가 있었다. 따라서 《주례》 전(傳)에, '위로는 제사를 지내는 데 올리는 제물은 제후에게 이를 공(貢)으로 바치게 하였다.'라고 하였으니, 위가 먼저이고 아래가 그 뒤라는 의미인 것이다. '안으로는 아내들에게 올리는 물건은 전복(甸服: 수도에서 1백 리 지역)에게 이를 공으로 바

---

44 임지기(林之奇)가 말하였다: 이 말은 《주례강의(周禮講義)》에 나온다. 임지기는 《대학연의보》 권20 주) 11 참조.

치게 하였다.'라고 하였으니, 안쪽이 먼저이고 바깥쪽이 뒤라는 의미이다. 또 전에서 말하기를, '선왕이 공을 제정하였을 때, 가까이 사는 백성들은 왕명을 따르지 않는 이가 없었고 먼 지방에 사는 사람들은 신복(臣服)하지 않는 사람이 없었다.'라고 했으니, 모두 이러한 원칙이 있기 때문이다."

林之奇曰: "先王制貢, 因其地之所宜而爲政之序, 亦以遠近詳略爲差. 傳曰: '上以共祭祀之物使侯服貢之', 則上先下後之意; '內以共嬪婦之 物使甸服貢之', 則內先外後之意. 傳曰: '先王之制貢, 則近無不聽·遠 無不服者,' 凡以此道也."

섭시(葉時)[45]가 말하였다.

"《주례》에서 말하는 공(貢)을 바친다는 것은 또한 《서경 우공(禹貢)》에서 토지를 제후들에게 맡겨 공으로 삼는 것과 같은 것이다. 맡긴다는 것은 가지고 있는 토지에 맡기고, 없는 것을 강제하지 않는다는 말이다. 바친다는[致] 것은 제후들이 스스로 오는 것을 허락하고 오지 않을 때 강제하지 않는다는 말이다. 대체로 군주는 덕을 밝혀 제후의 나라에 미치게 하였으니, 제후들은 복식과 그릇 등 일상 용품을 자임하기에 바빴고 공물을 바치느라 겨를이 없어 스스로 구하지 않는데도

45 섭시(葉時)가 말하였다: 이 말은 《예경회원(禮經會元)》에 나온다. 섭시는 남송 사람으로, 임안(臨安) 전당(錢塘) 출신이다. 자는 수발(秀發), 호는 죽야우수(竹野愚叟)이다. 효종 순희(淳熙) 11년(1184) 진사가 되고, 이후 봉국절도추관(奉國節度推官), 이부상서 등을 역임했다. 그의 저서로는 《예경회원(禮經會元)》, 《죽야시집(竹野詩集)》 등이 있다.

알아서 왔거니와, 성인이 언제 이들에게 강제로 공물을 바치게 했겠는가."

> 葉時曰: "《周禮》之言致貢, 亦《禹貢》之任土作貢也. 任者任其所有而不彊其所無, 致者聽其自至而不強其不來. 蓋人君昭德之致於侯邦, 則諸侯服食器用之任自奔走, 入貢之不暇, 自有不求而自至者, 聖人何嘗強之使貢哉?"

임의(林椅)[46]가 말하였다.

"나라에서 쓰는 용품을 바치는 것은 천자가 쓰는 물건이 아니고서는 공(貢)으로 삼지 않았으니, 진귀한 가금류나 특이한 짐승을 그 제후국에서 기르지 않았고, 만민(萬民)은 오직 올바르게 정해진 공물을 바치고 색다른 물건을 귀하게 여기거나 일상 용품을 천하게 여기지 않은 것이다."

> 林椅曰: "致邦國之用者非用物不貢, 則珍禽異獸不育於國, 以萬民惟正之供, 不貴異物·賤用物也."

신은 이렇게 생각합니다. 〈태재(太宰)〉에 9공(九貢)을 통해 제후국에서 쓰는 것을 공으로 바친다고 하는데, 여기서 바친다고 말하는 것은 스

---

46 임의(林椅): 미상이다.

스로 와서 바치는 것일 뿐이고, 이를 천자가 요구한 것이 결코 아닙니다. 또한 쓴다고 하는 것은 천자가 쓰는 것에 적합한 것일 뿐 무용한 것이 아닙니다. 대체로 제사용 공물(祀貢)에서부터 물품 공물에 이르기까지 진실로 무용한 것이 없을 뿐만 아니라, 또한 의도적으로 요구하는 것이 아니니, 이는 후세의 군주가 요구하는 것과 다른 것입니다.

> 臣按: 太宰九貢致邦國之用, 謂之致者言自至而已, 非有所求也; 謂之用者言適於用而已, 非無用也. 蓋自祀貢以至於物貢, 固非無用之物, 而亦非有意而求, 其諸異乎後世人主之求之歟?

《춘추》에서 말하였다.

제나라 환공(桓公) 15년 천자가 가부(家父)에게 노나라에 가서 수레를 요구하게 하였다.

> 《春秋》: 桓公十五年, 天王使家父來求車.

좌구명(左丘明)[47]이 말하였다.

"수레를 요구한 것은 예가 아니다. 제후가 수레와 의복을 공물로

---

47 좌구명(左丘明, 기원전 502?~기원전 422?): 성은 구(丘), 이름은 명(明)이며, 대대로 좌사관(左史官)을 역임하였으므로 좌구명(左丘明)이라고 칭했다. 그는 전국 시대 노나라 사람으로, 《춘

바치지 않고【수레와 의복은 군주가 아랫사람에게 하사한 것이다】, 천자는 사사로이 재물을 요구하지 않는다.【제후는 평상시에 직공(職貢)이 있다】"

> 左丘明曰: "求車, 非禮也. 諸侯不貢車服【車服上之所以賜下】, 天子不私求財【諸侯有常職貢】."

곡량적(穀梁赤)[48]이 말하였다.

"옛날 제후는 때마다 천자에게 공물을 바쳤는데, 여기에는 그 나라에서 가지고 있는 것을 공(貢)으로 바쳤다. 이 때문에 천자는 이를 사양하여 징발하지는 않았다. 그러므로 수레를 요구한 것은 예가 아니다."

> 穀梁赤曰: "古者諸侯時獻於天子, 以其國之所有, 故有辭讓而無征求. 求車, 非禮也."

호안국(胡安國)[49]이 《춘추호씨전(春秋胡氏傳)》에서 말하였다.

"왕기(王畿: 왕실이 있는 도성 지역)인 천 리 안의 지역에서는 조세 수입

추》를 해석한 《춘추좌씨전》의 저자로 잘 알려져 있다.

48 곡량적(穀梁赤): 노나라 역사서인 《춘추》를 명분과 의리를 중심으로 주석한 《춘추곡량전》의 저자로 잘 알려져 있다. 그는 전국 시대 노나라 사람으로 공자의 제자인 자하(子夏)의 제자로 알려져 있다.

49 호안국(胡安國, 1074~1138): 건녕(建寧) 숭안(崇安: 복건성 무이산시) 사람으로 남송의 저명한 경

이 쓰기에 충족하여 조세를 요구하는 것이 없었지만, 사방의 제후들은 각기 공물을 바치는 직공(職貢)이 있어서 천자가 요구하지 않아도 늘 부의금을 천자에게 바치기를 요청하거나 때로는 수레와 금을 바치기를 요청하였는데, 이때 이를 모두 '요청한다[求]'고 썼는데, 후세에서는 이를 경계해야 한다. 옛날의 군주들은 반드시 검소한 덕으로 관리들에게 밝게 비추니 존귀하고 비천함, 오르고 내리는 것 등이 각기 분수가 있었기 때문에 등급의 위엄을 나타내고 귀천을 분명하게 함으로써, 백성의 뜻이 이미 정해진 다음에는 모두가 그 분수를 지켜 요청하는 것이 없었으며 전란과 형벌이 잠잠하게 되었다. 사치한 마음이 일단 일어나게 되면 무엇으로도 막을 수가 없으니, 백성들이 반드시 거만하여 불충하게 되고 관리들도 또한 덕을 잃게 되고 염치와 도리를 상실하게 되어 뇌물을 좋아하는 것이 날로 성하게 되니, 마침내는 나라가 위급하게 되어 망한 뒤에야 비로소 그치게 된다."

胡安國曰: "王畿千里, 租稅所入足以充費不至於有求, 四方諸侯各有職貢不至於來求, 經於求賻‧求車‧求金皆書曰求, 垂後戒也. 古之君人者必昭儉德以臨照百官, 尊卑登降各有度數, 示等威‧明貴賤, 民志既定之後皆安其分而無求, 兵刑寢矣. 及侈心一動, 莫爲防制, 必至於亢不衰, 官失德, 廉恥道喪, 寵賂日章, 淪於危亡而後止也."

학자이다. 호상학파(湖湘學派)를 연 사람 중의 하나이다. 자는 강후(康侯), 호는 청산(靑山)이며, 무이선생(武夷先生), 또는 호적(胡迪)으로도 불렸다. 그는 특히 정이(程頤)를 사숙(私淑)하여 거경궁리(居敬窮理)의 학문을 귀중히 여겼으며, 정문(程門)의 제자인 사량좌(謝良佐)‧양시(楊時)‧유작(游酢) 등과 교유하였다. 《춘추》를 학관(學官)에서 폐하자 춘추학이 쇠퇴할 것을 걱정하여 30여 년 동안 이를 연구하여 《춘추호씨전(春秋胡氏傳)》을 저술하였다.

신은 이렇게 생각합니다. 사신을 보내 필요한 것을 바칠 것을 요청하는 것을 '구(求)'라고 하니, 구한다는 것은 아래에서 위에 간청하는 것으로서, 부족한 사람이 여유가 있는 사람에게 의지하는 것을 말합니다. 높으시고 위대하도다, 천자여! 구중궁궐 위에 거처하시며 온 천하의 부(富)를 가지고 있는데도 사신을 보내 남에게 필요한 것을 요청하면 이는 곧 탐하는 풍조를 천하에 보일 뿐 아니라 또한 뇌물을 바치는 길을 제후국에 여는 것입니다. 천자 스스로 윗자리에서 잘못하니 어찌 작은 이유라고 하겠습니까.

> 臣按: 遣使需索之謂求, 求者下之乞於上, 不足者資於有餘之謂也. 巍巍天子, 居九重之上, 有四海之富, 乃遣使需求於人, 則是示貪風於天下, 開賄道於方國, 其失自上, 豈小故哉?

한 문제 때에는 천리마를 바친 자가 있었다. 조서에서 말하였다.

"황제의 깃발이 앞에서 가고 그에 딸린 수레들은 뒤에서 따라가는데, 길행(吉行)에는 하루에 50리를 가고 군사의 행차에서는 30리를 가는데, 짐은 천리마를 타고 가니 어찌 혼자서만 편안할 수 있겠는가? 그러므로 짐은 천리마를 바치는 것을 받지 않겠다. 사방에서 와서 바치도록 요청하지 말도록 하라."

> 漢文帝時, 有獻千里馬者, 帝詔曰: "鸞旗在前, 屬車在後, 吉行日五十里, 師行三十里, 朕乘千里馬, 獨先安之? 朕不受獻也. 其令四方無求來獻."

한나라 광무제가 조서에서 말하였다.

"이전에는 전국의 군(郡)과 제후국에 이미 칙서를 내려 특이하게 맛있는 물건을 황제에게 바치는 일은 있을 수 없다고 명했음에도 불구하고, 오늘날까지도 아직 그치지 않고 있다. 이로써 비단 같은 물건을 미리 기르고 고르는 수고로움이 있을 뿐만 아니라, 이를 운송하는 과정에서 겪는 번거로움과 거치는 곳마다 겪는 피곤함과 비용이 들게 된다. 이에 대관(大官)들에게 다시는 이를 받지 말도록 하고, 또한 칙명에서 분명하게 밝힌 바와 같이, 멀리 떨어진 지방이라는 구실로 종묘에 공(貢)을 바치는 일은 옛날 제도와 같이 스스로 하라."

光武下詔曰: "往年已敕郡國, 異味不得有所獻御, 今猶未止, 非徒有豫養導擇之勞, 至乃煩擾道上·疲費過所. 其令大官勿復受, 明敕下以遠方口實, 所以薦宗廟者自如舊制."

한나라 화제(和帝) 때에는 남해에서 여지(荔枝: 아열대의 과일)와 용안(龍眼: 아열대의 과일) 등의 과일을 바쳤는데, 운반하는 도중에 길이 가파르고 험하여 죽는 사람이 길에 이어졌다. 이에 임무(臨武)의 우두머리인 당강(唐羌)이 상소하여 그 진상을 알렸다. 이에 황제는 조서에서 말하였다.

"먼 나라에서 진귀한 물건을 보내오는 것은 본래 종묘에 헌상하기 위한 것으로, 만약에 이로 인해 백성에게 해를 입는다면, 어찌 이를 백성을 사랑하는 근본 도리라 하겠는가. 따라서 대관(大官)들에게 칙명을 내려 다시는 헌상을 받지 말도록 하라."

和帝時, 南海獻荔枝·龍眼, 奔騰險阻, 死者繼路, 臨武長唐羌上書陳狀, 帝下詔曰: "遠國珍羞本以薦奉宗廟, 苟有傷害, 豈愛民之本? 其敕大官勿復受獻."

신은 이렇게 생각합니다. 한나라에서 내린 이 세 번의 황제 조서는 모두 자신에게 맞는 편의는 아니었지만 백성을 사랑하는 실질이 있었으니, 삼가 드러내어 만세토록 보이고자 합니다.

臣按: 漢家此三詔者, 皆不適己之便而有愛民之實, 謹表出之以示萬世.

한 안제(漢安帝)는 조서에서 말하였다.

무릇 천신하는 새 음식이 제 절기에 맞지 않은 것이 많아서, 혹은 덮어 키워 억지로 익히고, 혹은 땅을 파서 싹을 틔우기도 하여 맛이 제대로 나기도 전에 자라나는 것을 꺾어 내니, 어찌 철에 순응하여 사물을 육성하는 도리이겠는가. 전(傳)에 말하기를, '때가 아닌 것은 먹지 않는다.'[50]라고 했거니와, 이제부터 사당과 능에 바치고 어전에 공급하는 것은 모두 반드시 계절에 따라 올리도록 하라.

安帝詔曰: "凡供薦新味多非其節, 或鬱養強熟, 或穿屈萌芽, 味無所至而大

---

50 때가 … 않는다: 《논어》〈향당(鄉黨)〉에 나온다.

折生長, 豈所以順時育物乎? 傳曰 '非其時不食', 自今當奉祠陵廟及給御者
皆須時乃上.

신은 이렇게 생각합니다. 안제의 이 조서에서는 비단 사물을 아끼는
어진 마음뿐만 아니라, 또한 사물을 양생하는 의로움을 얻었습니다.

臣按: 安帝此詔非徒有愛物之仁, 亦且得養生之義.

한나라 순제 영건(永建) 4년 조서에서 말하였다.

"나라 안에 재이가 빈번하게 일어나니, 조정은 정치를 정비하고 대관
(大官)들은 음식을 줄이며 진귀한 보물은 바치지 않도록 하라. 그런데 계
양태수(桂陽太守) 문롱(文聾)은 충성을 다해 우리 왕조를 선양하지 않을 뿐
아니라, 멀리서 와서 큰 구슬을 바치며 요행과 아첨을 구하니, 이를 싸서
돌려주도록 하라."

順帝永建四年, 詔曰: "海內頗有災異, 朝廷修政, 大官減膳, 珍玩不御. 而
桂陽太守文聾, 不惟竭忠宣暢本朝, 而遠獻大珠以求幸媚, 令封以還之."

신은 이렇게 생각합니다. 한 순제의 이 조서와 당 태종이 기강을 바
로잡고 죄를 준 것은 모두 같은 마음이다. "충성을 다해 우리 왕조를

선양하지 않을 뿐 아니라, 멀리서 와서 큰 구슬을 바치며 요행과 아첨을 구한다"라고 한 말을 문롱이 보면 의당 부끄러워 죽고 싶었을 것입니다. 후세의 군주들은 자기 신하들이 진귀한 것을 바치면 이를 칭찬하여 총애하거나, 심지어는 작위와 녹봉을 더해 주었으니, 순제와 비교할 때 어찌 아주 다르다고 하지 않겠습니까.

臣按: 順帝此詔與唐太宗罪權萬紀同一心也, 所謂 "不惟竭忠宣暢本朝, 而遠獻大珠以求幸媚", 文聾見之宜愧死矣. 後世人主乃因其臣獻珍異而獎寵之, 甚至加以爵祿焉, 視順帝豈不遠哉?

수 양제는 강도(江都)로 순행할 때, 그를 알현하는 사람들이 문안하는 예향(禮餉)이 많고 적음만 묻고, 이것이 많으면 직급을 뛰어넘어 천거하고 적으면 해직하였다. 이에 강도의 군승(郡丞) 왕세충(王世充)이 청동거울과 병풍을 바치자, 그를 직급을 뛰어넘어 통수(通守) 자리로 옮기게 하고, 역양(曆陽)의 군승 조원해(趙元楷)가 별미의 음식을 바치자 강도(江都)의 군승으로 영전시켰다. 이로부터 군현이 서로 경쟁적으로 백성을 착취하여 이를 공물을 바치기에 충당하니, 백성은 밖으로는 도적에 의해 약탈당하고 안으로는 군현이 수탈하는 세금으로 빼앗김에 따라 생계를 이을 것이 남지 않게 되었다.

隋煬帝幸江都, 謁見者專問禮餉豐薄, 豐則超遷, 薄則停解. 江都郡丞王世充獻銅鏡·屛風遷通守, 歷陽郡丞趙元楷獻異味遷江都郡丞. 由是郡縣競務刻剝以充貢獻, 民外爲盜賊所掠, 內爲郡縣所賦, 生計無遺.

신은 이렇게 생각합니다. 군주는 하늘의 아들로서 하늘을 대신하여 백성을 다스리는데, 혼자서 다 관리할 수 없기 때문에 그의 신하들에게 나누어 다스리게 하였습니다. 그러므로 이들이 먹고사는 녹(祿)은 하늘의 녹이고 누리고 있는 직책도 하늘의 직이며 다스리는 백성 또한 하늘의 백성이니, 천자는 단지 하늘의 뜻을 받들어 이들에게 주는 것에 불과합니다. 그런데 오늘날에 와서 살펴보건대, 공(貢)으로 바친 것을 사사로이 천자 자신을 받드는 것으로 삼고 이를 대가로 관직을 주고 있으니, 어찌 하늘의 뜻이라고 할 수 있겠습니까. 군주로서 이처럼 심히 하늘의 뜻을 저버렸으니, 수 양제의 시호가 '양(煬)'인 것이 당연합니다.

> 臣按: 人君爲天之子代天以理民, 不能自理, 故分命其臣以理之, 其所食之祿天祿也·所莅之職天職也·所治之民天民也, 天子不過承天意以予之耳. 今顧因其所貢以私奉己者而酬之以官, 豈天意哉? 人君爲此其拂天甚矣, 煬帝之爲煬也宜哉!

당나라 제도에서는 모든 주(州)와 부(府)는 해마다 땅에서 나는 소출을 거래하여 화폐로 바꾸어 공(貢)으로 삼았는데, 그 가격은 비단으로 계산하되 상등과 하등이 50필은 넘지 않도록 하였고, 맛이 있는 특이한 음식이나 명마(名馬), 매와 개 등은 황제의 명이 있지 않으면 바치지 않았다. 추가하여 배당되는 공이 있을 경우에는 조(租)와 부(賦)로 대신하게 하였다.

唐制, 州府歲市土所出以爲貢, 其價視絹之上下無過五十匹, 異物滋味・名馬鷹犬非有詔不獻, 有加配則以代租賦.

신은 이렇게 생각합니다. 당나라 제도에서는 주와 부에서 해마다 납부하는 공물은 토지에서 나는 물자들의 가격을 비단으로 환산하되, 50필 정도를 넘지 않도록 하였습니다. 이때 바치는 공물 가격이 너무 싸면 해당 물건을 바꿔서 납부하도록 하였습니다. 간혹 공(貢)의 정액에 부가되는 경우가 있더라도 이 또한 조(租)와 부(賦)에서 빼고 환산함으로써, 이를 별도로 징수하지 않았습니다. 따라서 공물[貢]로 납부하는 것을 고찰해 보면, 단지 약물이나 식용뿐이었는데, 이로써 조종(祖宗)에서도 이를 제도로 삼았습니다.

그런데 후세 자손 가운데, 대종(代宗)과 같이 생일에 공물로 바친 것이 수천만에 달하여 이로 인해 은택을 입거나, 덕종(德宗)의 신하는 날마다 달마다 공물을 바쳐 이로 인해 관직에 승진하기도 하였습니다. 오호! 조종(祖宗)의 제도가 좋았으나 자손들이 이를 오히려 좋지 않게 계승하였으니, 하물며 좋지 않은 정책을 남긴 경우에는 어떻겠습니까.

臣按: 唐制, 州府歲貢土物其價視絹無過五十匹, 所貢至薄, 其物易供, 間加此數亦折租賦, 不別征科, 及考其所以爲貢者, 不過藥物・食用而已. 祖宗以此爲制, 後世子孫乃有如代宗之生日貢獻至數千萬加以恩澤者・德宗之臣有日進月進因而得遷官者. 嗚呼, 祖宗立制之善, 而子孫

당 태종이 조정에 사신을 불러 모아 말하였다.

"토지를 제후들에게 맡겨서 공물을 바치게 되었는데, 포(布)는 이전의 법도에 따르니 모든 주(州)에서 생산하는 것으로 조정이 튼실하게 충당 되었다. 최근에 들으니 도독(都督)과 자사(刺史)가 자신들의 이름을 내고자 자신들이 관할하는 토지에서 나는 부(賦)가 적거나 또는 부의 징수가 좋 지 않을 것을 꺼려하여 관할 경계를 넘어 다른 지역에서까지 공물을 요 구하고 있다. 더구나 이를 서로 더욱더 모방하여 마침내는 이렇게 하는 것이 습속이 됨으로써 백성에게 지극히 성가시고 번거롭게 되었으나, 마 땅히 이러한 폐단을 개선하고자 하나 바꿀 수 없는 지경이 되었다."

太宗謂朝集使曰: "任土作貢, 布在前典, 當州所産則充廷實. 比聞都督·刺 史邀射聲名, 厥土所賦或嫌其不善, 逾境外求, 更相倣效, 遂以成俗, 極爲 勞擾, 宜改此弊不可更然."

신은 이렇게 생각합니다. 태종이 "경계를 넘어 다른 지역에서까지 공물을 요구하여 백성을 지극히 번거롭게 하였다"고 말한 것은 군 (郡)과 제후국이 공물을 바치는 것이 비단 자신들의 맡은 지역의 범위 를 벗어났을 뿐만 아니라, 이를 요구하는 것이 백성에게 수고롭고 번 거롭게 했다는 것입니다. 예컨대, 거리가 멀 경우는 운송하는 번거로움이 있고, 통과하는 지역의 주(州)와 읍에서는 정부(丁夫)를 징발하여 부역을 지우며, 수레와 말을 차출하는 등 관청은 이처럼 폐정(廢政)을 하게 되었을 뿐 아니라, 백성들도 농사를 짓는 데에 방해가 되었습니다. 이로써 나라가 얻는 것은 얼마 되지 않지만, 나라에서 쓸 경비를 계산해 보면 거두어들인 공물보다 백배에 달했습니다. 하물며 또한 사신을 파견하여 중국의 벗어난 지역에서까지 재물을 요구하니, 이 때문에 심지어는 사막을 건너고 바다를 넘어야 하는 어려움을 겪어야 하는 백성들의 노고와 번거로움 또한 어찌 말로 다할 수 있겠습니까?

臣按: 太宗謂逾境外求極爲勞擾, 竊以謂郡國貢獻非但逾所任之境, 而求之爲勞擾也. 至於道里之遠·輦運之煩, 經過州邑起役丁夫·傭倩車馬, 官府爲之廢政, 農作爲之妨業, 上之所得無幾, 計其所費百倍於所貢之物亦有之矣. 況又遣使齎貨求之中國之外, 越沙漠漲海之涯, 其爲勞擾又可勝言哉?

당 헌종(唐憲宗)은 명목에 없는 공물을 바치는 것을 금지하였지만 오는 공물을 심하게 물리치지 않았다. 학사 전휘(錢徽)[51]가 이를 폐지할 것을 간언하자, 황제는 비밀리 경계하여 이후로 공물을 바치는 일이 있으면 우은대문[右銀台門: 황궁인 금란전(金鑾殿)의 문]으로 들어오지는 못하게 함으로

---

51 전휘(錢徽, ?~829): 당나라 절강 오흥[吳興: 지금의 호주(湖州)] 출신이다. 자는 울장(蔚章)이다. 덕종 정원(貞元) 초에 진사로 헌종 원화(元和) 초에 한림학사를 역임하고 상서랑에 올랐다.

써, 학사를 피하였다.

憲宗禁無名貢獻, 而至者不甚卻. 學士錢徽懇諫罷之, 帝密戒, 後有獻母入右銀臺門, 以避學士.

신은 이렇게 생각합니다. 하늘 아래에 있는 모든 땅은 왕의 땅이 아닌 것이 없으니, 모든 땅에서 나는 것은 무엇이든지 천자의 것이 아닌 것이 있겠습니까. 소유하고 있어도 진실로 과시하기에 족하지 않고, 없다고 해도 부끄러울 것이 없습니다. 만승(萬乘)의 주인인 천자가 사람들이 공물을 바치는 데 욕심을 부린다면, 이미 이것이 잘못인 것을 알고 이를 금지해야 함에도 불구하고 또한 이를 단호하게 거절하지 않았습니다. 다시 남의 간언으로 인해 이를 폐지하고서도 또한 경계하여 알지 못하게 했습니다. 아! 이는 학사가 비록 알지 못하더라도 천자가 경계한 사람은 알고 있었고, 경계했던 사람이 이 사실을 알았을 뿐만 아니라, 또한 당시 사신(史臣)도 이러한 사실을 책에 기록함으로써 수백 년이 지난 오늘날까지도 이 일이 마치 어제의 일처럼 알려지게 되었습니다. 그러니 군주의 거조가 어찌 신중하게 하지 않을 수 있겠습니까.

臣按: 普天之下莫非王土, 凡土所生之物, 何者而非天子之物乎? 有之固不足以爲誇, 無之亦不足以爲歉, 爲萬乘之主, 而欲人之貢獻, 旣知其非而禁之, 而又不甚卻, 復因人言而罷之, 而又戒勿使之知. 吁, 學士雖不知, 吾所戒之人則知之矣. 非但所戒之人知之, 而當世史臣且筆之

오대(五代)의 주(周)나라 태조는 왕준(王峻)[52]에게 명하여 사방에서 공물로 바친 진미(珍味)의 음식물을 나누어 없애도록 하는 한편, 이를 모두 폐지한다는 조서를 내렸는데, 이 조서에서 간략하게 말하였다.

"바치는 것은 내 몸 하나에 그치지만, 그 피해는 농사를 짓는 백성들에게 돌아간다."

또한 조서에서 말하였다.

"담당 관청에 쌓여 있는 것들도 매우 쓸모없는 것들이다."

五代周太祖命王峻疏四方貢獻珍美食物, 下詔悉罷之, 詔略曰: "所奉止於朕躬, 所害被於畎庶." 又曰: "積於有司之中, 甚爲無用之物."

신은 이렇게 생각합니다. 주나라 태조의 이 명령은 아주 적절하고 중요한 것으로, 이를 읽는 사람들에게 황송하여 마음을 가다듬게 합

---

[52] 왕준(王峻, 902~953): 후주(後周)의 정치가로, 상주(相州: 지금의 안양) 출신이다. 자는 수봉(秀峰)으로 오대 후한(後漢)의 은제(隱帝) 원년(948), 하중(河中) 절도사 이수정(李守貞) 등이 반란을 일으키자, 당시 추밀사 곽위(郭威)와 함께 대군을 이끌고 이를 진압하였다. 이 공로로 그는 선휘북원사(宣徽北院使)에 오르고, 이후에는 중서문하평장사에 오르기도 하였다. 그러나 이후 그는 청주(靑州) 절도사의 겸직을 요구하는 등 오만방자하여 마침내 대신들의 탄핵으로 죽음에 처해졌다.

니다. 당나라 백거이(白居易)의 시(詩)에서 "내 심장의 살을 발라내어 당신의 안전에 은혜로 바치도다. 경림고(瓊林庫)[53]에 들어가면 세월이 지나 티끌로 변하겠지."[54]라고 한 시의 내용은 주나라 태조의 이 조서와 더불어 이를 후세에 전할 만합니다. 군주는 늘 마음에 새기고 입으로 외우면 천하는 더할 나위 없이 다행일 것입니다.

臣按: 周太祖此詔可謂切要, 讀之使人竦然, 唐白居易有詩云 "割我心頭肉, 市汝眼前恩. 進入瓊林庫, 歲久化爲塵", 可與周祖此詔並傳後世. 人主恒心惟而口誦之, 天下不勝幸甚.

송나라 태조가 조서에서 말하였다.

이제부터 장춘절(長春節)과 다른 경축일에는 매번 공물을 바치지 말라.

宋太祖詔, 自今長春節及他慶賀不得輒有貢獻.

---

53 경림고(瓊林庫): 당나라 덕종(德宗)이 각 지방에서 바친 공물을 쌓아 두기 위해 만든 황실 창고이다.

54 내 … 변하겠지: 백거이의 풍자시 〈진중음(秦中吟)〉 10수 가운데 두 번째인 중부(重賦)에 나온다. 백거이(白居易, 772~846)는 당나라 3대 시인 중의 한 사람으로, 낙양 부근의 신정(新鄭) 출신이다. 자(字)는 낙천(樂天)이고, 호는 취음선생(醉吟先生), 향산거사(香山居士) 등으로 불리었다. 현존하는 그 문집은 71권, 작품은 총 3,800여 수로 당대(唐代) 시인 가운데 가장 많다. 시왕(詩王)으로 불리는 그의 시는 형식이나 내용이 다양할 뿐 아니라, 그 표현도 평이하면서도 통속적인 것으로 유명하다. 오랜 친구인 원진(元稹), 유우석(劉禹錫)과 함께 지은 〈장한가(長恨歌)〉, 〈비파행(琵琶行)〉, 〈매탄옹(賣炭翁)〉 등이 대표작이다.

송나라 진종(眞宗) 때, 내시인 배유(裵愈)가 일 때문에 교주(交州)에 와서 용화예(龍花蕊: 향기가 나는 약초 꽃술)를 바치자, 황제는 노하여 그를 내쫓았다. 신종(神宗)도 여러 주(州)의 공물이 백성의 힘을 낭비하고 해치는 것이라며 이를 폐지하도록 조서를 내렸다.

眞宗時, 內侍裵愈因事至交州, 俾其進龍花蕊, 帝怒黜愈. 神宗以諸州貢物, 耗蠹民力, 詔罷之.

송나라 효종(孝宗)도 조서에서 말하였다.

모든 로(路: 세금징수 지방 행정단위)에서 공물을 바친다는 명분으로 백성의 이익을 침탈하고 있으니, 과실은 원림으로 봉쇄하고 바다에서 나는 여러 가지 산물을 강탈하여 상인에게 팔며, 심지어는 짐승이나 곤충 진귀한 음식류를 백성들에게 강제로 부과하는 등 해당 지역에 거주하고 있는 백성들에게 토산물로 인해 어려움을 겪게 하고 있다. 그러므로 주군(州軍)의 조항에 의거하여 공물에 해당하는 토산품들은 모두 조정에 보고하도록 하고, 천지와 종묘, 능침(陵寢) 등에 함께 사용하기 위해 바치는 것과 덕수궁[德壽宮: 상왕(上王)의 거처]의 천자 부모에게 봉양할 맛난 음식에 대해서는 마땅히 이를 참작하고, 단지 장리(長吏)가 이들 공물을 정리하는 것을 허락하는 것 이외에는 그 나머지는 모두 폐지하노라. 모든 주(州)와 군(郡)에서 여러 가지 사유를 들어 많이 거두면 제도를 위반한 죄를 물을 것이다.

孝宗詔, 諸路或假貢奉爲名, 漁奪民利, 果實則封閉園林, 海錯則強奪商販,

至於禽獸·昆蟲·珍味之屬則抑配人戶, 致使所在居民以土產之物爲苦. 仰
州軍條具土產合貢之物聞於朝, 當議參酌天地·宗廟·陵寢合用薦獻及德壽
宮甘旨之奉, 止許長吏修貢外, 其餘一切並罷, 州郡因緣多取以違制坐之.

신은 이렇게 생각합니다. 송나라의 황제들은 공물을 바치는 것을 가
끔씩 폐지하였습니다. 송나라 효종의 이 황명에서는 특히 공물의 폐
단을 잘 알 수 있으니, 그중에서 주(州)의 군율에는 공물에 합당한 토
산물은 모두 보고하게 하고 장리(長吏)에게는 단지 공물을 정리하도록
한다는 조항이 있습니다. 그런데 두씨[杜氏: 두우(杜佑)]의 《통전(通典)》과
《당서(唐書) 지리지(地理志)》를 고찰해 보면, 모든 군(郡)에서 공물로 바
친 토산물이 일일이 기록되어 있고 송나라의 《지리지(地理志)》와 《회
요(會要)》에도 역시 기록되어 있으니, 당나라와 송나라의 주(州)와 군
(郡)에는 토산물을 공물로 바친 것이 이미 제도로 정해져 있었음을 알
수 있습니다.

따라서 당시 유사(有司)에서는 해마다 정해진 제도에 의거하여 공물
을 바치는 것이 마땅한 것이었으니, 어떻게 주군(州軍)의 법 조항에 있
는 내용을 적용하여 할 수 있겠습니까? 대체로 토지가 있으면 곧 공
물이 있었으며, 그 토지의 소유에 따라 공물을 군주에게 바쳐서 이를
조정의 제사와 연회와 배향에 필요한 물품으로 삼았던 것입니다. 그
러므로 진실로 이는 의로움에 합당하기 때문에 마땅히 그렇게 한 것
입니다. 그러나 이를 지나치게 요구하여 군주 한 사람의 입과 일신을
봉양하는 것으로 삼고, 또한 수많은 사람들에게 누를 끼치고 이들의

옷과 음식 등의 재원을 고갈하게 만들고, 심지어는 공적인 것을 빌어 사사로운 것으로 삼으면, 한 사람의 군주가 쓰는 경비가 하나둘이라 하더라도 수많은 사람들은 이로 인해 지출해야 하는 비용은 이의 수억 배가 됩니다.

그러므로 옛날부터 백성을 사랑하는 군주는 차라리 자기 한 사람이 바라는 것을 거론하지 않을지언정, 자기 한 사람이 바라는 것으로 인해 수많은 백성에게 그들이 바라는 것을 잃게 하는 것을 묵과한 채 내버려 두지 않았습니다. 이 때문에 백성에게 거두는 것을 제도로 정해서 백성들은 오직 여기서 정해진 경상적인 공물만을 바치게 하였습니다. 이때 바치는 것은 교사(郊祀)와 종묘(宗廟) 제사에 필요한 물품이나 궁궐에 거하는 황제의 부모를 봉양하는 맛있는 음식, 군대나 병사들이 필요한 것들이었는데, 대체로 천자의 의복과 음식, 일용의 물품들은 모자랄 수 없는 것이기 때문입니다.

우리 명나라 태조는 나라를 개창한 초에 모든 주(州)에서 바치는 공물의 액수를 정하였는데, 예컨대 태상시(太常寺: 종묘제례를 관장하는 관청)의 희생(犧牲)이나 폐물, 흠천감의 달력용 종이, 태의원(太醫院)의 약재, 광록시(光祿寺)의 주방 재료, 보초사(寶鈔司: 화폐 주조 관청)의 땔감인 뽕나무나 볏짚, 그리고 이와 더불어 가죽과 뿔, 새의 깃털과 물고기의 부레인 표(鰾: 아교 원료) 등의 종류들은 모두 국용(國用)의 재료로 그 액수가 정해져 있어서 이를 해마다 납부하도록 하였습니다.

이 밖의 진귀하고 노리개 용품 등은 모두 거두지 않았으니, 만약 급하게 써야 하는 물품이 부족하게 되면 조(租)에서 일부를 떼어 내어 시장에서 이를 구입하여 조달함으로써, 백성에게 공물을 거두는 것은 적었다고 할 수 있습니다. 대체로 당과 송나라 이후에는 이른바

번방(藩方)이 내는 여분의 세금인 선여(羨餘)[55] 나 지방의 군(郡)이나 제
후국에서 바치는 진상품, 아부하는 사람들이 바치는 진귀한 물품 등
이 일체 없었으니, 백성이 이와 같은 세상에 태어난 것이 하나같이 얼
마나 다행입니까.

臣按: 宋朝諸帝往往罷貢獻, 而孝宗一詔尤爲悉知其弊, 其中仰州軍條
具土產合貢之物·止許長吏修貢. 然考杜氏《通典》及《唐書 地理志》各
載諸郡土貢物件而宋《地理志》及《會要》亦載焉, 則是唐·宋州郡所貢
土產已有定制, 有司每歲合依定制進獻爲宜, 又何用州軍條上爲哉? 夫
有土則有貢, 隨其地之所有而獻之於上, 以爲朝廷祭祀·宴享之需, 是
固義之當爲. 然不可過爲需索, 以一人口體之奉而貽累千萬人, 而耗其
衣食之資, 甚者假公以營私, 一人之用才一二, 而千百人因之, 而耗費
其萬億焉. 是以自古愛民之君, 寧吾一人所欲有所不稱, 不忍以吾一人
之欲, 而使千萬人失其所欲焉, 是以取於民也有制, 而庶邦惟正之供,
所供者郊廟祭祀之品·宮闈甘旨之奉·軍國兵戎之需與夫衣服·食物·
日用之不可闕者耳. 我太祖於國初卽定諸州所貢之額, 如太常寺之牲
幣·欽天監之曆紙·太醫院之藥材·光祿寺之廚料·寶鈔司之桑穰與凡
皮角翎鱝之屬, 皆有資於國用者也, 著爲定額, 俾其歲辦. 外此珍奇玩
好皆不取焉, 遇有急闕之用則折租以市, 其取民也可謂薄矣, 凡唐宋以
來所謂藩方之羨餘·郡國之進獻·佞幸之珍異, 一切無有焉, 民生斯世

---

55 선여(羨餘): 경상적으로 책정된 세금에 포함되지 않는 여분의 세금이다. 특히 당나라에서
는 지방 관리인 절도사의 고과에서 세금 징수의 목표량을 초과하여 거둔 여분의 세금을
선여라고 하고, 경상적인 세금을 중앙정부에 보내는 진봉(進奉)을 반영하여 평가하였다.

一何幸哉!

원나라 세조(世祖) 지원(至元) 22년(1285), 사신을 마팔국(馬八國)에 파견하여 진기한 보석을 요구하였다.

元世祖至元二十二年, 遣使往馬八國求奇寶.

신은 이렇게 생각합니다. 《춘추》에는 "천자가 사신을 보내 수레를 요구하고 금을 요구하였다."라고 하였는데, 설명하는 사람이 말하기를, "여기에서 '요구하다'는 마땅히 요구하는 것이 결코 아니기 때문에, 따라서 성인은 이를 비판하였다."라고 하였습니다. 그렇지만 요구하는 자가 중국의 제후들로서, 수레로 승(乘)을 삼고 금을 부(賻)로 삼았지만, 그래도 유용한 것이었습니다. 저 원나라 세조는 사신을 예측할 수 없는 험난한 곳에 파견하여 무용한 물품을 멀리 떨어진 지역에서 구하였습니다. 세조는 원나라 군주 가운데 가장 현명하였음에도 이와 같았으니, 다른 군주들은 또 무엇을 책하겠습니까.

신은 일찍이 이 때문에 고금(古今)에서 말하는 보물에 대해 살펴본 적이 있는데, 삼대(三代: 하·은·주 시대)이래 중국의 보물은 구슬·옥·금·패【패(貝)는 속칭 바다의 자개 조개이다.】뿐이었습니다. 그런데 한나라 이후 서역이 중국과 교류하면서부터 처음으로 목난주(木難珠), 유리, 마노와 산호, 거문고와 비파 등과 같은 종류가 있게 되었습니다.

비록 이것들은 세상에서 일반적으로 사용하는 데에는 별다른 이득은 없었지만 용기를 제작할 수 있었습니다. 원나라에 이르러 보석이라고 일컫는 것은 이와는 달리 옥돌과 깨진 돌덩이와 모래 등이었는데, 그 모양이 둥글지 않고 문양 또한 광채가 나지 않아서 다른 것으로 사용할 수 없고 단지 사용할 수 있는 아름다운 금과 은으로 띠를 둘러 복식에 사용할 수 있을 뿐이었지만, 억만금을 써서 이를 샀습니다. 오호! 유용한 금과 은을 버리고 쓸데가 없는 모래와 돌로 바꾸니, 오랑캐인 원나라가 상인들에게 유혹된다 하더라도 이상할 것이 없지만, 중국의 사람들이면서 유혹되었으니 무슨 까닭입니까.【이상은 공헌이다.】

臣按:《春秋》書天王遣使求車·求金, 說者謂其求非所當求, 故聖人譏之. 然所求者中國之諸侯, 車以爲乘·金以爲賄, 猶爲有用者也. 彼元世祖乃遣使冒不測之險, 而求無用之物於遐絶之域, 世祖在元君中爲最賢而猶如此, 他又何責哉? 臣嘗因是而考古今之所謂寶者, 三代以來中國之寶, 珠·玉·金·貝而已【貝俗謂海貦】. 漢以後西域通中國, 始有所謂木難·琉璃·瑪瑙·珊瑚·琴瑟之類, 雖無益於世用, 然猶可製以爲器焉. 至元所謂寶者則異於是, 是皆瑰石·碎砂之屬, 形旣不圓, 文又不瑩, 他無可用者, 但可用之麗金銀以爲服飾耳, 乃至費貲萬億以售之. 嗚呼, 棄有用之金銀, 易無用之砂石, 元胡人也而惑於賈, 無足怪者, 而華夏之人, 亦爲所惑, 何居?【以上貢獻】.

이상은 공물(貢)과 세금(賦)의 원칙에 대해 논하였다.

신은 이렇게 생각합니다. 나라를 다스리는 군주는 백성에게 거두지 않을 수 없지만, 또한 백성에서 지나치게 거둘 수도 없으니, 백성에게 거두지 않으면 그 나라는 어렵게 되고 지나치게 거두면 그 백성이 어렵게 됩니다. 그러므로 잘 절제하고 다스려 나라를 지키는 군주는 반드시 일정한 원칙을 세워 백성을 기르고 나라를 풍족하게 하는 제도로 삼으면, 일정한 원칙이 오랫동안 지속될 수 있고 오래도록 변하지 않게 됩니다. 《서경》〈우공〉에는 공(貢)과 부(賦)의 두 가지를 기록하고 있을 뿐인데, 한나라의 고민(告緡)[56]과 배와 수레에 징수하는 산(算)[57]에 대한 령(令), 당나라의 상업세인 차상세(借商稅: 상업세)와 개가(開架: 영업세) 법, 송나라의 부가세인 경총제전(經總制錢)[58] 등은 모두 백성을 그물질하는 수단으로서, 잠시 시행하는 것도 오히려 불가하거늘, 하물며 이를 상법으로 삼겠습니까. 신이 이 제국용(制國用) 편에서 이재(理財)의 원칙에 대해 총론한 다음에 그 뒤를 이어서 공부(貢賦)의 원칙을 설명한 것은 바로 이 때문입니다.

臣按: 治國者不能不取於民, 亦不可過取於民, 不取乎民, 則難乎其爲

---

56 고민(告緡): 한 고조 때 억상(抑商) 정책을 위해 징수한 재산세이다.
57 산(算): 한 무제 때 부유한 상인들을 대상으로 징수한 재산세이다.
58 경총제전(經總制錢): 송나라에서 군사비의 부족을 메우기 위해 술을 판매하거나 토지매매 때 부과하는 부가세이다.

國; 過取乎民, 則難乎其爲民. 是以善於制治保邦者必立經常之法, 以爲養民足國之定制, 所謂經常可久百世而不變者. 《禹貢》所載, 貢·賦二者是已, 若漢之告緡·算舟車之令, 唐之借商稅·開架之法, 宋之經總制錢之類, 是皆罔民取利之具, 暫行尙不可, 況常乎? 臣於 "制國用·總論理財之道"之後, 卽繼以 "貢賦之常"者, 此也.

대학연의보
(大學衍義補)
—
권23

나라의 경비를 관리함[制國用]

경제의 정의(상) [經制之義(上)]

《주례 태재》에서 말하였다.

태재(太宰)는 아홉 가지 부(賦)로써【위에서 아래(백성)에게 거두는 것을 말한다.】 재물을【녀(賂)는 비단 화폐[帛布]이다.】 모으는데【렴(斂)은 모으다(聚)이다.】, 첫째, 방중(邦中)의 부【방중은 성곽 안에 있는 곳이다.】, 둘째, 사교(四郊)의 부【사교는 나라에서 1백 리 떨어진 곳이다.】, 셋째, 방전(邦甸)의 부【방전은 나라에서 2백 리 떨어진 곳이다.】, 넷째, 가삭(家削)의 부【가삭은 나라에서 3백 리 떨어진 곳으로 대부의 영역(집)이다.】, 다섯째, 방현(邦縣)의 부【방현은 나라에서 4백 리 떨어진 곳이다.】, 여섯째, 방도(邦都)의 부【방도는 나라에서 5백 리 떨어진 곳이다.】, 일곱째, 관시(關市)의 부【관시의 관(關)은 물품이 들어오고 나갈 때 징수하는 것이고, 시(市)는 물품이 있는 것에 징수하는 것이다.】, 여덟째, 산택(山澤)의 부【산택의 부는 우형(虞衡)이 관장한다.】, 아홉째, 폐여(幣餘)의 부【폐여는 화폐를 담당하는 관청에서 쓰고 남은 재물이다.】 등이다.

《周禮》: 太宰以九賦【上取於下曰賦】斂【聚也】財賄【帛布也】, 一曰邦中之賦【在城郭者】, 二曰四郊之賦【去國百里】, 三曰邦甸之賦【去國二百里】, 四曰家削之賦【去國三百里, 大夫家也】, 五曰邦縣之賦【去國四百里】, 六曰邦都之賦【去國五百里】,

七日關市之賦【關征貨出入, 市征貨所在】, 八日山澤之賦【虞衡所掌】, 九日幣餘之
賦【職幣所掌餘財】.

섭시(葉時)[1]가 말하였다.

"성곽 안의 토지[邦中]에 대한 부(賦)는 〈지관(地官) 재사(載師)〉의 소임
인 토지와 채마밭[場圃]의 땅과 같다. 사교(四郊)의 부는 재사 소임의 원
교와 근교의 땅과 같은데, 마찬가지로 여사(閭師: 마을 지도자)로 하여금
징수하게 하니, 이른바 나라 안의 사교는 때를 정하여 부를 징수한다
는 것이 이것이다. 방전(邦甸)과 가삭(家削)의 부는 재사 소임의 공읍(公
邑)과 가읍(家邑: 가문이 받은 봉토)의 땅이다. 방현(邦縣)과 방도(邦都)의 부
는 재사 소임의 소도(小都)와 대도(大都)의 땅으로, 곧 현사(縣師)에게 이
를 징수하게 하였는데, 이른바 방비(邦鄙)의 초전(稍甸)에 때를 정하여
들판에 징수하는 부공(賦貢)이다.

관시(關市)의 부는 사시(司市)가 관세를 부과하는 땅으로, 전인(廛人)
에게 시포(市布)와 전포(廛布), 가죽과 뿔, 힘줄과 뼈 등을 거두게 하는
것과, 사관(司關)이 맡은 정전(征廛)과 관문(關門)의 세금이 이것이다. 산
택의 부는 산우(山虞), 택우(澤虞)의 땅으로, 각인(角人)에게 산택에 사는
농민들로부터 치아와 뿔, 뼈 종류, 새의 깃털과 날개털 등을 징수하게
하여 이를 방부(邦賦)에 충당했던 것이 이것이다. 폐여(幣餘)의 부는 직
폐(職幣)가 관청이나 도비(都鄙)에서 거두는 것과, 방재(邦財)에 두루 사

1　섭시(葉時): 《대학연의보》 권22 주) 45 참조.

용하는 폐백이나, 사업을 일으켜 관장하고 난 다음에 남은 재물이 이 것이다.

　무릇 곡식의 부는 정전(井田)에서 나오기에 특별히 이를 신하들의 녹봉으로 삼고, 병거(兵車)의 부는 구승(丘乘)에서 나오기에 특별히 군 대의 세금으로 제공한다. 비록 방국의 공물이 있지만 이는 단지 제사 용으로 쓰이고, 9직(九職)의 공물은 단지 황실의 창고를 채우기에 족 할 뿐이다. 나라의 대신이 제사, 빈객, 상(喪)이나 흉년, 왕실의 음식과 의복, 폐백(幣帛), 말먹이 등의 공물은 각기 제후국에 나누어 배정하여 좋은 일로 사용하였으니, 백성에게 조(調)를 매기지 않고 누구에게 책 임을 지우겠는가.

　이 때문에 9부(九賦: 아홉 가지 세금)의 각 항목은 늘 9공(九貢: 아홉 가지 공물)과 9직(九職: 백성에게 맡긴 아홉 가지 직분)과 함께 병행하였으니, 이 들의 세금이 들어오면 태부(太府)에서는 이를 수령하고 각 지방에 나 누어 주고, 내부(內府)에서는 이를 저장하여 앞으로 쓸 경비에 대비하 며, 또한 사회(司會)들은 이를 각 지역에 명하여 모두 수합하도록 하였 으며, 세금 징수의 각종 항목은 법도를 주관하는 대신들에게 관장하 도록 하였다. 명색이 어찌 공을 세우는 데 이르겠으며, 경중이 어찌 잘못에 이르겠으며, 출입이 어찌 어긋남에 이르겠으며, 비용이 어찌 법도가 없는 데 이르겠는가."

葉時曰: "邦中之賦如載師所任田里場圃之地; 四郊之賦如載師任遠郊·近郊之地, 亦使閭師征之, 所謂國中四郊以時征其賦是也; 邦甸·家削之賦如載師所任公邑·家邑之地; 邦縣·邦都之賦如載師所任小都·大都之地, 乃使縣師征之, 所謂邦鄙稍甸以時征野之賦貢是也; 關市之賦如司市關之地使廛人斂市布·廛布·皮角·筋骨, 與夫司關所掌征廛關門之征是也; 山澤之賦如山虞·澤虞之地使角人斂齒角·骨物·羽翮於山澤之農以當邦賦是也; 幣餘之賦如職幣斂官府都鄙, 與夫凡用邦財者之幣, 振掌事者之餘財是也. 蓋穀粟之賦出於井田特以祿諸臣, 兵車之賦出於丘乘特以供軍賦, 雖有邦國之貢只以待弔用, 九職之貢只以充府庫. 至於國之大臣有祭祀·賓客, 有喪荒·羞服, 有工事·幣帛有芻秣, 匪頒好用, 不調之民而責之誰乎? 是以九賦之目常與九貢·九職並行, 而其貨賄之入則太府受而頒之, 內府藏而待之, 司會則令而會之, 其賦斂之目則掌於道揆之大臣, 名色寧至於功立·輕重寧至於過差·出入寧至於相悖·費用寧至於無藝乎?"

신은 이렇게 생각합니다. 옛날에 부(賦)는 백성에게서 거두는 것으로는 곡식을 징수하는 부(賦)와 군사용 수레[兵車]를 징수하는 부, 그리고 9부(九賦)를 통해 또한 재물을 거두는 것 등이 있습니다. 이 중에서 곡식과 군사용 수레에 대한 부는 경상적인 것이지만, 이 아홉 가지 부가 항상적인 부의 숫자가 아니었습니다. 9부 가운데 첫 번째부터 여섯 번째까지의 세금은 평지에 부과되는 토지세이며, 일곱 번째부터 아홉 번째의 세금은 필요에 따라 만들어진 세금인데, 대체로 옛날에는 백성에게서 거둬들이는 것은 모두 1/10이었습니다.

상공(上供)이나 식읍의 경우, 각기 자신들의 백성에게서 받은 세금인 1/10 중에서 이를 다시 10등분으로 나누어 자신이 쓰는 것은 그중 여덟이고 나머지 둘은 나라에 세금으로 납부하였습니다. 이것과 관시(關市)의 소득, 우형(虞衡)이 거둔 것과 각 관청에서 쓰고 남은 것, 그리고 모든 지방에서 가지고 있는 재물과 폐백(幣帛) 등은 모두 태재(太宰)에 귀속되어 이를 거두고 지급하는 권한을 부여했으니, 나라가 일이 있어 사용해야 할 재물이 있으면 이것으로 지급하였습니다.

臣按: 古者賦於民有穀粟之賦·有兵車之賦, 而又以九賦斂財賄者, 穀粟·兵車之賦其常也, 此九者不在常賦之數焉. 自一至六平地之賦, 自七至九興作之賦, 蓋古者賦取於民皆十分而取一. 凡上供與受采者各就所得一分之中分而爲十, 自用其八而以其二賦於國, 與夫關市之所收·虞衡之所獲及官府用度之所贏餘, 凡諸所有貨賄·幣帛皆以歸之太宰, 而畀以斂頒之權, 遇國家有事, 當用財賄則以給焉.

9식(九式)【9식은 재물을 쓰는 법도이다.】으로 재정의 용도를 골고루 절제하게 하였으니, 첫째, 제사의 법도【제사의 법도에, 제사에는 크고 작은 것이 있고, 그 예에도 풍성하고 검소한 것이 있다.】, 둘째, 빈객의 법도【빈객의 법도, 제후의 군주를 빈(賓)으로 삼고 그 신하를 객(客)으로 한다.】, 셋째, 상례와 흉년의 법도【상례와 흉년의 법도에, 상례는 부의금을 주며, 흉년에는 이익이 되는 재물을 푸는 것이다.】, 넷째, 음식과 의복의 법도【수복의 법도는 음식과 의복에 대한 것이다.】, 다섯째, 공사(工事)의 법도【공사의 법도는 모든 공사에 대한 것이다.】, 여섯째, 폐백의 법도【폐백의 법도는 수고의 대가로 선물을 주는 것이다.】, 일곱째, 말먹이에 대한 법도【추말의 법도는 소와 말의 사료이다.】, 여덟째, 나누어 하사하는 것의 법도【비(匪)는 나누다[分]이다. 반(頒)은 하사하다[賜]이다.】, 아홉째, 좋은 잔치에 쓰는 것의 법도【호용의 격식은 좋은 잔치에 쓰는 것이다.】 등이다.

以九式【用財節度】均節財用, 一曰祭祀之式【其祀有大小其禮有豊殺】, 二曰賓客之式【諸侯之君爲賓, 其臣爲客】, 三曰喪荒之式【喪禮賵賻·荒年散利之屬】, 四曰羞服之式【飲食衣服】, 五曰工事之式【百工之事】, 六曰幣帛之式【所以贈勞者】, 七曰芻秣之式【養牛馬者】, 八曰匪頒之式【匪, 分也; 頒, 賜也】, 九曰好用之式【燕好所用】.

양시(楊時)가 말하였다.

"선왕들이 말하는 재물을 관리한다는 것은 천하의 이익을 최대한 차지하려고 한 것이 아니라, 이를 취하는 데에 도리가 있고 이를 쓰는 데에도 절제함으로써 각기 정의에 합당해야 함을 말한다. 그러므로 이를 취하는 데에 법도가 없거나 이를 사용하는 데에 절제하지 않아서 정의에 합당하지 않으면, 이는 결코 도리가 아니다. 그런 까닭에 《주관(周官)》에서는 9직(九職)을 백성에게 맡게 하고 난 후에야 9부(九賦)를 거두었고, 이 9부의 수입은 각기 쓸 것에 대비하여 서로 뒤섞여 어지럽지 않게 하였다.

태재(太宰) 또한 9식(九式)을 통해 이를 사용할 때 절약하였으니, 아래로는 말과 소의 사료나 각종 공사, 이를 나누어 하사하는 것과 잔치 등 미세한 부분에 이르기까지 모두 법도가 있었기에 군주라 하더라도 이를 어길 수 없었다. 매년 연말에 나라의 경비를 책정하되 먼저 수입을 고려해서 지출을 정하였는데, 이를 일컬어 제도(制度)라고 하고, 만약에 이러한 법도와 같지 않은 것이 있다면 태재가 이를 고르게 조절할 수 있었다. 이른바 제후국의 왕이나 그의 후세 자손들이 행할 수 없는 것은 유사(有司)의 일이었다. 이에 세유[世儒, 속유(俗儒)]【세유는 왕안석(王安石)을 지칭한 것이다.】는 '지존은 법제로 제어할 수 없다.'라고 말하였는데, 이는 정론(正論)이 아니다."

楊時曰: "先王所以禮財者, 非盡籠天下之利而有之, 其取之有道·其用之有節而各當於義之謂也, 取之不以其道·用之不以其節而不當於義則非理矣. 故《周官》以九職任民而後以九賦斂之, 九賦之入各有所待不相侵紊, 而太宰又以九式節之, 下至芻秣·工事, 匪頒·好用之微, 咸有式焉, 雖人主, 不得而逾也. 歲終, 制國用則量入以爲出, 此之謂制度, 有不如式則太宰得以均節之. 所謂王及後世子不會者, 特有司之事耳. 世儒【此指王安石】以謂至尊不可以法數制之, 非正論也."

섭시(葉時)가 말하였다.

"태재(太宰)는 9부(九賦)로 재물을 거두고 난 후에 이어서 9식(九式)으로 경비를 골고루 절약하였으니, 재물을 관리하지 않게 되어도 먼저 쓰는 것을 절약하니, 이것이 주공(周公)이 재정을 절약하는 것이자 재물을 관리하는 방도이다. 왜 그런가? 재물은 결코 하늘의 비나 귀신이 주는 것이 아니라 반드시 백성에게서 거두어야 하는 것으로, 백성이 제공하는 것은 한계가 있지만 나라에서 쓰는 것은 끝이 없기 때문에, 각 경비의 한계에 대해 등급을 정해 절제하지 않으면 반드시 남용하게 되어 법도가 없게 될 뿐 아니라, 지치지 않고 가혹하게 거둬들이게 되어 올바른 법으로도 금할 수 없게 되고, 잘못된 것을 원칙으로 삼게 된다. 그러므로 9식(九式)으로 골고루 절제하는 방법이야말로 주공이 재물을 관리하는 도리인 것이다."

葉時曰："太宰以九賦斂財賄之後，而繼之以九式均節財用，未見其理
財，先見其節用，則是周公之節財乃所以理財也．何者？財非天雨・鬼
輸，必取之民，民之所供有限，國之所用無窮，苟不於其經費之際而品
節之，必至於泛用無度・苛取無厭而非正辭禁・非以爲理也．九式均節
之法，其周公理財之道歟."

신은 이렇게 생각합니다. 태재(太宰)는 9식으로 재정의 경비를 골고
루 절약하였습니다. 이때 식(式)이란 재정을 사용할 때 절도가 있는
것으로, 골고루 절제하여 거둬들인 재물이 많더라도 재정에서 남는
것이 없게 하고 재물이 적어도 쓰는 데 부족하지 않게 함으로써, 중정
(中正)의 원칙을 세워 이를 재정을 사용하는 법도로 삼는 것입니다. 대
개 재정의 용도는 유사(有司)에게 제공되고 천자를 위해 사용하기 때
문에, 이에 대한 법도는 태재가 관장합니다. 왜 그렇겠습니까.

유사의 직책은 군주에 반하여 백성을 통제할 수 없게 하였기 때문
입니다. 따라서 태재는 도리를 다해 군주를 보좌하는 천자의 대신(大
臣)으로서, 아래로는 유사를 관리하여 이들에게 감히 법도나 원칙을
거스르면서 마음대로 재물을 바치지 않게 하고, 위로는 또한 왕이나
왕후, 그리고 자손들이 감히 법도와 원칙을 위반하며 과용하지 않도
록 이를 제재합니다. 만약 이들의 모든 용도를 위해 그중 하나라도
거두어 주게 되면 9식의 법도에 따라야 합니다.

그런 까닭에 설사 한 척의 비단과 한 다발의 먹이, 한 번 먹는 미미
한 음식과 한 번의 사사로운 잔치라 할지라도, 모두 오류가 있을 수

없습니다. 그러므로 군주는 사치스러운 마음에 대해 경계하여 일어나지 않게 하고 욕심을 절제하여 방종하지 않게 하였으니, 이는 비단 백성의 재물을 아끼고 나라의 재정을 부유하게 할 뿐아니라, 진실로 군주의 공손하고 검약한 덕을 길러 잘못이 없는 경지에 이르게 할 방도입니다.

옛날 사람이 9식으로 재정의 용도를 골고루 절약한다고 말하는 것은 바로 태재가 마음을 다해 맡은 바 직책을 올바르게 하고, 대신들 또한 맡은 바 재정 관련 일을 바르게 하는 것입니다. 오호! 이처럼 삼대의 성대한 시대에는 군주는 덕을 잃지 않았기 때문에 나라의 재정에 여유가 있었고 세상의 백성도 융성하고 평안하게 되었습니다.

臣按: 太宰以九式均節財用式者, 用財之節度也, 均節之使多不至於有餘·寡不至於不足, 立爲中制以爲用財之法度也. 夫財用供於有司, 所以爲天子用也, 而其式法則掌於太宰焉. 何也? 蓋有司職卑不能抗尊而制衆, 太宰以道佐君爲天子之大臣, 下得以制有司使之不敢逆式法而擅供, 上有以約王后·世子俾其不敢違式法而過用, 凡所以用度取予一付於九式之成法. 故雖一尺之帛·一束之芻·一飲食之微·一燕好之私, 而皆不得以過差焉, 是以上之人侈心有所憚而不生, 欲心有所節而不縱, 非徒以惜民財·裕國用, 政所以養人主恭儉之德而致之於無過之地焉. 昔人謂以九式均節財用, 正太宰格心之業·大臣之事也. 吁, 此三代盛時所以君無失德, 國有餘財而世底隆平也歟.

태부(太府)【태부는 저장하는 것을 다스리는 우두머리이다.】는 9공(九貢)과 9부

(九賦), 그리고 9공(九功)【9공은 곧 9직(九職)이다.】 등의 부차적인 세금【구공지이 (九功之貳)란, 공(貢)과 부(賦)는 모두 태재(太宰)가 관장하는 것이고, 9공(九功)은 공과 부의 부차적인 것이 된다.】을 관장하여 재물(財貨)을 받아 거둬들이는데【화뇌(貨賂) 는 금과 옥을 화(貨)라 하고 면포와 비단을 뇌(賂)라 한다.】, 이때 나눠 줄 재물은 이 를 보관하는 내부(內府)에서 받고【재물을 나눠 주는 것을 보관하는 창고는 내부(內 府)이다.】, 하사할 선물은 이를 사용하는 외부(外府)에서 받는다【나눠 줄 선물 [賂] 등을 저장하여 사용할 것을 받는 창고는 외부(外府)이다.】. 각 관청(官府)과 도(都), 비(鄙)의 서리들과 이를 집행하는 사람들은 이에 필요한 경비를 지급받 게 된다【사용할 재물을 통합하여 받는 곳은 태부이다.】. 재물을 나눠 줄 때에는 【반재(頒財)는 다음 문장에서 말하는 것과 같다.】 법도와 원칙에 따라 주는데【식법 (式法)에서 식(式)은 재물을 사용하는 법도를 말하고, 법(法)은 재물을 관리하는 법도를 말 한다.】, 관문과 저자에서 거두는 통관세와 상세는 왕의 음식【선(膳)은 음식 이다.】과 의복, 방중(邦中)에서 거두는 부(賦)는 빈객(賓客), 근교에서 거두는 부는 소와 말의 사료【초말(稍秣)은 곧 소와 말의 사료이다.】, 가삭(家削)에서 거둔 부는 하사하는 것 등에 대비하고, 방전(邦甸)의 부는 공사(工事), 군현(郡縣) 의 부는 폐백(幣帛), 방도(邦都)의 부는 제사, 산택(山澤)의 부는 상례, 폐여 (幣餘)의 부는 하사하여 주는 것에 대비하는 것이다. 모든 제후국의 공물 은 상례(喪禮)에 대비하고【조용(弔用)은 9공(九貢)의 재물로 흉년과 상사[凶喪]의 예에 지급한다.】, 백성들의 공물은 곳간을 채우는 데 대비한다【부고(府庫)는 9직(九 職)의 재물로, 창고를 충실하게 채우는 것이다.】. 식(式)【식은 9식(九式)이다.】에 따라 경비를 쓰고 절약한 것과 공(貢)【공은 9공(九貢)이다.】에서 남은 재물은 진귀 한 기호품을 사용하는 데 제공되는데, 이처럼 모든 나라의 세금은 그 용 도가 각기 갖추어져 있다【부(賦)는 들어와야 하는 수입 액수이고, 용(用)은 지출해야 하는 액수이다.】. 따라서 해마다 연말이 되면 거둬들인 재물의 수입과 지출

170

의 총계를 합산한다【입(入)은 거둔 것을 말하고 출(出)은 사용한 것을 말하며, 한 해의 연말에는 이들의 합계를 총계한다.】.

太府【治藏之長】掌九貢・九賦・九功【卽九職】之貳【貢・賦皆太宰所掌, 此其副貳】以 受其貨賄之入【金玉曰貨, 布帛曰賄】, 頒其貨於受藏之府【內府】, 頒其賄於受用 之府【外府】, 凡官府都鄙之吏及執事者受財用焉【凡合用財物皆受之大府】. 凡頒 財【如下文所云】, 以式法授之【式謂用財之式, 法謂治財之法】, 關市之賦以待王之 膳服【膳卽羞】・邦中之賦以待賓客・四郊之賦以待稍秣【卽芻秣】・家削之賦以 待匪頒・邦甸之賦以待工事・邦縣之賦以待幣帛・邦都之賦以待祭祀・山澤 之賦以待喪紀・幣餘之賦以待賜予. 凡邦國之貢以待吊用【以九貢之財給凶喪之 禮】, 凡萬民之貢以充府庫【以九職之財充實府庫】, 凡式【九式】貢【九貢】之餘財以 供玩好之用, 凡邦之賦用取具焉【賦謂當入之數, 用謂當出之數】. 歲終, 則以貨賄 之入出會之【入謂所收, 出謂所用, 歲終總計其大數也】.

이구(李覯)[2]가 말하였다.

"태재는 9부(九賦)에서 거둔 재물을 관리하고 9식(九式)을 통해 이를 지급하는데, 왕은 날마다 일단 한번 거둥하게 되면, 음식과 육생(六牲: 여섯 가지 희생 제물)・제사・군사・조회・수레 등이 필요하고, 그 의복 에는 아홉 가지 있는데, 이는 통과하는 관문과 시장의 세금으로 왕의

---

2 이구(李覯, 1009~1059): 북송의 유학자, 정치가이자 시인으로, 건창군 남성[建昌軍南城: 지금의 강서 무주 자계(資溪)현] 출신이다. 자는 태백(泰伯), 호는 우강선생(盱江先生)이다. 그는 특히 예 에 밝았고 자신의 독창적인 경의(經義)를 제시하여 당대에는 유종(儒宗)으로 불리기도 하였 다. 그의 저서로《직강이선생문집(直講李先生文集)》이 있다.

음식과 의복의 경비에 지급한다. 제후는 와서 황실에 조공을 바치고 경(卿)과 대부(大夫)는 와서 황실에 문안을 드리는데, 이들에게 음식을 잘 차려 접대할 때는 잔치와 연회를 베풀어서 방중(邦中)의 세금으로 빈객(賓客)의 경비에 대비한다. 소와 말의 사료는 꼴을 사용하고, 타는 수레의 수는 모두 뇌례(牢禮)에 준하기 때문에, 사교(四郊)의 세금으로 말과 소의 사료 경비에 대비한다. 공로를 치하하고 상을 내릴 때는 그들의 행차를 성대하게 차리는데, 이때 이들이 받는 물품은 그 나라에서 큰 경비를 차지하기 때문에, 가삭(家削)의 세금으로 하사하는 비용에 대비한다. 동관(冬官)이 모든 장인에게 거두는 재물은 한 가지가 아닐 뿐 아니라, 다섯 창고의 물량도 없거나 형편이 좋지 않기 때문에, 방전(邦甸)의 세금으로 공사에 대비한다. 또한 위로금·하사품·보수·유사(侑食: 조상에게 음식을 권함) 등은 모두 바구니에 채운 공물인데, 이는 그 후의를 표하는 것이기 때문에, 방현(邦縣)의 세금으로 이러한 예물을 위해 대비한다. 또한 대사(大祀)·소사(小祀)와 신을 섬기는 예(禮)에서는 비단과 옥기 등 사치스럽거나 너무 검소하지도 않은 것을 제물로 삼기 때문에, 방현(邦縣)의 세금으로 이러한 제사에 대비한다. 혹여 황제의 측근인 대신들이 상해를 입거나 군주가 아플 때 바치는 봉수(賵襚: 수레나 수의 등을 부의함)·부조금 등은 하나라도 빠질 수 없기 때문에, 산택(山澤)에서 나는 세금으로 상사에 대비한다. 왕과 총재(冢宰)는 때때로 좋은 일이 있어서 연회를 여는 경우가 있는데, 이러한 잔치에 쓰는 경비 역시 은전을 베풀어 주는 것이기 때문에, 폐여(幣餘)의 세금으로 하사하는 것에 대비한다. 또한 왕은 제후들에게 재물을 나누어 주어 재난을 구제하는데, 흉례(凶禮)의 오사(五事)는 그 비용이 가장 많기 때문에, 방국(邦國)의 세금으로 상사(喪事)에 대비한다. 나라가 아무 일이 없이 한가하면 재물을 더 많이 쌓아야 하는데, 이처럼 쌓아서 비축하는 것은 천하의 큰 명령이기 때문에 만민이 바치는 공물로 나라의 창고를 채운다. 얻기 어려운 재물은 비록 굶더라도 이를 먹을 수 없고, 잔치와 유흥에 쓰이는 비용으로서, 나라가 위급한 상황이 아니기 때문에, 법도에 따라 재정을 쓰고 남은 것과 공물에서 남은 재물로 천자가 좋아하는 기호품의 경비로 제공한다. 그러므로 모든 세금에서 한 가지의 부(賦)라도 지출하게 되면, 한 가지의 일에 필요한 경비를 공급하게 마련이니, 그 비용의 많고 적음은 하나같이 모두 법도와 원칙으로써 집행해야 한다. 이와 같이 하면 나라는 편안하고 재정이 풍요롭게 되니 이는 결코 우연히 이루어지는 것이 아니다.”

李覯曰: “太宰以九賦之財給九式, 王日一擧其膳六牲, 祀·兵·朝·甸其服有九, 故關市之賦以待王之膳服; 諸侯來朝·卿大夫來聘, 致之則有積饔, 接之則有饗食燕, 故邦中之賦以待賓客; 牛馬之食其用芻禾, 車乘之數皆視牢禮, 故四郊之賦以待稍秣; 功懋懋賞以馭其幸, 所受之物邦之大用, 故家削之賦以待匪頒; 冬官百工取財非一, 五庫之量毋或不良, 故邦甸之賦以待工事; 問勞·贈賄·酬爵·侑食皆爲篚實, 將其厚意, 故邦縣之賦以待幣帛; 大祀·小祀, 事神之禮, 牲帛·器玉不奢不儉, 故邦都之賦以待祭祀; 股肱或虧, 君之所痛, 睸襚·含賵, 闕一不可, 故山澤之賦以待喪紀; 王及冢宰時有所善, 燕好之用亦以頒恩, 故幣餘之賦以待賜予; 王於諸侯分災救患, 凶禮五事其費則多, 故邦國之賦以待吊用; 國家閑暇, 要在多積, 積貯之道天下大命, 故萬民之貢以充府庫; 難得之貨, 饑不可食, 燕遊所用, 非國之急, 故式貢之餘財以共玩好之用.

> 凡其一賦之出則給一事之費, 費之多少一以式法, 如是而國安財阜, 非
> 偶然也."

여조겸(呂祖謙)이 말하였다.[3]

"물품이 통과하는 관문[關]과 시장[市]의 세금은 왕의 음식과 의복에
대비하는 것이니, 음식과 의복은 비록 요구하지 않더라도 관문과 시
장에서 나오는 세금에서 벗어나지 않을 뿐이다."

> 呂祖謙曰: "關市之賦待王之膳服, 則膳服雖不會要, 不出關市之賦而已."

신은 이렇게 생각합니다. 태부(太府)의 직은 내외부(內外府)를 겸해서
총괄하는데, 모든 세금과 공물은 태부로 들어가고, 그중에서 물품은
내·외부에 나누어 보관하며, 용도가 생기면 유사(有司)에서는 이곳에
수령을 청구하면 태부는 이를 지급합니다. 이를 지급할 때 9부(九賦)
의 부로 하고 이를 쓰는 법도인 9식(九式)에 따라 쓰게 되는데, 해당 사
업이 경비를 쓰는 법도에 합당한지를 검토하고 난 다음에, 이에 해당
하는 부를 거둔 것에 따라 지급합니다. 연말이 되면 그 한 해 동안 관
청이 9부를 통해 거둬들인 세금의 총량을 모두 합산하고, 또한 경비

---

3 여조겸(呂祖謙)이 말하였다: 이 말은 《역대제도상설(歷代制度詳說)》에 나온다. 여조겸은 《대
   학연의보》권22 주) 31 참조.

를 쓰는 법도인 9식에 합당하게 사람들에게 지급한 것을 모두 합산합니다.

나라의 세금과 공물은 백성에게서 나와서 관(官)에서 저장하는데, 이는 결코 한 사람이 실현할 수 있는 것이 아닐 뿐 아니라, 또한 하루에 쌓을 수 있는 것이 결코 아닙니다. 그러므로 백성에게 부과하는 세금에는 반드시 정해진 제도가 있고, 이를 관에서 받아 사용하는 데에도 또한 반드시 정해진 법도가 있게 마련입니다. 이처럼 법도가 있으면 이에 해당하는 세금을 사용하게 되니, 모든 일이 중단되지도 않고 모자라지도 않게 됩니다. 만약 미리 대처하지 않는다면 필요할 때 어디서 가져다 갖추겠습니까.

臣按: 太府之職兼總內外二府, 凡貨賄入太府, 而其物則仍分置於內外焉, 遇有用度則有司於此請受, 而太府頒之. 其頒之也以九賦之材給九式之用, 稽其事合其式, 然後隨其所賦以待之, 隨其所用以給之. 至歲之終則計其一歲之中凡取於九賦而收之於官, 合於九式而用之於人者而總會之焉. 誠以國家貨賄出於民而藏於官, 固非一人之所能致, 亦非一日之所能積也. 是以賦之於民也必有定制, 而用之於官也必有定式, 有此式則用此賦, 則事無廢而用不闕矣. 苟非先有以待之, 則臨時何所取具哉?

옥부(玉府)【금과 옥으로 만든 용기를 주로 저장한다.】는 왕의 금과 옥으로 된 용기, 애완용품, 병기 등 모든 양질의【양(良)은 좋은 것[善]이다.】 재물과 공물을 관장한다. 무릇 왕에게 바친 헌상품【헌(獻)은 빈객에 바친 것을 일컫는다.】은 금과 옥, 병기, 무늬가 있는 비단과 질이 좋은 재물과 선물용 물품으로, 이를 받아 저장해 두고, 왕이 좋은 일로 하사할 때 이 재물과 공물을 사용한다.

> 玉府【主藏金玉器用】掌王之金玉·玩好·兵器凡良【善也】貨賄之藏. 凡王之獻
> 【謂有獻於賓客】金玉·兵器·文織良貨賄之物, 受而藏之, 凡王之好賜共其
> 貨賄.

내부(內府)【궁궐 안 보관하는 재물을 주관한다.】는 9공(九貢)·9부(九賦)·9공(九功)을 통해 받은 세금과 공물, 좋은 병기와 좋은 용기 등으로써 나라에 크게 사용할 때에 대비하게 되는데, 이때 사방에서 바치는 금과 옥, 동물의 이빨과 가죽, 병기 등 모두 질이 좋은 재물과 공물이 들어오게 된다.

> 內府【主藏在內者】掌受九貢·九賦·九功之貨賄·良兵·良器以待邦之大用,
> 凡四方之幣獻之金玉·齒革·兵器凡良貨賄入焉.

외부(外府)【궁궐 바깥에서 보관하는 재물을 주관한다.】는 제후국의 포(布)【포는 돈[泉]이다.】가 들어오고 나가는 것을 관장하여 모든 물품을 갖추어 나라의 경비에 대비하되, 모두 법도가 있으니【법이 없으면 사용할 수 없다.】 왕과 황후·후손들의 의복의 용도로 제공된다.

> 外府【主藏在外者】掌邦布之入出【布, 泉也】以共百物, 而待邦之用凡, 有法者

【無法不可用】, 共王及后世子之衣服之用.

이구(李覯)가 말하였다.

"왕부(王府)와 내부(內府)의 직은 천자가 쓰는 용기와 재물, 사사로운 잔치용 물건, 그리고 공물로 받은 물건 등을 관장하는데, 이는 천자가 상(賞)으로 하사하는 데 대비하는 것이다. 이는 궁중의 내탕고에 간직하고 이를 관장하는 사람도 관직 중에서 사적으로 가장 가까운 사람이지만 총재에 소속되고 태부의 아래에 위치하여, 세금 보관을 관리하는 모든 관직과 다르지 않는 것은 무엇 때문인가?

대개 왕은 밖이 없어 천하를 집안으로 삼으니, 한 치의 작은 땅이라도 그의 땅이 아닌 것이 없고 한 사람의 백성이라도 그의 자식이 아닌 사람이 없다. 나라 안에 있는 모든 재물은 마치 주머니 안에 있는 것과 같으니, 하물며 공부(貢賦)의 수입에 어찌 네 것과 내 것을 운운할 수 있겠는가. 한나라의 탕목읍(湯沐邑)⁴은 사적으로 천자를 받들도록 하여 경비를 받지 않았고, 후한의 영제(靈帝, 168~188) 때 서원(西園)에 만금(萬金)을 거둬 이를 사사로이 쌓아 두었는데, 이 모두는 쇠퇴하여 어지러워지는 풍조로 결코 선왕의 법제가 아니다. 오직 주공(周公)은 모든 세금과 공물을 태부에 거둬들이는 한편, 사서(司書)⁵의 요

---

4 탕목읍(湯沐邑): 주나라에서 비롯된 제도로, 제후들이 천자에 조공할 때 천자가 기내(畿內)의 토지를 하사하고 그 안에 숙소와 목욕재계하는 곳을 제공하였다. 그 이후에는 제후나 황후, 공주 등에게 토지와 세금의 수취권을 하사한 식읍(食邑)을 뜻한다.

5 사서(司書): 나라의 법전과 토지대장, 세금과 공물 등을 관장하는 직책이다. 《주례(周禮)》

이(要貳: 세금과 공물에 대한 평가)와 사회(司會)[6]의 구고(鉤考: 조사하고 살핌)를 거쳐, 폐치와 상벌의 정치를 시행하였다. 이와 같이 하였으니 어찌 절약하지 않을 수 있으며, 어찌 재물이 모이지 않을 수 있겠는가.

황실의 금전(禁錢)[7]이 친하고 아끼는 사람들이나 궁중 신하의 손에 떨어지고 바깥 사람들이 보지 못하여 법제가 시행되지 못하고 평가가 미치지 못하게 되면 적지 않게 재물을 손상하고 백성을 해치게 될 것이다."

李覯曰: "玉府·內府之職掌天子器用·財賄·燕私之物及受貢獻以備賞賜, 此帑藏之在宮中, 官職之最私褻者, 然而爲塚宰之屬, 列太府之下, 與凡治藏之官不異者, 何也? 蓋王者無外, 以天下爲家, 尺地莫非其土, 一民莫非其子, 財物之在海內如在橐中, 況於貢賦之入, 何彼我之云哉? 漢湯沐邑爲私奉養, 不領於經費, 靈帝西園萬金聚爲私藏, 皆衰亂之俗, 非先王之法也. 惟周公皆入於太府, 則司書之要貳·司會之鉤考而廢置誅賞之政行焉, 如此, 則用安得不節, 財安得不聚? 若以御府禁錢捐之親倖之手·省闈之中, 外人弗睹, 法制所不行, 校比所不及, 則傷財害民非細事也."

〈천관(天官)〉.

6 사회(司會): 태재(太宰)를 보좌하여 나라의 법전과 토지대장, 세금과 공물을 관장하는 직책으로, 특히 제후국과 경의 봉토인 도(都)와 대부의 봉토인 비(鄙)의 각 관아의 치적을 살펴 조정한다. 《주례(周禮)》〈천관(天官)〉.

7 금전(禁錢): 천자(天子)가 사용하는 소부전(少府錢)이다. 소부전은 주로 천자의 사용에만 공급되므로 금전이라 한다.

신은 이렇게 생각합니다. 주나라가 번성했을 때의 제도에는 내부(內府)는 궁궐 안에 있고 여기서 나라의 경비를 공급하였으며, 외부(外府)는 궁궐 밖에 있고 여기서 제공하는 것은 왕과 왕후, 세자의 의복에 필요한 경비였습니다. 내부와 외부는 서로 이를 검토하고 살펴서 천자의 나라 밖에서 쓰는 것은 나라 내부에서 거둬들이고, 궁궐 안에서 쓰는 것은 궁궐 밖에서 거둬들입니다. 이로써 궁궐 안과 부서 안이 함께 일체가 되고 내외의 정이 서로 통하여 단절되지 않게 할 뿐 아니라, 또한 궁궐 밖에서 쓰는 경비를 안에서도 알지 못하는 것이 없게 하며, 궁궐 안에서 쓰는 경비를 밖에서도 알지 못하는 것이 없게 합니다. 그러므로 혹은 깊은 궁궐에서 사사로운 연회에 함부로 경비를 쓰는 일이 있으면 바깥 사람들이 이를 알게 되어 때로는 중단하게 되는 일도 더러 있습니다. 이러한 옛날 사람들의 깊은 뜻은 후세 사람들이 미치지 못하는 바일 것입니다.

臣按: 成周之制, 內府在內, 所供者乃邦之用; 外府在外, 所供者乃王及後世子衣服之用. 內外交相稽考, 用之於外者取之於內, 用之於內者取之於外. 此宮中 · 府中共爲一體, 而內外之情通, 而不至於相隔絶, 外有所費, 內無不知, 內有所費, 外無不知. 或者深宮之中燕好之私欲有所妄費, 恐外人知而或至於中止也, 亦有之矣. 此古人之深意, 後世所以不及歟?

사회(司會)【회(會)는 나라의 회계이다.】는 나라의 육전(六典)【태재(太宰)가 관장하는 치전(治典) 이하 여섯 가지이다.】과 팔법(八法)【관속(官屬) 이하 여덟 가지이다.】, 팔칙(八則)【제사 이하 여덟 가지이다.】 등의 부본【이(貳)는 부(副)이다.】을 관장함으로써, 제후국과 경대부의 봉토인 도비(都鄙)와 관부가 이를 거슬리는지를 다스린다. 또한 9공(九貢)의 법도로써 나라의 재정 경비를 마련하고, 9부의 법도로 경작지에서 거둔 세금으로 오늘날의 재정 경비로 삼는다. 9공(九功)의 법령으로 백성에게 그 직분을 맡게 하여 경비로 쓰게 하고, 9식(九式)의 법도로 나라의 경비를 골고루 절약하도록 한다. 나라를 관장하는 관청과 교외의 경작지와 현과 도(都) 등에서 거둬들이는 모든 물자와 사용한 경비는 모두 책에다 기록하고【서(書)는 기록한 책이다.】, 두 쪽 사이마다 각기 간인(間印)하여【계(契)는 공동으로 증명하는 계약서이다.】 인구대장【契版: 두 쪽에 간인한 호적대장【판(版)은 백성의 수를 갖추어 둔 것이다.】을 만들어 토지의 모양【도(圖)는 토지의 모양을 그린 것이다.】을 붙여 이를 부본【이(貳)는 부(副)이다.】으로 삼음으로써, 여러 관리들이 이에 어긋나는지를 관리하고 그 해당 회계를 보고받아 이를 서로 대조하여 매일의 결과와 매달의 결과, 그리고 해마다 한 해의 결과를 검토한다. 이로써 사방의 다스림을 두루 알아서, 조서를 내려 왕과 총재에게 폐지하거나 설치하기를 명하였다.

司會【會, 大計也】掌邦之六典【卽大宰所掌治典以下六者】·八法【卽官屬以下八者】·八則【卽祭祀以下八者】之貳【副也】, 以逆邦國·都鄙·官府之治, 以九貢之法致邦國之財用, 以九賦之法令田野之財用, 以九功之法令民職之財用, 以九式之法均節邦之財用. 掌國之官府·郊野·縣都之百物財用凡在書【紀載爲書】契【合驗爲契】版【具人民之數】圖【畵土地之形】者之貳【副也】, 以逆群吏之治而聽其會計, 以參互考日成, 以月要考月成, 以歲會考歲成, 以周知四國之治, 以詔王及冢宰廢置.

유이(劉彝)[8]가 말하였다.

"사회(司會)는 재정 회계를 담당하는 직책으로, 반드시 육전(六典)과 팔법(八法), 팔칙(八則) 등의 부본을 관장하였는데, 이를 통해 제후국과 경대부의 봉토인 도비(都鄙), 관아가 이에 어긋나는지를 다스리는 사람이다. 그래서 성인(聖人)이 말하기를, '회계의 직을 맡은 자가 몸을 바쳐 국정의 옳고 그름을 살피지 않거나 민정(民情)의 병폐를 헤아리지 않고 오직 이익만 쌓게 되니 어진 정치를 손상하고, 또한 오직 절약만을 추구하니 의를 해친다. 그러므로 예악이 쇠퇴해지고 백성이 힘들고 약해지니, 나라를 보존하는 원칙이 아니다.'라고 하였다.

이에 현명한 대부를 선택하여 원칙에 따라 거두어, 그 도덕과 계책이 총재에 버금가고 재주는 경(卿)의 반열에 드는 자를 취하여 회계를 담당하게 하였다. 이런 까닭에 반드시 육전과 팔법, 팔칙의 근본을 알고 난 후에야, 비로소 9공(九貢)과 9부(九賦), 그리고 9공(九功)과 9식(九式)의 법도를 시행하였고, 다스리는 근본을 알아서 이를 잃지 않으니 재정 경비를 마련하면서도 군주가 천하에 크게 기준을 세우는 방도에 해가 되지 않았다.

그러므로 총재가 법을 위에서 시행하는 사람이고, 사회는 이러한 법이 아래에서 시행되는 것을 살피는 자이니, 나라에 해가 되고 백성을 좀먹는 요소가 있을 때 적절히 법을 적용하여 왕도(王道)를 성취하

8　유이(劉彝, 1017~1086): 송(宋)나라 복주(福州) 사람으로 자는 집중(執中)이다. 어릴 적에 호원(胡瑗)에게 종학(從學)하였고, 경력[慶曆: 인종(仁宗)의 연호. 1041~1048] 연간에 진사에 급제한 후, 구산령(朐山令)을 거쳐 뒤에 건주 지주(虔州知州)로 있으면서 치적(治績)이 매우 많았다. 저서에는 《칠경중의(七經中議)》・《명선집(明善集)》・《거이집(居易集)》 등이 있다. 《宋史 卷334 劉彝列傳》, 《昨非菴日纂 宦澤》 참조.

였다. 이렇게 한 후에 거둔 세금을 법도의 부본과 대조하여 날마다의 결과를 살피고, 월간 평가를 가지고 월간 성과를 살피며, 그해의 총계를 가지고 한 해의 성과를 살펴 관리들이 간교한 속임수를 써서 우리 백성을 다치게 하는 일을 방지하였다.

이에 밝지 못하면 백성에게서 가혹하게 빼앗는 데만 힘써, 나라의 이익은 남게 되더라도 아래의 백성에게는 폐단이 증가하게 되고 군주의 체통을 좀먹게 되니, 이는 크게 중정(中正)을 세우는 방도가 아니다. 그러므로 '사방 여러 나라의 다스리는 것을 두루 안다'는 것은, 8개 주(州) 제후국의 예악과 형정이 그 백성들에게 중화(中和)를 이루는 것을 반드시 두루 알아야 한다는 것이니, 한 해의 회계가 부족하더라도 그 법은 칭찬할 만하고, 한 해의 회계가 남더라도 그 정치는 폐기될 수 있다. 그러므로 '왕과 총재에게 폐지하거나 설치하라고 명한 것'은 다스림을 근본으로 삼은 것이고, 재정 경비를 둘러싼 간교한 폐단은 아래에 있는 관리가 이를 담당하도록 한 것이다. 오호, 위대하도다! 다스림을 관리하는 주나라의 방책이여! 이로써 재정의 풍족함으로 천하의 경비를 온전하게 하였고 그 다스림도 근본을 잃지 않게 되었다."

劉彝曰: "司會職財計者也, 而必先掌六典・八法・八則之貳以逆邦國・都鄙・官府之治者. 聖人以謂職會計, 以進身者不顧國政之是非・不度民情之弊疾, 惟利是積, 則或傷於仁, 惟節是求, 則或害於義. 故禮樂衰微, 黎民困弱, 則非所以存國之體也. 於是擇中大夫之賢, 取其道德猷爲亞於塚宰而才於列卿者, 以司計會, 是故必知六典・八法・八則之本, 然後施九貢・九賦・九功・九式之法, 知其治之本而不失之, 則財用可

致, 而不害乎王之所以皇建其極於天下者矣. 故冢宰施其法於上者也,
司會察其法於下者也, 則有傷於國·有蠹於民, 蓋得以卷舒裁成王道焉.
然後參互以考日成, 以月要考月成, 以歲會考歲成, 防吏之奸欺以戕吾
民也. 不明乎是者, 則務刻削於民, 國利雖贏而下增弊疚, 蠹於王體, 非
所以建大中也. 以周知四國之治者, 謂八州諸侯之國, 禮樂刑政能致中
和於其民者必周知之, 則歲會雖不足, 而其法有可旌者焉; 歲會雖贏,
而其治有可廢者焉. 故以詔王及冢宰廢置者, 以治爲本也; 其財用之奸
弊, 則其下吏當之. 嗚呼, 盛哉! 其制治之方也, 財足以周天下之用, 而
治不失其本焉."

신은 이렇게 생각합니다. 성주(成周) 시대에는 사회(司會)라는 관직을
두어 나라의 재정 회계를 담당하게 하였는데, 그에게 반드시 먼저 육
전(六典)·팔법(八法)·팔칙(八則)을 관장하게 한 것은 무엇 때문이겠습
니까? 대체로 육전·팔법·팔칙은 모두 태재(太宰)가 왕을 보좌하는 직
책으로, 육전은 제후국을 다스리는 것이고 팔법은 관청을 다스리는
것이며 팔칙은 경대부의 봉토인 도비(都鄙)를 다스리는 것입니다. 반
드시 먼저 육전·팔법·팔칙의 근본을 알고 난 후에야 비로소 9공(九
貢)·9부(九賦)·9공(九功)·9식(九式)을 시행할 수 있습니다. 그 근본을 모
르면서 단지 그 법을 시행하면 세금을 거두는 것이 그 법도에 맞지 않
고 이를 지급하는 것도 그 법도가 바르지 않을 뿐만 아니라, 이를 쓰
는 것도 예에 합당하지 않게 되니, 어떻게 치우치지 않고 알맞게 할
수 있겠습니까.

그러므로 태재는 위에서 그 법을 총괄하고 사회는 아래에서 그 법을 살펴, 제후국에 시행되는 것과 관청에서 시행되는 것, 그리고 도(都)와 비(鄙)에서 시행되는 것이 모두 육전·팔법·팔칙의 전례(典禮)에 모두 합한 뒤에, 이들에게 명하여 경비를 고르게 절약하도록 하여, 재정은 천하의 경비에 풍족하고 쓰임새도 각각 사의에 맞을 것입니다.

臣按: 成周設司會之官以職財計, 而必先之掌六典·八法·八則者何? 蓋六典·八法·八則皆大宰佐王之職, 六典治邦國者也, 八法治官府者也, 八則治都鄙者也, 必先知六典·八法·八則之本, 然後可以施九貢·九賦·九功·九式之法. 苟不知其本而徒施其法, 則取之不應其式, 供之不以其正, 用之不合其禮, 何所折衷哉? 是故大宰總其法於上, 司會察其法於下, 有所施用於邦國·有所施用於官府·有所施用於都鄙皆必合於六典·八法·八則之典禮, 然後致之令之均節之, 使財足以周天下之用, 而用之各得其宜焉.

사서(司書)【사서(司書)는 회계부에 기록한다.】는 나라의 육전·팔법·팔칙·9직(九職)·9정(九正)【곧 9직(九職)과 9부(九賦)이다.】·9사(九事)【9식(九式)이다.】, 제후국의 호적대장, 토지를 그려놓은 토지대장 등을 관장하는데, 이로써 나라에 들어오고 나가는 세금과 물자를 두루 알 수 있으며【입출백물(入出百物)은 세금이 들어오면 이를 저장하거나, 또는 물품을 내보내 쓰는 것이다.】, 그 재물을 기록하고 화폐를 받아 직폐(職幣)로 납부하게 한다.

司書【會計簿書】掌邦之六典·八法·八則·九職·九正【即九職·九賦】·九事【即九

式】·邦中之版·土地之圖, 以周知入出百物【或入而藏, 或出而用】以敍其財·受

其幣, 使入於職幣.

임지기(林之奇)[9]가 말하였다.

"사서(司書)의 항목은 9공(九貢)과 9부(九賦)를 9정(九正)의 법도에 따라

기록하는데, 《서경》에 문왕을 칭송하기를, '여러 나라에 오직 공손함

으로 대하셨다.'[10]라고 하였다. 대체로 옛날 군주는 반드시 올바르고

정상적인 세금으로써 경상 경비를 풍족하게 하였으니, 명분이 없이

함부로 거두어들이는 것을 본 적이 없다."

林之奇曰: "司書目九貢·九賦爲九正, 而《書》稱文王'以庶邦惟正之供',

蓋古之王者必正經賦以足經用, 而未見其有無名橫斂焉."

신은 이렇게 생각합니다. 사회(司會)는 세금을 보관하는 창고의 자물

쇠를 관장하고 사서(司書)는 기록하는 것을 관장하는데, 양자의 직책

은 서로 어우러져 한 사람이 관장하는 것을 다른 사람이 이를 일일이

기록함으로써, 재정 회계의 많고 적음과 창고가 비어 있는지 차 있는

지 등의 실정이 환하게 드러납니다. 이렇게 하는 까닭은 대체로 나라

---

9 임지기(林之奇, 1112~1176): 《대학연의보》권20 주) 11 참조.

10 여러 … 대하셨다: 《서경》〈주서(周書) 무일(無逸)〉에 나온다.

의 크기와 용도의 많고 적음 등 그 지출과 수입의 통계를 반드시 대장으로 기록하고 관리를 두어 이를 검토함으로써, 유사(有司)들의 간계와 속이는 것을 방지할 수 있기 때문입니다.

> 臣按: 司會掌鉤考, 司書掌書記, 二者之職交相參互, 以此所掌稽彼所錄, 多寡虛實昭然矣. 所以然者, 蓋以國家之大·用度之夥, 其出入之數必爲籍以紀之·設官以稽之, 所以防有司之奸欺也.

직내(職內)는 나라의 세금【부(賦)는 9부(九賦)와 9공(九貢) 등을 총칭한다.】을 거둬들이는 것을 관장하고 재정 경비로 쓸 여러 물품을 구별하여【변(辨)은 구별하다(別)이다.】그 총수를 대장에 기록하고【집기총(執其總)은 대장에 요점을 모두 기록하는 것이다.】, 각 관아와 도(都)와 비(鄙)의 재정 수입의 통계를 부본【이(貳)는 부본이다.】으로 삼아 제후국의 세금 징수액과 경비지출이 어긋나는 것을 심사한다.[11]

> 職內掌邦之賦【賦是九賦·九貢等總名】入, 辨【別也】其財用之物而執其總【總要簿書】以貳【副也】官府·都鄙之財入之數, 以逆邦國之賦用.

직세(職歲)는 나라의 세금 지출을 관장하고 각 관아와 봉토인 도(都)와 비(鄙)의 재정 지출과 하사품의 통계를 부본으로 삼아, 그해의 연말에 회

---

11 직내(職內) … 심사한다:《주례》〈천관(天官)〉을 계속 인용하고 있다.

계할 때 이를 자료로 나라의 세금 지급 상황과 각 관아 및 봉토의 경비지출 상황【고지(考之)는 세금으로 거둔 것을 지급하여 경비로 쓰게 하거나, 또는 하사하여 쓰게 하는 것이다.】을 점검한다.

職歲掌邦之賦出, 以貳官府·都鄙之財出賜之數, 以待會計而考之【或出以給用, 或用以賜予】.

직폐(職幣)는 세금을 사용하는 법도와 법규를 관장하여 관아와 도(都)·비(鄙)와 더불어 제후국에서 사용하고 남은 것을 화폐로 징수하고, 일을 맡아 처리한 사람들이 집행하고 남은 재물을 모두 거두어서 그 물품의 색깔이나 재질 등을 선별【변기물(辨其物)이란 물품의 색깔이나 종류, 품질 등을 식별하는 것이다.】하여【전(奠)은 정하다(定)이다.】 이를 대장【록(錄)은 대장이다.】에 기록하여 이를 물품의 측면에 붙여 게시하여, 이를 보고하여 황실의 자잘한 일이나 하사품으로 사용하게 하고【상지소용사여(上之小用賜予)는 황실의 자잘한 일에 사용하거나 하사품으로 사용한다는 말이다.】, 연말이 되면 이의 지출을 결산한다.

職幣掌式法以斂官府·都鄙, 與凡用邦財者之幣, 振掌事者之餘財, 皆辨其物【知其色·類·善惡】而奠【定也】其錄【籍也】以書揭之, 以詔上之小用賜予【上有小可用度及賜予】, 歲終則會其出.

황서(黃庶)[12]가 말하였다.

"주공(周公)이 관직을 설치하였는데, 이 중에서 재정을 관리하는 사람이 절반을 차지하였다. 재정 경비의 숫자는 기록한 대장으로 점검하고 그 중요한 것들이 이루어질 수 있도록 독려하고 상세한 부본을 통해 이를 입증하도록 한다. 이에 따라 중앙과 지방, 각 관아 등이 서로 이를 대조하며 구체적인 법도와 법규를 통해 각 항목별로 구별하여 이들의 총수를 기록하되, 숫자가 적으면 직접 계산하여 올리고, 큰 숫자이면 모아서 한꺼번에 회계하되, 직세(職歲)는 지출을 기재하고 직폐(職幣)는 수입 등을 회계하는데, 비록 재정의 여유가 있더라도 더욱 엄격하게 한다."

> 黃庶曰: "周公設官, 理財者居其半. 財用之數, 驗之以書契·督之以要成·證之以貳令·考之以參互·制之以式法, 辨之有類·執之有總, 小數之則乘, 大數之則會, 職歲所敘·職幣所振, 雖餘財而加肅焉."

신은 이렇게 생각합니다. 직내(職內)는 나라의 세금 수입을 관장하고 직세(職歲)는 나라의 세금 지출을 관장하며, 직폐(職幣)는 또한 이의 집행을 맡은 사람들의 남은 재물을 거두는 것입니다. 무릇 재정이 들어오면 이를 저장하는데, 관(官)에서는 그 숫자와 이의 지출과 쓰는 것

---

12 황서(黃庶, 1019~1058): 송나라 사람으로, 홍주(洪州) 분녕(分寧: 지금의 강서 수수) 출신이다. 자는 아부(亞夫), 청사(靑社)이다. 황정견(黃庭堅)의 부친이며, 인종 경력(慶曆) 2년(1042) 진사에 급제하였다. 그는 시문에 능하였으며, 저서로는 《벌환집(伐檀集)》 6권이 있지만, 대부분 소실되고 2권만이 전해지고 있다.

을 주관하고, 이미 쓰고 남은 것 역시 관에서 이를 다시 다른 용도에 쓰도록 일으킵니다. 진(振)이란 일으킨다는 말로, 해당 일을 담당하는 사람이 쓰고 남은 재물이 있는데 이미 다시 이를 쓰지 못하면 매몰되기 때문에, 이를 다시 일으켜 다른 용도에 쓰게 하니 재물이 정체되는 일이 없습니다. 오호! 선왕의 시대에는 이처럼 백성의 재물을 아끼고 절약하여 나라의 회계를 집행하여 없거나 버리는 물자가 없었으니, 이것이 쓰임에 부족함이 없었던 까닭입니다.

臣按: 職內以掌邦之賦入, 職歲以掌邦之賦出, 而職幣又以振掌事者之餘財也. 夫財之入而藏也, 旣有官以主其數; 及其出而用也, 亦有官以主其數, 至於旣用之餘, 又有官以振擧之. 謂之振者興起之謂也, 蓋掌事者所用有餘財, 旣不復用則乾沒矣, 故振興之以爲他用, 則財無沈滯者焉. 吁, 先王之世咨惜民財以爲國計, 無或棄之物, 此所以無不足之用也.

늠인(廩人)【늠인(廩人)은 쌀의 보관을 주로 담당하는 관리이다.】은 구곡(九穀)【구곡(九穀)은 기장(黍)·피(稷)·벼(稻)·조(粱)·차조(秫)·밀(苽)·삼(麻)·보리(麥)·콩(豆) 등이다.】의 물량을 관장하여 나라에서 각 제후국과 봉토에 나눠 주는 것【비(匪)는 나누다(分)이다.】과 진휼 베풀기【반(頒)은 베풀다(賜)이다.】【주사(賙賜)는 진휼을 위해 베푸는 것이다.】, 그리고 녹봉이나 수당【초식(稍食)은 녹봉과 수당이다.】 등을 위해 제공하는데, 그해 소출의 풍년과 흉년【상(上)은 풍년을 말하고, 하(下)는 흉년을 말한다.】에 따라 나라에서 지출할 경비가 풍족한지 부족한지【족부(足否)는 풍족한 것과 부족한 것이다.】를 추정하며, 이를 위에 보고하여 지출할 곡식량을 책정함으로써, 그해의 풍년과 흉년을 관리한다. 무릇 만백성이 음식을 먹는 식량【만민지식(萬民之食)은 백성의 숫자로 이들의 먹는 것을 계산하는 것이다.】이 한 사람당 매달 네 부(鬴: 여섯 말 네 되의 용량)이면 상(上)이고【인사부상야(人四鬴上也)는 여섯 말 네 되를 지(鎵)라 하고, 한 사람이 하루에 먹는 곡식이 4지(鎵)이면 곧 그해는 상(上)이다.】, 세 부이면 중(中)【인삼부중야(人三鬴中也)는 그해는 중간이다.】, 두 부이면 하(下)【인이부하야(人二鬴下也)는 그해는 하(下)이다.】 등급으로 한다. 만약 먹는 식량이 한 사람 당 두 부도 먹을 수 없으면, 나라에서는 백성을 곡식이 많이 나는 곳으로 옮기게 하니【이민취곡(移民就穀)은 백성을 곡식이 남는 지역으로 이주시키는 것이다.】, 제후국의 왕에게도 명하여 나라의 경비를 줄이고 아끼도록【쇄(殺)는 줄이고 아낀다는 뜻이다.】【방용(邦用)은 흉년에는 나라의 경비는 마땅히 줄이고 아낀다(減省)이다.】 명한다. 무릇 나라에 회동(會同)이나 사역(師役) 등의 일이 있으면, 걸을 때 먹는 양식과 쉴 때만 먹는 밥【길을 갈 때 먹는 것을 량(糧)이라고 하고, 단지 그냥 있을 때 먹는 것을 식(食)이라고 한다.】 등의 일을 맡는다.[13]

廩人【主藏米之官】掌九穀之數【九穀, 黍·稷·稻·粱·秫·苽·麻·麥·豆也】以待國之匪【分也】頒【賜也】·賙賜【賙給賜予】·稍食【祿廩】, 以歲之上下【上謂豊年, 下謂歉歲】數邦用以知足否【足與不足】, 以詔穀用, 以治年之凶豊. 凡萬民之食【以民數計度所食之數】食者, 人四鬴上也【六鬥四升曰鎵, 每人一日食穀四鎵, 則年之上也】, 人三鬴中也【年之中】, 人二鬴下也【年之下】, 若食不能人二鬴則令邦移民就穀【移民之不足以就穀之有餘】, 詔王殺【減省】邦用【凶年邦用宜從減省】. 凡邦有會同·師役之事則治其糧與其食【行道曰糧, 止居曰食】.

신은 이렇게 생각합니다. 성주(成周) 시대에는 늠인(廩人)이라는 직책을 둠으로써 한 해의 풍년과 흉년, 나라의 경비를 계산하여 이의 풍족하고 부족한 숫자를 황제에게 보고하도록 하고, 그해가 때마침 풍년이어서 쌀이 낭자하여 흩어질 정도로 남는다고 해도 남은 것으로 사치하지 않게 하였고, 그해가 때마침 흉년이어서 기근이 해마다 이어질지라도 재정이 부족하다고 고생하지 않게 하였으니, 이렇게 된 까닭은 바로 이를 다스리는 방도를 통해 미리 예방했기 때문입니다.

그렇지만 이를 전담하여 계산하고 미리 다스리는 방도는 반드시 백성의 먹을 것을 기본으로 삼아야 합니다. 군주란 백성을 양육하는 것을 직책으로 삼으니, 군주가 재물을 저축하고 곡식을 쌓아 두는 것도 모두 백성을 위하는 것일 뿐입니다. 이른바 나누어 주는 것과 진휼을 위해 베푸는 것, 그리고 녹봉이나 수당 등이야말로 어찌 단지 군주 자신을 위한 것이겠습니까.

그러므로 반드시 한 해 가운데 모든 군(郡)마다, 그해의 흉년과 풍년의 세수 통계에 따라 백성의 인구수가 많고 적음을 계산하여, 한 사람이 한 달에 먹는 곡식이 얼마인지, 한 해에 먹는 식량은 얼마인지를 계산하여, 만약 이 숫자가 흉년의 식량에 부족하면 부족한 백성을 곡식이 남는 곳으로 옮기도록 명하고, 그 통계와 그 근본적인 원인을 일일이 갖추어 모두 왕에게 알리게 하고, 만약 흉년이기 때문에 나라의 경비가 부족하다고 왕이 말한다면, 범사에서 마땅히 줄이고 아껴야 합니다.

그렇지만 신이 이에 대해 아는 바는 삼대(三代)의 덕이 높은 왕들은 관직을 두어 직책을 나누고 재물을 쌓아 쓸 것에 대비하였으니, 이 모두가 백성을 위하지 않은 것이 없었습니다. 후세의 저축은 전적으로 궁궐의 비용, 관청의 비용, 호위 병사의 비용, 변방 지방의 비용 등이니, 백성을 위한다는 것은 특별히 이러한 경비 액수 외에는, 이른바 상평창(常平倉)[14]과 의사창(義社倉)[15]이 있었지만, 이는 겨우 천 백분의 하나에서 둘 정도에 불과합니다. 오호! 선왕들께서 소중하게 여겼던 것을 후세에서는 가볍게 여겼으며, 또한 선왕들께서 뒤의 일로 생각했던 것을 후세에 와서는 오히려 먼저 꾀하였으니, 백성들이 어찌 삼대의 시대를 다행스럽게 살아갈 수 있겠습니까.

臣按: 成周設廩人之職, 以歲之豊歉計國之用度, 知其足與不足之數以告之於上, 年適豊雖粒米狼戾不使侈於有餘, 年適凶雖饑饉饉薦臻不使苦於不足, 所以然者, 以有治之之法豫爲之防也. 然其所以專爲之計·豫爲之治者, 必以民食爲本. 蓋君以養民爲職, 人君所以儲財·積穀, 凡以爲民而已, 所謂匪頒·賙賜·稍食, 豈直爲己哉? 故必於一歲之中·逐郡之內, 因其年歲之上下計其民數之多寡, 每口月食其穀幾何·每年口食其數幾何, 若其數不足夫下年之食, 則令移民之不足以就粟之有餘, 具其數·原其故以詔告於王, 曰凶年邦用不足, 凡事皆宜從減省. 然臣於是知三代盛王設官分職·積財備用, 無非以爲民也. 後世之所儲峙者專以爲宮禁之用·官府之用·兵衛之用·邊鄙之用, 而所以爲民者, 特於此數用之外, 而別有所謂常平·義社之倉, 僅千百之一二耳. 吁, 先王之所

---

14 상평창(常平倉): 나라에서 물가 조절을 위해 곡식이나 물자를 사들여 보관하는 창고로서, 비쌀 때는 물자를 방출하여 가격을 내리고, 가격이 내릴 때는 물자를 높은 가격으로 사들인다.

15 의사창(義社倉): 생계가 어려운 사람들을 위해 나라에서 물자를 저장해 두었다가 이들을 대상으로 값싼 이자로 대여해 준다.

重後世之所輕, 先王之所後後世之所先, 民何幸而生三代之時哉.

　창인(倉人)은 들어온 곡식을 저장하는 것을 관장하여, 구곡(九穀)을 통해 나라의 비용에 대비하는데, 만약에 곡식이 부족하면 법에 규정된 것을 줄이고【지(止)는 삭감하다[殺]이다. 지여법용(止餘法用)이란, 법식에 써야 할 바에 부족함이 있으면 삭감하고, 남는 재물이 있기를 기다린 뒤에 쓴다는 말이다.】, 재물이 남으면 이를 저장하여 흉년에 대비했다가 이를 푼다.[16]

倉人掌粟入之藏, 辨九穀之物以待邦用, 若穀不足, 則止餘法用【止, 殺也. 止餘法用者, 謂法式所當用者有不足則殺之, 待有餘財而後用之】, 有餘則藏之以待凶而頒之.

　정현(鄭玄)[17]이 말하였다.
　"구곡(九穀)을 모두 보관하는데, 주로 속(粟: 곡식의 총칭)을 위주로 한다."

鄭玄曰: "九穀盡藏焉, 以粟爲主."

16　창인(倉人)은 … 푼다:《주례》〈지관(地官)〉에 나온다.
17　정현(鄭玄):《대학연의보》권20 주) 16 참조.

오징(吳澂)[18]이 말하였다.

"늠(廩)은 저장하는 것을 위주로 하고, 창(倉)은 이를 푸는 것을 위주로 한다."

吳澂曰: "廩主藏, 倉主散也."

신은 이렇게 생각합니다. 주나라는 창인(倉人)과 늠인(廩人)의 관직을 설치하여, 늠인은 거둬들인 구곡(九穀)의 총량을 관장하고 창인은 거둬들인 구곡의 물품을 나라의 경비로 지급합니다. 이른바 곡식이라는 것은 모두 아홉 가지로, 이것이 들어오면 그 총량을 관리하고, 이것을 지급할 때는 거둬들인 물품으로 처리하는데, 이때 거둬들인 수량도 같지 않을 뿐 아니라, 그 물자를 지급하는 것 또한 동일하지 않습니다. 그런데 후세에서 이른바 곡식이라고 하는 것은 단지 서너 가지 뿐이었고, 강남의 경우는 오직 벼뿐이었으며, 황하의 북쪽의 경우는 조와 보리와 콩 등 세 가지가 있었고, 수도의 창고에는 콩과 보리에 그쳤고 그 밖의 군(郡)에서는 역시 곡식이 적었습니다.

무릇 옛날에는 거둬들인 곡식을 저장하는 것이 비단 한 가지 곡식만이 아니었으니, 이는 대개 옛날 사람들은 토지에 적합한 여러 가지 곡식을 함께 섞어 심어 가뭄과 홍수에 대비하였기 때문입니다. 이에

---

18 오징(吳澄, 1249~1333): 원나라의 유학자로, 강서(江西) 숭인(崇仁) 출신이다. 자(字)는 유청(幼淸), 호(號)는 초려(草廬)이다. 그는 주자(朱子)와 육구연(陸九淵)의 학문을 조화하는 '주육절충론(朱陸折衷論)'을 주장하였다. 저서로는 《오경찬언(五經纂言)》, 《초려정어(草廬精語)》, 《도덕경주(道德經注)》, 《서찬언(書纂言)》, 《역찬언(易纂言)》 등이 있다.

따라 여러 가지 곡식은 이것이 익을 때 그 수확에 따라 세금의 많고 적음을 선택했기 때문에, 후세에서처럼 각기 한 가지 곡식만을 부(賦)로 삼지 않았습니다. 다른 곡식은 남아돌아도 수취하지 않아서 백성에게 전적으로 수취하였지만 관(官)에 모아 놓은 곡식은 늘 부족하였습니다.

어리석은 신이 생각하기에, 오늘날 백성에게 거둬들이는 세금은, 강남의 부(賦)를 해마다 경창(京倉)으로 운송하여 채우는 것 외에, 모든 북방 지역에서 거둬들인 부는 곡식, 보리, 기장과 콩 등 종류를 가리지 말고 매년 쓸 것을 모두 량(糧)으로 하여 하나같이 이를 시가(時價)를 기준으로 삼고, 원래 세액을 곡식으로 납부하는 사람은 이를 당시의 가치로 계산하도록 해야 합니다. 예를 들면, 조의 경우는 6백 문(文), 콩은 3백 문의 가치로 계산하는데, 이는 곧 콩 2 섬이 조 1섬에 준하게 되는 셈입니다. 이처럼 다른 것들도 이와 같이 하여 매년 부패하기 쉬운 것부터 먼저 지출하되, 이 역시 해당 곡식의 당시 가치에 따라 때로는 많이 때로는 적게 지급하도록 합니다. 여러 곡식 중에서 조는 내구성이 좋기 때문에 땅을 판 지하 골방에 이를 보관하면 10년을 넘길 수 있으니【땅을 파고 보관한다는 말은, 수나라 사람들은 낙구[洛口: 일명 흥락창(興洛倉)이라고 하는데, 지금의 하남성 정주(鄭州) 부근에 땅을 파고 설치한 양창(糧)이다.]에 3천 3백 개의 굴방을 파서 조 8천을 수용하였으니, 이것이 바로 옛사람이 조를 굴방에 저장한 예이다.】, 별도의 창고를 만들어 이를 보관해 두었다가 잡곡이 거의 없어지고 난 다음에 이를 방출합니다. 늠인과 같은 직책은 무신(武臣)의 집안 가운데 회계에 뛰어난 사람을 택하여 그 직을 주었으며 대체로 이들은 오랫동안 봉직하였는데, 이는 자격 심사를 고려하지 않았기 때문입니다.

만일 신이 드린 말씀 중에서 수용할 만한 것이 있다면, 유사(有司)에서 이를 참작하여 시행하도록 하셔서 백성을 편리하게 하며 나라를 풍족하게 하는 데 한 가지라도 이득이 되길 바랍니다. 이 때문에 신은 일찍이 《주례》라는 책을 두루 검토한 적이 있었는데, 이 책이야말로 진실로 주공(周公)이 태평을 이루게 한 법전이었습니다. 여기에는 이재(理財)에 관한 법도가 대부분이고, 쓰는 경비를 관리하는 권한은 대신들에게 맡겼으니, 태재를 두어 지출을 관리하도록 하고, 사도(司徒)를 두어 수입을 관리하도록 하였습니다. 이에 소속되는 관리들을 두었는데, 태재에 속하는 것이 특히 상세하였습니다. 예컨대, 직내(職內)를 두어 그 수입을 회계하고 직세(職歲)를 두어 지출을 회계하며, 직폐(職幣)를 두어 그 나머지 재물에 대한 회계를 담당하게 하였습니다. 이들의 중요한 핵심 사안에 대해서는 사회(司會)를 통해 이를 총괄하게 하였고, 사서(司書)를 통해 이를 관장하게 하되, 이때 이들이 참고하고 대조하여 검토하는 사항은 하루에 필요한 주요 경비, 매월 이루어진 수입과 지출 결과, 매해의 수입과 지출의 회계 등이었습니다.

무릇 사도(司徒)의 소속 관리에는 이른바 천부(泉府)·늠인(廩人)·사인(舍人)·창인(倉人) 등의 관리가 있었는데, 이들을 통해 재물을 나누어 지키거나 또는 재정 경비를 거두기도 하였습니다. 이처럼 옛날 성군(聖君)과 어진 재상이야말로 진실로 수고로운 것이니, 이를 위해 어찌 수고롭고 번거로움을 마다하겠습니까? 대개 재정의 유무는 나라의 빈부와 백성의 휴척(休戚), 그리고 병력의 강약, 세상의 치난(治亂)과 직결되는 것이니, 이야말로 군주가 세상을 다스리는 데 필요한 큰 쓰임이자, 대신(大臣)들이 경국(經國)하는 데 필요한 핵심적인 일인데, 나라를 관리하고 다스리는 기본 핵심을 살펴보면 세 가지가 있습니다. 즉 재물을 생기게 하는 데는 그 도리[道]가 있고, 재물을 거두어들이는 것에는 정의가 있으며, 재물을 쓰는 데에도 예법이 있습니다.

선유(先儒)는 생각하기를, 구량(九兩)【구량(九兩)은 첫째 목(牧), 둘째 장(長), 셋째 사(師), 넷째 유(儒), 다섯째 종(宗), 여섯째 주(主), 일곱째 리(吏), 여덟째 우(友), 아홉째 수(藪)이다.】과 관련된 것부터 백성의 업(業)을 정하고, 9직(九職)【9직(九職)은 첫째 삼농(三農: 고원·평지·저지 등에서 경작에 종사하는 직책), 둘째 원포(園圃: 정원이나 과수원에서 과일이나 야채 경작에 종사하는 직책), 셋째 우형(虞衡: 산택을 관리하는 일에 종사하는 직책), 넷째 수목(藪牧: 조류나 짐승 등 목축에 종사하는 직책), 다섯째 백공(百工: 여러 가지 용기를 제작하는 일에 종사하는 직책), 여섯째 상고(商賈: 상업에 종사하는 직책), 일곱째 빈부(嬪婦: 부녀자들이 생사나 베 등을 가공하는 일에 종사하는 직책), 여덟째 신첩(臣妾: 노비가 잡일에 종사하는 직책), 아홉째 한민(閒民: 일정한 직업이 없는 사람들을 잡일에 종사하게 하여 노동으로 먹고사는 직책) 등이다.】에게 맡겨 이들의 생계를 넉넉하게 하였으니, 아무리 일상 직업이 없는 사람이라 하더라도 오히려 옮겨 일을 맡게 하여 노동을 통해 먹고살게 하였고, 이 모두는 재물을 생기게 하는 일이라는 것입니다. 재물이 풍족하게 한 후에 9부(九賦)의 법을 제정하여 수취하되, 세금의 경중(輕重)과 다과(多寡), 지역의 내외(內外)와 원근(遠近) 등을 모두 참작하여 중도의 제도로 삼았으며 조금도 지나침이 없게 합니다. 또한 9식(九式)의 법을 제정하여 적용하되, 제사(祭祀)와 빈객(賓客)의 경비에서부터 잔치에 이르기까지 아울러 골고루 절용합니다.

무릇 도리로 재물을 생기게 하고 정의로 재물을 거둬들이며 예로써 재물을 사용한 후에야 천하를 복종하게 합니다. 그러니 제후들이 감히 스스로 와서 바치지 않을 수 없었고 나라의 경비는 통제할 수 있기 때문에 9공(九貢)을 또한 다음으로 시행할 수 있습니다. 이렇게 볼 때, 《주례》의 경제(經制) 법도는 정의가 아니면 거두지 않고 수취한 것은 모두 천리(天理)의 정당함에 부합하며, 예(禮)가 아니면 쓰지 않고 이를 사용할 때 하나라도 군주 자신의 사사로움을 위해 쓰지 않는 것입니다. 정의로 이익을 삼고 예로 욕구를 통제하니, 만세토록 백성을 편안하게 하고 국용에 넉넉한 항상된 원칙이고 대도(大道)가 진실로 이 책을 벗어나지 않습니다.

왕망(王莽)[19]과 같은 사람은 《주례》를 빙자하여 천하에 화를 미치게 하였고, 왕안석(王安石)[20]은 이 책을 도용하여 나라의 명운을 재촉하였으니, 이들은 모두 《주례》의 죄인입니다. 공자가 말씀하기를, "어떤 일을 시행하고자 한다면 그 법도는 곧 주공(周公)의 저술인 《주례》에 있다."[21]라고 하셨으며, 왕통(王通)이 또한 말하기를, "만약에 나를 등용한다면 《주례》를 가지고 가겠다."라고 했던[22] 것처럼, 후세의 군자

---

19 왕망(王莽): 자는 거군(巨君)으로, 전한(前漢) 애제(哀帝)가 후사도 없이 사망하고 태후 효원(孝元) 왕후가 섭정하자, 그의 조카인 왕망이 득세하면서, 신(新)나라를 건국하였다. 그는 《주례》를 근거로 정전제를 회복한다는 구실로 왕전제(王田制)를 시행하는 등 군주 중심 체제로 바꾸었다.

20 왕안석(王安石, 1021~1086): 강서(江西) 임천(臨川) 출신으로, 자는 개보(介甫), 호는 임천(臨川)이다. 그는 송나라 신종(神宗) 때에 참지정사(參知政事)로 신법을 시행하였다. 신법은 중소 농민이나 상인들에게 물자를 싼 이자로 대여해 주어 여기서 나오는 이자를 국방비로 충당하는 등 나라의 재정을 확보하는 데 효과를 거두었다. 그러나 지나치게 중앙집권적이고 강제적인 방안을 채택하고 있다는 점에서 비판을 받았다. 저서로는 《왕임천집(王臨川集)》, 《임천집습유(臨川集拾遺)》 등이 있다.

21 어떤 … 있다: 《춘추좌씨전》 애공(哀公) 11년에 나온다.

22 왕통(王通)이 … 했던: 이 말은 《중설(中說)》 권8에 나온다. 왕통(584?~617)은 수나라 유학자로, 산서(山西) 강주[絳州: 지금의 만영현(萬榮縣)] 출신이다. 자는 중엄(仲淹), 시호는 문중자(文中子)이다. 그는 원래 환관 자손으로, 왕씨 가학인 《중설(中說)》을 이어 《중설문중자(中說文中子)》를 저술하였다. 그는 성인들의 경전을 모방하여 '성인(聖人)'으로 자처하면서, 《왕씨6경

들 가운데 나라를 위하고 백성을 위하는 데 뜻을 두고 있다면, 마땅히 여기에 담긴 마음을 살펴봐야 할 것입니다.

臣按: 成周之時設爲倉廩之官, 廩人掌九穀之數, 倉人辨九穀之物. 所謂穀者凡有九焉, 入則掌其數, 出則辨其物, 數之入也不一, 物之出也不同. 後世所謂穀者不過三四品而已, 江南止於一稻, 江以北有粟 · 有麥 · 有豆三者, 然豆 · 麥止於京儲, 外郡亦少焉. 夫古之所儲非止一穀, 蓋古人因其土宜雜種百穀以備旱潦, 穀有多種, 隨其所成熟, 而取舍多寡焉, 非若後世各以一穀爲賦, 他穀雖狼戾不取也. 是以取之於民者專, 而聚之於官者恒不足. 臣愚以爲, 今日之取於民者, 除江南歲運實京倉者外, 凡北方之賦無問粟 · 麥 · 黍 · 豆之類, 隨年所有皆用爲糧, 一以時價爲準, 原額輸粟者估以時直, 如粟直六百文 · 豆直三百則以二石準一石焉. 他皆放此, 每年支散先其易腐者, 亦準粟價而給之以或多或寡, 諸穀之中惟粟爲耐久, 地窖藏之可逾十年【隋人於洛口穿窖三千三百, 窖容八千, 此古人窖粟之驗】, 宜別設倉儲之, 必待雜穀盡絕然後發之. 若其廩人之職, 擇武臣中之家計優足者授之, 蓋久其任, 武臣不計資考故也. 萬一臣言有可采者, 乞下有司參酌行之, 是亦便民足國之一得也. 臣嘗因是而通考《周禮》一書, 誠周公致太平之典也. 其間理財之法居多, 而其制用之柄則付之大臣, 有太宰以制其出, 有司徒以制其入, 而其官屬之置於太宰者尤爲詳焉. 有職內以會其入, 有職歲以會其出, 有職幣以會其餘, 而其大要則總之以司會, 則掌之以司書, 其所以參校鉤稽之者,

《王氏六經》을 저술하였다고 전해지고 있다. 당 태종의 현상(賢相)으로 알려진 위징(魏徵)은 그의 제자이다.

日有日要·月有月成·歲有歲會. 若夫司徒之屬, 則又有所謂泉府·廩人·舍人·倉人者焉, 或以分其財守, 或以取其財用, 豈古昔聖君賢輔固屑屑然爲是不憚煩哉? 蓋以財之有無, 國之貧富·民之休戚·兵之強弱·世之治亂係焉, 是固人君治世之大用, 而大臣經國之要務也, 原其所以經治之大要有三焉, 生財有道·取財有義·用財有禮而已. 先儒謂自其係之九兩【一曰牧, 二曰長, 三曰師, 四曰儒, 五曰宗, 六曰主, 七曰吏, 八曰友, 九曰藪】以定其業, 任之九職【一曰三農, 二曰園圃, 三曰虞衡, 四曰藪牧, 五曰百工, 六曰商賈, 七曰嬪婦, 八曰臣妾, 九曰閒民轉移執事】以厚其生, 雖無常職者, 猶使之轉移執事以食其力, 凡此皆生其財者也. 財足矣然後制九賦之法以取之, 輕重多寡·內外遠近皆酌以爲中制, 而無一毫之過焉, 而又制爲九式之法以用之, 自祭祀·賓客以至好用, 又從而均節之焉. 夫有道以生財, 有義以取財, 有禮以用財, 然後有以服天下, 則諸侯莫敢不來享, 而邦國之用可得而制矣, 故九貢又次之. 由是觀之, 則知《周禮》經制之法非義不取, 而所取者皆合乎天理之正; 非禮不用, 而所用者不爲乎一己之私. 以義爲利·以禮制欲, 萬世安民生·裕國用之常經大道誠不出乎是書. 若王莽假之以禍天下, 王安石竊之以促國脈, 皆《周禮》之罪人也. 孔子曰: "若欲行而法, 則周公之典在," 王通亦曰: "如有用我, 執此以往," 後世君子有誌於爲國爲民者, 宜究心焉.

《시경》【시(詩)는《시경》의〈소아(小雅) 보전(甫田)〉이다.】에서 말하였다.

아득히 뻗은【탁(倬)은 탁 트인 모습[明貌]이다.】 저 큰【보(甫)는 크다[大]이다.】 밭에서 해마다 많은 추수를 거두었네【십천(十千)은 1만 무(畝)에서 나오는 수확이다.】.

먹고 남은 묵은 곡식【진(陳)은 묵은 곡식이다.】으로 우리들의 농민들을 먹여
왔으니, 예로부터 풍년【유년(有年)은 풍년(豊年)이다.】이라네.

《詩》曰【〈小雅·甫田〉之篇】倬【明貌】彼甫【大也】田, 歲取十千【萬畝之入也】. 我取
其陳【舊粟也】, 食我農人, 自古有年【豊年也】.

주희가 말하였다.

"《시경》의 말은 이 큰 밭에서 많은 추수를 거둬 녹읍으로 삼았으
며, 또한 이를 오랫동안 쌓아 남음이 있었고, 또한 새롭게 거둔 추수
를 남겨 두고 묵은 곡식을 풀어 농민들을 먹고살게 함으로써, 이들의
부족한 것을 보충하고 지급되지 않은 것을 보완하였다는 것이다. 대
개 옛날부터 풍년이 들면 이렇게 거둬들인 곡식이 계속해서 남게 되
어 이와 같이 쌓여 가게 마련이다. 그렇지만 사용의 절제 또한 사의
에 합당하고 이처럼 두서가 있었으므로 비록 거둔 곡식이 아주 많다
하더라도 붉게 썩어 먹을 수 없게 되는 걱정은 없었다."

朱熹曰: "詩言於此大田歲取萬畝之入以爲祿食, 及其積之久而有餘, 則
又存其新而散其舊以食農人, 補不足助不給也. 蓋以自古有年, 是以陳
陳相因, 所積如此. 然其用之之節又合宜而有序如此, 所以粟雖甚多而
無紅腐不可食之患也."

사방득(謝枋得)이 말하였다.[23]

　"민생은 그 명이 삼대 이전에는 군주에게 통제되었고, 삼대 이후에는 그 명이 하늘에게 통제되었으니, 나는 이 명을 통제하는 도리에 대해 탐구하고자 한다. 백성에게 수취하는 것은 항상 적고, 백성에게 주는 것은 늘 많으며, 거두고 푸는 것이 사의에 맞고 풍년과 흉년에 대비가 있었으며, 새 곡식은 곧 거두어 창고에 넣고, 묵은 것은 곧 가져와 농민을 먹였으니, 부족한 것은 보충하고 가난한 자를 도와주는 것이 모두 묵은 곡식으로 한 것이다. 옛날부터 지금까지 어찌 홍수와 가뭄, 서리와 메뚜기의 피해가 없었겠는가만, 우리 백성이 늘 풍년인 것 같았던 것은 군주가 거둬들이고 풀어서 지급하는 것을 그 도리에 맞게 했기 때문이다."

> 謝枋得曰: "民生於三代之前其命制乎君, 民生於三代之後其命制乎天, 吾求其所以制命之道矣. 取民常少與民常多, 斂散得宜, 豊凶有備, 新者方收入廩, 陳者卽取以食農人, 補不足・助不給皆取其陳者也, 從古以來豈無水旱霜蝗, 吾民常如有年者, 上之人斂散得其道也."

23　사방득(謝枋得)이 말하였다: 이 말은 《첩산집(疊山集)》 권2 〈송방백재귀삼산서(送方伯載歸三山序)〉에 나온다. 사방득(1226~1289)은 남송(南宋) 말기의 문신으로, 신주(信州) 익양(弋陽) 출신이다. 자는 군직(君直), 호는 첩산(疊山)으로, 당시 가사도(賈似道)의 정치를 비판하는 문제를 과거 시제(試題)로 출제하여 유배되었고, 남송이 망하자 의병을 일으켜 회복을 도모하기도 했다. 원나라 조정에서 여러 차례 출사(出仕)할 것을 권했으나 응하지 않다가, 마침내 세조(世祖) 때에는 그를 강제로 입경하도록 하였지만 굴복하지 않고 단식하다가 죽었다. 시호를 문절(文節)이라 하였다. 저서로는 《문장궤범(文章軌範)》, 《첩산집(疊山集)》 등이 있다.

신은 이렇게 생각합니다. 《시경》〈보전(甫田)〉에서 비록 공경(公卿)이 녹읍을 가지고 있어서 여기에서 힘써 농사를 지어 황실의 제사에 봉양했다는 뜻을 설명하고 있지만, 이 장의 처음 다섯 구절은 실로 주나라가 번창하던 시기에는 백성에게 세금을 의롭게 거둬들였다는 사실과 백성을 쓸 때 어질었다는 사실을 보여 주고 있습니다. 또한 수취한 것을 사용하는 데에도 그 도리에 합당하게 하고 이를 풀어서 지급하는 것 역시 순서가 있어서, 위로는 늘 하늘이 내린 풍년이 들게 하고, 아래로는 또한 쓸데없이 곡물을 버리지 않게 되었습니다.

사방득(謝枋得)이 "삼대 이전에는 백성의 명이 군주에게 달려 있었고, 삼대 이후에는 백성의 명이 하늘에 달려 있었다."라고 한 것은 더욱 지극히 절실한 말입니다. 군주는 하늘의 명을 받아 백성을 위해 이를 맡아야 하는데, 어찌 백성의 생명을 오히려 하늘에 맡기고 이를 관리하는 것을 생각하지 않을 수 있겠습니까. 자신이 관리하려면 어떻게 해야 하겠습니까? 대체로 백성은 먹는 것으로 명을 삼고 재화에 의지하여 살아가니, 이들이 먹을 것이 풍족하면 이것이 생명을 이어가는 것입니다.

臣按:《甫田》之詩雖是述公卿有田祿者力於農事以奉祭祀之意, 章首五句實有以見夫成周盛時取民之義, 而用民之仁, 用之旣合其宜, 散之又有其序, 上有以致天之常稔, 下不至棄物於無用. 謝枋得所謂 "三代以上制民之命在君, 三代以下制民之命在天" 尤爲切至, 人君受天命以爲生民主, 烏可付民命於天, 而不思所以制之於己哉? 制之以己者奈何? 蓋民以食爲命, 資貨以生, 足其食用, 則是延其生命也.

백규(白圭)가 묻기를, "나는 1/20을 거두려고 하는데 어떻습니까?"라고
하니, 맹자가 말하기를, "당신의 방안은 오랑캐[貊]【맥(貊)은 북방 오랑캐의 나
라 이름이다.】의 방안이다. 요순 시대의 도리보다 세금을 더 가볍게 거두는
것은 대맥(大貊) 또는 소맥(小貊)이라고 하고, 요순 시대의 도리보다 많이
세금을 거두려고 하는 것은 대걸(大桀) 또는 소걸(小桀)이라고 한다."라고
하였다.[24]

> 白圭曰: "吾欲二十而取一, 何如?"孟子曰: "子之道, 貊道也【貊, 北方夷狄之
> 國名】. 欲輕之於堯舜之道者大貊·小貊也, 欲重之於堯舜之道者大桀·小
> 桀也."

주희가 말하였다.

"1/10을 과세하는 것은 요순 시대의 도리이다. 그러므로 이보다 많
은 것을 '걸(桀)'이라고 하고 이보다 적은 것을 '맥(貊)'이라고 한다. 그
런데 오늘날 이를 더 무겁게 하거나 가볍게 하는 것은 곧 '소맥(小貊)'
이거나 '소걸(小桀)'에 해당할 뿐이다."

> 朱熹曰: "什一而稅, 堯舜之道也. 多則桀, 寡則貊. 今欲重輕之, 則是小
> 貊·小桀而已."

---

24 백규가 … 하였다:《맹자》〈고자 상(告子上)〉에 나온다.

호굉(胡宏)[25]이 말하였다.

"《주역》〈설괘(說卦)〉에, '절제로 법도로 삼고, 반드시 먼저 중정(中正)을 말함으로써 통해야 한다.'라고 하였다. 대개 요순임금의 원칙은 중정일 뿐이고, 무겁게 징수하는 것이나 가볍게 징수하는 것 모두 중용이 아니니, 오랑캐에서 시행할 수 있지만 천하에 적용할 수 없고, 일시적으로 시행할 수 있지만 만세토록 시행할 수는 없다."

> 胡宏曰: "《易》曰: '節以制度, 必先言中正以通.' 蓋堯舜之道中正而已, 重之輕之皆非中也, 可行於夷狄, 不可通於天下; 可行於一時, 不可行行於萬世."

신은 이렇게 생각합니다. 군주가 백성에게 거두는 것은 진실로 지나치게 부과할 수 없고 또한 모자라게 할 수도 없으니, 맹자의 이 말씀을 통해 볼 때, 군주가 백성에게 지나치게 많이 거두는 것은 중정(中正)이 결코 아니며, 적게 거두는 것 또한 중정이라고 할 수 없습니다. 비록 너무 많이 거두는 것보다 차라리 모자라게 거두는 것이 낫다고 여겨, 만약 나라가 큰일이 없고 창고가 가득 차 있으면 때로 조서를 내려 이를 감면하였으니, 한 문제가 1/30을 세금으로 부과하고 지대를 거의 없앴던 것과 같이, 군자들 또한 이를 결코 잘못된 것이라고

---

25 호굉(胡宏, 1102~1161): 송나라 유학자로, 복건(福建) 숭안(崇安) 출신이다. 자는 인중(仁仲), 호는 오봉(五峰)이다. 호안국(胡安國)의 막내아들로 호상학파(湖湘學派)의 창시자이다. 그의 대표적인 저서로는 《지언(知言)》, 《황왕대비(皇王大紀)》, 《역외전(易外傳)》 등이 있다.

여기지 않았습니다.

臣按: 上之取於下固不可太過, 亦不可不及, 觀孟子此言, 則知人君過
取於民固非中正之道, 而寡取之亦不得爲中正也. 雖然與其過也寧不
及, 苟國家無事·倉廩充刃, 或時下詔減除, 若漢文帝之三十稅一·盡除
田租, 君子亦不以爲非也.

맹자가 말하였다.[26]

"세금에는 삼베와 실의 징수, 곡식의 징수, 노동력의 징발이 있는데,
군자는 그중에서 한 가지를 적용하고 나머지 두 가지는 일시적으로 폐지
하여 준다. 그중 두 가지를 적용하면【용기이(用其二)는 일시에 두 가지를 아울러
적용한다는 말이다.】백성 가운데 굶어 죽는 사람이 생기고, 세 가지를 모두
적용하면【용기삼(用其三)은 일시에 세 가지를 아울러 적용한다는 말이다.】아버지와
아들이 흩어진다."

孟子曰: "有布縷之征·粟米之征·力役之征, 君子用其一緩其二, 用其二【一
時並用二端也】而民有殍, 用其三【一時並用三端也】而父子離."

윤순(尹淳)[27]이 《맹자해(孟子解)》에서 말하였다.

―――――
26 맹자가 말하였다: 《맹자》〈진심 하(盡心下)〉에 나온다.
27 윤순(尹淳): 북송말 남송초의 유학자로, 화정학파(和靖學派)의 창시자이다. 대표적인 저서로

"백성은 나라의 근본이니, 수취에 한도가 없으면 그 나라가 위험해진다."

> 尹焞曰: "民爲邦本, 取之無度則其國危矣."

주희가 말하였다.

"세금을 징수하는 법은 해마다 일정한 수량이 있지만, 베와 실은 여름에 거둬들이고 곡식은 가을에 거둬들이며 노동력은 겨울에 징발함으로써, 마땅히 각각 그 계절에 맞게 해야 한다. 따라서 만약 이를 아울러 수취하면 백성의 능력은 이를 감당하지 못하게 되니, 지금 양세삼한의 법[28] 또한 이러한 취지이다."

> 朱熹曰: "征賦之法歲有常數, 然布縷取之於夏·粟米取之於秋·力役取之於冬, 當各以其時. 若並取之則民力有所不堪矣, 今兩稅三限之法亦此意也."

신은 이렇게 생각합니다. 옛날부터 백성에게서 세금을 거둬들이는 항목에는 두 가지가 있으며, 최대한 세 가지로 제한하였습니다. 따라

는 《논어해(論語解)》, 《맹자해(孟子解)》, 《문인문답(門人問答)》, 《화정집(和靖集)》 등이 있다.

28 양세삼한의 법: 양세는 하세(夏稅)와 추세(秋稅)를 이르고, 삼한은 여름·가을·겨울의 세 철에 거두는 것을 말한다.

서 당나라에서는 양세법이 있고 송나라에서는 세 가지로 제한하였는데, 이들 역시 이러한 취지였습니다. 그런데 그 명칭은 비록 옛날과 같지만 실제에 있어서는 다릅니다. 우리 명나라의 하세(夏稅)는 5월 초부터 창고를 열어 7월 말까지 모두 거둬서 이를 채우고, 추량(秋糧)은 10월 초부터 창고를 열어 12월 말까지 모두 거둬서 채웠는데, 이는 대개 옛날 사람들이 기간을 정한 취지를 살린 것입니다. 다만 백성의 노동력을 징발하는 것에 대해서는 정해진 제도가 없었을 뿐 아니라, 기한 또한 제한하지 않았습니다.

한나라는 진나라의 제도를 계승하여 정구(丁口)에 대한 부(賦)가 있었고, 당나라에서는 가(家)가 있으면 조(調: 특산물의 징세)를 징수하였으며, 백성 가운데 역을 담당하지 않는 사람에게는 일당으로 계산한 비단[絹]을 내게 하였습니다. 또한 송나라에서는 장정이 있으면 정견(丁絹: 장정에게 부과하는 비단)과 정염(丁鹽: 장정에게 부과하는 소금) 등에 해당하는 전(錢)을 부과하였는데, 우리 명나라에서는 이러한 것 모두가 없었고, 단지 이른바 호구(戶口)가 먹는 소금에 해당하는 초(鈔)를 부과했을 뿐이었습니다.

이는 대체로 일당으로 계산한 돈[錢]을 내도록 하여 이에 해당하는 것을 소금으로 보상하였기 때문에, 결코 공짜로 거둬들인 것이 아니었습니다. 그런데 유사(有司)가 이를 잘 받들어 시행하지 못함에 따라, 근래는 옛날과 같이 초(鈔)를 징수하여 백성이 소금을 먹을 수 있는 사람이 적게 되었으니, 이는 육지(陸贄)가 말하는 당시의 폐단이지 결코 법제의 폐단이 아닙니다. 따라서 이를 다시 일으켜 시행하면 백성은 실질적인 혜택을 받게 될 것입니다.

臣按: 自古征取於民者其目有二·其限有三, 唐有兩稅·宋有三限亦此意, 但其名雖同於古, 而其實則異爾. 我朝夏稅以五月望開倉, 而七月終齊足; 秋糧以十月朔開倉, 而十二月終齊足. 蓋得古人期限之意, 惟所謂力役之征則無定制亦無定限焉. 夫漢承秦制, 有丁口之賦, 唐有家調, 民不役者計日出絹, 宋有身丁絹及丁鹽等錢. 我朝皆無之, 惟所謂戶口食鹽鈔, 蓋計日出錢而償之以鹽, 非空取也. 但有司失於奉行, 近日征鈔如舊, 而民得鹽食者蓋鮮矣, 陸贄所謂此時弊非法弊也, 振擧之則民受實惠矣.

이상은 경제의 정의(상)이다.

以上經制之義(上)

대학연의보

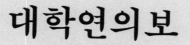

(大學衍義補)

——

권24

나라의 경비를 관리함[制國用]

경제의 정의(하) [經制之義(下)]

한나라 가산(賈山)이 《지언(至言)》에서 말하였다.[1]

"옛날 주나라는 대체로 1,800개의 나라가 있었는데, 9주의 백성들이 이들 1,800나라의 군주를 부양하였으나, 백성의 역을 징발하는 것은 3일에 불과하고 또한 1/10을 징수하였지만 군주는 남는 재물이 있었고, 백성의 힘이 남아서 이를 칭송하는 목소리가 일어났다. 진나라 시황제는 이 1,800개 나라의 백성으로 자신을 부양하게 하였는데, 백성의 힘이 피폐하여【罷는 피(疲)로 읽는다.】그 부역을 감당할 수 없었고 재물이 바닥 나서 요구를 감당할 수 없었으니, 군주 한 사람의 일신 뿐이지만 스스로 부양하는 자는 말 타고 사냥하는 오락조차 천하가 제공할 수 없었다."

漢賈山作《至言》曰: "昔者周蓋千八百國, 以九州之民養千八百國之君, 用民之力歲不過三日, 什一而藉, 君有餘財·民有餘力而頌聲作. 秦始皇以

1　가산(賈山)이 … 말하였다: 가산은 한 문제 원년(기원전 179) 전후에 살았던 것으로 추정되며, 영천(潁川) 사람이다. 문제에게 나라의 치란(治亂)의 도리를 비유적으로 설명한 저서인 《지언(至言)》만이 《한서》 권51 〈가추매로전(賈鄒枚路傳)〉에 전한다.

千八百國之民自養, 力罷【讀曰疲】不能勝其役, 財盡不能勝其求, 一君之身耳, 所以自養者, 馳騁弋獵之虞, 天下弗能供也."

신은 이렇게 생각합니다. 하늘은 천하 백성의 힘과 재물로써 한 사람을 받들어 군주로 삼은 것은 결코 사사로움을 위한 것이 아니라, 군주에 의지하여 백성을 다스리고 교화하며 양육하는 데 있습니다. 그러므로 군주가 된 사람은 천하의 명을 받들어야 함에도 불구하고 백성의 힘을 소진시키고 이들의 재물을 고갈시키면서 자신의 일신을 봉양하는 것에만 힘써서 백성을 불쌍히 여기지 않는다면, 이를 어찌 하늘이 군주를 세운 뜻이라 하겠습니까.

진나라 시황제는 1,800개 나라의 백성으로 자신을 봉양하게 하고 말 타고 사냥하는 오락을 일삼아, 백성의 힘이 소진되고 재물도 거의 고갈되어 더이상 제공할 수 없게 만들었습니다. 이는 하늘의 뜻에 심히 어긋나는 것으로서, 비록 망하지 않으려고 해도 어찌 가능하겠습니까.

臣按: 天以天下之民之力·之財奉一人以爲君, 非私之也, 將賴之以治之·敎之·養之也. 爲人君者受天下之奉, 乃殫其力·竭其財以自養其一身而不恤民焉, 豈天立君之意哉? 秦始皇以千八百國之民自養而爲馳騁田獵之娛, 至於力罷財盡而不能供, 違天甚矣, 雖欲不亡, 得乎?

가의(賈誼)가 한 문제에게 말하였다.[2]

"《관자(管子)》에서 말하기를, '창고가 가득 차게 되면 백성들이 예절을 알게 된다.'라고 하였으니, 백성이 부족하면서도 이들을 다스릴 수 있다는 말은 옛날부터 지금까지 들어 본 적이 없습니다. 옛사람들이 말하기를, '한 사람의 장정이 경작하지 않으면 굶게 되고, 한 사람의 부녀자가 실을 짜지 않으면 춥게 된다.'라고 하였으니, 재물이 때때로 생기게 되어도 이를 사용하는 데 법도가 없으면, 백성의 재물과 힘은 반드시 소진하게 됩니다【굴(屈)은 다하다[盡]이다.】. 옛날에 천하를 다스릴 때는 백성을 지극히 세밀하고도【섬(纖)은 세밀함이다.】 두루 살폈기 때문에, 재물을 축적하여 충분히 이에 의지할 수 있었습니다. 오늘날에는 근본이 어지러워지고 말단을 쫓게 되어, 먹는 사람은 심히 많지만 이를 생산하는 사람은 매우 적으며, 재정을 풀어【靡는 음이 미(靡)이고, 푼대[散]이다.】 지급해야 할 일은 심히 많으니, 천하의 재물과 생산이 어떻게 기울고 고갈되지 않겠습니까【축(蹙)은 기울어져 고갈되었다는 말이다.】.

한(漢)나라가 한나라답게 유지된 것은 약 40년간일 뿐이었고, 공적으로나 사적으로나 비축한 것이 애통할 만하였습니다【쌓아 둔 것이 없는 것이다.】. 농사의 시기를 놓치고 비가 오지 않아 백성들 또한 이리와 같이 눈치를 보았고, 흉년이 들어 수입이 없자 작위나 자식을 팔기【매작자(賣爵子)

---

2 가의(賈誼)가 … 말하였다: 이 말은 〈논적저소(論積貯疏)〉에 나온다. 《한서(漢書)》 권24하 〈식화지〉. 가의(기원전 200~기원전 168)는 한나라 낙양(洛陽)에서 출생하여 어릴 때부터 여러 서적을 섭렵하였고 문장으로 이름을 날렸다. 한나라 문제에게 역법(曆法)과 복색(服色)의 개정과 관직을 설치 등을 통해 중앙집권화를 주장하기도 하였다. 그저서로는 진나라의 멸망 원인을 설명한 《과진론(過秦論)》을 비롯하여, 《조굴원부(弔屈原賦)》, 《붕조부(鵬鳥賦)》, 《치안책(治安策)》 등이 있다.

는 작급(爵級)과 자식을 파는 일이다.】에 이르렀습니다. 바로 불행히 2~3천 리에 달하는 큰 가뭄이 들면 나라가 무엇으로 백성을 구휼하겠으며, 갑자기 변경이 위급하게 되면 수십 수백만에 달하는 군대를 나라가 무엇으로 먹이겠습니까?

재물을 비축하는 것은 천하의 큰 명(命)이니, 만약 곡식이 많아 재정에 남음이 있으면 무엇인들 이루지 못하겠습니까. 공격하면 취하고 지키는 것이 견고하고 싸우면 승리하여, 적국을 회유하고 먼 나라를 복속하게 하니, 누구를 부른들 오지 않겠습니까. 오늘날 백성들을 몰아 농사를 짓게 하고 모두 근본에 정착하여【착(著)은 착(着)과 같다.】, 천하가 각각 자기 힘으로 먹고 살게 하며 말단의 기술을 가지고 있거나 놀고먹는 백성들에게 이를 바꾸어 땅을 일구게 하면, 축적이 풍족해지고 백성들도 그들의 처지를 기뻐할 것입니다."

賈誼言於文帝曰: "《管子》曰: '倉廩實而知禮節.' 民不足而可治者, 自古及今未之嘗聞. 古之人曰 '一夫不耕或受之饑, 一女不織或受之寒', 生之有時而用之無度, 則物力必屈【盡也】, 古之治天下至纖【細也】至悉, 故其蓄積足恃. 今悖本而趨末, 食者甚衆, 生之者甚少, 而靡【音靡, 散也】之者甚多, 天下財産何得不蹶【傾竭也】? 漢之爲漢幾四十年矣, 公私之積猶可哀痛【言無儲積】, 失時不雨, 民且狼顧, 歲惡不入, 請賣爵子【賣爵級及子】, 卽不幸有方二三千里之旱, 國胡以相恤, 卒然邊境有急, 數十百萬之衆, 國胡以饋之? 夫積貯者天下之大命也, 苟粟多而財有餘, 何爲而不成? 以攻則取, 以守則固, 以戰則勝, 懷敵附遠, 何招而不至. 今毆民而歸之農, 皆著【與着同】於本, 使天下各食其力, 末技遊食之民, 轉而緣南畝, 則畜積足而人樂其所矣."

신은 이렇게 생각합니다. 가의(賈誼)가 한 문제(漢文帝)에게 말한 요점은, 나라를 위해서는 백성을 풍족하게 하는 것이 근본이라는 것입니다. 따라서 백성을 풍족하게 하려면 먼저 반드시 나라의 재정을 풍족하게 해야 합니다. 나라의 재정이 풍족하게 되는 까닭은 충분히 의지할 정도로 비축하였기 때문이니, 나라에서 곡식이 많으면 재정도 남게 되어 비축도 풍족하여 의지할 만하다는 것입니다. 그러므로 수재와 가뭄이 들어도 재정이 부족할 우려나 군비가 부족할 걱정거리가 없기 때문에, 나라를 튼튼하게 지켜 전쟁에서 이길 수 있고 마침내는 적을 회유하고 먼 나라도 복속시키는 등 하는 일을 모두 이룰 수 있습니다.

그렇게 되기 위해서는 말단의 기술을 가지고 있거나 놀고먹는 백성들을 몰아다가 남쪽에 있는 이랑으로 돌아가 농사에 힘쓰게 함으로써, 천하에 경작을 하지 않은 남자가 없고 실을 짜지 않은 부녀자가 한 사람도 없게 하는 것보다 더 급한 것은 없습니다. 이렇게 되면 모든 사람들은 그가 처한 바를 기뻐하며 마침내 예절을 알게 된다는 것입니다.

문제가 그의 말에 감탄하여 친히 경작하여 백성을 권면하고, 절검하여 먼저 천하의 모범을 보이니, 마침내 나라 안에 물자가 풍부하고 인구가 많아졌으며, 백성이 순박하고 인정이 두터워져 형벌을 적용할 일이 거의 없었습니다. 삼대(三代) 이래 공손하고 검소하며 너그럽고 어질다고 칭하는 군주에게는 백성들이 귀의하게 마련이니, 분명 이유가 있는 것입니다.

臣按: 賈誼告文帝, 大要言爲國以足民爲本, 而欲民之足必先足國, 國

之所以足者蓄積足恃也, 國家粟多而財有餘, 則蓄積足以恃矣. 是以水
旱不足虞, 軍旅不足憂, 守固而戰勝, 懷敵而附遠, 所爲無不成矣. 所
以然者, 莫急於驅末技遊食之民, 而歸之南畝以務農, 使天下無不耕之
夫·不織之女耳. 夫然則人樂其所, 而知禮節矣. 文帝感其言, 躬耕以勸
百姓, 節儉以爲天下先, 卒致海內富庶, 黎民醇厚, 幾致刑措, 三代以下
稱恭儉寬仁之君必歸焉, 有以也夫.

한나라 제도에 대사농(大司農)³이 있는데, 경(卿) 한 사람을 두어 전곡(錢
穀)과 금백(金帛) 등 여러 화폐를 관장하였다. 각 지방의 군(郡)과 제후국에
서는 사계절이 시작하는 첫째 달 첫날을 기준으로 전곡부(錢穀簿)에서 아
직 부족분【포(逋)는 부족분[欠]이다.】으로 완료하지 못한 것은 각기 이를 모두
구비하여 구분하고, 변방의 군의 여러 관리들이 조달하도록 계수한 것은
보고대로 지급하되, 모자라는 것이 많고 남는 것이 적으면 이를 서로 조
절하여 지급량을 충분하게 하였다. 승(丞) 한 명을 두어 황실의 재물을 주
관하도록 하였다.

漢制, 大司農, 卿一人, 掌諸錢穀金帛·諸貨幣. 郡國四時上月旦, 見錢穀簿
其逋【欠也】未畢, 各具別之, 邊郡諸官請調度者皆爲報給, 損多益寡, 取相給

3　대사농(大司農): 한나라 재정을 관장하는 관직명으로 9경(卿)의 하나이다. 나라의 재정을 관
　　장하는 관직에는 진나라의 치속내사(治粟內史)가 있었는데, 한나라 경제때에는 이를 대농
　　령(大農令)으로 개칭했다가, 한 무제에 와서 이를 다시 대사농(大司農)으로 칭하게 되었다.

足. 丞一人, 主帑藏.

소부(少府)에 경(卿) 한 명을 두어 나라 안에서 바친 여러 재물과 의복, 각종 보화와 진기한 음식물 등의 공물을 관장하며, 또한 모든 산택(山澤)과 방죽에서 거두는 세금인 금전(禁錢) 등도 관장하였다. 후한(後漢) 때부터는 이것들은 사농(司農)에 속하게 되었다. 수형도위(水衡都尉)는 상림원(上林苑)을 관장하였는데, 후한 때에는 줄여서 그 직책을 소부에 병합하였다.

少府, 卿一人, 掌中服御諸物衣服寶貨珍膳之屬, 凡山澤陂池之稅名曰禁錢皆屬焉. 後漢始以屬司農. 水衡都尉, 主上林苑, 後漢省之, 並其職於少府.

신은 이렇게 생각합니다. 무장융(毋將隆)이 한 애제(漢哀帝)에게 말하기를, "나라의 군비와 수선공사, 사업을 하는 등은 모두 대사농(大司農)의 전(錢)으로 시행하지만, 대사농에서 나오는 돈은 천자로부터 지급되는 공물【공(共)의 음은 공(貢)이다.】이 아니며, 공물로 바치는 것과 노고에 하사하는 것은 하나같이 소부(少府)에서 나온다."라고 하였습니다. 대개 본업인 농업에서 비롯된 재물을 저장한 것으로는 말단의 경비로 지급하지 않았고, 백성의 노동력을 쓸데없는 경비로 제공하지 않았으니, 이는 공(公)과 사(私)를 구별하고 올바른 길을 보여 주는 것입니다.

응소(應劭)[4]가 《한서(漢書)》의 주석에서, "현관(縣官)이 공적인 사업을 할 때에는 마땅히 사농(司農)에 의지해야 하는데, 오늘날에는 수형(水衡)의 전(錢)에서 나오는 것으로 이상한 정사를 하였다."라고 하였습니다. 이로써 볼 때, 대사농은 나라의 공공 경비를 담당하고, 소부(少府)와 수형(水衡)에 있는 것은 군주의 사사로운 비축인 것입니다. 공용으로 비축한 것은 곧 전부(田賦)의 일상적인 세량을 모은 것으로서, 군사와 나라에 필요한 수요가 아니면 사용하지 않습니다. 황제가 사사로이 비축하고 있는 것은 곧 산택(山澤)에서 나오는 여분의 수익으로서, 연회나 잔치 등 군주의 사사로운 행사에라도 여기서 사용할 수 있습니다.

그 제도는 비록 주나라와는 달랐지만, 이것의 들어오고 나가는 것에는 구분이 있었기 때문에 뒤섞여 사용함으로 인해 비용이 넘치는 경우는 없었습니다. 따라서 나라를 가진 군주는 진실로 한나라의 이 제도에 따라서 재정을 사용하는 관아를 내부와 외부의 두 부(府)로 나누되, 외부(外府)에서는 거둬들이는 일상적인 세금, 예컨대 추량(秋糧)과 하세(夏稅), 그리고 이를 량(糧)으로 환산하거나 은(銀)과 초(鈔), 비단과 베 등으로 보관하였다가 군비나 나라의 경비에 대비해야 합니다. 연말이 되면 세금을 쓰고 남은 것을 계산하여 이를 별도로 저장하는

---

4   응소(應劭): 후한(後漢) 시대 여남(汝南) 남돈[南頓: 지금의 하남성 항성(項城) 서남쪽] 사람으로, 자는 중원(仲遠)이다. 초평(初平) 4년(193)에 조조가 그를 낭야군(郎邪郡)으로 보내 부친인 조숭(曹嵩)을 연주로 모셔오게 했지만, 도중에 조숭의 전 가족이 도겸(陶謙) 수하인 장개(張闓)에게 살해되었다. 그는 달아나 위기를 면했으나 조조를 만날 면목이 없어 원소에게 의탁하였다. 《한서(漢書)》〈응봉전(應奉傳)〉에 따르면, 저서로는 《한관의(漢官儀)》, 《풍속통의(風俗通義)》 등이 있다.

곳을 마련하여 두었다가 수재나 가뭄, 전란 등 예측할 수 없는 수요에 대비하도록 합니다.

내부(內府)에서는 천하에서 나는 모든 야철장에서 부과하는 세금[坑冶]과 죄의 대가로 지불하는 환속전[贖罰], 상품 거래세[門攤] 등을 저축하여 황실의 의복과 수레, 하사품과 연회와 잔치 비용에 대비합니다. 연말이 되면 여기서 쓰고 남은 것을 계산하여 이를 별도로 저장했다가 다른 해의 부족분이나 외부에서 혹시라도 지급하지 못한 것을 보충하는 데 대비합니다. 무릇 외부에서 부족한 세금이 있으면 내부에서 이를 거둘 수 있지만, 내부는 항상 절약하여 부족하지 않게 함으로써, 재정이 부족하더라도 외부에서 이를 거둘 수 없게 하였습니다. 왜 그렇겠습니까?

군국의 수요는 결코 없을 수 없지만, 이를 뒷받침할 수단은 있을 수도 있고 또 없을 수도 있기 때문입니다. 구중궁궐에 계시는 황제께서는 재물과 세금이 모였어도 쉽게 흩어진다는 점을 진실로 유념하시어 사사로이 쓰는 일이 있더라도 반드시 그 경중(輕重)과 완급(緩急)을 잘 판단하여 쓸 것은 쓰고 버릴 것은 버리셔야 합니다. 언제나 재정의 여분을 남겨 모자라는 것에 대비하시고, 단연 군국의 저축을 사사로운 비용에 사용해서는 안 됩니다.

옛날 사람이 말하기를, "삼가하고 검소한 현명한 군주는 늘 황실의 내탕금을 희사하여 군사와 나라의 비용을 보충하였기 때문에 백성이 부유하고 나라가 번창하였지만, 음란하고 사치하며 방탕한 군주는 지극히 사치를 일삼아 외부(外府)에서 그의 이목을 즐겁게 하는 유흥 경비를 제공하였기 때문에, 재정은 고갈되고 그 백성은 원망하게 되었다."라고 하였습니다. 엎드려 바라옵건대, 군주께서는 재정 상황을 잘 판단하여 결정하시옵소서.

臣按: 毋將隆言於哀帝曰: "國家武備·繕治·造作皆度大司農錢, 大司農錢自乘輿不以給共【音貢】養, 共養·勞賜壹出少府." 蓋不以本藏給末用, 不以民力供浮費, 別公私·示正路也. 應劭注《漢書》謂縣官公作當仰司農, 今出水衡錢以爲異政. 由是觀之, 在大司農者, 國家之公用也; 在少府·水衡者, 人主之私蓄也. 公用所儲迺田賦之常數, 非軍國之需則不用; 私蓄所具乃山澤之餘利, 雖燕好之私亦可用焉. 其制雖異於周, 然出入之際有所分別, 不至混用而泛費, 有國家者誠循漢此制, 以財用之司分爲內外二府, 外府貯常賦所入, 如秋糧·夏稅及折糧·銀鈔·絹帛之屬以待軍國之用, 歲終計其用度之餘別爲貯處, 以備水旱兵火不測之需; 內府則貯凡天下坑冶·贓罰·門攤之屬以待宮室·衣車·賜予·燕好之費, 歲終則計其有餘者別儲, 以備他年之不足, 及外府或有不給則以濟之. 夫外府有不足, 則可取之於內, 內府則常爲撙節, 使不至於不足, 雖有不足亦不可取之於外, 何則? 軍國之需決不可無, 奉養之具可以有可以無故也. 九重之上誠念財賦雖聚而易散, 有所私奉必權其輕重緩急而用舍之, 每留贏餘以備匱乏, 斷不可以軍國之儲以爲私奉之用. 昔人有言恭儉賢主常捐內帑以濟軍國之用, 故民裕而其國昌; 淫侈僻王至靡外府以供耳目之娛, 故財匱而其民怨, 伏惟聖明裁擇.

한나라의 고조 때에는 장창(張蒼)이 회계의 재상이었다.

漢高祖時, 張蒼爲計相.

당나라 제도에 탁지낭중이 천하의 조세(租稅)와 물산의 풍부함과 모자람의 적절성, 길과 땅에서 나오는 이익 등을 관장하고 해마다 그 소출을 계산하여 지급하는 것을 조절하였다.

> 唐制, 度支郎中掌天下租賦物産豊約之宜 · 道塗之利, 歲計所出而支調之.

덕종(德宗) 때 이부상서 유안(劉晏)을 판탁지(判度支)로 삼았다.

> 德宗時, 以吏部尙書劉晏判度支.

송나라는 오대(五代) 시대의 제도를 이어 삼사사(三司使)를 설치하여 나라의 회계를 총괄하게 하였으니, 이를 일러 '계성(計省)'이라 하였고, 그 지위는 집정(執政)의 아래에 있었지만, 명색은 회계하는 재상이기 때문에 이에 대한 은전의 액수는 참추(參樞)[5]와 동일하였다.

> 宋沿五代之制, 置三司使以總國計, 號曰 "計省", 位亞執政, 目爲計相, 恩數與參 · 樞同.

---

5 참추(參樞): 참(參)과 추(樞)는 북송의 중앙정치기구로서, 행정의 최고 부서인 중서문하성에는 최고 장관인 재상과 부재상인 참지정사를 두었으며, 병권의 최고 부서인 추밀원에는 최고 장관으로 추밀원사와 동지원사를 두었다. 여기서 말하는 참과 추는 부재상인 참지정사와 추밀원사이다.

신은 이렇게 생각합니다.《대학》에서는 사람을 등용하여 재정을 관리하는 것이 천하를 편안하게 하는 핵심적인 방안이라고 했습니다. 전대에서는 황제를 보필하는 신하를 재상이라 하고, 회계를 담당하는 신하를 일러 계상(計相)이라 하여, 둘 다 '상(相)'이라고 칭하였으니. 하나는 용인(用人)을, 또 하나는 이재(理財)를 담당함으로써, 이들 모두는 군주를 돕고 보좌하여 천하를 편안하게 하는 사람들인 것입니다. 그러므로 한나라 초부터 계상이 있었고, 당나라에서는 호부의 소속에 탁지(度支)가 있었다가 그 이후로는 대신들이 이를 맡았으며, 송나라에서는 삼사사(三司使)가 있었으니, 이들 모두는 계상이었습니다.

우리 명나라에서는 재상을 폐지하여 호부에서 천하의 호구와 토지, 전량(錢糧) 등을 관장하게 하였지만, 이곳 소속의 여러 관아들이 분산하여 회계와 관련된 여러 가지 업무를 겸하였기 때문에, 일이 여러 갈래로 나누어져 업무에 전념할 수가 없습니다. 신은 청컨대, 옛날의 계상(計相) 제도와 같이 호부에는 경(卿)과 좌(佐) 외에 상서(尚書) 한 명을 추가로 설치하여 전적으로 나라의 회계를 총괄하게 하시되, 내외 창고의 저축분과 조운 거리의 원근에 따라 해당 소재의 관아에서는 매년 나가는 것과 거둬들이는 것을 조사하고, 물산이 풍부한지 부족한지 살피고 화폐의 경중을 헤아려 푼 것을 거두거나 물자 유통과 순환의 조정을 일체 맡기고 그 직임에 오래 두어 성과에 책임을 묻도록 하고 무릇 나라에서 필요한 용도를 모두 알고 처리하게 하십시오. 이어서 천하의 모든 유사(有司)에게도 시행하여, 월말이 되면 물가가 비싼지 낮은지의 동향을 알리고, 매년 연말에는 그해 수확이 증가했는지 감소했는지를 보고하여, 그 사정을 미리 알고 호부에서 경좌(卿佐)들이 회합하여 논의를 정하여 보고하고 그에 대비하도록 하십시오.

臣按: 《大學》以用人理財爲平天下之要道, 前代稱輔弼之臣曰宰相, 會計之臣曰計相, 同以相稱, 一以用人, 一以理財, 皆所以相佐其君以平治天下者也. 自漢初有計相, 唐戶部屬有度支, 其後以大臣判之, 宋有三司使, 皆是計相之職. 本朝罷宰相, 而以戶部掌天下戶口·田土·錢糧, 然散屬諸司, 兼釐衆務, 事多端而職不專. 臣請如古計相制, 於戶部卿·佐之外添設尚書一員專總國計, 凡內外倉庫之儲·遠近漕挽之宜, 咸在所司, 稽歲計之出入, 審物產之豊約, 權貨幣之輕重, 斂散支·調通融幹幹轉一切付之, 久其任而責成功, 凡國家有所用度悉倚辦之. 仍行天下有司, 月終申物價之貴賤, 歲秒報年穀之登耗, 俾其豫知, 會本部卿·佐定議以聞, 而爲之備.

수 문제 개황(開皇) 12년(582)에 유사(有司)에서 창고가 모두 가득 찼다고 아뢰자, 황제는 이에 조서를 내려 이르기를, "백성들이 이미 부유해지고 교화되어 비로소 염치를 알게 되었으니, 어찌 재물이 백성들에게는 쌓이면서 나라의 창고에는 저장하는 것이 없을 수 있겠는가?"라고 하였다. 이에 하북(河北)과 하동(河東)의 그해 토지세를 1/3 감면하고, 병사의 세금을 절반으로 감면하였으며 공로가 있는 사람에게는 세금을 전부 감면하였다.

양제(煬帝)가 즉위하자 호구는 더욱 많아졌고 나라의 창고는 차고 넘쳤지만, 그 이후에 정벌과 순유(巡遊)를 그치지 않음에 따라 백성은 원망으로 반란을 일으킴으로써, 마침내 나라가 멸망하기에 이르렀다.

隋文帝開皇十二年, 有司上言庫倉皆滿, 帝乃詔曰: "旣富而敎, 方知廉恥, 寧積於人, 無藏府庫." 乃蠲河北·河東今年田租三分減一·兵減半, 功調全免. 煬帝卽位, 戶口益多, 府庫盈溢, 其後征伐·巡遊不息, 百姓怨叛, 以至於亡.

신은 이렇게 생각합니다. 마단림(馬端臨)은 "고금(古今)을 통틀어 나라의 회계가 풍족하기로는 수나라와 같았던 적이 없었다."라고 했습니다. 그러나 역사를 고찰해 보면, 수나라에는 나라를 부유하게 하는 방법을 발견할 수 없습니다. 수나라는 후주(後周)의 뒤를 이었는데, 후주의 사람들이 징수한 주각(酒榷: 주세)이나 염철, 상업세 등의 모든 세금을 일절 폐지하였고, 오직 기대는 것은 부세(賦稅)뿐이었습니다.

그렇지만 개황(開皇) 3년 이래 수차례에 걸쳐 전조(田租)를 감면하고 백성의 역을 면제해 주어 부세도 매우 소략하게 되었습니다. 그런데 황제는 즉위 초에 새로운 국도를 건설하고 강좌(江左)를 평정하는 등 각종 공사를 일으키고 정벌을 일삼아 이를 중단한 적이 없었습니다. 역사서에는 황제가 공로가 있는 사람에게 아끼는 것이 없이 상을 마음껏 하사하여, 진(陳)나라를 평정한 공로에 대해 상으로 하사한 비용이 무려 비단 3백만에 달하였을 뿐만 아니라, 또한 재정을 쓰는 데에도 아낀 적이 없었다고 전하고 있습니다.

역사서에서 수나라가 풍요롭고 부유하게 된 이유를 찾았으나 찾을 수 없었으니, 생각건대 황제가 몸소 검약을 실천하며 육궁(六宮)에서는 세탁한 옷을 입었고 수레와 마차는 낡은 것은 수선하여 사용하도록 하였으며, 또한 연회를 위한 음식이 아니면 고기도 한 가지를 넘지 않도록 한 것이 이유일 것입니다. 유사(有司)가 늘 포대(布袋)에 마른 생강을 보관했다가 이것으로 제사 때 향을 피우자 낭비로 여기고 크게 견책을 가했다고 합니다.

무릇 그런 후에 《주역》에서 말하는 "절약으로 법도를 삼아, 재물을 손상시키지 않고 백성에게 손해를 끼치지 않는다."[6]는 말과, 맹자가 "어진 군주는 반드시 공손하고 검소함으로 아랫사람을 예우하며, 백성에게 거둬들이는 것에도 절제가 있다."[7]라고 한 말이 진실로 나라를 이롭게 하는 훌륭한 규율이고 우활한 담론이 아님을 알 수 있습니다.

저 공자와 맹자를 말하면서 관중과 상앙의 행동을 하는 자들은 말하기를, "오직 이재(理財)만 잘하면, 비록 천하로써 자신을 봉양하는 것도 잘못이 아니다."라고 합니다. 그 무리들이 마침내 앞장서서 성대한 의식과 잔치[8]를 벌이며, 왕불회(王不會)의 설[9]로 육예(六藝)를 치장하고 간사한 말을 꾸며 나라를 그르치게 하였습니다.

오호! 수나라 문제는 검약함으로 나라가 풍요롭게 되었으나 양제

---

6 절약으로 … 않는다: 《주역》〈절괘(節卦)〉 단사(彖辭)에 나온다.

7 어진 … 있다: 《맹자》〈등문공 상(滕文公上)〉에 나온다.

8 성대한 의식과 잔치: 원문의 풍형예대(豐亨豫大)는 원래 재정(財政)이 풍부하여 모든 일이 막힘없이 통하고 천하가 안락하다는 말인데, 후세에는 궁중에 경사가 있을 때 성대하게 의식을 거행하는 뜻으로 전용(轉用)되었다. 풍형(豐亨)은 재물이 풍부하여 모든 일이 형통하다는 뜻이다. 《주역》〈풍괘(豐卦)〉의 괘사(卦辭)로, "풍의 형통함은 왕이어야 이룰 수 있다.[豐亨. 王假之.]" 하였다. 예대(豫大)는, 〈예괘(豫卦)〉 단사(彖辭)에 "예(豫)의 시의여, 위대하구나.[豫之時, 義大矣哉!]" 한 데서 나왔다.

9 왕불회(王不會)의 설: 왕의 필요에 의하여 쓰는 것은 회계(會計)에 넣어 따지지 않는 것을 말한다. 《주례(周禮)》〈천관(天官) 선부(膳夫)〉.

는 사치로 인해 나라가 어지럽고 망하게 하였으니, 그 명확한 효과와 크나큰 증거를 잘 보여 줍니다. 왕안석과 같은 사람은 감히 방자하게 도 이설(異說)로써 군주를 속이고 천하를 그르치게 하였으니, 그야말로 만세의 죄인입니다. 그러므로 천하 국가를 가진 군주는 늘 이를 거울로 삼아야 합니다.

臣按: 馬端臨謂 "古今稱國計之富者莫如隋", 然考之史傳未見其有以爲富國之術也. 隋承周後, 凡周人酒榷·鹽鐵·市征之類一切罷之, 所仰止賦稅而已. 然自開皇三年以來屢減田租, 給復百姓, 其於賦稅甚闊略也. 然帝卽位之初卽建新都·平江左, 營繕征伐未嘗廢也. 史稱帝於賞賜有功並無所愛, 賞平陳功費帛三百萬, 又未嘗嗇於用財也. 史求其所以致殷富而不可得, 則以爲帝躬履儉約, 六宮服浣濯之衣, 乘輿供御有故敝者隨令補用, 非燕饗不過一肉, 有司常以布袋貯幹薑, 薑袋進香以爲費用大加譴責. 夫然後知《大易》所謂 "節以制度, 不傷財, 不害民", 孟子所謂 "賢君必恭儉禮下, 取於民有制"者, 信利國之良規而非迂闊之談也. 彼談孔孟而行管商者乃曰 "苟善理財雖以天下自奉不爲過", 而其黨遂倡爲豊亨豫大, 惟王不會之說, 飾六藝·文姦言以誤人國家. 嗚呼, 文帝以儉約致富庶, 煬帝以奢侈致亂亡, 其明效大驗, 彰彰若是, 王安石乃敢肆爲異說, 以欺世主·誤天下, 其萬世之罪人歟, 有天下國家者尙其鑒茲.

당나라 제도에 호부는 천하의 토지와 백성들의 전곡에 대한 행정과 공물과 세금[貢賦]의 일을 관장하는데, 여기에 속하는 일은 네 가지가 있다.

첫째는 호(戶)이다. 이는 호구와 농지, 부역과 공로에 따른 세금의 감면과 우대 등의 일, 조용조(租庸調)로 세금을 거두는 것과 천하의 호를 9등급으로 정하는 것 등을 관장한다. 둘째는 탁지(度支)이다. 이는 천하의 조세와 물산의 풍부함과 모자람의 적절성, 수륙(水陸)과 도로의 이로움 등과 해마다 소출을 계산하여 이를 지급하고 조절하는 것을 관장한다. 셋째는 금(金)이다. 이는 천하의 창고에 저장한 물품의 출납(出納)과 도량의 수량을 재는 것을 관장한다. 넷째는 창(倉)이다. 이는 천하의 군비 비축분의 출납과 조세와 녹봉을 위한 세량을 저장하는 창고의 일과, 또한 의창(義倉)과 상평창(常平倉)을 통해 흉년에 대비하고 곡물의 가격을 조절하는 일 등을 관장한다.

> 唐制, 戶部掌天下土地·人民·錢穀之政·貢賦之差, 其屬有四, 一曰戶, 掌戶口·土田·賦役·貢獻蠲免優復之事, 以租庸調斂其物, 以九等定天下之戶; 二曰度支, 掌天下租賦·物産豐約之宜, 水陸道塗之利, 歲計所出而支調之; 三曰金, 掌天下庫藏出納·權衡度量之數; 四曰倉, 掌天下軍儲出納, 租稅·祿糧倉廩之事, 以義倉·常平倉備凶年, 平穀價.

구양수(歐陽脩)[10]가 말하였다.

---

10 구양수(歐陽脩, 1007~1072): 북송의 정치가이자 문학가로서, 당송팔대가의 한 사람이다. 길주(吉州) 영풍(永豊: 지금의 강서성) 출신으로, 자는 영숙(永叔), 호는 취옹(醉翁)·육일거사(六一居士)이다. 간관(諫官)으로 활동하였고 범중엄(范仲淹)의 개혁안을 지지하고 왕안석의 신법을 반대하여 저주(滁州)의 지방관으로 좌천되기도 하였다. 저서로는 《구양문충공전집(歐陽文忠公全集)》이 있고, 〈취옹정기(醉翁亭記)〉, 〈추성부(秋聲賦)〉 등이 유명하다.

"옛날에 나라를 잘 다스려서 그 백성을 사랑하고 잘 부양했던 군주는 반드시 일정하고 간편한 법제를 세워 위로는 사물을 아껴 그 백성을 부양하고, 아래로는 힘써 이들의 군주를 모시게 함으로써, 위로는 군주가 풍족하게 되고 아래로는 백성이 빈곤하지 않게 하였다. 폭군과 어리석은 군주는 자신의 방탕한 욕심을 일삼고, 궁색한 관리들은 군주를 따라 법제를 바꾸어 때에 맞추어 군주로부터 총애를 받고자 하였으니, 이런 까닭에 군주가 쓰는 것은 절제가 없었고 백성에게 거둬들이는 것도 제한이 없었다. 이에 따라 백성은 그 힘이 고갈되어 물자를 다 제공할 수 없었고, 이로 인해 군주는 갈수록 부족하고 백성은 더욱더 빈곤해졌으니, 재물의 이익을 추구하고자 하는 여러 가지 설(說)이 흥하게 되고, 세금을 무겁게 거두려는 신하가 등용되었다.

당나라가 시작되던 시기에는 구(口)를 기준으로 농지를 주어, 세업전(世業田)을 나누어 주고 조용조(租庸調)의 법에 따라 수취하였는데, 재정 사용은 절도가 있었다. 부위(府衛) 제도로 군비를 축적하였기 때문에 비록 군사의 수가 많아도 경비가 모자라는 것이 없었다. 관직 설치는 항상된 관원 숫자가 있었기에 관직이 남설(濫設)되지 않았고 녹(祿)의 지급이 용이했다. 그 폐단이 생기게 되니, 병사가 쓸데없이 남아돌고 관직이 남설되어 마침내 나라의 큰 좀이 되었다."

歐陽脩曰: "古之善治其國, 而愛養斯民者, 必立經常簡易之法, 使上愛物以養其下, 下勉力以事其上, 上足而下不困. 暴君庸主縱其佚欲, 而苟且之吏從之變制合時以取寵於其上, 故用於上者無節, 而取於下者無限, 民竭其力而不能供, 由是上愈不足而下愈困, 則財利之說興, 而聚斂之臣用. 唐之始時授人以口, 分世業田而取之以租庸調之法, 其用之也有節; 蓄兵以府衛之制, 故兵雖多而無所損; 設官有常員之數, 故官不濫而易祿, 及其弊也, 兵冗官濫爲之大蠹.

신은 이렇게 생각합니다. 옛날부터 나라는 그 초창기에는 법제를 세워 잘하지 않은 적이 없었지만, 그 말기에 나타나는 폐단은 모두 그 자손들이 조종(祖宗)의 법제를 경솔하게 바꾼 데서 생겨납니다. 그러므로 구양수가 "옛날에 나라를 잘 다스려 그 백성을 사랑하고 부양했던 군주는 반드시 일정하고 간편한 법제를 세웠다"고 한 말 가운데, 이른바 "일정하고 간편한[經常簡易]"이라는 이 네 마디 말에서, 이전에 슬기로운 옛날 왕들이 법제를 세웠던 지극한 뜻을 깊이 헤아릴 수 있습니다.

대개 일정하다는 것은 순리에 따르기 때문에 변화의 번거로움이 없는 것을 뜻하며, 간편하다는 것은 쉽게 시행하여 시끄럽게 소란이 일어나는 분란이 없음을 뜻합니다. 이와 같이 법제를 세우면 백성들은 자연히 법제가 귀와 눈에 익숙해져 관리들도 간교한 일을 할 수 없게 됩니다. 불행하게도 그 법제가 시행된 지 오래되어 그 사이에 폐단이 생기고, 여러 가지 장애로 인해 꽉 막혀 시행하기 어려운 점이 없을 수 없으니, 수시로 자세히 살펴 빠진 부분을 보완하고 침체된 것을 다시 진흥하여 조상들이 세운 법제의 처음 뜻을 잃지 말아야 합니다.

이른바 일정하고 간편하다는 것은 결코 가볍게 개혁해서는 안 되는 것이니, 당나라라는 한 왕조에서 귀감을 삼을 만한 것이 있습니다. 이미 군사를 부위(府衛)로 법제화하고 관직 설치에도 그 정원이 있었지만, 그 후 병사가 쓸데없이 남아돌고 관직도 남설되어 넘쳐 나게 되어, 마침내 나라의 큰 좀 벌레가 되었으니, 어째서이겠습니까? 이는 자손들이 조종들이 만든 일정하고 간편한 법제를 지키지 못했기 때문입니다.

비록 그렇지만 병사가 쓸데없이 남아돌고 관직이 남설되는 두 가지가 어찌 단지 당나라에만 있는 좀이겠습니까? 무릇 나라가 가난해져 창고가 비고 백성에게서 많이 거둬들이고 세금을 중하게 부과하는데, 그 결과 계속 재물이 고갈되고 백성은 흩어져 종묘사직이 멸망하는 이유는 모두 이 두 가지 좀에서 생기는 것입니다. 남의 자손이되어 그 조상을 위해 나라를 지켜야 할 자라면, 일정한 정원 외에 관리 한 명을 추가로 임명하거나, 여러 둔전 외에 한 명의 군인을 첨가할 때면, '우리 조종 이래 없었던 일인데, 내가 지금 증원하는 데에 불가한 점은 없는가' 하고 생각해야 할 것입니다.

또한 치도(治道)와 민생에 관련되어 결코 없어서는 안 되는 것이 아닌 것은 가벼이 더하지 말아야 하니, 천하가 크고 사해가 부유함을 막론하고, 나에게서 한두 명의 비용을 어찌 더 덜어 내겠습니까. 오호! 천만 백성들의 축적은 원래 한 사람으로부터 비롯되니, 옛날부터 나라의 화와 근심이 일찍이 미세한 데서 생기지 않은 적이 있었습니까.

臣按: 自古國家其初立法未嘗不善, 而其末流之弊皆生於子孫輕變祖宗之成法. 歐陽脩謂 "古之善治其國而愛養斯民者, 必立爲經常簡易之法", 所謂 "經常簡易"四言者, 深有得於古先哲王立法之至意也. 蓋經常

232

則有所持循, 而無變易之煩; 簡易則易以施爲, 而無紛擾之亂, 以此立法則民熟於耳目, 而吏不能以爲奸. 不幸行之久, 而弊生其間, 不能無有窒礙難行之處, 則隨時爲之委曲, 就其闕而補之, 擧其滯而振之, 要不失祖宗立法之初意. 所謂經常簡易者焉, 決不可輕有改革也, 有唐一代可鑒也. 已制兵以府衛, 設官有常員, 其後乃以兵冗官濫而爲國大蠹, 何也? 子孫不能守祖宗經常簡易之法故也. 雖然, 兵冗官濫二者, 豈但爲有唐之蠹哉? 凡國家之所以貧乏, 府庫空虛而多取厚斂於民, 以馴致於財盡民離而宗社淪亡者, 皆生於此二蠹也. 爲人子孫而爲其祖宗守宗社者, 於常額之外添注一官·於列屯之外多簽一軍, 則思曰吾祖宗以來所未有也, 吾今增之得無不可乎? 非有關於治道民生決然不可無者, 不敢輕加也, 毋謂天下之大·四海之富而一二人之費於我何加損焉. 嗚呼, 千萬人之積其原起於一人, 自古國家之禍患, 何嘗不起於細微哉?

이고(李翶)[11]가 〈평부서(平賦書)〉를 지어 말하였다.

"사람들은 모두 세금을 무겁게 징수하면 재물을 많이 얻을 수 있다는 것만 알고, 오히려 세금을 가볍게 징수하면 재물을 더욱 많이 얻을 수 있다는 사실을 알지 못하니, 이는 어째서인가? 세금을 무겁게 징수하면 백성들은 가난해지고, 백성이 가난해지면 떠도는 사람이 돌아오지 못하고

---

11 이고(李翶, 772~841): 당나라 정치가이자 철학자로서, 농서(隴西) 성기[成紀: 지금의 감숙성 진안(秦安)] 출신으로, 자는 습지(習之), 이문공(李文公)으로 불렸다. 그는 국자감 박사를 역임하고 한유(韓愈)를 도와 고문 운동을 전개하였다. 저서로는 《복성서(復性書)》, 《이문공집(李文公集)》 등이 있다.

천하의 백성들도 오지 않는다. 이로 인해 토지가 비록 넓다고 해도 황폐해져 경작하지 못하는 경우도 있고, 비록 경작한다고 해도 토지의 생산력이 버려지는 경우도 있게 되어, 백성은 날로 더욱 빈곤하고 재정은 날로 더욱 모자라게 되니, 아무리 폭도와 반역을 무찌르고 사방의 오랑캐에 위엄을 세우려고 한들, 어떻게 가능하겠는가.

그러므로 가볍게 징수하면 백성은 그 삶을 즐기고, 백성이 그 삶을 즐기면 정착민은 떠돌지 않고 떠돌던 사람들은 날로 돌아올 것이니, 토지는 황폐해지지 않고 길쌈은 날로 번성하며, 힘을 다해 경작하니 땅에는 남는 이익이 있고, 백성들은 날로 부유해지고 군사는 날로 강해질 것이다. 백성들은 부모에게 돌아오듯 나라에 귀의하리니, 아무리 이들을 몰아 내치려 한들 그것이 가능하겠는가. 그러므로 정치를 잘 펴고자 하는 사람은 백성들이 각기 스스로 보전하며 친하게 여겨, 군주가 위에서 비록 위태롭게 되고 싶어도 그럴 수 없는 것이다."

李翺作《平賦書》, 謂: "人皆知重斂之爲可以得財, 而不知輕斂之得財愈多也, 何也? 重斂則人貧, 人貧則流者不歸而天下之人不來. 由是土地雖大, 有荒而不耕者, 雖耕之而地力有所遺, 人日益困, 財日益匱, 雖欲誅暴逆而威四夷, 徒有其心, 豈可得耶? 故輕斂則人樂其生, 人樂其生則居者不流而流者日來, 則土地無荒, 桑柘日繁, 盡力耕之, 地有餘利, 人日益富, 兵日益强, 人歸之如父母, 雖欲驅而去之, 其可得邪? 是故善爲政者, 百姓各自保而親, 其君上雖欲危亡, 弗可得也."

신은 이렇게 생각합니다. 이고(李翺)가 〈평부서〉를 지은 것은 대체로 당시의 세금이 고르지 않았던 것을 안타깝게 생각했기 때문입니다. 이렇게 세금이 고르지 못한 까닭은 대개 백성의 재산을 관리하는 것도 법제가 없었을 뿐 아니라, 또한 백성의 재물을 징수하는 데도 기준이 없었기 때문입니다. 이미 백성의 재산을 관리하는 법제가 없고 이를 징수하는 것 또한 그 도리로 하지 않으면 백성은 빈곤해지니, 백성이 빈곤한데 어찌 군주만 홀로 부유해질 수 있겠습니까.

이고가 "사람들은 모두 세금을 무겁게 징수하면 재물을 얻을 수 있다는 것만 알고, 세금을 가볍게 징수하면 오히려 재물이 더 많이 얻을 수 있다는 것을 알지 못한다"고 한 말이야말로 더욱 절실한 경계로 삼아야 할 것입니다.

> 臣按: 李翶作《平賦書》, 蓋憫當時之賦不平也, 賦之所以不平者, 蓋以其制民產者無法, 斂民財者無藝也. 旣無制民之產之法, 而斂之又不以其道, 則民貧矣, 民貧則君安能獨富哉? 其所謂 "人皆知重斂之可以得財, 而不知輕斂之得財愈多", 其言尤爲警切.

당나라 고사(故事)에, 천하의 재부(財賦)는 좌장(左藏)에 귀속되고, 태부(太府)는 때마다 위로 보고하며, 상서(尙書) 비부(比部)는 지출과 수입을 조사하도록 하였다. 제오기(第五琦)[12]가 탁지염철사(度支鹽鐵使)가 되자, 거둬들

---

12 제오기(第五琦, 729~799): 당나라 장안(長安: 지금의 서안) 출신이다. 자는 우규(禹珪)로 당나라 숙종 건원(乾元) 원년(758)에 탁지낭중 겸 염철사로 제수되었다. 그는 당시 화폐의 명목가치를 높이는 화폐개혁을 제안함으로써, 통화팽창과 물가앙등을 초래하여 당나라 경제를 쇠퇴하게 하였다.

인 세금을 모두 대영고(大盈庫)[13]에 귀속하게 하여 이를 천자의 하사용 경비로 제공하고 환관이 주관하도록 할 것을 청하였다. 이때부터 천하의 재물이 군주의 사사로운 저축이 되어, 유사(有司)가 그 수의 다소를 계량할 수 없었다.

> 唐故事, 天下財賦歸左藏, 而太府以時上其數, 尙書比部覆其出入. 第五琦 爲度支鹽鐵使, 請皆歸大盈庫供天子給賜, 主以中官, 自是天下之財爲人君 私藏, 有司不得程其多少.

양염(楊炎)[14]이 당나라 덕종에게 말하였다.

"재부(財賦)는 나라의 큰 근본이고 살아 있는 사람들의 목숨이며, 천하의 치란이 갖는 경중과 관계됩니다. 먼저 왕조[先朝]의 임시 제도에 환관에게 그 직책을 이끌게 하여 5척 환관이 나라의 권력을 조정했는데, 재정의 풍부함과 검약, 차고 빔이 비록 대신들도 알지 못하여 천하의 이해를 계산할 수 없으니, 신은 이를 환관에게서 빼내 유사(有司)에게 돌려주기를 청합니다."라고 하였다. 덕종은 그의 청을 따르고, 매해 세금 가운데 이를 헤아려 거둔 것을 대영고(大盈庫)에 들이고, 탁지(度支)는 이의 수량을 모두 먼저 보고하도록 하라고 명하였다.

---

13 대영고(大盈庫): 당나라 덕종(재위 779~804)이 경림고(瓊林庫)와 더불어 마련한 황실 창고로서, 전국에서 거둔 모든 세금을 여기에 보관하여 황실의 경비로 사용하였다.

14 양염(楊炎, 727~781):《대학연의보》권22 주) 29 참조.

楊炎言於德宗曰: "財賦, 邦國大本, 生人之喉命, 天下治亂輕重係焉. 先朝權制以中人領其職, 五尺宦豎操邦之柄, 豊儉盈虛雖大臣不得而知, 無以計天下利害, 臣請出之以歸有司." 從之, 乃詔歲中裁取以入大盈庫, 度支具數先聞.

신은 이렇게 생각합니다. 《주례》에 따르면, 태재(太宰)와 사도(司徒)가 나라의 재정 경비를 관장하도록 하였는데, 이는 대체로 대신(大臣)을 통해 법도로써 군주를 보좌하게 하여 가부를 살피고 시비를 변별하여 윗사람이 엄히 꺼리는 바가 되었습니다. 그러므로 군주에게 정의롭지 않은 수취, 예(禮)가 아닌 쓰임새, 급하지 않은 행위가 있으면, 감히 맘대로 수취하여 징수하여 사사로이 사용하지 않았을 뿐아니라, 그런 일을 중지시키고 점차 줄어드는 경우가 있습니다.

만약 환관이 주관하면, 윗사람이 평소 서로 허물없이 사사로이 가까워 남에게 말할 수 없는 것도 모두 이들과 함께 도모하여 시행합니다. 하물며 저 소인들은 깊은 식견이나 먼 사려가 없으며, 오직 군주의 뜻을 자세히 살펴 받드느라 겨를이 없고 더구나 사람이 보잘것없고 말이 경솔하니 또 어찌 감히 군주의 뜻에 거역할 수 있겠습니까. 당 덕종의 군주다움과 양염(楊炎)의 재상다움에서 취할 만한 것이 없지만, 오직 이 한 가지 사안은 사람의 마음을 흡족하게 합니다. 범조우(范祖禹)[15]가 "양염(楊炎)은 재상의 체통을 알았고, 덕종은 나라를 다스리는 책무를 알았으니, 후세에 마땅히 본보기로 취해야 한다."라고 했습니다.

> 臣按:《周禮》以太宰·司徒掌國家財用, 蓋以大臣以道佐君, 得以相可
> 否·辨是非而爲上之人所嚴憚, 故人君有非義之取·非禮之用·不急之
> 爲, 非徒不敢擅取而私用之, 抑且爲之中止而潛銷者有焉. 苟以中人主
> 之, 則上之人平日相與褻狎私昵, 凡不可語人者皆可與之謀而爲之矣.
> 況彼小人, 無深識遠慮, 委曲奉承上人之不暇, 且人微言輕, 又安敢逆
> 上意哉? 德宗爲君·楊炎爲相無可取者, 惟此一事差强人意, 范祖禹謂
> 炎知爲相之體, 德宗知爲國之務, 後世所當取法者也.

덕종이 궁중의 경비가 부족할 것을 걱정하자, 이필(李泌)[16]은 천자는 사사로이 재물을 구할 수 없다고 하면서, 매년 궁중에 전(錢) 백만 민(緡)을 제공할 것을 청하고, 공물을 받지 말 것과 선색(宣索: 황제의 명으로 징수함)을 폐지하길 원하니, 덕종이 따랐다. 원우직(元友直)이 회수 남쪽 지역의 전백(錢帛) 20만을 운반해 오자, 이필은 이를 모두 대영고(大盈庫)에 들였으나, 황제는 여전히 여러 차례 물자를 거둬들이는 명을 내렸고, 이어 여러

---

15 범조우(范祖禹, 1041~1098): 북송 시대 역사학자이자 문학가로, 성도(成都) 화양(華陽) 출신이다. 자는 순부(淳夫), 몽득(夢得)이다. 역사에 정통하여, 사마광의 《자치통감(資治通鑑)》의 〈당기(唐紀)〉 부분을 편찬하였다. 저술로는 《당감(唐鑑)》, 《제학(帝學)》, 《인황정전(仁皇政典)》, 《범태사집(范太史集)》 등이 있다.

16 이필(李泌, 722~789): 당나라 유명한 도가(道家)이자 정치가로서, 경조(京兆: 지금의 섬서성 서안) 출신이다. 자는 장원(長源)이다. 당나라 현종(玄宗)·숙종(肅宗)·대종(代宗)·덕종(德宗) 등 4조(四朝)에 걸쳐 황제로부터 남악제(南岳第)의 은사(隱士)로 추숭되었다. 안록산(安祿山)의 반란을 평정하는 데 공로를 세웠으나, 간신 이보국(李輔國) 등의 모함으로 인해 은거하였다가, 덕종의 부름을 받고 중서시랑(中書侍郎)·동평장사(同平章事) 등을 역임하였다. 저서로는 《양화편(養和篇)》, 《명심론(明心論)》 등이 있다.

도(道)에 명하여 재상이 알지 못하도록 하였다. 이필은 이를 듣고 참담하여 감히 이에 대해 말하지 않았다.

德宗患宮中用度不足, 李泌言天子不私求財, 請歲供宮中錢百萬緡, 願勿受貢獻及罷宣索, 從之. 及元友直運淮南錢帛二十萬至, 泌悉輸之大盈庫, 然上猶頻有宣索, 仍敕諸道勿使宰相知, 泌聞之惆悵而不敢言.

사마광이 말하였다.[17]

"군주는 천하를 자신의 집으로 삼고, 천하의 재물이 모두 그 소유인데, 혹 다시 사사로이 저장하는 것으로 하니 이는 필부의 비루한 마음인 것이다. 그렇지만 많은 재물은 사치와 욕망이 그로부터 생겨나기 때문에, 이필은 덕종이 욕심을 부려 사사로운 재물을 풍요롭게 하고자 하는 것을 막으려고 하였다. 재물이 풍요롭게 되면 욕심이 커지게 마련이니, 재물이 욕심에 차지 않으면 구하지 않을 수 있겠는가. 이는 마치 문을 열어 놓고 나가는 것을 금하는 것과 같다."

司馬光曰: "王者以天下爲家, 天下之財皆其有也, 乃或更爲私藏, 此匹夫之鄙志也. 然多財者, 奢欲之所自來也, 李泌欲弭德宗之欲而豐其私財, 財豐則欲滋矣, 財不稱欲, 能無求乎? 是猶啓其門而禁其出也."

---

17 사마광이 말하였다: 《자치통감(資治通鑑)》 권233에 나온다.

호굉(胡宏)¹⁸이 말하였다.

"사방에서 바치는 공물에는 각기 정해진 법제가 있었으니, 왕은 천하를 위해 재물을 주관하되, 예의(禮義)를 받들어 백성을 부양해야 한다. 천하에 왕의 재물이 아닌 것이 없으니, 공사의 구별이 있을 수 없다."

胡宏曰: "四方貢職各有定制, 王者爲天下主財, 奉禮義以養, 天下無非王者之財也, 不可有公私之異."

신은 이렇게 생각합니다. 덕종이 여러 도(道)에 재물을 거두라고 명하면서도 이 사실을 재상이 알게 해서는 안 된다고 신칙하였고, 이필(李泌)은 덕종이 백성에게 예(禮)에 어긋나게 가렴주구하는 것을 알면서도 참담하여 말을 하지 못했으니, 이는 서로 잘못한 것입니다. 그렇지만 덕종이 잘못했어도 오히려 두려워해야 하는 바를 알았지만, 이필의 잘못은 신하된 자로서 불충(不忠)한 것입니다. 이필은 왜 남들이 알지 않았으면 하는 하나의 분명한 점을 다 말하지 않았습니까. 덕종이 듣지 않으리라 어찌 알겠습니까. 이와 같았으니, 이는 비단 《주역》〈감괘(坎掛)〉의 "들창으로 간략하게 인사드린다[納約自牖]"는 의미를 알 수 있을 뿐 아니라, 이른바 "허물이 없음[無咎]"¹⁹이나 "잘못을

---

18 호굉(胡宏, 1102~1161):《대학연의보》권23 주) 25 참조.

19 들창으로 … 없음:《주역》〈감괘(坎掛)〉육사(六四)에, "한두 잔의 술과 음식 그릇 두 개로 소박하게 쓰고 들창으로 간략하게 인사드리면, 마침내 허물이 없으리라.[樽酒簋貳, 用缶, 納約自牖, 終无咎.]" 하였는데, 불가항력일 때는 시간을 기다려야 한다는 뜻이다.

고쳐 좋은 것으로 보완한다[善補過]"[20]는 말에 의미가 있는 것입니다.

臣按: 德宗宣索於諸道, 而敕其勿使宰相知; 李泌知德宗非禮誅求, 而
惆悵不敢言, 胥失之矣. 然德宗之失是猶知所畏, 而泌之失則是爲人臣
而不忠也, 泌盍因其不欲人知一點明處, 而盡言之? 安知德宗之不見聽
歟? 如此, 非徒得《大易》"納約自牖"之意, 而於所謂"無咎"·"善補過"
者亦有之矣.

헌종(憲宗) 원화(元和) 2년(807), 이길보(李吉甫)[21]가 《원화국계부(元和國計
簿)》를 올렸다. 그 통계에 따르면 이 시기 천하의 방진(方鎭: 변방 군사 단위)
은 48개, 주(州)와 부(府)는 295개, 현(縣)은 모두 1,453개였다. 봉상(鳳翔) 등
15개 도(道)에서 등록되지 않은 호구를 제외하고, 매해 부세 징수에 따라
처리한 것은 절동(浙東)과 절서(浙西) 지역 등 8개 도의 49개 주 144만 호였
다. 이는 천보(天寶: 현종의 연호, 742~755) 연간의 세호(稅戶)에 비해 3/4이 감
소한 것이었다. 현의 관아에서 지급하는 경비에 의존하고 있는 천하의
병사들은 모두 83만여 명으로 천보 연간에 비해 1/3이 증가하였으니, 이
는 대체로 2호가 한 명의 병사를 도와야 하는 셈이다. 여기에 만약 수재

---

20 잘못을 … 보완하다:《주역》〈계사상전(繫辭上傳)〉에 "허물이 없다는 것은 잘못을 고쳐 좋
은 것으로 바꾼다는 것이다.[无咎者, 善補過也.]" 하였다.

21 이길보(李吉甫, 758~814): 당나라 조군[趙郡: 지금의 하북 찬황현(贊皇縣)] 출신으로, 자는 홍헌(弘
憲)이다. 그는 덕종의 신임을 받아 재상을 역임하면서, 과거 시험관의 핍박 사건을 계기로
'우이당쟁(牛李黨爭)'이 발생함에 따라 절도사로 좌천되었다. 재상 시절 시정에 밝아, 전국
의 인구와 세금, 병사 등의 통계를 작성한 《원화국계부(元和國計簿)》(현존하지 않음)와 《백사
거요(百司舉要)》, 지리지로 잘 알려진 《원화군현도지(元和郡縣圖志)》 등의 저서가 있다.

와 한재로 해를 입게 되면 때가 아닌데 징발해야 하는 숫자는 여기에 들어가지 않는다.

憲宗元和二年, 李吉甫撰《元和國計簿》上之, 總計天下方鎭四十八·州府二百九十五·縣千四百五十三. 除鳳翔等十五道不申戶口外, 每歲賦稅倚辦惟在浙東西等八道四十九州一百四十四萬戶, 比天寶稅戶四分減三; 天下兵仰給縣官者八十三萬餘人, 比天寶三分增一, 大率二戶資一兵, 其水旱所傷, 非時調發不在此數.

소철(蘇轍)[22]이 말하였다.

"당나라 이길보는 처음으로 원화 연간의 회계를 작성하여 회계부를 만들었다. 정위(丁謂)[23] 등은 이를 계기로 경덕(景德: 송 진종의 연호, 1004~1007)·황우(皇祐: 송 인종의 연호, 1049~1053)·치평(治平: 송 인종의 연호, 1064~1067)·희녕(熙寧: 신종의 연호, 1068~1077) 연간의 회계부를 작성하였다. 당대 재정 출납의 통계를 망라하였을 뿐 아니라, 처음부터 끝까지 모두 80여 년이고, 본말이 파악될 수 있었다. 유사(有司)는 오늘날에 있으면서 예전의 회계를 알 수 있었고, 같고 다른 점을 참작하

---

22 소철(蘇轍, 1039~1112): 《대학연의보》 권21 주) 19 참조.

23 정위(丁謂, 966~1037): 북송 장주현(長洲縣: 지금의 강소 소주)출신으로, 자는 위지(謂之)이다. 개명하여 공언(公言)으로 불렸다. 그는 진종 함평(咸平) 연간에 삼사(三司) 호부판관(戶部判官), 호부시랑(戶部侍郞)을 거쳐 재상인 참지정사(參政知事)를 지냈다. 저서로는 《정위집(丁謂集)》, 《호구집(虎丘集)》, 《도필집(刀筆集)》, 《청금집(靑衿集)》, 《지명집(知命集)》 등이 있는데, 전해지지 않는다.

여 시기에 맞추어 적절히 시행할 수 있었다. 이것이 이전 사람이 회계부를 제작한 근본 취지이다."

蘇轍曰: "唐李吉甫始簿錄元和國計爲成書, 丁謂等因之爲景德·皇祐·治平·熙寧四書, 網羅一時出納之計, 首尾八十餘年, 本末相授, 有司得以居今而知昔, 參酌同異, 因時施宜, 此前人作書之本意也."

신은 이렇게 생각합니다. 당나라 이길보가 《원화국계록(元和國計錄)》을 만든 이래, 이를 계기로 정위(丁謂)가 만든 경덕 연간의 회계부와 이후에 임특(林特)[24]이 상부(祥符: 진종의 연호로, 1008~1016) 연간의 농지 현황을 작성하여 황우(皇祐) 연간에 회계부를 저술했고, 채양(蔡襄)[25]은 치평 연간에 회계부를 만들었습니다. 또한 한강(韓絳)[26]은 희녕 연간에 회계록을 만들었고, 소철(蘇轍)은 원우(元祐: 송 철종의 연호, 1086~1093) 연간의 회계부를 만들었습니다. 이들 모든 책에서 회계한 것은 다섯

---

24 임특(林特, 951?~1023): 복건성 영덕(寧德) 출신으로, 자는 사기(士奇)이다. 진종이 연운 16주의 회복을 시도했을 때, 삼사(三司)의 동지(同知)를 맡아 전국의 세수를 관장하는 한편, 차세(茶稅) 수입을 늘린 공로로 예부낭중에 오르고, 대중상부(大中祥符) 원년(1008)에는 삼사부사(三司副使)를 맡아 재정 업무를 관장하였다.

25 채양(蔡襄, 1012~1067): 북송의 정치가이자 서예와 다도(茶道)의 전문가로 잘 알려져 있다. 그는 흥화군 선유현[興化軍仙游縣: 지금의 복건성 풍정진(楓亭鎭)] 출신으로, 자는 군모(君謨), 시호는 충혜(忠惠)이다. 송 인종 때 범중엄 등과 시정의 폐단을 지적하는 등 개혁가로서 활동하기도 하였다. 저서로는 《채충혜공전집(蔡忠惠公全集)》, 《다록(茶錄)》, 《여지보(荔枝譜)》 등이 있다.

26 한강(韓絳, 1012~1088): 북송 시대 개봉(開封) 옹구[雍丘: 지금의 하남성 기현(杞縣)] 출신으로, 자는 자화(子華)이다. 직언을 마다하지 않는 올곧은 성격으로 당시 정치 폐단을 시정하기에 앞장섰고, 신종이 즉위하자 그는 신법 개혁에 참여하여 왕안석에 이어 참지정사로 올랐다.

가지 항목으로 구별하고 있는데, 첫째, 수입과 지출, 둘째, 백성의 세금, 셋째, 징수한 세금 수입, 넷째, 저운(儲運: 세금을 운반하여 보관하는 것), 다섯째, 경상 경비(經費)입니다.

그래서 천하의 재부가 나가고 들어온 수량을 총괄하여 재정의 유무와 다과를 두루 알아 넉넉하게 쓰든지 줄이든지, 증액하든지 삭감하든지 합니다. 만일 오늘날 옛날 상황을 알고 후일에 오늘의 상황을 알아 매년 회계로 나라 경비를 정할 수 있다면 실로 회계 기록에 의지할 수 있을 것입니다.

신이 원하건대, 재정 회계를 담당하는 신하에게 명하여 홍무(洪武: 명 태조의 연호, 1368~1398)·영락[永樂: 명 성조(明成祖)의 연호, 1403~1424] 연간 이래 천하의 모든 추량(秋糧)과 하세(夏稅)·호구 수·염초(鹽鈔)와 상세(商稅), 문탄(門灘: 상품 거래세)·차와 염세(茶鹽)·추분(抽分: 수출입 물품 징수세)·갱야(坑冶: 광물 제조 물품세) 등 해마다 징수한 세액을 모두 통계하도록 하는 한편, 해마다 기운(起運: 서울로 수송하는 것)과 존류[存留: 군현(郡縣)에 남겨 놓는 것], 변방에 공급한 수량을 일일이 갖추어 보고하도록 하십시오.

이어 역대 이래 내부(內府), 황친(皇親)의 번부(藩府), 문무 관리와 위소(衛所)의 기군(旗軍), 그리고 내외 관원 등의 식량과 인구수와 매년 제사, 건축 공사, 공급 경비 등을 조사하여, 홍무·영락·선덕(宣德: 명 선조의 연호, 1426~1435)·정통(正統: 명 영종의 연호, 1435~1449)·천순(天順: 명 영종의 연호, 1457~1464)·성화(成化: 명 헌종의 연호, 1465~1487) 연간에서부터 오늘날[27]까지 각 황제 시대를 통틀어 1년 세계(歲計) 출입 중 가장

---

27 오늘날: 구준이 《대학연의보》를 저술한 시기인 성화 연간을 뜻한다. 《대학연의보》의 저

많은 것을 기준으로 삼아, 당시 문관의 수와 무관의 수, 내관의 수는 얼마인데 이들에게 지급된 봉록은 얼마인지, 또한 경군(京軍)의 수, 외군(外軍)의 수, 변군(邊軍)의 수는 얼마인데 이들이 먹는 식량은 얼마인지 파악합니다.

그해 경상 경비는 얼마이며, 잡범(雜泛: 정역 이외 요역) 이용은 얼마인지, 그 총계가 모두 얼마인지, 이 중에서 양경(兩京: 북경과 남경)에 운반한 것은 얼마인지, 각 주(州)와 군(郡)에 남겨 둔 것은 얼마인지, 변방에 비축한 것은 얼마인지, 1년 동안 지출한 수량에 비교하여 들어온 수량이 남았는지 부족했는지 혹은 지출과 수입이 균형을 이루어 맞았는지 등에 대해, 당나라 사람들의 국가 회계와 송나라 사람들의 회계에 따라 매 군주 시대를 1권으로 만들고 통틀어 1책으로 만들어 참고에 대비하십시오.

황제께서 만기(萬機)를 돌보고 남은 시간에 경제(經制)를 친히 열람하여, 나라의 회계가 일목요연하게 한눈에 파악하고, 만일 혹시 한 해의 수입이 한 해의 지출에 부족하다면, 유무에 따라 옮기고 많고 적음에 따라 잘라내고 보충하여 급하지 않은 비용을 줄이고 수입을 고려하여 지출한다면, 나라의 회계가 부족하지 않고 한 해의 용도도 남음이 있을 것입니다.

臣按: 自唐李吉甫爲《元和國計錄》, 丁謂因之爲《景德會計錄》, 其後林特作於祥符·田況作於皇祐·蔡襄作於治平·韓絳作於熙寧·蘇轍作於

술은 성화(成化) 13년(1477)에 시작하여 10년 뒤인 성화 23년(1487)에 완성하고, 홍치제(弘治帝)가 즉위한 1488년에 황제에게 증정되었다.

元祐. 元祐所會計者其別有五, 一曰收支·二曰民賦·三曰課入·四曰儲
運·五曰經費, 所以總括天下財賦出入之數, 而周知其有無多寡, 以爲
豊殺增減者也. 使今之知昔, 而後日之知今, 以歲計定國用, 實有賴於
斯焉. 臣願敕掌財計之臣, 通將洪武·永樂以來凡天下秋糧·夏稅·戶
口·鹽鈔及商稅·門攤·茶鹽·抽分·坑冶之類租額年課, 每歲起運存留
及供給邊方數目一一開具, 仍查歷年以來內府親藩及文武官吏·衛所旗
軍並內外在官食糧人數, 與夫每歲祭祀·修造·供給等費, 洪武·永樂·
宣德·正統·天順·成化至於今日, 每朝通以一年歲計出入最多者爲準,
要見彼時文官若幹·武官若幹·內官若幹凡支俸幾何, 京軍若幹·外軍
若幹·邊軍若幹凡食糧幾何, 其年經常之費若幹, 雜泛之費若幹, 總計
其數凡有幾何, 運若幹於兩京, 留若幹於州郡, 備若幹於邊方, 一年之
內所出之數比所入之數, 或有餘或不足或適均稱, 依唐人之國計·宋人
之會計, 每朝爲一卷, 通爲一書, 以備參考. 萬幾餘暇時經制御覽, 使國
計大綱瞭然在目, 如或一歲之入不足以支一歲之出, 則推移有無·截補
長短, 省不急之用, 量入爲出, 則國計不虧, 而歲用有餘矣.

오대(五代) 당나라[唐: 후당(後唐)] 장종(壯宗) 동광(同光) 4년(925)에 나라 창고
에 비축된 재정이 부족하자, 하남윤(河南尹)에게 명하여 하세와 추세를 미
리 차출하게 하자, 백성이 생계를 이어 갈 수가 없었다.

五代唐莊宗同光四年, 以倉儲不足, 敕河南尹豫借夏秋稅, 民不聊生.

246

신은 이렇게 생각합니다. 세금을 함부로 거두고 무겁게 징수하는 것은 천하를 다스릴 때 크나큰 좀과 같은 것입니다. 그럼에도 함부로 거두고 무겁게 징수하는 법이 행해져 백성이 비록 원망하고 근심하여도 오히려 허물을 군주가 기용한 사람이 적임자가 아니고 세금을 수취하는 도리가 아니라는 데로 돌립니다. 다행히 하루아침에 고치면 그래도 살 수가 있습니다. 하지만 미리 차출하라는 명이 한번 시행되어 천하에 나라 저축이 비었고 한 해 예산이 고갈되었음을 보이면, 천하 사람들이 시끄럽게 천하에 다시 살아갈 희망이 없다고 여길 것이니, 흩어져 떠날 마음이 반드시 여기에서 비롯되지 않는다고 할 수 없습니다.

비유하자면, 부자가 시골에 거처할 때 평소에는 가난한 백성들이 그 부자의 저축을 믿고 빌려주지만, 하루아침에 그 부자가 반대로 이웃에게서 빌려야 하는 지경이 되면 그 집안이 몰락했음을 알게 되는 것입니다. 당 장종(唐莊宗)은 난세의 군주로 부득이해서 이렇게 한 것도 오히려 제대로 된 대책이 아니었는데, 하물며 나라의 창고가 완전히 바닥이 날 정도에 이르지 않았음에도, 갑자기 이런 조치를 내려서야 되겠습니까.

臣按: 橫斂厚征, 治天下之大蠹也. 然橫斂厚征之法之行, 民雖怨咨愁蹙, 然猶歸咎上人之用非其人·取非其道, 幸其一旦更之, 尙可以爲生也; 惟豫借之令一行, 示天下以國儲之虛·歲計之竭, 天下之人嘩然, 謂天下不復可爲而生, 其泮渙離散之心者, 未必不自此也. 譬則富室之居鄉落也, 平時貧民資其儲蓄, 而賴以擧貸, 一旦反假借於鄰家, 其家之寥落可知矣. 唐莊宗亂世之君, 不得已而爲此猶爲非策, 況國家府庫未至於匱絶, 而遽爲此擧可乎?

송 태조는 군대와 기근에 대해서는 미리 대비하고 일이 닥쳐 무겁게 백성에게 세금을 거두지 못하게 하였습니다. 처음으로 강무전(講武殿)에 봉춘고(奉椿庫)를 설치하고, 일찍이 겸백(縑帛: 합사 비단) 2백만을 쌓아 두고, 오랑캐의 머리와 바꾸었다.

宋太祖以軍旅·饑饉當預爲之備, 不可臨事厚斂於人, 始於講武殿置封椿庫, 嘗欲積縑帛二百萬易胡人首.

송 태종은 경복전고(景福殿庫)를 설치하여 이를 내장고(內藏庫)에 예속시키고, 여러 주(州)의 상공(上供) 물자를 골라 수납하게 하면서, 좌우 신하들에게 말하기를, "이는 대개 재정 회계를 담당하는 신하가 절약할 수 없어 비상시에 용도가 부족하여 백성들에게 다시 세금을 거둘 것을 염려한 것이다. 짐은 결코 이것을 나 자신의 기호 비용으로 제공하지 않을 것이다."라고 하였다.

太宗置景福殿庫, 隸內藏庫, 揀納諸州上供物, 謂左右曰: "此蓋慮司計之臣不能約節, 異時用度有闕, 復賦率於民耳, 朕終不以此自供嗜好也."

신종(神宗)은 경복전고(景福殿庫)의 이름을 변경하고 자신이 쓴 시를 게시하여 말하기를, "오대(五代)에 견고함을 잃으니 엄윤(儼狁: 흉노족의 옛 명칭)이 크게 준동하도다. 이에 슬기로운 조상이 나라를 세워 이들을 징계하노라. 이에 내부(內府)를 설치하여 병사 모집의 기반으로 삼노라. 자손들을 모아 그 뜻을 전하니, 누가 감히 이 뜻을 잊겠는가!"라고 하였다.

神宗更景福殿庫名, 自製詩以揭之曰: "五季失固, 儼狁孔熾. 藝祖肇邦, 思有懲艾. 爰設內府, 基以募士. 會孫志之, 敢忘厥志."

신은 이렇게 생각합니다. 송나라의 세 황제가 내고(內庫)에 세금을 쌓아 두게 한 것은 이들 황제 모두 자기 자신을 위해서가 결코 아니었습니다. 이는 대체로 황실 안에 세금을 비축해 둠으로써 바깥을 방어하는 경비로 삼고자 했는데, 일단 전쟁이 벌어지거나 기근이 들면 이것으로 충당하게 함으로써, 임시로 세금을 무겁게 거두어 백성을 해치는 일이 없도록 하였습니다. 군주는 대대로 이를 높이 귀감으로 삼아, 창고에 있는 모든 재물이 자신의 것으로 잘못 생각하여 세금을 경솔하게 거두어 함부로 쓰지 않는다면 천하의 백성들은 심히 다행일 것입니다.

臣按: 宋朝三帝積財於內庫皆非以爲己私也, 蓋儲之於內以防外之泛用, 一遇有軍旅·饑饉則以資之, 使不至於臨時厚斂以害民焉. 世主尙鑒於茲, 毋錯認在庫之物以爲己物, 輕取而妄用, 則天下生民不勝幸甚.

사신(史臣)이 말하였다.

"송나라가 중반 이후 안으로는 번문(繁文: 번거로운 규칙)에 이끌리고, 밖으로는 강적에 동요되어, 공억(供億)은 이미 많은데다 조달이 잘 이어지지 않아 부득이 백성에게서 이를 징수하고자 하였다. 나라를 도모하는 자가 이런 상황에 처하면 또한 대부분 자신과 다른 견해를 배척하고 의견이 같은 사람들과 무리를 지어 쉽게 법제를 바꾸고 경솔하게 변경하여, 대국의 경비 관리하는 것을 마치 대상(大商)이 재물을 관리하는 것과 같아 눈앞의 효과만을 구하지 말고 먼 이익을 귀하게 여겨야 함을 전혀 알지 못한다.

송나라 신하들은 한 가지 일을 행할 때도 처음 논의에서 잘 살펴보지 않고, 이를 시행한 지 얼마 지나지 않아 바로 구구히 득실을 비교하여 논의가 격식을 잃었다. 그 이후의 논의에서도 이전보다 더 나은 것이 없었다. 그 후 몇 사람이 또 이전과 마찬가지로 헐뜯기를 반복함으로써 위의 군주된 자가 적절하게 따를 수 없고, 아래로는 백성된 자들도 스스로 믿고 이를 지킬 수가 없게 되었다. 뜯어고치는 것으로 인해 의견이 어지럽고 시비가 문란해짐에 따라 사안의 폐단은 날로 더욱 심해지게 되었다. 세상에서 '유자(儒者)들은 사업의 성과보다 의논이 더 많다'고 하는데, 송나라 사람들이 식화(食貨)에 대해 말하는 것을 보면 대체로 맞는 말이다."

史臣曰: "有宋自中世以後, 內牽於繁文, 外撓於強敵, 供億旣多, 調度不繼, 勢不得已征求於民, 謀國者處乎其間, 又多伐異而黨同, 易動而輕變, 殊不知大國之制用如鉅商之理財, 不求近效而貴遠利. 宋臣於一事之行, 初議不審, 行之未幾卽區區然較其失得, 尋議廢格, 後之所議未有以愈於前, 其後數人者又復訾之如前, 使上之爲君者莫之適從, 下之爲民者無自信守, 因革紛紜, 是非貿亂而事弊日益以甚矣. 世謂儒者議論多於事功, 若宋人之言食貨, 大率然也."

신은 이렇게 생각합니다. 천하의 일에 이득과 손해는 서로 반반이고, 전적으로 이득이 되거나 전적으로 손해 보는 이치는 없기 때문에, 이익이 많고 손해가 적은 것을 택하여 이를 시행하면 되는 것입니다. 사신(史臣)이 "송나라 사람들은 사업의 성과보다 의논이 더 많다"고 한 이 말은 당시의 폐단을 꼭 맞게 지적한 것입니다. 송나라 사람들은 모든 정무(政務)에서 모두 그러하였고 특히 식화(食貨) 한 가지 일에 더욱 심했습니다.

우리 명나라 조종이 나라를 세운 이래, 백성에게 수취하는 모든 세금에는 정해진 제도가 있고 법제가 마련되었으며 일정한 수량이 있어서 대대로 준수하고 감히 어지럽게 이를 가감(加減)하여 바꾸지 않은 지, 지금까지 백 년이 넘었습니다. 그 사이에 비록 치우치거나 침체되어 실행되지 않는 점도 없지 않았지만, 수시로 보충하고 구제하여 이를 진작시키고 손해가 된 것을 없애고 이득이 되는 것은 유지하도록 하였으니, 요컨대 조종(祖宗)의 옛 제도를 잃지 않았습니다. 엎드려 바라건대, 현명한 군주께서는 송나라 사람들의 잘못을 거울로 삼아 조종의 성헌(成憲)을 지켜 자손들의 천만 년 무궁한 계책으로 삼으소서.

臣按: 天下之事利害嘗相半, 無全利全害之理, 擇其利多害少者爲之斯可矣. 史臣論宋人議論多於事功, 切中當時之弊, 宋人於一切政務皆然而於食貨一事爲甚. 我祖宗自立國以來, 凡取於民者有定制·有成法·有常額, 世世遵守, 不敢有所紛更加減, 逾百年於茲矣. 其間雖不能無偏滯不擧之處, 然惟許其隨時補救以振擧之, 使害去而利存, 要之不失祖宗之舊也. 伏惟明主鑒宋人之失而恪守祖宗成憲, 以爲子孫千萬年無窮之計.

소철(蘇轍)이 말하였다.

"나라의 재부(財賦)는 하늘이 아니면 낳지 못하고 땅이 아니면 기르지 못하며 백성이 아니면 키울 수 없습니다. 취하는 데 법제가 있고 거두는 데 때가 있었으니, 오직 여기에 그쳤는데도 종실과 관리들의 무리는 예법(禮法)으로써 절제할 수 있었습니다. 조종(朝宗)이 대대로 사업을 시작할 때 정규 관직은 궐원을 기다려 보충하였고, 그렇지 않으면 순서대로 자급(資級)을 더할 뿐 함부로 제수하지 않았습니다. 인종 말년에 임자법(任子法)으로 재상 이하부터 줄이지 않은 관직이 없었습니다. 영종 초, 3년마다 하던 관리에 대한 고과를 4년으로 연장하였고, 신종 초기, 종실의 단문(祖免)[28] 이외에는 다시 추은(推恩)을 베풀지 않았으며 단문 이내만 시험

---

28 단문(祖免): 참최(斬衰)·자최(齊衰)·대공(大功)·소공(小功)·시마(緦麻) 등 오복(五服) 이외의 친척에 대한 상복(喪服) 제도로서, 두루마기의 오른쪽 소매를 벗고 사각건(四角巾)을 쓰는 가벼운 복제(服制)를 한다.

을 통해 출사(出仕)하도록 하였습니다.

이 네 가지 일을 만일 오늘날에 시행하고자 한다면 장차 인심을 거스르고 구법(舊法)을 위반하는 것이라 하여 말조차 할 수 없거늘, 하물며 어떻게 실행할 수 있겠습니까. 비록 그러하나 조종(祖宗)에서 이를 의심하지 않고 시행하였고, 당대에도 잘못이라고 여기지 않은 것은 어째서이겠습니까? 사세가 이미 극단에 달하여 변하지 않으면 패망한다는 것을 많은 사람들이 다 알았기 때문입니다.

오늘날 조정이 지극히 극단적인 형세에 이르렀는데도 오직 자신만 유지하며 감히 논의하지 않는 것을 신은 진실로 의심스럽습니다. 진실로 이제부터라도 이를 논의하여 그 정세와 이치에 따라 상세하게 그에 대한 절문을 만들어 현재 있는 사람에게는 손해가 없고 앞으로 올 사람에게 한계를 둔다면 지금은 비록 그 이점을 보이지 못하더라도 10년 후에는 차이가 있을 것입니다. 가의(賈誼)가 '제후들이 개혁을 잘못이라고 말하는데, 지금 기회를 잃고 고치지 않으면 반드시 고질병이 될 것이다.'라고 했는데, 지금 신도 마찬가지입니다."

蘇轍曰: "國之財賦非天不生, 非地不養, 非民不長, 取之有法, 收之有時, 止於是矣, 而宗室官吏之衆可以禮法節也. 祖宗之世之始事, 常秩者俟闕則補, 否則循資而已, 不妄授也; 仁宗末年任子之法, 自宰相以下無不減損; 英宗之初, 三載考績, 增以四歲; 神宗之始, 宗室祖免之外不復推恩, 祖免之內以試出仕. 此四事者使今世欲爲之將以爲逆人心·違舊法, 不可言也, 而況於行之乎? 雖然, 祖宗行之不疑, 當世亦莫之非, 何者? 事勢旣極, 不變則敗, 衆人之所共知也. 今朝廷履至極之勢, 獨持之而不敢議, 臣實疑之, 誠自今日而議之, 因其勢·循其理微爲之節文, 使見在者無損而來者有限,

今雖未見其利, 要之十年之後, 事有間矣. 賈誼言諸侯之變以謂失今不治必
爲痼疾, 今臣亦云."

신은 이렇게 생각합니다. 소철(蘇轍)은 비록 송나라에 대해 언급하고 있지만, 이를 오늘날에 적용해도 일의 형국은 이와 유사한 것이 있습니다. 대개 오늘날 나라에서 소용되는 큰 비용은 번왕과 황실, 세습 무신, 정원 외의 문관직 등이 바로 이것입니다. 오늘날의 사정은 송나라처럼 그렇게 심한 정도에 이르지는 않았지만, 소철의 말에 따라 정세와 이치에 따라 상세하게 그에 대한 절문을 만들어 현재 있는 사람에게는 손해가 없고 앞으로 올 사람에게 한계를 둔다면, 가의(賈誼)가 말한 바 "지금 기회를 잃고 고치지 않으면 반드시 고질병이 된다"라는 일은 훗날 분명 없을 것입니다. 이것이 바로 나라의 대계(大計)로서, 소철의 소장(疏章) 끝에, "잘 재단할 수 있다면, 천하의 다행일 것입니다."라고 했는데, 신도 여기에 똑같이 말씀드립니다.

臣按: 蘇轍雖爲宋朝而言, 然揆之於今, 事勢實有類之者. 蓋今日爲國家大費者, 親藩宗室·世襲武臣·額外文職是也. 今日之勢雖不至於宋朝之旣極, 然用轍之言, 因其勢·循其理, 以其漸微爲之節, 使見在者無損, 而將來者有限, 則賈誼所謂失今不治之痼疾, 他日必無也. 此國家之大計, 轍於章末有云 "苟能裁之, 天下之幸", 臣於是亦云.

진부량(陳傅良)[29]이 말하였다.

"당 대종(唐代宗) 때 유안(劉晏)이 강회(江淮)지역의 염철권을 관장하여 해마다 6백여만 민(緡)을 거두어들였다. 당시 조세의 수입은 1,200만 민이었으니 강남에서 거두는 이익이 실제로 이의 절반을 차지하였던 것이다. 헌종(憲宗) 때, 《원화국계록》을 작성하였는데 천하의 23도 중에서 15도는 호구를 보고하지 않았지만, 매해 조세를 마련했던 것은 8도이였다. 모두 동남지역으로, 절강동서로(浙江東西路)·회남(淮南)·호남(湖南)·악악(嶽鄂)·선흡(宣歙)·강남·복건 등이었다. 이 때문에 한유(韓愈)[30]는 '오늘날 천하에서 나오는 세금에서 강남 지역이 열 중에 아홉을 차지한다.'라고 말하였던 것이다."

陳傅良曰: "唐代宗時, 劉晏掌江淮鹽鐵之權, 歲入六百餘萬緡. 是時租賦之所入不過千二百萬, 而江南之利實居其半. 憲宗時, 作《元和國計錄》, 天下二十三道, 而十五道不申戶口, 而歲租賦所倚辦者八道. 皆東南也, 曰浙江東西路·曰淮南·曰湖南·曰嶽鄂·曰宣歙·曰江南·曰福建. 故韓愈有言曰: '當今賦出天下而江南居十九'."

---

29 진부량(陳傅良, 1141~1203): 남송의 학자로, 온주(溫州) 서안(瑞安: 지금의 절강성 서안) 출신이다. 자는 군거(君擧), 호는 지재(止齋)이다. 영가학파(永嘉)의 대표적인 인물이다. 저서로는 《역대병제(歷代兵制)》, 《모시해고(毛詩解詁)》, 《주례설(周禮說)》, 《춘추후전(春秋後傳)》, 《지재후집(止齋後集)》 등이 있다.

30 한유(韓愈, 768~824): 당나라 문인으로, 유종원(柳宗元)과 함께 '한유(韓柳)'로 병칭되며 당송팔대가의 한 사람이다. 그는 하남(河南) 하양(河陽: 지금의 하남 남맹현) 출신으로, 자는 퇴지(退之), 호는 창려(昌黎)이다. 저서로는 《한창려집(韓昌黎集)》이 있다.

신은 이렇게 생각합니다. 동남 지역은 재부(財賦)의 근원지로, 당나라와 송나라 이래 나라 재정은 모두 이곳을 쳐다보았습니다. 오늘날 이곳은 더욱 절실하게 중요한 지역이니, 한유(韓愈)는 "오늘날 천하에서 나오는 세금에서 강남 지역이 열 중에 아홉을 차지한다"고 하였던 것입니다. 오늘날에 보면, 절동과 절서는 또 강남 세금의 열 중에 아홉을 차지하고, 소주(蘇州)·송강(松江)·상주(常州)·가흥(嘉興)·호주(湖州) 등 다섯 군에서 나오는 세금이 또한 양절(兩浙)의 열 중 아홉을 차지합니다.

홍무 연간을 고찰해 보면【《제사직장(諸司職掌)》에 의거한다.】, 천하의 하세와 추량을 섬[石]으로 계산하면 총 2,943만여 섬이며, 절강포정사 275만 2천여 섬, 소주부 280만 9천여 섬, 송강부 120만 9천여 섬, 상주부 55만 2천여 섬이었습니다. 이는 한 번(藩)과 세 부(府)의 토지로서, 이곳의 백성이 납부하는 세금은 천하의 다른 곳에 비해 무거웠고, 그 세량의 수량도 천하의 다른 곳에 비해 많았습니다.[31]

오늘날 북경에 나라의 수도를 정함에 따라 해마다 강남의 미곡 400여 만 섬을 조운하여 경사(京師)를 채웠고, 이 다섯 군의 조세가 강서(江西)와 호광(湖廣), 남직례(南直隸)의 거의 절반을 차지하였습니다. 선덕·정통 연간 이래로 매번 회계에 능통한 중신을 택하여 맡기고

---

31 이는 … 많았습니다: 소주·송강 등 강남의 5군의 세금이 다른 지역에 비해 과중하게 부과되었다는 견해는 수많은 사료에서 지적하고 있다. 이 지역에 세금이 과중하게 부과된 이유는 주원장이 명나라를 건국할 당시에 이 지역의 반발이 컸기 때문에 중세를 통해 징벌하였다는 견해가 일반적이다. 최근에는 이곳은 비옥한 토지였기 때문에 단위 면적당 수확량이 다른 지역에 비해 높았다는 점을 감안한다면 세금이 상대적으로 높지 않았다는 의견도 제시되고 있다.

이 지역을 순무하고, 그 세입을 담당하게 하였습니다.[32] 이는 이 지역이 조정과 나라 회계의 밑천이기 때문입니다.

　소주 한 부를 계산하여 그 나머지에 준하여 보겠습니다. 소주 한 부에는 7현이 있고, 개간 토지는 9만 6천 506경이고, 천하의 토지 8백 49만 6천여 경의 경지 숫자 안에 들어있는데, 천하의 세액(歲額) 2천 9백 4십여 만 섬 가운데 2백 8십만 9천 섬의 조세량을 내니, 그곳의 세금 등급이 무겁고 민력(民力)이 고갈되었음을 알 수 있습니다.

　속담에 말하기를 "소주와 송강이 풍년이 들면 천하가 풍족하다"고 합니다. 엎드려 바라옵건대, 현명하신 군주께서는 천하의 백성을 하나같이 인자하게 여기시어, 이곳 5개 군은 재부가 나오고 나라의 회계가 의지하는 곳이라는 점을 유념하시어 모든 세율을 너그럽게 줄이시옵소서. 또 반드시 순무 대신을 선발하여 이들에게 사의에 맞게 처리할 수 있는 권한을 주시고, 사의에 따라 경영하도록 맡기고 형식적인 법문에 얽매이지 않게 하면, 반드시 위로는 나라의 회계에 손해를 입게 하는 것이 없게 되고 아래로는 민력이 고갈되지 않게 될 것이니, 한 지방이 안정되면 사방의 백성이 모두 믿고 의지하게 될 것입니다.

臣按: 東南財賦之淵藪也, 自唐宋以來國計咸仰於是, 其在今日尤爲切要重地, 韓愈謂 "賦出天下而江南居十九", 以今觀之, 浙東西又居江南十九, 而蘇·松·常·嘉·湖五郡又居兩浙十九也. 考洪武中【據《諸司職

32　선덕 … 하였습니다: 선덕 연간부터 이갑제와 별도로 순무(巡撫)제도를 시행하여, 이들을 강남지역에 파견하여 세량 수입을 관할하였다.

掌》】天下夏稅·秋糧以石計者, 總二千九百四十三萬餘, 而浙江布政司二百七十五萬二千餘·蘇州府二百八十萬九千餘·松江府一百二十萬九千餘·常州府五十五萬二千餘, 是此一藩三府之地, 其民租比天下爲重, 其糧額比天下爲多. 今國家都燕, 歲漕江南米四百餘萬石以實京師, 而此五郡者幾居江西·湖廣·南直隸之半, 自宣德·正統以來, 每擇任有心計重臣巡撫其地, 以司其歲入. 蓋以此地朝廷國計所資故也. 竊以蘇州一府計之以準其餘, 蘇州一府七縣, 其墾田九萬六千五百六頃, 而居天下八百四十九萬六千餘頃田數之中, 而出二百八十萬九千石稅糧於天下二千九百四十餘萬石歲額之內, 其科征之重·民力之竭可知也已. 諺有之曰: "蘇鬆熟, 天下足." 伏願明主一視同仁, 念此五郡財賦所出·國計所賴, 凡百科率悉從寬省, 又必擇任巡撫大臣假以便宜之權, 任其從宜經制而不拘以文法, 必使上無虧於國計, 下不殫於民力, 一方得安, 則四方咸賴之.

이상은 경제의 정의이다.

以上經制之義.

신은 이렇게 생각합니다. 경제(經制)의 정의는 세금을 징수할 때 도리가 있고 비축에 그 방도가 있으며 쓰는 비용에 그 원칙이 있느냐에 달려 있습니다. 그렇지만 고금의 제도는 같지 않고 역대의 거두는 것과 쓰는 것이 일정하지 않았기 때문에, 이를 판단할 때 혹 시작과 끝이 서로 맞지 않기도 하고, 요약하면 또 피차 뒤섞이기도 합니다.

그러므로 신은 앞에서 이재의 방도에 대해 총론하고, 또 뒤에서 공부(貢賦)의 일정한 상도(常道)를 열거하였습니다. 그리고 여기에서는 특별히 이 세 가지를 하나로 묶어 '경제의 정의'라고 하여, 천하와 후세에 알려 나라를 다스리는 자가 백성에게서 거두어 관에다 비축하거나 관에서 꺼내어 천하에 방출할 때 반드시 천도의 공정함과 인간 행위의 의로움에 합당한 후에야 세금을 가져오고 거둬들이며 써야 함을 알게 하고자 하였습니다. 만일 그렇지 못하고 혹 사사로운 인간의 욕심에서 나와 의로움에 비추어 합당하지 못하면, 이는 이익일 뿐 의로움이 아닙니다.

이익의 속성이란, 의로움의 아래, 해로움의 위에 있는 법이어서, 한 단계 나아가면 곧 의로움이 되고 경제도 그 의당함을 얻을 것이니, 무궁한 복이 있을 것입니다. 반면 한 단계 퇴보하면 곧 해가 되어, 경제 또한 그 의당함을 잃게 될 것이니, 무궁한 재앙이 있을 것입니다. 후세의 현명하신 군주와 훌륭한 재상은 재부를 취하고 버리는 것과 징수하고 푸는 방도에 밝도록 해야 할 것입니다.

臣按: 國家經制之義在乎征斂有其藝·儲蓄有其具·費用有其經而已, 然古今之制度不同, 而歷代之取予用舍不一, 判之則或始末相穿, 約之則又彼此參錯. 故臣旣總論理財之道於前, 又列貢賦之常於後, 於此特總此三者爲一, 而謂之曰 "經制之義", 以示天下後世, 使知爲國者取之民而藏之官·出之官而散之天下, 必合乎天道之公·人爲之義而後取之·收之·用之. 苟爲不然, 或出於人欲之私, 揆之於義而不合, 則是利

而非義矣. 利之爲利, 居義之下·害之上, 進一等則爲義, 經制得其宜,
則有無窮之福; 退一等則爲害, 經制失其宜, 則有無窮之禍, 後世之明
君碩輔, 尙明其所以取舍·斂散乎哉.

이상은 경제의 정의(하)이다.

以上經制之義(下)

대학연의보

(大學衍義補)

—

권25

나라의 경비를 관리함[制國用]

곡물을 사들이는 법령[市糴之令]

《주역》〈계사전 하(繫辭傳下)〉에서 말하였다.

어느 날 하루 시장을 열어 천하의 백성들이 오게 하여 온갖 재화를 모아 놓고 서로 교역하고 돌아가게 하니, 각자 필요한 것을 얻을 수 있게 되었다. 이는 〈서합(噬嗑)〉[1]【서(噬)는 씹다[齧]이다. 합(嗑)은 합치다[合]이다. 사물에 틈이 있으면 이를 씹어서 합치게 하는데, 괘의 명칭이다.】의 괘에서 취한 것이다.

《易》: 日中爲市, 致天下之民, 聚天下之貨, 交易而退, 各得其所, 蓋取諸 《噬嗑》【噬, 齧也. 嗑, 合也. 物有間者齧而合之也, 卦名】.

신은 이렇게 생각합니다. 이것이 후세에 있는 시장의 시작입니다. 선유(先儒)가 말하기를, "《주역》에서 12괘에 근거하여 제기상상(制器尙象)하였다."라고 하였는데,[2] 〈이괘(離卦)〉에서 시작하여 〈익괘(益卦)〉가 다

---

1   서합(噬嗑): 아래위의 이가 서로 한곳에 모여 음식물을 씹는 것을 표현한 괘이다.
2   선유(先儒)가 … 하였는데: 《주역》〈계사전 하(繫辭傳下)〉의 본의(本義)에 정자(程子)가 "성인이

음이고, 그다음이 〈서합괘(噬嗑卦)〉이었으니, 여기서 취한 것은 식화(食貨: 음식과 재화)일 뿐입니다. 식화는 백성의 근본입니다. 백성은 음식과 재화에 대해 이것이 있으면 저것이 없으니, 이는 사는 곳이 서로 다르기 때문에, 음식과 쓸 것을 모두 가지고 있을 수 없기 때문입니다.

그러므로 하루의 적당한 때 사람들을 한곳에 오게 하고 재화를 한곳에 모이게 하는데, 오게 하고 모이게 한 곳이 바로 시장입니다. 사람들은 각기 자신이 가지고 있는 재화를 시장에 가서 서로 교환합니다. 가지고 있는 것으로 없는 것을 교환하여 각자 얻고자 하는 것을 구하고 난 뒤에 돌아가니, 사람들은 쓰는 것이 부족한 것이 없게 됩니다. 백성의 쓰는 것이 이미 풍족하니, 국용(國用)도 여유가 있습니다.

臣按: 此後世爲市之始. 先儒謂《易》之十二卦制器尙象, 始《離》, 次《益》, 次《噬嗑》, 所取者食貨而已, 食貨者生民之本也. 民之於食貨有此者無彼, 蓋以其所居異其處, 而所食所用者不能以皆有. 故當日中之時致其人於一處, 聚其貨於一所, 所致所聚之處是卽所謂市也. 人各持其所有於市之中, 而相交相易焉, 以其所有易其所無, 各求得其所欲而後退, 則人無不足之用, 民用旣足則國用有餘也.

《주례》에서 말하였다.[3]

사시(司市)【시장을 관할하는 관리의 우두머리이다.】는 시장의 다스림【치(治)는

그릇을 만들 때 괘를 보지 않아도 상을 알았다" 하였다.

3 주례에서 말하였다: 《주례》〈지관(地官) 사도(司徒)〉에 나온다.

다스려 바르게 하는 것이다.】과 교화【교(敎)는 가르쳐 변화시키는 것이다.】, 정치【정 (政)은 다스려 바르게 하는 것이다.】와 형벌【형(刑)은 형벌로써 통제하는 것이다.】, 계 량【량(量)은 물품의 많고 적음을 헤아리는 것이다.】, 탁【길고 짧은 것을 가늠하는 것이 다.】, 금령【금(禁)은 못하게 하는 것이다.】【령(令)은 하도록 하는 것이다.】을 관장한 다. 다음에 순서대로 지역을 구획하여 시장을 운영하고【이차서분지(以次敘分 地)는 처해 있는 장소의 차례에 따라 순서를 정하고 토지를 구획하여 관리하는 것이다.】, 저자에 물품들을 진열하여 각기 유사한 종류별로 거래하도록 한다【이진 사판물이평시(以陳肆辨物而平市)는 물품을 저자에 진열하고, 각기 유사한 물품끼리 고르게 거래하도록 하는 것이다.】. 교역량이 많은 대시(大市)【거래량이 많은 곳이다.】는 해가 넘어가면 거래하고, 조시(朝市)는 아침에 거래하며 석시(夕市)는 저녁 때 거래한다. 무릇 시장에서 관리하는 재물과 가축, 진기한 물품 중에서, 없는 물건은 갖추게 하고【망자사유(亡者使有)는 없는 물품을 늘 갖추게 한다는 것이 다.】, 이익이 되는 물품은 많게 하며【이자사부(利者使阜)는 이익을 보는 물품은 더 욱 풍부하게 구비하게 하는 것이다.】, 또한 손해가 되는 물품은 없애며【해자사망 (害者使亡)은 재물에 손해가 되는 물품은 그 값을 싸게 쳐서 없어지게 하는 것이다.】, 사 치스러운 물품은 적게 하였다【미자사미(靡者使微)는 사치로운 물품은 이를 억제하 여 적게 하는 것이다.】.

《周禮》: 司市【市官之長】掌市之治【治以理之】敎【敎以化之】·政【政以正之】刑【刑以 制之】·量【量多寡】度【度長短】·禁【使勿爲】令【使之爲】以次敘分地而經市【以所居 之次爲敘, 分地以掌之】, 以陳肆辨物而平市【陳物於市肆, 使各以類相從】. 大市【交易 衆多】日昃而市, 朝市朝時而市, 夕市夕時而市. 凡治市之貨賄·六畜·珍異, 亡者使有【物之無者常使之有】, 利者使阜【有利益者使之阜盛】, 害者使亡【物之害財 者賤之使至於亡】, 靡者使微【侈靡者抑之使微少】.

섭시(葉時)[4]가 말하였다.

"선왕들이 백성에게 정전을 지급한 것은 풍족하게 하기 위함이고, 상업을 만들어 점포를 열게 한 것은 물자를 널리 보급되게 하기 위함이다. 태재(太宰)는 나라의 큰 재정을 담당하는 직책으로 농업과 곡식을 함께 관장하였고, 사도(司徒)는 재물을 보급하는 일을 담당하는 직책으로 심고 거두는 일을 함께 반포하여 시행하도록 하였으니, 진실로 먹을 것이 풍족하고 재화가 잘 보급된 후에야 비로소 교화가 이루어질 수 있는 것이다. 그러므로 장인(匠人)들이 도읍지를 건설할 때 '앞에는 조정, 뒤에는 시장'으로 하였다. 내재(內宰)가 도읍지를 만들 때 후방에는 시장을 설립하였으니, 시장이란 상인들이 널리 왕래하게 하여 재물을 풍부하게 하는 곳이다."

> 葉時曰: "先王授民以井田, 足食也; 制商以市廛, 通貨也. 大宰阜財之職而與農穀並任, 司徒通財之事, 而與稼穡同頒, 誠以食足貨通, 而後教化可成也. 是以匠人營國, 則前朝而後市; 內宰建國, 則佐後而立市. 市者所以通商賈而阜財也."

서사(胥師)【시장 많은 서리 중의 우두머리이다.】는 각기 그다음으로 정령(政令)을 관장하는데, 물가를 고르게 조절하며【평기화뢰(平其貨賄)는 그 가격을 고르게 하여 멋대로 가격의 고하를 정하지 않게 하는 것이다.】법률과 형벌로 금지한다.

---

4 섭시(葉時):《대학연의보》권22 주) 45 참조.

胥師【市中群胥之長】各掌其次之政令, 而平其貨賄【平其價不得擅爲高下】, 憲刑禁焉.

고사(賈師)【물가를 아는 사람이다.】는 그다음으로 재화를 다스리는 것을 관장하는데, 물자를 두루 구비하게 하고 고르게 하며, 완성된 물건【성(成)은 물건이 완성된 것이다.】을 전시하고【전(展)은 보이는 것이다.】 가격을 정한【전(奠)은 정하는 것이다.】【고(賈)는 일정함이 있게 하는 것이다.】 뒤에 시장을 열도록 한다.

賈師【知物價者】各掌其次之貨賄之治, 辨其物而均平之, 展【視也】其成【物之成者】而奠【定也】其賈【使之有常】, 然後令市.

신은 이렇게 생각합니다.《주례》의 관직에 시장의 일을 담당하는 관직을 설치한 것이 이처럼 상세하기 때문에, 백성들로 하여금 있고 없는 물건을 바꾸게 하였습니다. 물자가 있는 사람은 이를 팔 수 있고 물자가 없는 사람은 이를 구할 수 있어서, 백성들이 각기 자신이 원하는 바를 얻을 수 있으니, 이 또한 왕도정치의 한 단서입니다.

臣按:《周官》於市肆一事設官如此之詳, 所以使民懋遷其有無也. 有者得以售, 無者得以濟, 斯民之各遂其所欲, 是亦王政之一端也.

천부(泉府)【화폐로 사용하는 포를 맡아 쌓아 두는 관청이다.】는 시장에서 상인들에게 현금인 포【정포(征布)는 상인들에게 거두는 오포(五布)이다.】를 징수하고, 시장에서 다 팔지 못하거나 백성의 용도에 적체되어 남은 물품을 사들이는 것【렴시지불수화지체어민용자(斂市之不售·貨之滯於民用者)는 시장 물품 중에 적체되어 팔리지 않으면 세금으로 받은 포로 사서 거두는 것이다.】 등을 관장한다【이기고매지(以其買買之)는 백성에게 원가에 밑지게 않게 사들인다는 뜻이다.】. 이때 해당 물품에는 그 가격을 써서 붙여 게시하여【물게이서지(物揭而書之)는 물품에 해당 가격을 써서 게시한다는 것이다.】, 백성이 언제라도 이 물품을 사는 것에 대비하도록 한다【이대불시이매자(以待不時而買者)는 언제라도 쓰고자 할 때 이를 구입할 수 있게 한다는 것이다.】. 물품을 구입하는 사람은 각기 이곳에서 정한 증빙서【저(抵)의 음은 제(帝)이고, 원가(本)이다.】에 따라야 하는데, 도(都)와 비(鄙)에서는 이곳을 주관하는 수장이 발급하는 증빙서를 따라야 하고, 제후국과 근교의 백성들은 이곳의 유사에서 발급하는 증명서를 따라야 하는데, 이런 후에야 물품을 매도한다. 모든 외상 거래는 제사용 물품의 경우 열흘을 넘기지 않고, 상례의 경우에는 석 달을 넘기지 않고 상환해야 한다. 백성이 물품을 빌릴【대(貸)는 빌려 쓰는 것이다.】 경우에는 유사(有司)에서 이에 대한 각종 사항을 검사한 후에 증빙서를 발급하되, 이때 나라의 각종 부역을 담당하는 것으로 이자를 삼았다【국복(國服)은 백성이 나라에 부역을 하는 것으로, 예컨대 경작하는 일 등을 말한다. 백성이 물품을 빌려 쓸 때에는 이에 대한 이자를 거두지 않고 노동력을 출원하여 나라의 일에 복역하는 것으로 이자를 대신하는 것이다.】.[5]

5　천부(泉府)는 … 삼았다:《주례》〈지관 사도〉를 계속 인용하고 있다.

泉府【泉布委積之府】掌以市之征布【征布廛人所斂之五布】, 斂市之不售·貨之滯於民用者【市貨有積滯不售者, 則以征布買而收之】以其賈買之【使民不喪其本】, 物揭而書之【逐物表揭, 而書其價】, 以待不時而買者【以待民之乏用】. 買者各從其抵【抵音帝, 本也】, 都鄙從其主, 國人·郊人從其有司【主與有司卽所謂抵也】, 然後予之. 凡賒者祭祀無過旬日·喪紀無過三月. 凡民之貸【借用也】者與其有司辨而授之, 以國服爲之息【國服, 謂民於國所服之業, 如農圃之類也. 民貸物不取其息, 俾其出力以服國事以代出息也】.

섭적(葉適)[6]이 말하였다.

"천부(泉府)의 법제에, 시장에서 다 팔지 못하거나 백성의 용도에 적체되어 남은 물품을 그 가격으로 사들였고, 외상 거래는 제사와 상례에 모두 기한이 있고, 나라의 각종 부역을 담당하는 것으로 이자를 삼았다. 이는 당시 백성들이 모두 보통 사람이지 특별히 부유한 사람이 아니었다. 물품을 지급하거나 지급하지 않는 것, 거두거나 방출하는 것, 경중의 권한은 위에서 나오니, 토지를 고르게 하여 경작하게 하고 집을 지어 살게 하여 의식(衣食)의 도구가 지급되지 않는 것이 없지만, 제사와 상례에 필요한 물품은 여전히 부족한 경우가 있으니, 윗사람이 이를 주지 않으면 누가 주겠는가.

---

6 섭적(葉適, 1150~1223): 남송의 사상가로, 온주(溫州) 영가(永嘉: 지금의 절강성) 출신이다. 자는 정칙(正則), 호는 수심(水心)이다. 저서로는 《습학기언(習學記言)》, 《수심문집(水心文集)》, 《수심별집(水心別集)》 등이 있다.

그러므로 외상으로 이들에게 빌려주고 일수로 계산하여 보상하게 하고, 이에 해당하는 부역을 담당하게 함으로써 이자로 삼게 하였던 것이다. 또한 사안 중에 팔리지 않거나 백성이 쓰기에 적체되는 물품은, 백성이 이것이 부족한데 위에서 거두지 않으면 어질지 못하게 된다. 그러므로 이 두 가지의 법은 진실로 삼대 시대에 시행한 것이었다.

오늘날 천하의 백성이 균등하지 않은 것이 오래되었고, 물품을 지급하거나 이를 지급하지 않는 것, 거둬들이거나 방출하는 것, 물가를 가볍거나 무겁게 하는 것 등의 권한이 한결같이 위에서 나오지 않고, 부자와 큰 상인들이 이를 나누어 가진 지가 몇천 년이 지났는지조차 알 수 없게 되었는데 갑자기 빼앗는 것이 가능하겠는가.”

葉適曰: “泉府之法, 斂市之不售貨之滯於民用者以其賈買之, 其賖者祭祀·喪紀皆有數而以國服爲之息. 蓋當是時民皆齊民, 未有特富者也, 開闔·斂散·輕重之權一出於上, 均之田而使之耕, 築之室而使之居, 衣食之具無不畢與, 然而祭祀·喪紀猶有所不足, 上之人不之與則誰與之? 故賖而貸之使以日數償, 而以其所服者爲息. 且其事之不售·貨之滯於民用者, 民不足於此而上不斂之則爲不仁, 然則二者之法蓋三代固行之矣. 今天下之民不齊久矣, 開闔·斂散·輕重之權不一出於上, 而富人大賈分而有之不知其幾千百年也, 而遽奪之, 可乎? 奪之可也, 疾其自利而欲爲國利, 可乎?”

마단림(馬端臨)이 말하였다.

270

"천부(泉府)라는 관직은 가장 백성을 편하게 한다. 물품이 적체되면 관청에서 구매하고, 백성이 불시에 사고자 하면 팔았다. 능력이 없는 경우에는 필요한 물품을 외상으로 대여해 주도록 하였다. 대개 선왕들은 백성을 자식처럼 여겨 이들의 은밀한 사정까지 통찰하여 이들이 모자라는 것을 여러 가지 방안으로 구제하였으니, 어진 정치는 이보다 나은 것이 없었다.

당초 천부는 전적으로 이익을 꾀하거나 이자를 거두고자 설치된 것이 아니었다. 왕안석은 천부의 관직을 설치한 본래의 취지를 따르지 않고, 정현(鄭玄)이 주석한 '나라에 부역을 하는 것으로 이자를 삼는다'는 구절을 무시하고 청묘법을 시행하여 천하를 그르쳤으니, 옳은 일이겠는가."

馬端臨曰: "泉府一官最爲便民, 滯則官買之, 民不時而欲買者, 官則賣之, 無力者, 則賒貸與之. 蓋先王視民如子, 洞察其隱微, 而多方濟其缺乏, 仁政莫尙於此, 初非專爲謀利取息設也. 王安石不原其立官之本意, 而剿鄭注 '國服爲息' 一語, 行青苗以誤天下, 可乎?"

신은 이렇게 생각합니다. 천부를 설치하여 천(泉)으로 이름 지은 것은 천포(泉布)【천(泉)은 전(錢)의 고자(古字)이다.】를 주관하는 관직이었기 때문이었습니다. 옛날에는 천포로 천하의 물품을 유통하게 하였는데, 이로써 백성을 편리하지 않게 하는 것이 없었습니다. 천포는 군주에게서 나오고 물품은 백성에 의해 만들어지지만, 모든 백성이 물품을 두루 다 가지고 있을 수는 없습니다. 따라서 가지고 있는 것과 가지고 있지 않는 물품을 서로 나누고자 하면, 반드시 돈에 의지하여 물품을 바꾸어야 하는데, 이렇게 한 후에야 비로소 없는 것을 각자 가질 수 있게 됩니다. 물건이 모이는 것은 많기도 하고 적기도 하며, 때마다 쓰는 물건 또한 급할 때도 있고 덜 급할 때가 있습니다. 따라서 물품의 양이 적고 급하게 써야 할 경우에는 이를 즉시 유통하게 하고, 물품이 많으면서도 급하게 이를 쓰지 않을 경우에는 적체되기 마련입니다. 따라서 군주는 물건이 적체되면 천포로 이를 수매하고, 물건이 적으면 이를 유통하게 함으로써 민생을 후하게 합니다.

또 나라에서 물건을 이미 거둬들인 후에 혹시라도 백성이 급하게 필요한 것이 있으면, 그 원가에 따라 이를 팔아서 백성들이 써야 할 것을 구제합니다. 그런데 물건을 살 때에는 반드시 정해진 가격에 따라 하되, 백성 중에서 가난한 사람의 경우는 가격과 관계없이 사는데, 관에서는 이를 외상으로 주거나 그 물건을 대여합니다. 이때 외상으로 줄 경우에는 상환하도록 하되 이자를 받지 않으며, 대여해 줄 경우에는 원가에 따라 그 이자를 계산합니다. 다만 이자를 받지 않은 경우는 장례나 제사 등 아주 시급할 때에만 해당하고, 이자를 반드시 받는 경우는 일정하게 필요한 것이 아닌 경비에 한합니다. 그런데 이자를 받을 경우에도 또한 돈으로 계산하지 않고 노동력으로 하였습니다. 그러므로 이른바 "나라에 부역을 담당하여 이를 이자로 삼는다"는 것은 본전을 상환한 이후에 관아에 부역하는 것으로 이자로 삼았다는 것입니다.

이때 부역하는 일수는 나라 안의 경우에는 키 7척의 60~70세, 나라 밖의 지방인 야(野)의 경우에는 키 6척의 65세까지의 장정을 징발하여 부역을 담당하게 하였습니다. 이와 같이 하면 백성의 재산을 부유

하게 하지 않는 것이 없을 뿐만 아니라, 또한 백성의 위급함을 구제할
수 있게 됩니다. 이로써 군주는 한 치의 이익도 취하는 것이 없으니,
어찌 왕망이나 왕안석과 같이 하겠습니까.

臣按: 泉府之設以泉爲名, 蓋主泉布【泉, 古"錢"字】之官也. 古者以泉布流
通天下之物, 無非以便民而已. 泉布出於上, 貨物生於民, 民之貨物不
能以皆有也, 欲通其有無必資錢以易物, 然後無者各有焉. 然其物之聚
也有多有少, 時之用物也有急有緩, 少而急於用則通, 多而不急於用則
滯. 上之人因其滯也, 則以泉布收之, 俾其少而通焉, 所以厚民生也. 上
旣收之矣, 下之人或有所急而需焉, 則隨其原價而賣之, 所以濟民之用
也. 然買物必以價, 彼民之貧者無價以買, 官則或賒或貸, 與之賒則取
償而不取息, 貸則按本以計其息, 所以不取息者, 應其喪祭之急, 而必
取息者, 限其浮浪之費也. 然其取息也, 則又不以錢而以力焉, 所謂國
服爲之息者, 償本之後以服役公家爲息, 服如國中七十及六十·野自六
尺及六十有五征之以供服役之服也. 凡若此者, 無非以阜民之財·濟民
之急而上之人無分毫利焉, 豈若王莽·王安石之所爲哉?

《예기(禮記)》〈왕제(王制)〉에서 말하였다.

용기가 표준 척도에 맞지 않거나, 전쟁용 수레가 표준 척도에 맞지 않
거나, 베와 비단의 질이 표준 승수와 폭·넓이가 표준 무게에 맞지 않거
나, 가짜가 진짜를 문란하게 하거나, 제철이 아닌 오곡이나 미처 익지 않
은 과일, 제때에 벌목하지 않은 나무, 제때에 잡지 않은 짐승과 생선이나
자라 등은 시장에서 팔아서는 안 된다.

《王制》: 用器不中度不粥於市, 兵車不中度不粥於市, 布帛精粗不中數幅·廣狹不中量不粥於市, 奸色亂正色不粥於市, 五穀不時·果實未熟不粥於市, 木不中伐不粥於市, 禽獸·魚鼈不中殺不粥於市.

이구(李覯)[7]가 말하였다.

"이재(理財)의 도리는 거짓된 것을 없애는 것을 우선으로 한다. 백성들의 속이기는 늘 가지고 있는 마음인데, 하물며 이 시장에서 속이거나 나쁜 것을 파는 짓을 얼마나 많이 하겠는가. 나쁜 물건을 간사하게 속여 뒤섞어 넣어 사람들을 속임으로써 이익을 취하니, 사람들은 경쟁적으로 추종한다. 어찌 어리석은 백성들만 속임을 당하겠는가.

만일 사람들이 일상을 해치고 본업을 폐하고 무용한 물건을 만들고, 사람들이 본업을 폐하니 근본이 두터워지지 못하고, 물건들이 무용하면 나라는 부실해져, 아래에서는 근본이 없어지고 위로는 실속이 없으니, 재앙이 이로부터 시작된다."

李覯曰: "理財之道去僞爲先, 民之詐僞蓋其常心, 矧茲市井, 飾行儥慝何所不至哉? 奸僞惡物, 而可雜亂欺人以取利, 則人競趨之矣. 豈惟愚民見欺耶? 使人妨日廢業以作無用之物, 人廢業則本不厚矣, 物無用則國不實矣, 下去本而上失實, 禍自此始也."

7　이구(李覯, 1009~1059): 《대학연의보》 권23 주) 2 참조.

신은 이렇게 생각합니다. 시장에서 물건을 갖추어 놓는 것은 비록 상인들의 일이지만, 그 풍속의 사치함과 검소함, 인심의 호화로움과 신실함, 나라 경비가 남거나 축소되는 것은 모두 여기서 연유합니다.

> 臣按: 市肆所陳雖商賈之事, 然而風俗之奢儉·人情之華實·國用之盈縮皆由於斯焉.

한 무제는 원봉(元封) 원년(기원전 110), 상홍양(桑弘羊)[8]의 말을 채택하여 균수관을 군국(郡國)에 설치하였다. 천하의 재화를 모두 거둬들이되, 귀하면 팔고 흔하면 이를 사들여, 부유하고 큰 상인들이 큰 이윤을 잃지만 물가는 오를 수 없었기 천하의 물품을 억제할 수 있었으니, 이를 평준(平準)이라고 하였다.

> 漢武帝元封元年, 用桑弘羊言, 置均輸官於郡國, 盡籠天下之貨, 貴則賣之·賤則買之, 使富商大賈亡所牟大利, 而物價不得騰躍, 故抑天下之物, 名曰平準.

상홍양(桑弘羊)이 말하였다.[9]

"옛날에는 군현의 제후들은 각자 그 지역에서 나는 물산을 공물로

---

8   상홍양(桑弘羊, ?~기원전 80: 《대학연의보》 권20 주) 26 참조.

9   상홍양(桑弘羊)이 말하였다: 아래 인용된 문학(文學)의 말과 함께 《염철론(鹽鐵論)》에 나온다.

바쳤는데, 오고가는 일이 번거롭고 어려웠고 물건이 많아 고생스러웠으나 그 비용을 보상받지 못했다. 그러므로 군에 수관(輸官: 세금 등 물자 운송 담당관)을 두어 운송을 도와, 먼 곳의 공물을 편하게 하였기 때문에 균수(均輸)라 한다. 경사(京師)에 위부(委府)를 개설하여 화물을 모아 두었다가, 흔하면 사들이고 귀하면 팔도록 하였으므로, 현의 관리들은 그 실질을 잃지 않았고, 상인들은 부당이득이 없었다. 그런 까닭에 평준(平準)이라 하였다."

桑弘羊曰: "往者郡縣諸侯各以其物貢輸, 往來煩難, 物多苦惡, 不償其費, 故郡置輸官以相給運而便遠方之貢, 故曰均輸. 開委府於京師以籠貨物, 賤則買·貴則賣, 是以縣官不失實, 商賈無所牟利, 故命曰平準."

문학(文學)이 말하였다.

"옛날에 백성에게서 부세를 거둘 때에는 백성들의 기술을 따랐고 품질이 좋지 않은 것을 원치 않았기 때문에 농부는 그가 수확한 것을 바치고 공인(工人)과 여자는 직분에서 나오는 물건을 바쳤다. 오늘날에는 백성이 가지고 있는 것을 풀어 가지고 있지 않은 것까지 책임을 지기 때문에, 백성은 자신의 재화를 싸게 팔아서 나라에서 요구하는 것을 제공하였다. 그 사이에 군국에서는 때로는 베나 솜으로 내라고

《염철론》은 한(漢)나라 환관(桓寬)이 편찬한 경제서(經濟書)로, 10권 60편이다. 한 소제(漢昭帝) 때 염철(鹽鐵)의 전매(專賣) 제도의 존속(存續) 여부에 관하여 승상(丞相) 차천추(車千秋) 및 어사대부(御史大夫) 상홍양(桑弘羊) 등과 전국에서 모인 문학 60여 명이 조정에서 토론한 것을 환관이 편집한 것이다.

명하여, 관리들은 자의적으로 트집을 잡아 그것으로 장사를 했으니, 관리들의 수입은 제아(濟阿) 지방의 비단인 겸(縑)이나 촉한(蜀漢) 지방의 포(布)뿐만 아니라, 민간에서 만든 것이었다.

간사한 짓을 통해 가격을 정해 물건을 팔아, 농민들은 더욱 고통을 당하고 여성들은 세금을 거듭 내게 되었으니, 고르게 거둔다는 균수 정책을 찾아볼 수가 없다. 현의 관리는 물자를 방출하고 문을 잠근 채 시장을 마음대로 조정하니, 모든 사람들이 물자를 한꺼번에 거둬들인다. 한꺼번에 물자를 거둬들이면 물가는 치솟게 되고, 물가가 치솟으면 상인들은 부당이득을 얻는다. 시장에서는 관리들이 간사한 세력가를 용인하고 부유한 상인들은 재화를 쌓아 두고 급할 때를 기다렸고, 따라서 소상인과 간사한 관리들은 싼값으로 비싼 물건을 사들이니, 물가를 고르게 했다는 평준 정책은 찾아볼 수 없었다. 옛날의 균수법은 백성이 일하고 쉬는 것을 균등하게 하여 공물의 운송을 편리하게 하는 데 있었지, 이익을 위해 물품을 장사하기 위한 것이 결코 아니었다.”

文學曰: “古之賦稅於人也, 因其所工, 不求其拙, 農人納其獲, 工女效其職. 今釋其所有責其所無, 百姓賤賣貨物以便上求, 間者郡國或令作布絮, 吏恣留難, 與之爲市, 吏之所入, 非獨濟陶之縑·蜀漢之布也, 亦民間之所爲耳. 行奸賣平, 農民重苦, 女工再稅, 未見輸之均也; 縣官猥發, 闔門擅市, 則萬人並收, 並收則物騰躍, 騰躍則商賈牟利, 自市則吏容奸豪, 而富商積貨儲物以待其急, 輕賈奸吏收賤以取貴, 未見準之平也. 蓋古之均輸所以齊勞逸而便貢輸, 非以爲利而賈物.”

신은 이렇게 생각합니다. 상홍양이 균수법을 만들어 이를 통해 물가를 고르게 하고자 했는데, 그가 현량문학사들과 변론한 것을 보면 대략 다 알 수 있습니다. 천하의 이치는 공(公)과 사(私), 의(義)와 이(利)뿐입니다. 의로움은 공이고, 이익은 사입니다. 공은 사람들을 위한 것이고 남음이 있게 되지만, 사는 자신을 위한 것이고 부족하게 됩니다. 당당한 조정이 상인들이 하는 장사를 하고, 더구나 상인들이 부당이득을 얻지 못하도록 한다고 말할 수 있겠습니까. 아! 상인이라도 부당이익을 챙겨서는 안 되거늘, 더구나 만승의 지존이 상인들이 추구하는 부당이익을 챙겨서야 되겠습니까.

> 臣按: 桑弘羊作均輸法以爲平準, 觀其與賢良文學之士所辨論者, 大略盡之矣. 然理之在天下, 公與私·義與利而已矣, 義則公, 利則私. 公則爲人而有餘, 私則自爲而不足, 堂堂朝廷而爲商賈貿易之事, 且曰欲商賈無所牟利. 噫, 商賈且不可牟利, 乃以萬乘之尊而牟商賈之利, 可乎?

신(新)나라 왕망(王莽)은 수도인 장안과 5도(五都)에 오균관(五均官)[10]을 설치하였다.

> 王莽於長安及五都立五均官.

---

10 오균관(五均官): 왕망이 《주례》, 《악어》에 근거하여 장안(長安)을 비롯하여 낙양(洛陽)·한단(邯鄲)·임치(臨淄)·완(宛)·성도(成都) 등 도시에 오균시(五均市)를 설치하고 물가와 세수, 대여 등의 업무를 관장하게 하였다.

마단림(馬端臨)이 말하였다.

"옛사람이 오균(五均)을 설치하여 시장 가격을 균등하게 하고, 천부(泉府)를 설치하여 적체되는 재화를 거둬들이고 적절한 때 매매한 것은 모두 백성을 편리하게 하고자 한 것이다. 이른바 "나라에 부역을 담당하여 이를 이자로 삼게 하였다"는 것은 바로 관청에 있는 물자를 외상으로 백성에게 대여해 주고 그 이자를 취하는 것을 말한다.

오늘날 왕망은 오균과 천부의 설을 빙자하여, 백성에게 산택에서 채취하는 자, 목축과 방직하는 자에서부터 의술과 무속인, 기예(技藝)를 가진 사람에 이르기까지 각자 한 일 중에서 그 1/11을 계산하고 그하나를 공물로 삼았다. 이는 백성에게서 직접 세금을 취득한 것이니, 주공에게 언제 이와 같은 법제가 있었는가."

馬端臨曰: "古人立五均以均市價, 立泉府以收滯貨, 而時其買賣皆所以便民也. 所謂國服爲息者, 乃以官物賒貸與民則取其息耳. 今莽借五均泉府之說, 令民釆山澤者·畜牧者·紡織者以至醫巫·技藝, 各自占所爲而計其息十一分之一, 以其一爲貢, 則是直攫取之耳, 周公何嘗有此法乎?"

신은 이렇게 생각합니다. 《악어(樂語)》[11]는 하간(河間) 헌왕(獻王)이 전했는데, 오균에 대해, "천자가 제후들의 토지에서 수취할 때 오균을

---

11 악어(樂語): 《주례》〈춘관(春官)〉에 나온다. 악어는 말하고 응답하는 여섯 가지의 기교로, 일종의 음악에 관한 이론이다.

설치하니, 시장에 두 가지 가격이 없었을 뿐 아니라, 사민(四民)이 늘 고르게 되었다"고 하였습니다. 이것이 왕망의 오균설이 나오게 된 출처입니다. 왕망은 옛날 사람들의 좋은 법제를 빌려와 시장의 이익을 모두 차지한 것은 말할 가치조차 없지만, 우선 이를 기록하여 세상의 경계로 보이고자 합니다.

> 臣按:《樂語》河間獻王所傳, 道五均事, 言天子取諸侯之土以立五均, 則市無貳價, 四民常均. 此王莽五均之說所自出也. 莽借古人良法以罔市利無足道者, 姑錄之以示世戒.

후한의 장제(章帝, 76~87) 때 상서(尚書)인 장림(張林)이 말하기를, "현의 관리는 마땅히 교지(交趾)[12]와 익주(益州: 지금의 사천 분지 일대)에서 회계 관리가 올린 것을 가지고, 진귀한 보석을 거래하여 그 이익을 챙겼는데, 이것이 한 무제가 말하는 균수법입니다."라고 하였다. 장제가 조서를 내려 이를 논의하도록 명하였다.

상서복야 주휘(朱暉)가 말하기를, "《예기》〈왕제(王制)〉에 따르면, 천자는 있고 없음을 거론하지 않고 제후는 많고 적음에 대해 말하지 않으며, 나라의 녹을 먹는 사람들은 백성과 더불어 이익을 다투지 않는다고 하였다. 지금 균수법은 상인들과 다를 바가 없으니, 밝은 군주가 마땅히 행해야 할 바가 아닙니다."라고 하였다. 황제는 따르지 않았고 그 뒤 용도가

---

12 교지(交趾): 한나라와 당나라에서 설치한 군(郡)으로, 지금의 월남의 북부지방인 홍하(紅河)의 삼각주 지대를 말한다.

더욱 사치스러워졌다.

漢章帝時尙書張林言: "縣官宜自交趾·益州上計吏來, 市珍寶收采其利, 武帝所謂均輸也." 詔議之. 尙書僕射朱暉曰: "按《王制》, 天子不言有無, 諸侯不言多少, 食祿之家不與百姓爭利, 今均輸之法與商販無異, 非明王所宜行." 帝不從, 其後用度益奢.

신은 이렇게 생각합니다. 균수법이란, 군국의 세금과 고용 조운 직관(直官)이 총괄하여 수취한 것을 아울러 수도에 운반하는 것을 일컫는 것입니다. 이는 상인의 일이 아닐 뿐 아니라, 재산이 없는 빈민이 남에게 고용되어 담당하는 일입니다. 밝은 군주가 의당 행할 바가 아닐 뿐 아니라, 비록 향리의 명색이 사대부인 자도 행할 바가 아닙니다. 장제는 후한의 7명의 군주 중 한 사람임에도 이렇게 하였으니, 어찌 무제가 남긴 계책이 좋지 않았던 것이 아니겠습니까.

臣按: 均輸之法謂郡國租賦並雇運之直官總取之而爲之轉輸於京, 此非但商賈之事, 蓋貧民無産者爲人傭雇之事也, 不但非明主所宜行, 雖鄕里之名爲士大夫者亦不宜行也. 章帝爲漢七制主之一而亦爲此, 豈非武帝詒謀之不善哉?

당 덕종(唐德宗, 재위 780~804)은 환관에게 궁시(宮市)로 삼고 백망(白望: 시장에서 매매하는 환관) 수백 명을 두어 남의 물건을 저가로 억지로 사들이게 하였다. 홍색과 자주색으로 염색한 헌옷과 낡은 비단을 한 자나 한 치쯤 찢어 주고 이어 진봉문호전(進奉門戶錢)과 각가전(脚價錢: 발품 삯)을 요구하였다. 명색은 궁시(宮市)라고 하였지만, 실제로는 강탈하는 것이었다. 간관(諫官)과 어사들이 수차례 간언했으나, 덕종은 듣지 않았다.

　서주(徐州)의 절도사 장건봉(張建封)이 입조하여 이를 상주하자, 덕종이 자못 기쁘게 받아들이면서 판탁지(判度支) 소변(蘇弁)에게 물었다. 소변은 환관들의 뜻을 살피고 대답하기를, "경사(京師)에 노는 사람 만가(萬家)가 생업이 없고, 궁시에서 물자를 거두어 지급하기만을 기다리고 있습니다."라고 하였다. 황제가 그의 말을 믿었기 때문에 궁시에 대해 말하는 간언은 모두 듣지 않았다.[13]

> 唐德宗以宦者爲宮市, 使置白望數百人抑買人物, 以紅紫染故衣敗繒, 尺寸裂而給之, 仍索進奉門戶及脚價錢. 名爲宮市, 其實奪之. 諫官·御史數諫, 不聽. 徐州節度使張建封入朝, 具奏之, 上頗嘉納, 以問判度支蘇弁, 弁希宦者意, 對曰: "京師遊手萬家無生業, 仰宮市取給." 上信之, 故凡言宮市者皆不聽.

　호인(胡寅)[14]이 말하였다.

　"백성을 호강층이 수탈하면 현령이 잡아다 다스릴 수 있고, 현령이 강제로 수취하면 군수가 잡아다 다스릴 수 있으며, 군수가 법에 기대

13　당나라 덕종 … 않았다: 이 내용은 《자치통감》 권235에 나온다.

14　호인(胡寅, 1098~1156): 《대학연의보》 권21 주) 8 참조.

어 백성에게서 긁어 가면 안찰사가 잡아다 다스릴 수 있고, 재상이 사람을 부려 백성을 원수처럼 못살게 수탈하면 천자는 잡아다 쫓아낼 수 있다. 천자가 되어 이 몇 가지를 겸하고는 백성의 원망을 구휼하지 않거나 비난하는 의논을 두려워하지 않고 간언을 받아들이지 않으면 어쩔 수가 없는 것이다.

필부의 교역에서도 가격이 서로 맞지 않는데도 가져다 소유하거나 불공평을 방관하면 염치 있는 사람들은 수치스럽게 생각한다. 부유함은 사해를 소유하고 있으면서도 행동은 필부와 같았으므로 이를 청사(靑史)에 기록하여 길이 사라지지 않게 하였으니, 어찌 영원한 감계로 삼지 않겠는가."

胡寅曰: "百姓豪奪, 縣令得而治之; 縣令強取, 郡守得而治之; 郡守倚法以削, 按察使得而治之; 宰相用人譬斂, 天子得而逐之. 天子而兼是數者, 不恤誚怨·不畏非議·不納諫說, 則無如何矣. 匹夫交易, 價不相直取而有之, 旁觀不平, 廉者愧恥, 富有四海, 而行同匹夫, 書之靑史千古不泯, 豈非永監哉?"

신은 이렇게 생각합니다. 만승의 주인인 천자가 사해의 부를 모두 가지고 있음에도 불구하고, 가난한 사람들의 물자를 공짜로 빼앗아 자신의 양식으로 삼는다면, 이는 도적이 대낮에 겁탈하는 것과 다를 바가 없습니다. 그런데도 지금 이를 알지 못한 채 좌우에 있는 사람들에 의해 어리석게도 가리웠으니, 그 책임을 오히려 핑계 댈 수 있었을 것입니다. 다행스럽게도 나귀에 땔감을 싣고 가는 농부가 환관을 때림으로써 이 사실이 군주에게 알려지게 되었고, 간관과 어사가 수차례에 걸쳐 간언하였고, 방진(方鎭)에서 내조(來朝)한 사람 역시 이를 언급하였으니, 이는 혁파할 수 있었습니다.

많은 사람들이 말한 바는 모두 신뢰하지 않고, 구차하게 한 사람이 "경사(京師)에 노는 사람 만가(萬家)가 생업이 없고, 궁시에서 물자를 거두어 지급하기만을 기다리고 있습니다"라고 한 말만 믿었습니다. 아아! 군주가 말을 들을 때는 마땅히 이치에 헤아려야 하니, 내가 시장에서 물자를 사는데 노는 사람이 무슨 상관이 있습니까. 친히 믿을 만하고 속이지 않는 사람을 파견하여 그 실정을 가서 정탐하면, 실정과 거짓이 드러날 것입니다.

臣按: 萬乘之主而有四海之富, 乃白奪貧人之物以爲食用, 無以異於盜賊之白日行劫. 然方其未知也, 而爲左右之人所蒙蔽, 其責猶有可諉者; 幸而農夫以驢負柴者·殿宦者得以上聞, 諫官·御史又數言之, 而方鎭來朝者又以言, 是可以罷之矣. 夫以衆人所言者皆不信, 而區區信一人之言, 謂京師遊手萬家仰宮市以取給. 嗟夫, 人君聽言當揆之於理, 吾取物於市而遊手何預焉, 而賴此以給乎? 盍遣親信不欺者往偵其實, 則情僞見矣.

송 태종 태평홍국 5년(980), 조서에서 말하였다.

"궁중에서 물품을 사고, 원래 생산되지 않은 곳에 억지로 이를 배정하여 백성을 불안하게 하지 말라."

宋太宗太平興國五年, 詔宮中買物, 有原不出産處毋得抑配擾民.

송나라 초, 경사(京師)에는 잡매무(雜買務: 물건 구입 기구)와 잡매장(雜買場: 물건을 사들이는 곳)이 있어서 궁궐의 교역을 주관하였다. 인종(仁宗, 재위 1041~1062)은 보신(輔臣)에게, "우리 왕조에서는 당나라 궁시(宮市)의 폐단을 경계하여 잡매무를 설치하고 경사의 관리와 환관이 참여하여 주관하게 함으로써 백성을 침해하고 불안하게 하는 것을 방지하였다. 근래 시급하게 쓸 것이 아닌 물품을 일체 시장에서 수취하여 백성들을 심히 불안하게 하니, 옛날 명령을 신칙하여 실제 가격으로 지급하도록 하라." 하였다. 그 사이에 내동문(內東門) 시장에서 민간의 물품에 대해 몇 해 동안 돈으로 보상하지 않은 경우가 있었기 때문에, 유사(有司)가 이제부터 현금으로 사들이도록 할 것을 청하였다.

宋初, 京師有雜買務·雜買場以主禁中貿易, 仁宗謂輔臣曰: "國朝懲唐宮市之弊, 置務以京朝官內侍參主之, 以防侵擾, 而近歲非所急務一切收市, 擾人甚矣, 及申舊令, 使皆給實直." 其間內東門市民間物或累歲不償錢, 有司請自今宜以見錢售之.

신은 이렇게 생각합니다. 궁중에서 용도가 있거나 부족한 물품은 시장에서 구하지 않을 수 없습니다. 요컨대 굳이 장무나 전관사를 둘 필요가 없습니다. 필요한 물품이 있을 때에는 청렴한 사람을 파견하여 현금을 가지고 가서 시가(時價)에 따라 공평하게 거래를 하되, 다른 물건으로 값을 할인하거나 다른 시기로 한정하지 않으며, 또한 질이 나쁜 화폐로 교역하지 않으면, 관청은 실제로 쓰는 물품을 얻게 되고 소민들도 원성이 없게 될 것입니다.

臣按: 宮中有所用度或有所闕, 不能不求之於市肆, 要之不必設場務·專官使, 遇有所用, 遣廉謹之人齎見錢隨時價兩平交易, 而不折以他物, 不限以異時, 不易以壞幣, 則官府有實用, 而小民無怨聲矣.

진종 대중상부(大中祥符) 3년(1010), 하북(河北) 전운사 이사형(李士衡)이 청하기를, "관청에 명을 내려 백전(帛錢)을 미리 지급하여 때에 맞게 물자를 수송하게 한다면 백성은 이익을 얻고 관청도 쓰임이 풍족할 것입니다."라고 하였다. 황제가 따르고, 이어 그 가격을 넉넉하게 치르라고 영을 내렸다.

眞宗大中祥符三年, 河北轉運使李士衡請令官司預給帛錢, 俾及時輸送, 則民獲利而官亦足用. 從之, 仍令優與其直.

신은 이렇게 생각합니다. 송 왕조에서는 명주와 비단을 예매하는 것을 일러 화매견(和買絹)이라고 하였습니다. 무릇 물품을 살 때 화(和)라고 하는 것은 반드시 양쪽에 손해가 없고 상하가 같이 원하고 억지로 사도록 강요하는 것이 없다는 말입니다. 송나라에서 말하는 화매란,

백성이 돈이 부족하면 반드시 물품을 팔고, 관에서는 먼저 이를 사겠다고 미리 기약하여 백성에게 편리하게 한 것입니다. 그 후의 폐단은 하세(夏稅)와 함께 운송하게 함으로써 발생하였고, 민가에서는 운송과 생계를 잇는 수단을 모두 할인된 계산을 따랐으며 백성들의 무궁한 해가 되었습니다.

오늘날 말하는 화매란 단지 비단에만 그치는 것이 아니라, 궁궐과 관청에서 부족한 모든 물품을 주(州)와 군(郡)에서 거둬들이고, 주와 군은 이를 다시 백성에게 거둬들인 후에 그 가치를 계산하여 오직 관청 창고에 들여놓고 가격을 지급하여 보상하게 하였습니다.

명색은 화매(和買)라고 하였지만, 실제로는 민간이 소유한 것이 아니고, 물품을 팔고자 하는 것도 주와 군이 백성으로부터 거두는 경상적인 세금 이외에 별도의 돈을 거두어 사들여 관청의 요구에 부응하였습니다. 가격을 수령할 때 문서를 위와 아래로 보내고 이를 거치는 동안 기다려야 하는 시간이 걸핏하면 열흘, 한 달이 걸리기 때문에, 소득이 비용을 보상하지 못합니다. 오호! 관청에서 하는 것이 이와 같지만, 구중궁궐에 계시는 군주가 어떻게 그 상세한 실상을 알 수 있겠습니까.

臣按: 宋朝預買紬絹謂之和買絹, 夫買而謂之和, 必兩無虧損·上下同欲而無抑配之謂也. 宋朝所謂和買, 猶是民以乏錢而須賣, 官以先期而便民, 其後之弊且至與夏稅並輸, 而民家營運生生之具悉從折計, 而爲民無窮之害. 今所謂和買者, 非止於絹, 凡宮闈·官府有所匱乏, 一切取之於州郡, 州郡取之於民, 然後計其直, 俾其詣官庫給價償之. 名曰和買, 其實非民間所有, 而欲以出賣者亦是州郡於民常賦之外斂錢收買,以應官司之求, 及其領價之際, 文移上下, 展轉伺候, 動經旬月, 所得不償所費. 嗚呼, 官府所爲如此, 九重之上何由而知其詳哉?

송나라 신종 희녕(熙寧) 2년(1069), 제치삼사조례사(制置三司條例司)에서 처음으로 균수법을 만들어 천하의 재화를 유통하게 하고, 재화의 경중(輕重)과 이를 거둬들이고 방출하는 것을 통제하는 법제로 삼았다. 이로써 부유한 상인들은 공적으로나 사적으로 급하게 필요한 물자를 핑계로 마음대로 권한을 휘두를 수 없게 되었다. 따라서 발운사(發運使)를 통해서만 전(錢)과 물자로써 그 용도를 지급하되, 오로지 재부(財賦)의 유무를 두루 알아 서로 유통하여 사용하게 함으로써, 비싼 물자를 싼 것으로 바꾸고 가까이 있는 물자를 사용하여 먼 곳에 있는 물자를 바꾸게 하였다. 지급해야 하는 물자를 미리 알아서 물자를 서로 바꾸어 교역하기에 편리하게 되었다. 수매한 물자는 쌓아 두고 위의 명을 기다렸는데, 발운사 설향(薛向)이 이 일을 맡았다. 당시 논의에서는 많은 사람들이 이것이 옳지 않다고 생각했기 때문에, 그 후에는 마침내 이것은 시행되지 않게 되었다.

神宗熙寧二年, 制置三司條例司始制均輸之法以通天下之貨, 制爲輕重斂散之法, 使富商大賈不得乘公私之急以擅其權, 假發運使以錢貨資其用度, 俾周知財賦有無, 而移用之得以徙貴就賤, 用近易遠, 預知所當供辦者從便變易, 蓄買以待上令, 以發運使薛向領其事. 時議多以爲非, 後迄不能成.

소식(蘇軾)**15**이 말하였다.

"균수법이 만들어진 초기에는 그 설이 아직 일천하여, 단지 귀한 것을 흔한 곳으로 옮기고, 가까이 있는 물자를 먼 곳에 있는 것으로 바꾸는 것을 의미하였는데, 관속(官屬)이 널리 설치되고 민전(緡錢)이 많이 방출되자, 힘 있는 상인과 대상인들은 모두 의심하여 감히 움직이지 않았고, 비록 분명하게 판매라고는 말하지는 않았지만 이미 판매를 허락한 변화된 교역이라고 생각하였다. 변화된 교역이 이미 시행되고도 상인들과 이익을 다투지 않는다는 것은 들어 본 적이 없다.

무릇 장사하는 일에 우여곡절이 있어 거래하기가 어려워지면, 물건을 살 때 기한 전에 미리 돈을 지불하고, 물자를 팔 때 정해진 기한 후에 그 대금을 받게 된다. 이렇게 여러 방면으로 서로 돕고 세세한 상황이 서로 융통하게 되는데, 갑절이 되는 이자는 여기서 얻는 것이다.

오늘날 관에서 이러한 물자를 구매할 때에는 반드시 먼저 관리를 설치하고, 대장에 기록된 창고의 녹봉 경비가 이미 풍부하면 상인들은 가격이 양호하지 않으면 팔지 않고, 뇌물이 없으면 거래하지 않았다. 그러므로 관청에서 구매하는 물가는 민간에 비해 반드시 비쌌는데, 물자를 팔 때에도 그 폐단이 다시 이전과 같았으니, 상인의 이익을 어디서 얻겠는가.

조정에서는 이러한 사정을 고려할 줄 모르고, 5백만 민(緡)을 덜어 지급하였으니, 이 돈이 한 번 나가게 되면 아마도 다시는 환수될 수 없을 뿐 아니라, 설령 그 사이에 간혹 장부상에는 잡히는 것이 있을지

---

15 소식(蘇軾, 1036~1101):《대학연의보》권21 주) 18 참조.

라도 상인들에게 징수하는 세액에 있어서 손해 보는 것이 반드시 클
것이다."

蘇軾曰: "均輸立法之初其說尙淺, 徒言徙貴就賤·用近易遠然, 而廣置
官屬, 多出緡錢, 豪商大賈皆疑而不敢動, 以爲雖不明言販賣, 然旣許
之變易, 變易旣行, 而不與商賈爭利, 未之聞也. 夫商賈之事曲折難行,
其買也先期而予錢, 其賣也後期而取直, 多方相濟, 委曲相通, 倍稱之
息由此而得. 今官買是物, 必先設官置吏, 簿書廩祿爲費已厚, 非良不
售, 非賄不行, 是以官買之價比民必貴, 及其賣也弊復如前, 商賈之利
何緣而得? 朝廷不知慮此, 乃捐五百萬緡以予之, 此錢一出恐不可復,
縱使其間薄有所獲, 而征商之額所損必多矣."

신은 이렇게 생각합니다. 이는 상홍양의 옛 지략이지만, 그가 법을
만들 때부터 오히려 폐단이 있었습니다. 하물며 후세의 사람들이 그
에게 미치지도 못하였고, 더구나 용렬한 무리들에게 맡겼으니 봉행
할 수 있겠습니까.

대저 백성은 스스로 시장을 만들면 물품의 좋고 나쁜 질과 화폐가
많고 적음에 따라 가격을 조정하고 이에 맞추어 물품을 취사선택하
게 마련입니다. 관(官)이 백성과 더불어 시장을 만들면, 물품은 반드
시 좋아야 하고 가격은 반드시 일정하게 정해진 가격이 있어야 하며,
또한 사심을 가지고 간계를 수없이 부리게 마련이니, 시행하여 이익
만 있고 폐단이 없기란 어려운 일입니다. 차라리 진실로 하지 않는
것이 낫습니다.

> 臣按: 此桑弘羊之故智, 然弘羊自立法而自行之猶有其弊, 況後世之人不及弘羊, 而又付之庸庸之輩, 使之奉行乎? 大抵民自爲市則物之良惡·錢之多少易以通融準折取舍, 官與民爲市, 物必以其良, 價必有定數, 又有私心詭計百出其間, 而欲行之有利而無弊, 難矣. 政不若不爲之爲愈也.

희녕 5년(1072) 조서에서 말하였다.

"천하 상인들의 물품이 수도에 도착하게 되면 대부분 겸병하는 사람들에 의해 어려움을 당하게 되는데, 의당 내장고(內藏庫)의 전백(錢帛)을 방출하고 관리를 선발하여 경사(京師)에 시역무(市易務)를 설치하라."

> 熙寧五年, 詔曰: "天下商旅物貨至京, 多爲兼並之家所困, 宜出內藏庫錢帛, 選官於京師置市易務."

신은 이렇게 생각합니다. 이에 앞서, 초택(草澤) 위계종(魏繼宗)[16]이 황제에게 글을 올려 말하기를, "경사(京師)는 온갖 재화가 있는 곳이어서, 시장에 일정한 가격이 없고 가격의 높낮이가 치우쳐 있었습니다. 부유한 사람에게서 빼앗고 가난한 사람에게 이를 주면, 천하를 다스

---

16 위계종(魏繼宗): 북송 사람이다. 평민 출신으로서 왕안석의 신법 중 시역법의 시행을 처음으로 제안하였다.

릴 수 있습니다."라고 하였습니다. 이에 따라 이 조서를 내린 것입니다.

오호! 하늘은 뭇 백성을 낳았는데, 여기에는 부유한 자도 있고 가난한 자도 있으니, 천하의 군주는 오직 부역을 줄이고 세금을 적게 징수하며 물가를 균등하게 함으로써, 부자에게는 그 부유함을 안정되게 누리게 하고 가난한 자에게는 가난에 이르지 않도록 하여, 각자 직분을 편안히 여기고 그 얻은 바에 이르도록 합니다.

그래서 부자에게서 빼앗아 가난한 자에게 주는 것으로써 천하를 다스리고자 하였으니, 어찌 이것이 올바른 도리라고 하겠습니까? 부유한 자가 가지고 있는 것을 빼앗아 가난한 사람에게 주는 것도 옳지 않거늘, 하물며 빼앗아 관청이나 군주에게 귀속하게 할 수 있겠습니까? 아! 군주로서 상인의 이익을 다투는 것이야말로 심히 추악한 일이라 하겠습니다.

臣按: 先是, 草澤魏繼宗上言: "京師百貨所居, 市無常價, 貴賤相傾, 富能奪·貧能與, 乃可以爲天下." 於是下此詔. 嗚呼, 天生衆民, 有貧有富, 爲天下王者惟省力役·薄稅斂·平物價, 使富者安其富, 貧者不至於貧, 各安其分, 止其所得矣. 乃欲奪富與貧以爲天下, 烏有是理哉? 奪富之所有以與貧人且猶不可, 況奪之而歸之於公上哉? 吁, 以人君而爭商賈之利, 可醜之甚也.

휘종 건중정국(建中靖國) 원년(1101)에 상서성(尙書省)이 말하기를, "예매전(豫買錢: 물품을 예매하는 돈)을 많은 사람들이 요청함에 따라 매년 예에 비해 공급이 증가하였다. 여러 노(路)의 제거사(提擧司)에게 명하여 제거사의 잉여전과 조운사가 해마다 납부한 명주와 비단을 강(綱)[17]으로 계산하여 경사에 가져오게 하십시오."라고 하였다.

徽宗建中靖國元年, 尚書省言: "預買錢多人戶願請, 比歲例增給, 詔諸路提擧司, 假本司剩利錢·同漕司來歲市紬絹, 計綱赴京."

진관(陳瓘)[18]이 말하였다.

"미리 수매한 물자의 이자는 상평창(常平倉)의 이자보다 몇 배가 무거웠기 때문에, 사람들은 모두 고통스럽게 여겼는데 어찌 '요청하였다'고 말할 수 있겠는가? 오늘날 예매전을 다시 늘려 시작하려는 것은, 비록 명색은 모자라는 것을 구제하는 것이라고 말하지만, 실은 세금을 거둬들이는 술책이다."

陳瓘曰: "預買之息重於常平數倍, 人皆以爲苦, 何謂願請? 今復增創, 雖名濟乏, 實聚斂之術."

---

17 강(綱): 당나라부터 시작된 대형 화물을 운반할 때 나누어 운반하는 조직의 단위이다. 이는 운반하는 수레의 수에 따라 하나의 단위로 계산되는데, 이를 일러 강이라 하고, 이와 같은 운반을 강운(綱運)이라 하였다.

18 진관(陳瓘, 1057~1124): 북송 사람으로 남검주 사현(南劍州 沙縣) 출신이다. 자는 형중(瑩中), 호는 요옹(了翁), 또는 화엄거사(華嚴居士)이다. 그는 신종 원풍(元豊) 2년(1079) 과거에 장원급제한 탐화(探花)였다.

신은 이렇게 생각합니다. 위에서 백성에게 거둬들이는 것은 일정한 세금이 있을 뿐 아니라, 또한 이에 대한 일정한 제도가 있습니다. 일정한 세금과 이에 대한 일정한 제도 이외에 또다시 요청하는 것이 있다면, 이는 반드시 사사로움을 행하여 시류를 좇아 잘 보이고자 함으로써, 자리를 노리거나 은전을 받고자 하는 것입니다. 따라서 이를 요청하는 자들은 반드시 말하기를 세금을 늘이는 것이 아니라, 나라를 풍요롭게 하는 것이라고 합니다. 또한 이들은 이는 백성이 요청하는 것이지 결코 억지로 강요한 것이 아니라고 말하거나, 이를 시행하는 것은 상하에 모두 이롭게 되어 영원히 폐단이 없다고도 말합니다. 군주가 그 말이 훌륭하다고 받아들이고는, 막상 이를 시행할 때가 되면 그 말처럼 하지 않을 뿐 아니라, 나라의 세금에 손해를 끼치고 민생을 해치며, 나라의 명운을 재촉하여 후세에 부끄러움을 남기는 일이 많습니다. 군주는 이 점을 잘 살피지 않으면 안 됩니다.

> 臣按: 上之取下有常賦·有定制, 凡於常賦定制之外有所建請, 必是欲行己私趨時好, 以希爵祿·幹恩典者. 其所以建請者, 必曰不益賦而國用饒, 又曰民所願請而非強迫之者, 又曰其行之上下俱便益而永遠無弊. 人君聽其言非不美, 及其施行之際不徒不能如其言, 而損國課·戕民生·促國脈以貽後世羞者多矣, 人主於此不可不察.

남송의 효종(孝宗) 융흥(隆興) 2년(1164), 신료(臣僚)가 말하기를, "희녕(熙寧) 초, 시박(市舶)[19]【시(市)는 교역하는 것이다.】【박(舶)은 바다를 항해하는 선박이다.】을 처음으로 설립하여 물자를 유통하게 하였습니다. 구법에 추해(抽解: 해외 물품 징수세)는 일정한 숫자가 있어 징수하는 것이 가혹하지 않았고, 납세도 기한이 관대하여 물품의 가격이 제대로 형성될 때까지 기다리게 하였으니, 먼 곳에 있는 나라를 회유한다는 취지가 실로 담겨 있었다."

孝宗隆興二年, 臣僚言: "熙寧初創立市【交易也】舶【海舟】以通貨物, 舊法抽解有定數而取之不苛, 納稅寬其期而使之待價, 懷遠之意實寓焉."

신은 이렇게 생각합니다. 호시(互市: 변방 지역 교역)에 대한 법은 한나라가 남월(南越)과 교역하면서 시작되었고 역대 왕조에서 모두 이를 시행하였습니다. 그러나 관청을 설치하여 시장과 해외 선박을 겸하여 명칭을 지은 것은 송나라 때 시작되었습니다. 이는 이전 호시가 서북 지방을 겸하여 유통하였는데 이때부터 비로소 해외 교역을 전담하였습니다.

원나라는 송나라의 제도에 따라, 매년 번방(藩邦)으로부터 상선을 불러 모아 구슬과 비취, 향료 등의 물품을 널리 교역하고, 다음 해에 돌아오면 물품을 검사하여 물품세를 떼고 난 다음에 물건을 팔도록 하였습니다. 세금을 떼는 비율은 정교한 물품에 대해서는 1/25을 취하고, 거친 물품에 대해서는 1/30을 취하되, 세금을 탈루하면 교역을

---

19 시박(市舶): 대외 무역을 관장하는 관청으로, 송나라에서 처음으로 이를 전담하는 관청인 시박사(市舶司)를 설치하였다. 이의 전신은 당나라 현종 개원 연간(713~741) 광주(廣州)에 설치한 시박사(市舶使)인데, 이때에는 송나라 이후와는 달리 환관이 관장하였다. 이후 명나라에서는 해금(海禁) 정책으로 인해 시박사가 광주를 비롯하여 복건의 천주(泉州)와 절강의 명주(明州)의 3개로 증설되어 조공 무역을 주관하였다.

중단하고 물품을 몰수하였습니다. 이어 금·은·동·철의 교역은 금지 하였고, 남녀가 해외로 빠져나가는 것은 허락하지 않았습니다.

우리 명나라에서는 시박사라는 명칭은 비록 이전의 것에 그 연원 을 두고 있지만, 물품에 대해 세금을 징수하는 법은 없었습니다. 단 지 절강과 복건, 광동 세 곳에 관청을 설치하여, 해외의 여러 나라들 이 조공을 바치는 데 대비하였습니다. 이는 먼 외국을 회유하여 품는 다는 뜻이었고, 실제로는 이익을 거둬들이는 것이 없었습니다.

신은 우리나라는 모든 나라를 가진 부국이므로 굳이 해도(海島)의 이익을 기대할 것이 없지만, 중국에서 생산되는 물자가 스스로 쓰기 에 풍족하여 진실로 외국 오랑캐에 기대할 것이 없어도, 외국 오랑캐 가 필요한 것은 중국의 물자가 없으면 안 됩니다. 이 때문에 사적인 거래를 통해 과도하게 나가는 근심을 끊으려 해도 끊을 수 없어 비록 형률에 명백히 금지되어 있어도 다만 이익이 있기 때문에 백성들은 죽음조차 두려워하지 않은 채 범법을 하면서까지 죄를 짓게 될 뿐만 아니라, 또한 이들에게 죄를 주어도 또다시 범법을 행하게 됩니다. 이윽고 이로 인해 응당 금지해야 할 관리들에게 죄를 주어야 하니, 이 렇게 하면 나에게 이익이 없을 뿐 아니라 또 해로움도 있습니다.

신이 《대명률(大明律)》을 살펴보건대, 〈호률(戶律)〉에 박상(舶商: 해외 무역 상인)의 물품 은닉에 대한 조항이 있었으니, 이는 우리 명 왕조에 서는 바다로 나가 장사하는 것을 허락하였던 것입니다. 언제부터 이 를 금지했는지 알 수가 없지만, 생각하기로는 전 시대의 호시(互市) 법 제에 해당하여 설치한 관청의 명칭과 업무가 서로 같았을 것입니다.

혹자가 변방의 환난을 초래하였다고 생각한다면 신은 전대의 역사 서적을 상고하기를 청합니다. 해상 여러 나라들은 옛날부터 우리 변방지역을 침략한 적이 없었을 뿐만 아니라, 또한 섬라(暹羅: 지금의 미얀마)와 조와(爪蛙: 지금의 자바) 등의 나라는 거친 바다 넘어 멀리 떨어져 있고, 지세 또한 인접되어 있지 않아 서북 지역의 융(戎)이나 적(狄)과 같은 오랑캐와는 비견될 수 없습니다. 다만 일본 한 나라만은 왜노(倭奴)라고 불렸는데, 이들의 기술이 정교하지만 나라가 가난하여 여러 차례 연해 지방을 노략질하였으므로 조훈(祖訓)에 따라 이들과 교통하지 않았습니다.

만일 신의 말이 채택할 만하면, 유사에 명하여 이에 대해 상세하게 논의하여 보고하도록 하십시오. 그런 뒤에 바닷가에서 나가는 곳을 정하고, 장사를 하고자 하는 사람은 시박사에 가서 이 사실을 미리 알리고 해당 관청이 허가 여부를 전달하여 과연 위반되거나 장애가 되는 것이 없으면 이들 스스로 진술한 내용, 즉 자신이 만든 선박이 몇 가지 종류이며 여기에 팔려고 실은 물품은 몇 가지인지, 또한 경과하는 나라와 어느 해 어느 달에 돌아오는지, 금지하는 물건을 사사로이 지니지 않았는지, 회항하는 날짜 등에 대해 빠트리지 말고 허가합니다. 배가 돌아오기를 기다려 관리를 파견하여 선박을 봉쇄하고 검사하여 물품세를 징수하고, 이렇게 하고 난 나머지 물품에 대해서 비로소 이를 변통하여 팔 수 있도록 허락합니다.

이와 같이 하면 매년 일상 부세 외에 그 도움을 반드시 받지 못한다고 할 수 없을 것입니다. 하물며 오늘날 조정에서는 매년 항상 오랑캐들이 조공하는 초피나무를 경관(京官)이 늘 받고 있습니다만, 중국의 백성을 불안하게 하지 않았고 외국의 도움을 받고 있으니, 이 또한 나라의 경비의 한 부분입니다. 이전 시대에 산간가(筭間架: 상점에 대해 징수하는 세금)와 경총제전(經總制錢: 각 지방의 세금 분담금) 등을 백성

에게서 함부로 거두는 것과 비교할 때 어찌 오히려 현명하다고 하지 않겠습니까.【이상은 시장이다.】

臣按: 互市之法自漢通南越始, 歷代皆行之, 然置司而以市兼舶爲名則始於宋焉. 蓋前此互市兼通西北, 至此始專於航海也. 元因宋制, 每歲招集舶商於蕃邦, 博易珠翠·香貨等物, 及次年回帆驗貨抽解, 然後聽其貨賣. 其抽分之數, 細色於二十五分中取一·粗色於三十分中取一, 漏稅者斷沒, 仍禁金銀銅鐵·男女不許溢出. 本朝市舶司之名雖沿其舊, 而無抽分之法, 惟於浙·閩, 廣三處置司以待海外諸蕃之進貢者, 蓋用以懷柔遠人, 實無所利其入也. 臣惟國家富有萬國, 故無待於海島之利, 然中國之物自足其用, 固無待於外夷, 而外夷所用則不可無中國物也. 私通溢出之患斷不能絶, 雖律有明禁, 但利之所在, 民不畏死, 民犯法而罪之, 罪之而又有犯者, 乃因之以罪其應禁之官吏. 如此則吾非徒無其利, 而又有其害焉. 臣考《大明律》於戶律有舶商匿貨之條, 則是本朝固許人泛海爲商, 不知何時始禁, 竊以爲當如前代互市之法, 庶幾置司之名與事相稱. 或者若謂恐其招惹邊患, 臣請以前代史冊考之. 海上諸蕃自古未有爲吾邊寇者, 且暹羅·爪哇諸番隔越漲海, 地勢不接, 非西北戎狄比也. 惟日本一國號爲倭奴, 人工巧而國貧窶, 屢爲沿海之寇, 當遵祖訓不與之通. 儻以臣言爲可采, 乞下有司詳議以聞, 然後制下濱海去處, 有欲經販者俾其先期赴舶司告知, 行下所司審勘, 果無違礙, 許其自陳自造舶舟若幹料數·收販貨物若幹種數, 經行某處等國, 於何年月回還, 並不敢私帶違禁物件, 及回之日, 不致透漏, 待其回帆, 差官封檢抽分之餘, 方許變賣. 如此則歲計常賦之外未必不得其助. 矧今朝廷每歲恒以蕃夷所貢椒木折支京官常俸, 夫然不擾中國之民, 而得外邦

　　제나라 관중은 환공의 재상으로 경중(輕重)의 권형(權衡)에 통달하였는
데, 말하기를, "흉년도 있고 풍년도 있으므로 곡식 가격은 귀천이 있고,
명령은 완급이 있기 때문에 물품 가치에는 경중이 있게 마련이다. 군주
가 이를 다스리지 않으면 시장에서 물건을 매점하는 상인들은【축고유어시
(畜賈遊於市)는 상인이 많이 매점하여 쌓아 두는 것을 말한다.】백성들에게 물자가 지
급되지 않는 것을 틈타 본전의 열 배를 거두게 된다【백배기본의(百倍其本矣)는
열로 백을 거두는 것이다.】. 백성에게 물자가 남으면 가치가 가벼워지니, 그
러므로 군주는 가벼운 것을 거둬들이고, 백성에게 물자가 부족하면 무거
워지니, 그러므로 군주는 무거운 것을 방출한다. 물자의 경중(輕重)과 거
두고 방출하는 것을 때에 맞게 하는 것이 곧 물가를 균등하게 조절하는
것이다. 물가의 안정이 지켜져야만 실(室)의 읍에 반드시 만 종(鐘)의 저축
이 있어 천만【6말 4되를 종(鐘)이라 한다.】강(鏹)을 비축하게 되고, 천 실의 읍
에 반드시 천 종의 비축이 있어 백만 강을 비축하게 된다. 봄에는 땅을
갈고 여름에는 김을 매어, 보습과 기계, 군비와 양식에 반드시 넉넉하게
제공할 수 있게 된다. 이런 까닭에 대상인과 매점자가 우리 백성을 가볍
게 여겨【호(豪)는 업신여기는 것이다.】수탈할 수 없게 된다."라고 하였다.
　　또 말하기를, "나라의 크기와 토양의 비척에는 일정한 규모가 있고, 연
말에 남게 되는 식량도 일정한 수량이 있으니, 저 나라를 지키는 자는 곡
식을 지킬 뿐이다. 즉 어떤 현의 토지는 넓이가 얼마 넓고, 그 현은 토지

는 얼마 줍으니, 반드시 전폐를 비축할 수 있다고 판단하고【위(委)는 쌓아 둔다는 뜻이다. 주와 현, 이(里)에서 각각 전폐(錢幣)를 쌓아 두는 것이니, 앞에서 말한 만실(萬室)과 천실(千室)에서 소장한 것이다.】, 이에 현(縣), 주(州), 이(里)가 공전(公錢)을 받고 군주는 명령을 내려 군현은 대부에 속하게 하고 읍리는 모두 곡식 얼마를 납부했는지 기록한다.”라고 하였다.

齊管仲相桓公, 通輕重之權, 曰: “歲有凶穰, 故穀有貴賤, 令有緩急, 故物有輕重. 人君不理, 則畜賈遊於市【謂賈人多蓄積】, 乘民之不給, 百倍其本矣【以十收百】. 民有餘則輕之, 故人君斂之以輕, 民不足則重之, 故人君散之以重, 凡輕重斂散之以時卽準平. 守準平, 使萬室之邑必有萬鍾之藏, 藏鏹千萬【六斛四斗爲鍾】, 千室之邑必有千鍾之藏, 藏鏹百萬, 春以奉耕, 夏以奉耘, 耒耜器械·鍾餉糧食必取贍焉, 故大賈畜家不得豪【謂輕侮之】奪吾民矣.”

又曰: “國之廣狹·壤之肥磽有數, 終歲食餘有數, 彼守國者守穀而已矣, 曰某縣之壤廣若幹·某縣之壤狹若幹, 則必積委幣【委, 蓄也. 各於州縣里蓄積錢幣, 卽上文萬室·千室所藏者】, 於是縣州里受公錢, 君下令謂郡縣屬大夫, 里邑皆籍穀入若幹.”

신은 이렇게 생각합니다. 관중은 백자[伯者: 패자(覇者)]의 재상으로, 그는 제나라 환공(桓公)을 보좌하여 병거(兵車)로 천하의 패자가 되게 하였는데, 나라를 다스릴 때도 오히려 곡물을 유지하는 것이 급선무라는 것을 알았습니다. 물자의 경중(輕重)의 권형에 통달하여 염산(斂散: 물자를 사들이고 방출함)하는 법을 만들었습니다. 풍년이 들어 백성에게 곡식이 여유가 있으면 곧 그 값이 싸게 되는데, 바로 그 가격이 쌀 때에 관에서 이를 사들이면 가격이 싼 곡식은 비싸게 됩니다. 흉년이 들어 백성에게 곡식이 부족하게 되면 그 가격이 비싸게 되는데, 바로 그 가격이 비쌀 때에는 관에서 이 곡식을 풀어 방출하면 그 비싼 가격은 싸게 됩니다. 윗사람이 곡식 가격의 경중 정책을 관리하여 때에 맞게 해당 물자를 매수하거나 방출하여 미가(米價)가 늘 고르게 함으로써, 백성에게 편리하게 했습니다. 이는 비록 패자의 정치라 하더라도 왕도 또한 거기에 들어 있는 것입니다.

臣按: 管仲, 伯者之相也, 其輔桓公以兵車伯天下, 而其治國猶知以守穀爲急務, 而通輕重之權, 爲斂散之法. 歲穰民有餘則輕穀, 因其輕之之時, 官爲斂糴, 則輕者重; 歲凶民不足則重穀, 因其重之之時, 官爲散糶, 則重者輕. 上之人制其輕重之權, 而因時以斂散, 使米價常平以便人, 是雖伯者之政, 而王道亦在所取也.

위 문후의 재상인 이리(李悝)가 말하기를, "곡식을 팔 때 너무 비싸면 사(士)·공인·상인【인(人)은 사·공인·상인을 말한다.】들을 해치고, 너무 싸면 농민을 해치게 된다. 해치게 되면 흩어져 떠나고, 농민을 해치게 되면 나라가 가난해진다. 따라서 너무 비싸거나 너무 싼 것은 그 해치는 것이 마찬가지이다. 나라를 잘 다스리는 자는 사 등을 상하게 하는 일 없이 농민을 더 권면한다. 이 때문에 곡물 가격을 잘 안정시키는 자는 반드시 조심스럽게 살펴야 한다. 해마다 상(上)·중(中)·하(下) 세 가지의 추수 상황으로 나눌 수 있는데, 크게 풍년이 들어 상 등급이 되면 그중에서 셋을 사들이고 하나를 버리고, 수확량이 중 등급이 되면 셋 중에서 둘만 사들이고,

하 등급이 되면 그중에서 하나를 사들임으로써, 사람들이 쓰기에 풍족하고, 가격이 고르게 되면 그친다."【이 내용은 또 '나라의 근본을 튼튼하게 함固邦本'에 나온다.】

魏文侯相李悝曰: "糴甚貴傷人【人謂士工商】, 甚賤傷農, 人傷則離散, 農傷則國貧, 故甚貴與甚賤其傷一也. 善爲國者使人無傷而農益勸, 是故善平糴者必謹觀, 歲有上中下三熟, 大熟則上糴三而舍一, 中熟則糴二, 下熟糴一, 使人適足價平則止."【又見固邦本】

마단림이 말하였다.

"고금에서 말하는 조적(糶糴)과 염산(斂散)의 법은 제나라 관중과 위나라 이리에서 시작되었는데, 관중의 뜻은 주로 부국(富國)에 두고 있는 데 비해, 이리의 뜻은 주로 제민(濟民)에 전념하는 데 있었다. 관중은 군주가 이를 간여하지 않으면 시장에 매점하는 상인들이 횡행하게 되어 백성에게 지급되지 않은 것을 틈타 본전의 십 배를 남기게 된다고 말하였던 것이다. 이는 상홍양(桑弘羊)과 공근(孔僅) 이래 언급되는 이재(理財)의 방도로서, 이는 대부분 관중의 설에 바탕을 두고 있는 것이다.

그렇지만 산과 바다는 천지의 저장고이고, 관시(關市)는 물자의 취합처이니, 호강 세력이 마음대로 전횡하면 이들에게 수취해서 나라를 부유하게 해도 된다. 농부들이 토지에서 일하고 힘써 작물을 길러서 남게 하는 것은 윗사람이 곡물 가격의 경중을 관리하고 수매와 방출을 때맞추어 함으로써 너무 비싸거나 너무 싸질 걱정거리가 없도록 하니, 바로 어진 군주가 마음을 쓰는 바이다, 만약 "나라가 거둬들이지 않으면 반드시 겸병하는 자들이 취한다"는 이유로 마침내 거둬들이고 다시 이를 풀지 않고, 이를 밑천으로 나라를 부유하게 한다면, 이는 잘못이다."

馬端臨曰: "古今言糶糴斂散之法始於齊管仲·魏李悝, 管仲之意兼主於富國, 李悝之意專主於濟民. 管仲言人君不理, 則畜賈遊於市, 乘民之不給百倍其本, 此則桑·孔以來所謂理財之道大率皆宗此說. 然山海天地之藏, 關市物貨之聚, 而豪強擅之, 則取以富國可也. 至於農人服田力穡之贏餘, 上之人爲制其輕重·時其斂散, 使不以甚貴甚賤爲患, 乃仁者之用心. 若諉曰國家不取必爲兼並者所取, 遂斂而不復散而資以富國, 誤矣."

신은 이렇게 생각합니다. 하늘은 만물을 낳지만, 유독 곡식만은 백성들에게는 가장 시급한 것이어서 하루라도 없을 수 없는 것입니다. 백성들은 곡식이 있으면 살아가지만 이것이 없으면 죽습니다. 그래서 옛날부터 나라를 잘 다스리는 군주는 곡식보다 더 중하게 여긴 것이 없었습니다. 삼대 이전에는 세상에는 경작하지 않는 백성이 없었고, 사람들은 토지를 지급받지 않은 집이 없었습니다. 후세에는 토지가 정전(井田)으로 지급되지 않았을 뿐만 아니라, 백성들도 모두가 다 농사를 짓는 것이 아니기 때문에 경작하는 사람은 적지만 먹는 사람은 많았습니다. 천하의 사람들 중 경작에 힘써 먹고사는 사람은 열 명중에 고작 3~4명이고, 곡식을 사들여 먹고사는 사람은 10명 중에

7~8명이나 되었습니다.

농민들은 멀리 고려하는 것이 없기 때문에 한번 수확을 하게 되면 미곡(米穀)을 마치 인분처럼 형편없는 것으로 취급하여 곡식을 돈으로 바꾸고, 또 돈으로 옷이나 필요한 일용품으로 바꾸게 되니, 이렇게 하는 것이 얼마 되지 않아서 곧 소진하게 됩니다. 불행하게도 흉년이 들게 되면 뽕나무와 대추나무를 베어 내고 자녀를 팔아 뿔뿔이 흩어져 살 곳을 잃게 되고, 초근목피 등 먹지 못하는 것이 없게 되기도 합니다. 천하의 모든 백성이 다 이와 같지만, 그중에서도 회북(淮北)과 산동 지방이 특히 심합니다.

신은 원하옵건대, 조정에서는 이리의 평준법을 사용하여 이 두 곳에 각기 상평사(常平司)를 하나씩 설치하되, 여기에 호부 소속 관원 3명을 배정하여 토지의 크기에 따라 관전(官錢)을 주어 밑천으로 삼되, 매년 상평사에 소속되어 있는 해당 현을 직접 방문하여 여기에서 심은 곡식을 조사하여 보리와 조의 수확은 각각 얼마인지, 대두와 소두(팥) 종류와 함께 그 비율을 모두 정해 호부에 보고하도록 하시기 바랍니다.

곡식 종류별 풍흉의 상황에 따라 곡식의 당시 가격이 얼마인지에 따라 관에서 수매하되, 수매한 것은 어떤 쌀과 곡식인지를 가리지 않고 달마다 그 토지에서 수확한 것과 시장에서 판매한 것 등을 조사하여, 만약 조의 수량이 적으면 조를 방출하고 보리가 적으면 보리를 방출하되, 모든 곡식이 두루 다 수확되지 않은 후에라도 이를 거의 다 방출하도록 합니다.【만약에 부패하기 쉬운 곡물이 있으면 이 또한 임시로 계산해 넣습니다.】

곳곳에 창고를 세워 물자를 유통, 운반, 분산하여 그 시기에 따라 그 곡물의 값을 매깁니다. 사용할 수 있는 모든 물자는 모두 팔되, 이 때 반드시 이를 은(銀)이나 전(錢)으로 받을 필요가 없습니다. 거둬들인 물자 중에서 국용(國用)에 소용되는 것이면 수량을 갖추어 관청에 보내고, 그 나머지 물자는 때에 맞추어 수시로 환매함으로써, 곡식의 수매 자금으로 삼도록 합니다.

신의 말에 조금이라도 채택할 만한 것이 있다면, 바라옵건대 유사(有司)에서 이를 상의하여 이 두 곳에 시행해도 괜찮은지 여부에 대해 먼저 시험적으로 시행하고 난 뒤에, 그 결과를 보아 이를 천하의 모든 주와 현 중에서 시행할 수 있는 지역으로 확대하도록 하십시오. 이렇게 되면 또 칙서를 내려 이를 봉행하도록 하시기를 바랍니다. 신은 오직 그 근본은 이리가 입법한 취지에 있으니, 반드시 농민과 나머지 사람들 이 두 부류의 백성을 모두 해치지 않아야 할 뿐만 아니라, 풍년이나 흉년 어느 때에도 모두 물자가 풍족할 수 있게 하는 데 있습니다. 이 법이 비록 옛사람들에게는 전적으로 합당한 것은 아니라 하더라도, 이 또한 오늘날 백성을 부양하고 먹을 것을 풍족하게 하는 데 일조하리라고 생각합니다.

臣按: 天生萬物, 惟穀於人爲最急之物, 而不可一日無者, 有之則生, 無之則死, 是以自古善爲治者莫不重穀. 三代以前, 世無不耕之民, 人無不給之家, 後世田不井授, 人不皆農, 耕者少而食者多, 天下之人, 食力者什三四, 而資糴以食者什七八矣. 農民無遠慮, 一有收熟, 視米穀如糞土, 變穀以爲錢, 又變錢以爲服食日用之需, 曾未幾時, 隨卽罄盡, 不幸而有荒年, 則伐桑棗‧賣子女, 流離失所, 草芽木皮無不食者, 天下之民莫不皆然, 而淮北‧山東爲甚. 臣願朝廷擧李悝平糴之法, 於此二處各立一常平司, 每司注戶部屬官三員, 量地大小借與官錢爲本, 每歲親臨所分屬縣, 驗其所種之穀, 麥熟幾分・粟熟幾分, 與夫大小豆之類皆定分數, 申達戶部, 因種類之豊荒・隨時價之多少, 收糴在官, 其所收者不分是何米穀, 逐月驗其地之所收・市之所售, 粟少則發粟, 麥少則發麥, 諸穀俱不收然後盡發之【若易朽腐者又在臨時斟酌】, 隨處立倉通融, 般運分散, 量時取直, 凡貨物可用者皆售之, 不必專取銀與錢也, 其所得貨物可資國用者其數送官, 其餘聽從隨時變賣以爲糴本. 臣言儻有可采, 乞下有司計議, 先行此二處試其可否, 由是推之天下州郡可行之處, 仍乞敕諭奉行之. 臣俾其體李悝立法之心, 必使農與人兩不傷・豊與歉兩俱足, 其法雖不盡合於古人, 是亦足以爲今日養民足食之一助也.

한나라 선제(宣帝, 기원전 74~49) 때에 대사농중승(中丞: 관직명) 경수창(耿壽昌)[20]이 상소하기를, "고사에 따르면, 해마다 관동(關東)의 곡식 4백만 곡(斛: 10말의 용량)을 조운하여 경사에 조달하였는데, 마땅히 삼보(三輔: 수도 인근 지역)・홍농(弘農: 지금의 하남성 삼협 일대)・하동(河東: 지금의 황하 동쪽 산서성 일대)・상당(上黨: 지금의 산서성 장치시 일대)・태원(太原: 지금의 산서성 태원) 지역의 군(郡)에서 곡물을 사들이면 경사에 공급하기에 충분하리니 관중 지역의 조운을 담당하는 병졸의 절반 이상을 줄일 수 있습니다."라

---

20 경수창(耿壽昌): 한나라 정치가로 역산(曆算)과 이재에 능했다. 자는 창(昌)이다. 한 선제 때 대사농중승을 역임하면서, 상평창(常平倉)을 설치하고 물가 조절을 위해 조적법(糶糴法)을 시행하였다. 저서로는 《일월백도(日月帛圖)》, 《월행도(月行圖)》 등이 있지만 전해지지 않고, 장회(張蒼)와 정리한 《구장산술(九章算術)》이 전해진다.

고 하였다. 또 변방지역의 군(郡)에는 모두 창고를 짓게 하고 곡물 값이
쌀 때는 그 가격을 올려서 사들이고, 값이 비쌀 때는 가격을 내려서 팔도
록 하여 '상평창'이라 이름하였다.

漢宣帝時, 大司農中丞耿壽昌奏言: "故事, 歲漕關東穀四百萬斛以給京師,
宜糴三輔·弘農·河東·上黨·太原等郡, 穀足供京師, 可以省關中漕卒過
半." 又令邊郡皆築倉, 以穀賤時增其價而糴, 貴時減價而糶, 名曰常平倉.

사마광이 말하였다.

"상평창은 삼대의 성왕들이 남긴 법으로, 이리와 경수창만이 시행
할 수 있었던 것이 아니었다. 이는 곡물 값이 싸도 농민들이 손해 보
지 않고 곡물 값이 비싸도 백성들에게 손해를 끼치지 않게 함으로써,
백성은 이에 의지하여 먹을 수 있었을 뿐 아니라 관에서는 이로부터
이익을 취하게 되었으니, 이보다 좋은 법은 없었다."

司馬光曰: "常平倉乃三代聖王之遺法, 非獨李悝·耿壽昌能爲之也. 穀
賤不傷農, 穀貴不傷民, 民賴其食而官取其利, 法之善者無過於此."

신은 이렇게 생각합니다. 경수창이 선제 때에 상소를 통해 삼보와
홍능(弘農) 등 4군의 곡물을 사들여 경사(京師)를 풍족하게 하고, 관중
지역의 조운을 담당하는 병졸의 절반 이상을 줄였습니다. 명제 때 이
르러 유반(劉般)[21]은 상평법 외에도 백성에게 이익이 된다는 명목이 있

다고 했지만, 실제로는 백성을 심하게 수탈하였습니다. 세력가들은 이를 계기로 간악한 짓을 하고, 백성들은 안정을 얻지 못해 불편한 상황에 놓였습니다.

경수창이 상평법을 살펴보니 입법 초기에 이를 변군에도 시행하도록 하였는데, 어리석은 신 또한 내지에 이를 시행하면 폐단이 없을 수 없다고 생각합니다. 변방의 군에 시행하는 것이 마땅하니, 단지 풍년이나 흉년에 물자를 사들이고 방출하는 방법이 될 뿐 아니라, 또 이를 통해서 변방 지방의 식량이 충족하게 할 뿐 아니라, 또 내지의 군에 사는 백성들에게 관대하게 됩니다.

청하옵건대, 요동(遼東)·선부(宣府)·대동(大同) 등 최극단의 변방 지방에 각기 상평사를 설치하되, 이를 전담하는 관리를 설치할 필요가 없이 오직 호부의 소속 관리 1~2명을 해마다 파견하여 그곳에 가서 일을 처리하도록 하십시오. 매년 수확이 이루어지기를 기다려 어떤 종류의 곡식인지를 불문하고 곡식이 수확되면 즉시 관전(官錢)을 풀어 이를 수매하여 창고에 저장하도록 합니다. 창고에도 곡물을 한 종류에만 국한할 필요가 없이 오직 그 곡물 값이 쌀 때 이를 수매하고, 관에서는 가격을 정할 필요가 없이 그때에 따라 지불합니다. 이 중에서 오랫동안 보관할 수 있는 곡물은 이를 저장하여 변방지역 성의 창고를 채우게 하고, 오랫동안 남겨 둘 수 없는 곡식은 수시로 나라의 녹을 먹는 사람들에게 지급하도록 합니다.

모든 곡식은 똑같이 속(粟: 도정하지 않은 벼)을 기준으로 하는데, 예

---

21 유반(劉般, ?~78): 후한 때 선제의 현손으로, 자는 백흥(伯興)이다. 왕망의 찬탈로 신나라를 건국함에 따라 서인으로 폐해져 팽성에 간혔다. 《후한서(後漢書)》 권39 〈유반열전(劉般列傳)〉.

컨대 속(粟)의 가치는 800전, 콩은 400전으로 환산하니, 속 1섬을 운송하여 지급한 사람에게는 콩 2섬을 주도록 합니다. 다른 것도 모두 이에 준하여 변방 지역에서 비축하고 있는 모든 물자를 계산한 다음, 미리 변방에 운송하여 주와 현에 저장하는 한편, 그 가격에 따라 전(錢)을 거둬서 변방에 보내도록 합니다. 이와 같이 하면 비단 변방의 군(郡)만이 족할 뿐 아니라. 내지의 군 역시 넉넉하게 될 것입니다. 이로써 추정해 볼 때, 비록 소금과 양식을 개중(開中)하는 법[22]이라 할지라도, 또한 이와 같이 할 수 있기 때문에 이를 점차 개선하고 바꿀 수 있을 것입니다.【또한 경제의 정의[經制之義] 하(下) 창인조(倉人條)를 보라.】

臣按: 壽昌於宣帝時上言 "欲糴三輔及弘農等四郡穀以足京師, 可省關中漕卒", 至明帝時, 劉般已謂常平外有利民之名, 而內實侵刻百姓, 豪右因緣爲奸, 小民不得其平, 置之不便. 考壽昌初立法時兼請立法於邊郡, 臣愚亦竊以爲內地行之不能無弊, 惟用之邊郡爲宜, 非獨可以爲豊荒斂散之法, 亦因之以足邊郡之食·寬內郡之民焉. 請於遼東·宣府·大同極邊之處各立一常平司, 不必專設官, 惟於戶部屬遣官一二員歲往其處莅其事, 每歲於收成之候, 不問是何種穀, 遇其收獲之時卽發官錢收糴貯之於倉, 穀不必一種, 惟其賤而收之, 官不必定價, 隨其時而予之, 其可久留者儲之以實邊城, 其不可久者隨時以給廩食之人. 凡諸穀一以

---

22 개중(開中)하는 법: 명나라에서 시행된 곡물 운반 방법으로, 상인에게 소금이나 식량을 변방지역에 운반하게 하고, 그 대가로 관에서는 증빙서인 염인(鹽引) 등을 지급하였다. 상인들은 이 증빙서를 가지고 염장이나 곡물 산지에서 해당 물품을 수령하여 판매하였다. 이처럼 변방의 물자 공급을 상인이 담당함으로써, 조운을 담당하던 일반민의 부담이 경감될 수 있었을 뿐만 아니라, 변방의 물자 공급 또한 원활하게 되었다.

당나라 수도 관중(關中)은 토지에서 들어오는 세금 수입이 군비와 나라의 경비를 제공하기에는 부족하여 흉년이 들면 천자는 늘 동도(東都: 낙양)로 행차하여 먹었다. 현종 때 팽과(彭果)라는 사람이 있었는데, 방책을 바쳐 관중 지역에 곡식을 수매하도록 청하였다. 이때부터 경사의 식량창고가 넘쳐났고, 현종은 다시 동도로 행차하지 않게 되었다.

마단림이 말하였다.

"삼대 이전에 경기 지역은 천 리로, 전복(甸服) 백 리부터는 세금을 납부하기 시작하여 마침내는 5백 리에 이르기까지 미(米)를 납부하였다. 5백 리 바깥은 모두 제후국으로서, 단지 토지에 따라 공물을 내어 황실에 바치게 할 뿐 부세로 미속(米粟)을 징수한 적이 없었다. 당시 종묘와 백관(百官), 유사(有司)는 후세와 다르지 않았지만, 세금은 천 리 안에서 거둔 것으로 자족하였고, 군비 운송을 위해 기외(畿外)의 제후에게 책임을 지우거나, 미속을 기내(畿內)의 백성에게서 거두어들였다는 사실을 듣지 못했다. 그랬으니 수입에 따라 지출을 결정함으로써 나라의 경비를 관리할 수 없었다. 비록 천하의 힘을 고갈하여 바치고 많은 법을 만들어 수취해도 더욱 부족해질 뿐이었다."

馬端臨曰: "三代以前, 京畿千里, 自甸服百里賦納總至於五百里米, 而五百里之外皆諸侯國, 不過任土作貢以輸王府, 而賦稅米粟, 則未嘗征之. 當時宗廟·百官·有司與後世不殊, 然賦稅取之千里之內而自足, 不聞其責餉運於畿外之諸侯·糴米粟於畿內之百姓也, 然則不能量入爲出以制國用, 雖竭天下之力以奉之, 多爲法以取之, 祇益見其不足耳."

덕종 때 재상 육지(陸贄)[23]가 관중(關中)의 곡물 가격이 싸자 이를 화매(和買: 공정한 거래를 통해 매입함)할 것을 청하면서, 이는 백여 만 곡(斛: 10말)에 달할 것이라고 하였다. 1년 동안 화매한 조운 물자는 이를 전운(轉運)하는 데 필요한 2년 물량에 달하니, 1말의 물자를 전운하는 데 들어가는 비용은 화매 5말에 해당하였다. 전운을 줄여 변방을 충실하게 하고, 전운을 유지하여 필요한 때에 대비하였다.

德宗時, 宰相陸贄以關中穀賤, 請和糴, 可至百餘萬斛. 一年和糴之數當轉運之二年, 一斗轉運之資當和糴之五斗, 減轉運以實邊, 存轉運以備時.

---

23 육지(陸贄, 754~805): 《대학연의보》 권21 주) 15 참조.

정원(貞元) 4년(788), 경조부(京兆府: 수도 장안 지역)에 조서를 내려 그때 가격 외에도 화매의 값을 덧붙이고, 청강관(淸强官: 물자 수매 관직)을 보내 먼저 그 가격을 지불하게 하고 난 다음에 물자를 수납하게 하였다. 이어서 해당 관청에서 이를 싣고서 태원(太原)에 운송하도록 명하였다. 이에 앞서 경기 지역 화매의 경우, 대부분 대상 물품이 강제로 배당되거나 또는 물품 가격이 시가를 능가하여 책정되기도 하였다. 혹 먼저 물품을 거둔 다음에 그 값을 지불하였고, 정체된 것을 나중에 모으니 백성들이 힘들었는데, 이 조서를 듣자 백성들은 편리함을 기뻐하면서 즐겁게 운송하였다.

헌종(憲宗, 재위 806~819) 즉위 초, 유사(有司)가 그해 풍년이 들었다며 기내(畿內) 지역에서 화매할 것을 청하였다. 당시 모든 부(府)와 현(縣)이 호를 배정하고는 기한을 독촉하고 살펴, 위반하면 세금보다 더 심하게 채찍질하면서 독촉하니, 화매라고 부르면서 실제로는 백성을 해치는 것이었다.

貞元四年, 詔京兆府於時價外加估和糴, 差淸强官先給價直, 然後收納, 續令所司自般運載至太原. 先是, 京畿和糴多被抑配, 或物估踰於時價, 或先斂而後給直, 追集停擁, 百姓苦之, 及聞是詔, 皆忻便樂輪. 憲宗卽位之初, 有司以歲豊熟, 請畿內和糴, 當時府縣配戶督限有稽, 違則迫蹙鞭撻甚於稅賦, 號爲和糴, 其實害民.

백거이(白居易)[24]가 말했다.

---

24 백거이(白居易, 772~846): 《대학연의보》 권22 주) 54 참조.

"화매(和買)는 관에서 돈을 내고 백성은 곡식을 내어 양측이 서로 가격을 상의하고 난 다음에 교역하는 것이다. 오늘날에는 호(戶)를 배당하여 기한을 독촉하고 다그치며 매질하니, 어찌 이를 화매라고 명명할 수 있겠는가. 지금 만약 유사(有司)에서 돈을 가지고 시장을 열어 스스로 물자를 사들이도록 하되, 시가에 비해 조금이라도 이익이 되게 책정한다면, 넉넉한 이익에 이끌려 사람들이 반드시 진심으로 원하게 될 것이다."

> 白居易曰: "凡曰和糴, 則官出錢·人出穀, 兩和商量, 然後交易. 今則配戶督限, 蹙迫鞭撻, 何名和糴? 今若令有司出錢開場自糴, 比時價稍有優饒, 利之誘人, 人必情願."

신은 이렇게 생각합니다. 화적(和糴)의 법은 당나라에서 시작되었습니다. 오늘날에도 만약 이 법을 효과가 있게 하려면 미곡이 흔한 가을이 되면 관리를 보내 현금을 가지고 곡식이 풍성하게 수확된 곳에 시장을 열고 법에 따라 수매하도록 하되, 시가(時價)에 비해 조금 더 넉넉하게 지급하면, 백거이의 말처럼 이 또한 나라가 풍족하게 되는 데 일조하게 될 것입니다.

단 수매하는 일을 맡길 때 마땅한 사람을 얻지 못하여 모든 것을 서리에게 일임하여 호에 배당하여 기한을 독촉하고 다그치며 매질하니, 이익이 반드시 나라에 있지도 않고 폐해가 이미 먼저 백성에게 미치게 되니 더욱이 수매하지 않은 것만도 못합니다.

臣按: 和糴之法始於唐, 今若效其法, 遇米穀狼戾之秋, 遣官齎錢, 於豊熟之處開場設法自糴, 比時價稍有優饒, 如白居易之言, 是亦足國之一助也. 但恐任之不得其人, 一切委之吏胥, 配戶督限, 麾迫鞭撻, 則利未必得於國, 而害已先及於民, 又不若不糴之爲愈也.

송나라 태종 순화(淳化) 3년(992), 경기 지방에서 크게 풍년이 들어 물가가 매우 싸지자, 사신을 나누어 파견하여 경성의 네 개 문에서 시장을 설치하고 가격을 높여 곡식을 사들이고, 기근이 드는 해를 기다려 바로 가격을 낮추어 빈민들에게 팔아 지급하였다.

太宗淳化三年, 京畿大穰, 物價甚賤, 分遣使臣於京城四門置場, 增價以糴, 俟歲饑卽減價糶與貧民.

진종(眞宗) 경덕(景德) 원년(1004), 황실에서 은 30만 량을 방출하여 하북 지역으로 보내 교역을 통해 군량으로 바꿨다. 전란이 그친 후부터는 모든 변방 지역의 주(州)에 쌓아 둔 곡식으로 3년간 지급할 수 있었기 때문에, 시적(市糴)을 중단하였다. 그 뒤 해마다 연이어 풍년이 들게 됨에 따라, 하북·하동·섬서 지역에서 곡식 수매를 늘렸다.

眞宗景德元年, 內出銀三十萬付河北經度貿易軍糧, 自兵罷後, 凡邊州積穀可給三歲, 卽止市糴, 其後連歲登稔, 乃令河北·河東·陝西增糴.

마단림이 말하였다.

"옛날에 나라의 경비는 식량에 필요한 조(租)와 의복에 필요한 세(稅) 뿐이어서 수매를 기다리지 않았다. 평적법(平糴法)은 위나라 이리로부터 시작되었다. 그렇지만 풍년이 들면 백성에게서 곡물을 거두고 흉년이 들면 이를 방출하여 백성을 구제하는 것이니, 이 방법은 오직 백성을 위하는 것일 뿐 군대와 나라의 비용은 이에 의존한 적이 없었으니, 역대 왕조에서는 모두 이 방법을 따랐다.

당나라 때부터는 화적(和糴)을 다른 용도에 충당하기 시작하였고, 송나라에 이르러서는 나라에서 수매하는 것을 마침내 군량으로 삼아 변방에 비축하는 큰 변화가 있게 되었다. 이로써 희녕(熙寧, 1068~1077)·원풍(元豊, 1078~1085) 연간 이후에는 곡식을 결적(結糴: 수매하여 창고에 보관함)【결적은 희녕 8년(1075), 유좌체(劉佐體)가 사천의 차를 계량하여 편리한 때에 수매하였다.】·기적(寄糴: 수매 곡식을 다른 곳에 운송함)【기적은 원풍 2년(1079) 왕자연(王子淵)이 조운을 운송하는 선박(綱舟)의 이해에 따라 수매한 곡식을 운송하여 물가의 경중을 조정하였다.】·표적(俵糴: 수매한 곡식을 나눔)【표적은 희녕 8년(1075) 부(傅)를 설치하여 백성에게 수매한 곡식을 풀었다.】·균적(均糴: 곡식을 골고루 수매함)【균적은 정화(政和) 원년(1111)에 동관(童貫)이 상주로 각 호의 가업과 토지에 따라 수매할 곡식을 할당하는 것을 시행하였다.】·박적(博糴: 곡식을 두루 수매함)【박적은 희녕 7년(1074) 한 해의 비용에서 남은 세량은 백성에게 널리 수매하도록 하고 가을에 수확하면 이를 널리 수매하도록 하였다.】·태적(兌糴: 곡식을 서로 바꿔 수매함)【태적은 희녕 9년(1076)에 회남(淮南) 상평사에 조서를 내려 때마다 수매를 바꾸어 하도록 하였다.】·괄적(括糴: 곡식을 한꺼번에 수매함)【괄적은 원수(元狩) 원년(1098)에 장절(章賞)이 비축해 둔 집을 일괄적으로 색출하여 그중에서 하나를 남겨 두도록 하였다.】등의 이름으로 시행되기 시작하였으니, 어떻게 그 명칭이 이렇게도 많을 수 있었는가?

　그 근본 원인을 추정해 보면, 아마도 진종(眞宗, 재위 1004~1021)과 인종(仁宗, 재위 1022~1031) 이래로 서북 지방의 전쟁으로 인해 군량의 비축분이 모자라게 됨에 따라, 마침내 차와 소금 등의 필요한 물품을 장사하고자 하는 상인을 불러들여 이것 대신 군량을 변방에 들여놓게 하였기 때문이다. 간사한 상인과 잔꾀를 부리는 장사치들은 마침내 낮은 가격으로 곡물 값을 평가하여 사들이고, 비싼 가격으로 곡식을 변방 지방에 들여왔다. 이는 나라가 위급하면 군량이 쌓여 있는지를 바라보기 때문에, 자연히 이러한 폐단이 있게 마련이었다.

　이후에는 이러한 폐단을 고쳐서, 군량을 오직 백성에게서 직접 거둠으로써 다시는 상인의 간사한 꾀에 빠지지 않게 되었다. 그렇지만 백성의 자산을 계산하여 이를 균등하게 할당하되, 축적분을 계산하여 일괄적으로 이를 부과하였다. 심지어 그 값을 보상하지 않거나 강제로 징수액을 할당함으로써, 이를 감당해야 하는 백성의 병폐 또한 말로 다할 수 없었다. 화적법을 시작할 때는 관청이 상인들에 의해 손해를 보았는데, 끝에 가서는 백성도 또한 관청에 의해 손해를 보게 되었으니, 그 잘못은 마찬가지이다."

馬端臨曰: "古之國用, 食租衣稅而已, 毋俟於糴也. 平糴法始於魏李悝, 然豊則取之於民‧歉則捐以濟民, 凡以爲民而已, 軍國之用未嘗仰此, 歷代因之. 自唐始以和糴充他用, 至於宋而糴遂爲軍餉邊儲一大事, 熙豊而後始有結糴【熙寧八年, 劉佐體量川茶因便結糴】‧寄糴【元豊二年, 王子淵因綱舟利害設寄糴以權輕重】‧俵糴【熙寧八年, 設俵散於民】‧均糴【政和元年, 童貫奏行以人戶家業田土均敷】‧博糴【熙寧七年, 以歲用餘糧聽民博買, 秋成博糴】‧兌糴

【熙寧九年, 詔淮南常平司及時兌糴】·括糴【元符元年, 章賣括索蓄家, 量存其一】等
名, 何其多也. 推原其故, 蓋自眞宗·仁宗以來, 西北用兵, 糧儲闕乏,
遂以茶鹽貨物召商人入中, 而奸商黠賈遂至低價估貨·高價入粟, 國家
急仰軍儲, 致有此弊. 後來懲其弊, 所以只取之民而不復墮商人之計,
然至於計其家產而均敷之, 量其蓄積而括索之, 甚至或不償其直, 或強
敷其數, 其爲民病又有不可勝言者. 蓋始也官爲商所虧, 終也民又爲官
所虧, 其失一也."

신은 이렇게 생각합니다. 마단림의 이 말은, 당나라 이전에 말한 적
(糴)은 쌀을 모아 백성을 구휼하는 것이었지만, 송나라 이후에 말하는
적은 쌀을 모아 군사를 기른다는 것입니다. 백성을 위하는 방도로는,
오늘날 마땅히 이를 내지에 있는 군(郡)에 시행해야 합니다. 신이 상
평사(常平司)를 요동에서는 동쪽에, 회수에서는 북쪽에 설치해야 한다
고 청한 것이 바로 이것입니다. 군사를 위하는 방도로는, 오늘날 마
땅히 이를 변방의 군에 시행해야 합니다. 신이 상평사를 요동과 대동
등지에 설치할 것을 요청한 것이 바로 이것입니다.

엎드려 생각건대, 요순 임금이 위에 계셔서 저의 이러한 촌스럽고
천박한 말을 버리지 않으신다면, 유사(有司)에 명하여 이것이 가능한
지 여부를 깊이 검토하여 보고하도록 하십시오. 그러면 이것이 나라
가 저축을 하는 계획에 반드시 도움이 없다고는 하지 않을 것입니다.

臣按: 馬氏此言唐以前所謂糴者聚米以賑民, 宋以後所謂糴者聚米以養兵. 所以爲民者, 今日宜行之內郡, 臣向謂置常平司於遼以東·淮以北是也; 所以爲兵者, 今日宜行之邊郡, 臣向謂置常平司於遼東·大同等處是也. 伏惟堯舜在上, 不棄芻蕘之言, 下有司究竟其可否以聞, 其於國家儲蓄之計未必無助云.

송나라 신종은 왕안석을 기용하여 제치삼사조례사(制置三司條例司)를 설치하여 모든 로(路)의 상평창과 광혜창(廣惠倉)에 명하여 곡식을 거두고 방출할 때 마땅한 사의를 얻지 못하여, 현재 남아 있는 곡식의 수량을 통해 그 가격이 비싸면 시가를 낮춰 이에 맞게 수량을 맞추어 해당 물자를 방출하고, 가격이 싸면 시가를 올려 이에 맞게 해당 물자를 사들이게 하였다. 현재 남아 있는 전(錢)으로는 섬서 지방의 청묘전의 예에 따라 취하되, 백성들의 마음이 미리 물자를 지급하기를 원하면 세금에 따라 그 양을 납부하도록 하였다. 이때 안에서 본래 물품에 대한 요청이 있으면 혹 시가를 납부하되 가격이 비싸 전으로 납부하기를 원하면 모두 편한 대로 허락하였다. 청묘법은 돈을 백성에게 빌려주었는데, 봄에 돈을 풀고 가을에 상환하도록 하고 2푼의 이자를 취하였다.

神宗用王安石立制置三司條例司, 言諸路常平·廣惠倉斂散未得其宜, 以見在斛斗, 遇貴量減市價糶, 遇賤量增市價糴. 以見錢, 依陝西靑苗錢例取, 民情願預給令隨稅納斛斗, 內有願請本色, 或納時價價貴願納錢者, 皆許從便. 其靑苗法以錢貸民, 春散秋斂, 取二分息.

소철(蘇轍)[25]이 말하였다.

"돈을 백성에 빌려주고 2푼의 이자를 내게 하였는데, 이때 돈을 내어주고 받을 때 서리들이 이를 계기로 간사한 일을 꾸미지만 법으로 이를 금할 수 없었다. 따라서 일단 돈이 백성의 수중에 들어가면 비록 양민이라 할지라도 도리에 어긋나지 않게 비용을 쓰지 않기 어려웠다. 돈을 납부할 때가 되면 부유한 백성이라 할지라도 그 상환 기한을 위반하기를 면하지 못했다. 이렇게 되면 채찍과 매질을 반드시 쓰게 되니, 주현에 일이 많았다."

> 蘇轍曰: "以錢貸民使出息二分, 出納之際, 吏緣爲奸, 法不能禁, 錢入民手, 雖良民不免非理費用, 及其納錢, 雖富民不免違限. 如此, 則鞭笞必用, 州縣多事矣."

신은 이렇게 생각합니다. 청묘법이란 곡식의 싹이 땅에서 파랗게 생겨날 때 백성에게 돈을 빌려주고 이들에게 이자를 내게 하는 것을 말하는 것입니다. 이때 1백문을 빌려주면 20문의 이자를 내도록 하되, 청묘에서 여름의 대금은 정월에 풀고, 가을 대금은 5월에 풉니다. 이는 대체로 《주례》〈천부(泉府)〉에 "나라에 복역하는 것을 이자로 삼는다"는 말을 핑계로 삼아, 부유한 백성이 일반 백성에게 고리대를 몇 배나 거두지 못하게 하는 것이라고 말하지만, 실제로는 오로지 이익을 꾀하고자 하는 것입니다.

---

25 소철(蘇轍, 1039~1112):《대학연의보》권21 주) 19 참조.

옛날 사람들이 말하는 백성을 해치는 원인에는 세 가지가 있는데, 돈을 징수하는 것, 이자를 취하는 것, 강제로 할당하는 것입니다. 조례사(條例司)를 처음 청했을 때, 세금에 따라 곡식의 말과 곡(斛: 10말)을 납부하며, 곡가가 비싸져 돈으로 납부하기를 원하여 들어주는 것이지, 돈으로 징수하는 적은 없다고 합니다. 또 백성을 위하는 것이고, 관청에서는 그 수입에서 이익이 없으니, 이는 이자를 취하는 적이 없다고 하였습니다. 지급을 원하면 이를 들어주었으니, 이는 강제로 할당하는 것도 아니라고 하였습니다. 그렇지만 이를 시행할 때에는 실제로 그렇지 않았습니다. 처음 정책을 요청할 때는 일단 아름다운 말로 군주의 귀를 미혹시키고 여론을 만족시켰을 뿐입니다.

커다란 사해와 많고 많은 백성이 있으니, 나라를 부유하게 하는 방도에 정의가 없어서는 안 됩니다. 그럼에도 대출을 시행하여 그 이자로부터 나오는 이익을 취하니, 이는 만승의 천자가 필부가 하는 일을 하는 것입니다. 설사 돈을 징수하지 않고 강제로 할당하지 않는다고 해도, 이익만 있고 해가 없는 일도 해서는 안 되거늘, 하물며 이익이 없고 해가 되는 경우이겠습니까.

신종이 왕안석을 기용하여 이 법을 시행함으로써, 이로 인한 화가 백성을 흩어지게 하고 나라를 망치고 무너지게 하였으니, 후세의 영명한 군주와 훌륭한 재상은 송나라 사람들의 전철을 밟는 것을 마땅히 경계하시고, 오히려 의로움으로 이익을 삼고 이에 집착하여 해를 끼치지 않도록 하십시오.

臣按: 靑苗之法, 謂苗靑在田則貸民以錢, 使之出息也, 貸與一百文使出息二十文, 夏料於正月俵散, 秋料於五月俵散, 蓋假《周禮 泉府》"國

服爲息"之說, 雖曰不使富民取民倍息, 其實欲專其利也. 昔人謂其所以
爲民害者三, 曰征錢也・取息也・抑配也. 條例司初請之時曰隨租納斗
斛, 如以價貴願納錢者聽, 則是未嘗征錢; 曰凡以爲民, 公家無利其入,
則是未嘗取息; 曰願給者聽, 則是未嘗抑配. 及其施行之際, 實則不然
者, 建請之初姑爲此美言以惑上聽而厭衆論耳. 夫奄有四海之大・億兆
之衆, 所以富國之術義無不可, 而取擧貸出息之利, 則是萬乘而爲匹夫
之事也, 假令不征錢・不抑配, 有利而無害, 尙且不可, 況無利而有害
哉? 神宗用王安石而行此法, 其流禍至於民離散而國破敗, 後世英君碩
輔宜鑒宋人覆轍, 尙其以義爲利而毋專利以貽害哉.

이상은 시적(市糴)에 관한 법령이다.

以上市昔糴之人令.

　신은 이렇게 생각합니다. 옛날 사람들이 이르기를 시장이란 상인들
의 일이라고 하였으니, 옛날 제왕들은 토지에 따라 공물을 바치게 하
여 재화를 취하고도 남는 것은 있었으니, 나라를 다스리면서 물자를
시장에서 사고 판 적은 없습니다. 적(糴)은 일반 서민의 일로서, 옛날
제왕들은 이들의 미속(米粟)에서 1/10의 세금을 취하고도 남은 것이
있었으니, 나라를 다스리면서 곡식을 사들인 적은 없습니다.
　시장에 대한 설은 《주례》〈천부(泉府)〉에 처음 나오며, 적(糴)에 대

한 설은 이리(李悝)의 평적법에서 처음 나오는데, 이것을 입법한 초기에는 모두 백성을 편리하게 하는 것이었습니다. 백성들의 쓰임에 지금 적체되고 있으면 관에서 이를 사서 거두어들이고, 물자가 백성의 쓰임에 적절한 때가 되면 관청에서 이를 팔아 내보냅니다. 이는 있는 것과 없는 것을 교역하여 간곡히 가난한 백성들의 처지를 위해 시행한 것이지, 처음에는 백성에게서 이익을 징수하여 나라를 부유하게 할 뜻이 털끝만큼이라도 없었습니다. 후세에 상인들의 이익을 다투고 백성들의 재산에서 이익을 찾는 일이 있었으니, 어찌 옛날 사람들이 이 법을 세운 처음의 뜻이겠습니까.

어리석은 신이 두 가지 사실을 통해 볼 때, 나라에서 곡식을 수매하는 일은 오히려 시행해도 좋습니다. 미속은 백성이 먹는 데 필요한 곡식이므로 비록 관청에 거둔다 해도 백성을 위하는 것입니다. 시장에서 사는 일은, 물품의 가격이 비싸고 쌀 때를 따라 해당 물자를 거둬들이고 방출하는데, 이는 군주로서 상인이 하는 짓을 하는 것입니다. 비록 이를 두고 상인이 물건을 매석하여 가격을 올리는 것을 억제하는 방안이라고 말하지만, 가난한 사람도 내 백성이고 부유한 사람 또한 내 백성이니, 상인들이 가지고 있는 것에 대해, 누가 내가 가지고 있는 것이 아니라고 하겠습니까. 하물며 화물을 쌓아둔 것이 이미 많다면 비록 해당 물건이 모자란다 하더라도 그 가격이 자연 심하게 비싸지지 않을 것입니다.

臣按: 謂市者商賈之事, 古之帝王其物貨取之任土作貢而有餘, 未有國家而市物者也; 糴者民庶之事, 古之帝王其米粟取之什一所賦而有餘, 未有國家而糴粟者也. 市之說昉於《周官 泉府》, 糴之說昉於李悝平糴, 然其初立法也, 皆所以便民, 方其滯於民用也, 則官買之糴之; 及其適於民用也, 則官賣之糴之. 蓋懋遷有無, 曲爲貧民之地, 初未嘗有一毫征利富國之意焉. 後世則爭商賈之利・利民庶之有矣, 豈古人立法之初意哉? 臣愚就二者觀之, 糴之事猶可爲, 蓋以米粟民食所需, 雖收於官亦是爲民. 若夫市買之事, 乘時貴賤以爲斂散, 則是以人君而爲商賈之爲矣, 雖曰摧抑商賈居貨待價之謀, 然貧吾民也, 富亦吾民也, 彼之所有, 孰非吾之所有哉? 況物貨居之既多, 則雖甚乏其價自然不至甚貴也哉.

대학연의보
(大學衍義補)
—
권26

나라의 경비를 관리함[制國用]

구리와 종이 화폐(상) [銅楮之幣(上)]

《관자》에서 말하였다.

탕왕 때 7년간 가뭄이 들었고, 우임금 때는 5년 동안 홍수가 졌다. 사람들은 먹을 죽조차【전(糧)은 죽(糜)이다.】 없어 자식을 파는 사람도 있었다. 탕왕은 장산(莊山)에서 나는 쇠로 화폐를 주조하여, 먹을 죽도 없어서 자식을 파는 백성들을 구제하도록 하였고, 우임금은 역산(歷山)에서 나는 쇠로 화폐를 주조하여 백성들의 어려움을 구제하였다.

《管子》曰: 湯七年旱, 禹五年水. 人之無糧【糜也】有賣子者, 湯以莊山之金鑄幣而贖人之無勯賣子者, 禹以歷山之金鑄幣以救人之困.

신은 이렇게 생각합니다. 이것이 후세에 쇠로 화폐를 주조한 시초입니다. 그렇지만 모두 홍수나 가뭄을 계기로 기아와 빈곤을 구제하기 위한 것이지, 전적으로 재화를 유통하기 위한 것이 아니었습니다.

臣按: 此後世鑄金爲幣之始, 然皆因緣水旱以救濟饑困, 非專以阜通財貨也.

또 말하였다.

구슬과 옥을 상급 화폐로 삼고, 황금을 중급 화폐로, 도포(刀布: 칼 모양의 화폐)를 하급 화폐로 삼았다. 세 가지 화폐를 가지고 있는 것은 따뜻한데 도움이 되는 것이 아니고, 먹는다고 배부르게 되는 데 도움이 되지도 않는다. 선왕은 재물을 지켜서 백성들이 하는 일을 관리하였고 천하를 평안하게 하였으므로 형(衡: 저울)이라고 하였다. 저울이란 물건을 높게도 낮게도 하니, 누가 조정할 수 없다.

又曰: 以珠玉爲上幣, 以黃金爲中幣, 以刀布爲下幣. 三幣握之則非有補於煖也, 食之則非有補於飽也, 先王以守財物以制人事而平天下也, 是以命之曰衡. 衡者, 使物一高一下, 不得有調也.

신은 이렇게 생각합니다. 삼대 이전에도 화폐가 이미 있었는데, 이 화폐에는 세 가지 종류인 주옥(珠玉)·황금·도포(刀布) 등이 바로 이것입니다. 도전은 물자의 유통을 목적으로 하는 천포(泉布) 제도로서, 후세에 와서 이는 공적으로나 사적으로 돈으로 통용되게 되었을 뿐 아니라, 또한 금은이나 주옥과 함께 사용하였으니, 그 기원은 대개 이것에 있습니다. 이 세 가지 화폐는 군주가 창고에 간수하고 재화로 유통하며, 천하의 먹을거리와 재화를 조정하였습니다. 재화의 경중, 가격의 높낮이를 조절하여 모두 고르게 하였기 때문에, 이것이 화폐를 형(衡)이라고 이름 붙인 까닭일 것입니다. 후세에 이른바 '평준(平準)'이 라는 의미는 대체로 이로부터 나오게 된 것입니다.

臣按: 三代以前已有幣, 而其幣有三等, 珠玉·黃金·刀布是也. 刀布則 是泉布之制, 後世公私通行以錢, 而亦兼用金銀·珠玉, 其原蓋起於此. 是三幣也, 人君守之以府庫, 通之以財賄, 而以平天下之食貨, 調適其 輕重·高下, 使之咸得其平, 此所以有衡之名歟, 後世所謂平準其義蓋 出乎此.

태공이 9부(九府)【《주례 주관》에 따르면 태부(太府)·옥부(玉府)·내부(內府)·외부(外 府)·천부(泉府)·천부(天府)·직내(職內)·직폐(職幣)·직금(職金) 등이 있다.】를 설립하여 물자가 고르게 유통하게 하였는데【환법(圜法)은 고르게 유통하는 것이다.】, 황금 은 사방의 길이를 한 치로 하고 무게는 한 근으로 하였고, 전(錢)은 바깥 은 둥글면서 안쪽은 네모나게 구멍을 뚫되【전환함방(錢圜函方)은 바깥이 둥글고 안쪽은 네모난 구멍이 뚫린 것이다.】, 그 무게의 경중에 따라 수(銖: 무게 단위로, 1/24냥)를 단위로 하였다【금은 무게를 근으로 이름하고, 전은 수(銖)로 무게를 삼는 다.】. 포백(布帛: 화폐로 사용한 비단)의 경우는 넓이가 2자 2치, 길이는 40자 를 1필(匹)로 삼는다. 그러므로 재물은 보물은 금으로, 이윤은 도전으로, 지급하는 것은 천(泉)으로, 퍼뜨리는 것은 포(布)로, 물자를 모으는 것은 백(帛)으로 주로 사용하였다【속(束)은 모으는 것이다.】.

太公立九府【《周官》有太府·玉府·內府·外府·泉府·天府·職內·職幣·職金】圜法【圜

謂均而通也】, 黃金方寸而重一斤, 錢圜函方【外圜而內孔方】, 輕重以銖【金以斤爲名錢以銖爲重也】, 布帛廣二尺二寸爲幅・長四丈爲匹. 故貨寶於金, 利於刀, 流於泉, 布於布, 束於帛【束, 聚也】.

정초(鄭樵)[1]가 말하였다.

"천(泉)이라고 말하는 것은 그 모양이 마치 천문(泉文)[2]과 같기 때문이다. 옛날 전(錢)의 모양은 샘이 솟아나는 문양을 테로 둘러놓았다. 후대 사람들은 이를 전(錢) 자로 대신하였다."

鄭樵曰: "謂之泉者, 言其形如泉文, 古錢其形卽篆泉文也, 後人代以錢字."

왕소우(王昭禹)[3]가 말하였다.

"옛날에는 거북을 귀하게 여겨서 껍질을 화패(貨貝)로 사용했고, 물건을 교역하는 방법은 오직 껍질뿐이었다. 태공(太公)이 9부(九府)의 환법(圜法)을 시행하면서 비로소 전(錢)이 패(貝)를 대신하였다. 천(泉)이

---

1 정초(鄭樵, 1104~1162): 남송의 역사가로 복건 포전현(莆田縣) 출신이다. 자는 어중(漁仲), 호는 협제선생(夾漈先生)으로, 《통지(通志)》를 편찬하였다. 저서로 《이아주(爾雅注)》, 《협제유고(夾漈遺稿)》 등이 있다.
2 천문(泉文): 샘물이 솟아나는 모양과 꽃 모양이 겹쳐 있는 문양을 말한다.
3 왕소우(王昭禹): 송나라 사람으로, 저서로 《주례상해(周禮詳解)》가 있다.

라고도 하고, 포(布)라고 하기도 했다. 포는 퍼뜨린다는 의미를 취한 것이고, 천은 흘러간다는 의미를 취한 것이니, 실제로는 모두 같은 것이다."

> 王昭禹曰: "古者寶龜而貨貝, 所以交易者唯貝而已, 至太公立九府圜法, 始用錢代貝. 或曰泉, 或曰布, 布取宣布之意, 泉取流行之意, 其實則一而已."

신은 이렇게 생각합니다. 후세의 전(錢)은 그 모양이 바깥은 둥글고 안쪽은 네모난 것은 여기에서 비롯되었고 단지 문양이 없었을 뿐입니다. 9부는 《주례》에 실려 있는 태부·옥부·내부·외부·천부·천부·직내·직폐·직금 등 9관이 바로 이것입니다. 9관은 모두 재물과 화폐를 관장하는 관직으로서, 관장하는 것은 황금·포백(布帛)·전폐(錢幣) 세 가지입니다. 여기서 황금은 근으로 명명하고, 포백은 필로 계산하며, 전폐는 수(銖: 1/24냥)로써 그 무게의 기준으로 삼습니다. 그러므로 모든 재물의 출입과 그 가치의 경중은 환법에 의해 고르게 평가되고 거래되니, 예를 들면 황금 한 근은 전 얼마이고 백(帛) 한 필은 전 얼마로 환산되는 것과 같습니다.

그러므로 나라는 필요한 용도에 일체 재물은, 보물은 금으로, 이윤은 도전으로, 유행시키는 것은 천(泉)으로, 퍼뜨리는 것은 포(布)로, 수취하는 것은 백(帛)으로 주로 사용하였다. 이른바 금은 길이가 각기 한 치인 네모 모양으로 무게는 한 근이고, 이른바 도(刀)는 곧 《관자》에서 말하는 하등의 화폐이고, 이른바 천은 곧 환법(圜法)이며, 포백(布

帛)은 그 길이가 40척을 한 필로 삼은 것을 말합니다. 정현이 그 그릇을 말한다, 그 쓰임을 말한다고 하는 말은 본문과 일치하지 않는 듯하며, 신은 감히 옳다고 생각하지 않습니다.

臣按: 後世之錢, 其形質外圓內方始此, 但未有文耳. 九府卽《周禮》所載太府・玉府・內府・外府・泉府・天府・職內・職幣・職金九官是也. 九官皆掌財幣之官, 而所掌者黃金・布帛・錢幣三者, 黃金以斤名, 布帛以匹計, 錢幣以銖重, 故凡貨物之出入其輕重以圜法均而通之, 如黃金一斤該錢若干・帛一匹該錢若干之類. 是以國家有所用度也, 一切財貨寶之以金・利之以刀・流行之以泉・施布之以布・收聚之以帛, 所謂金卽方寸重一斤者, 所謂刀卽《管子》所謂刀爲下幣者, 所謂泉卽圜法也, 所謂布帛卽長四丈爲匹者. 鄭氏謂言其器・言其用等語, 於本文若不相類, 臣不敢以爲然.

사시(司市)는 상고(商賈)【물자를 유통하는 것을 상(商)이라고 한다.】【물자를 파는 것을 고(賈)라고 한다.】를 통해 재화를 풍성하게【부(阜)는 풍요롭다는 뜻이다.】갖추어놓고 유통시키는데【포(布)는 천(泉)이다.】, 나라에 흉년【흉황(凶荒)은 오곡이 잘 익지 않는 것이다.】이 들거나 역병【찰(札)은 역병이다.】이 돌아 사람이 많이 죽는 상사【상(喪)은 죽어서 장사 지내는 것이다.】가 있게 되면, 거래 때 세금을 징수하지 않고 포(布)를 만들었다.

司市以商【通物曰商】賈【賣物曰賈】阜【盛也】貨而行布【布謂泉也】, 國凶荒【謂五穀不熟】札【謂疫病】喪【謂死喪】, 則市無征而作布.

정현(鄭玄)[4]이 말하였다.

"금(金)과 동(銅)은 흉년이 없기 때문에, 물자가 귀하게 되면 천(泉)을 많이 주조하여 백성을 풍요롭게 하였다."

鄭玄曰: "金銅無荒年, 因物貴大鑄泉以饒民."

섭시(葉時)[5]가 말하였다.

"태공이 9부와 환법을 시행하여 천(泉)으로는 물자가 돌게 하고 포(布)로써 물자를 퍼지게 하였으니, 천은 물자의 흐름을, 포는 물자의 유통을 취한 것이다. 《주례》〈사시(司市)〉에 말하기를, '상(商)과 고(賈)를 통해 재화를 풍요롭게 하여 이를 유통하게 한다.'라고 하였다. 이 때 포(布)는 물자를 잘 유통하고자 하여 이를 시행하는 것이다. 태공이 9부의 법을 세우지 않았다면 어찌 군주와 백성이 물자를 유통하여 사용할 수 있었겠는가. 또한 주나라 경공(景公) 때에 단목공(單穆公)[6]이 말하기를, '옛날에는 하늘이 재난과 역병이 내리게 되면 군주는 가지고 있는 화폐 물량을 헤아려 그 경중을 조절하여 백성을 구제하였다.'라고 하였다. 〈사시〉에 말하기를, '나라에 흉년이 들거나 역병이 돌아 사람이 많이 죽는 상사가 있게 되면, 거래 때 세금을 징수하지 않고 포를 만들었다.'라고 하였는데, 어찌 물자가 비싸졌으니 전(錢)을 주조

---

4 정현(鄭玄): 《대학연의보》 권20 주) 16 참조.
5 섭시(葉時): 《대학연의보》 권22 주) 45 참조.
6 단목공(單穆公): 주나라 경공 때 재상이다. 그는 당시 경공이 소액 화폐를 폐지하고 고액 화폐를 주조하려고 하자, 이는 백성을 더욱 피폐하게 만드는 것이라며 반대하였다.

하여 백성을 풍요롭게 한 것이 아니겠는가."

> 葉時曰: "按太公立九府圜法, 流於泉·布於布, 泉取其流·布取其布, 司
> 市曰: '以商賈阜貨而行布', 布者欲其流布使行也, 豈非太公立此九府法
> 而君民通用歟? 又按周景王時, 單穆公曰: '古者天降災厲, 於是乎量齎
> 幣·權輕重以救民', 司市曰: '凶荒箚喪市無征而作布', 豈非民之物貴乃
> 鑄錢以饒民歟?"

신은 이렇게 생각합니다. 포(布)는 곧 천(泉)이고, 천은 곧 전(錢)입니다. 전은 모든 물자의 가치를 재지만, 이를 유통하는 것은 상인입니다. 그러므로 상인이 재화와 패물을 풍부하게 갖추고 난 후에야 천과 포를 사용할 수 있습니다. 흉년이나 역병이 들 때에는 상인들은 물자를 모두 사들여 식량과 물자를 풍부하게 할 뿐 아니라, 또한 백성에게 부족한 것을 구제하고 그 어려움을 이기게 합니다. 이 때문에 이러한 때에는 거래에 대해 세금을 징수하지 않으니, 상인들을 오게 하는 방도입니다. 모여든 상인들은 식량과 물자를 풍부하게 하는 방도입니다.

그렇지만 또 서로 교역하는 수단이 없을지 염려하기에 쇠를 주조하여 전을 만드는 것입니다. 대체로 미곡(米穀)에는 풍년과 흉년이 있게 마련이며, 인력으로 할 수 있는 것이 아니지만, 금과 구리는 흉년과 풍년이 없기 때문에 인력으로 할 수 있는 것입니다. 그러므로 전을 주조하여 이를 통해 식량을 널리 구하고 굶주림을 구제하는 것입니다. 《주관(周官)》의 이 법은 탕임금과 우임금이 홍수와 가뭄으로 인해 쇠로 된 화폐를 만들었던 취지를 이은 것입니다.

臣按: 布卽泉也, 泉卽錢也, 錢以權百物, 而所以流通之者商賈也. 故商
賈阜盛貨賄, 而後泉布得行, 當夫凶荒箚喪之際, 商賈畢聚而食貨阜盛,
亦得以濟其乏·蘇其困矣, 故於是時市無征稅, 所以來商賈, 來商賈所
以阜食貨. 然又慮其無貿易之具也, 故爲之鑄金作錢焉. 蓋以米穀有豊
歉, 非人力所能致, 金銅則無豊歉, 可以人力爲之, 故爲之鑄錢, 使之博
食以濟饑也. 《周官》此法, 其亦湯·禹因水旱鑄金幣之遺意歟.

외부(外府)【궁궐 밖에 있는 천화를 주관한다.】는 나라의 포(布)【포(布)는 천(泉)이
다.】가 들어오고 나가는 것을 관장함으로써 모든 물자를 구비하여 나라
의 쓰임에 대비하였다. 따라서 무릇 제사·빈객·상사·회합·군사 등은
재정 경비인 화폐를 공용하였는데, 하사한 재용을 집행하는 경비【재(齎)는
집행하는 경비이다.】로 삼으니, 무릇 나라의 사소한 경비는 모두 화폐를 받
았다.

外府【主泉貨藏在外者】掌邦布【泉也】之入出以共百物而待邦之用, 凡祭祀·賓
客·喪紀·會同·軍旅, 共其財用之幣, 齎賜予之財用【齎, 行道之財用也】, 凡邦
之小用皆受焉.

천부(泉府)【천과 포를 관리하는 관청이다.】는 시장에서 포를 징수하는 일을
관장하고, 시장에서 팔리지 않고 민간의 용도에 적체되어 있는 물자를

거둬들인다.

泉府【司泉布之府】掌以市之征布, 斂市之不售貨之滯於民用者.

섭시(葉時)가 말하였다.

"외부(外府)에서는 포를 관장하는데, 비록 모든 물자를 공급하여 나라에서 쓸 것에 대비하는 것이라고 말하지만, 실제로는 사소하게 쓰는 경비에 이를 지급하였다. 그래서 가공언(賈公彦)의 《주례》 소(疏)에 말하기를, '외부는 납부한 천(泉)과 포(布)로 쌓아 두는 곳으로, 적어지면 작은 용도가 있을 때 지급하고, 큰 용도는 여타 관청에서 수취한다.'라고 하였다. 후세에는 모든 경비는 한결같이 전(錢)에서 나왔으니, 주나라 사람들이 외부에 있는 포를 특별히 사소한 경비에 제공하였던 사실을 알지 못한 것이다."

葉時曰: "外府掌布, 雖曰以共百物以待邦用, 而實小用則給之, 是以賈疏亦云 '外府所納泉布所積, 旣少有小用則給之, 若大用則取於餘府'. 後世凡百所用一出於錢, 曾不知周人外府之布特以供小用爾."

신은 이렇게 생각합니다. 《주례》에 재물을 관장하는 관직이 하나만 있는 것이 아닌데, 이 중에서 전과 포를 전문적으로 관장하는 것으로는 외부(外府)와 천부(泉府) 두 관직이 있었습니다. 외부에서는 실어서 가져온 재화의 출입을 관장하고, 천부에서는 매매의 출입을 관장합니다. 무릇 천하의 여러 가지 물자는 모두 전(錢)을 바탕으로 유통됩니다. 무거운 것은 쉽게 들 수 없기 때문에 전이 아니고서는 먼 곳으로 운송할 수 없고, 적체된 물자는 유통되지 못하기 때문에 전이 아니고는 한꺼번에 구제할 수 없으며, 큰 것은 나눌 수 없기 때문에 전이 아니고서는 조그맣게 하여 사용할 수 없습니다. 재화는 무겁지만 전은 가볍고, 재화는 적체되지만 전은 유통되기 때문입니다.

臣按:《周禮》掌財之官非一職, 而專掌錢布者外府·泉府二官, 外府掌齎載之出入, 泉府掌賣買之出入. 蓋天下百貨皆資於錢以流通, 重者不可擧, 非錢不能以致遠; 滯者不能通, 非錢不得以兼濟; 大者不可分, 非錢不得以小用. 貨則重而錢輕, 物則滯而錢無不通故也.

주나라 경왕(景王) 때 전(錢)이 가벼운 것을 염려하여 대전(大錢: 고액 화폐)을 주조하였다. 재상 단목공이 말하기를, "옛날에는 천재(天災)가 내리면【려(戾)는 나쁜 기운이다.】 자산과 화폐를 헤아리고서 액수의 경중을 조절하여 백성을 구제하였습니다. 백성이 화폐가 너무 소액이라고 근심하면 백성을 위해 고액 화폐를 만들어 시행하였습니다. 따라서 고액 화폐를 기준으로 소액 화폐를 조절하여 유통시켰으므로 백성이 모두 만족할 수 있었습니다. 만약 고액 화폐를 감당하지 못하면 소액 화폐를 많이 만들어 시행하되 고액 화폐를 폐지하지는 않았습니다. 따라서 소액 화폐를 기준으로 고액 화폐를 조절하여 유통시켰으므로 소전(小錢: 소액 화폐)과 대전은 모두 사람들을 이롭게 만들었습니다. 지금 왕께서 가벼운 화폐를 폐지하고 무거운 화폐를 만들면 백성이 그 자금을 잃게 되니 민생이 파탄나지 않겠습니까. 백성이 파탄나면 왕의 용도도 장차 모자라게 될 것이고, 모자라면 장차 백성에게서 많이 수취하게 될 것입니다. 백성이 이를 조달하지 못하면 장차 멀리 떠날 뜻【유원지(有遠志)란 백성이 본거지를 떠날 뜻이 있다는 말이다.】을 가질 것이니, 이것이 백성이 흩어진다는 것입니다."라고 하였다. 경왕은 이 말을 듣지 않고 마침내 대전을 주조하고, 글자를 새겨 "보화(寶貨)"【보화에 대해 《국어(國語)》에는 대천오십(大泉五十)을 만들었다고 주석을 달았다.】라고 하고 바깥과 안쪽 테두리【안쪽 테두리를 호(好)라고 하고 바깥 테두리를 육(肉)이라고 한다.】를 모두 둥글게 만들어 농민에게 권하여 부족한 것을 넉넉하게 하자, 백성들이 이익을 얻었다.[7]

> 周景王時患錢輕, 將更鑄大錢, 單穆公曰: "古者天降災戾【戾, 惡氣也】, 於是乎量資幣・權輕重以賑救民, 民患輕則爲之作重幣以行之【幣輕物貴也】, 於是乎有母權子而行, 民皆得焉. 若不堪重, 則多作輕而行之, 亦不廢重, 於是乎有子權母而行, 小大利之. 今王廢輕而作重, 民失其資, 能無匱乎? 若匱, 王用將有所乏, 乏則將厚取於民, 民不給將有遠志【謂去其本居】, 是離民也."
> 王弗聽, 卒鑄大錢. 文曰 "寶貨"【《國語》注作大泉五十】, 肉好皆有周郭【內郭爲好, 外郭爲肉】, 以勸農贍不足, 百姓蒙利焉.

신은 이렇게 생각합니다. 전(錢)에는 글자가 새겨져 있는데, 이렇게 한 것은 이로부터 시작되었습니다. 단목공의 이 말로부터 후세에 와

---

7 농민에게 … 얻었다: 《한서(漢書)》〈식화지(食貨志)〉에 나오는데, 백성들이 이로움을 입었다는 부분에 대해서는 많은 이견이 있었다.

서 화폐에 대해 논하는 자모상권설[子母相權說: 모(母)화폐와 자(子) 화폐가 서로 평가하고 조절한다는 이론]이 출현하게 되었습니다. 즉 화폐 가치가 무거운 것이 어미[母]이고 가벼운 것이 아들[子]인데, 가치가 무거운 화폐는 물자의 가치가 무거운(비싼) 것에 쓰이고 가벼운 화폐는 물자의 가치가 가벼운(싼) 것에 사용되기 때문에, 가치가 비싸고 싼 것은 서로 가치를 저울질(평가)함에 따라 함께 사용됩니다. 따라서 무릇 백성들에게 화폐가치가 너무 무겁거나 너무 가볍다는 염려가 생기게 되면, 군주는 이를 조정하는 권한을 가지고 이를 서로 잘 조절하여 시행합니다. 이를 요약하면, 화폐 가치가 너무 가볍다는 염려가 있으면 무거운 화폐를 만들고, 또한 화폐 가치가 너무 무거우면 가벼운 화폐를 만든다고 하더라도, 이때 무거운 화폐는 폐지하지는 않습니다, 이는 자화폐는 폐지할 수 있지만, 모화폐는 폐지할 수 없기 때문입니다.

臣按: 錢有文其製始此, 單穆公此言乃後世論錢貨子母相權之說所自出也. 重者母也, 輕者子也, 重者行其貴, 輕者行其賤, 貴賤相權而並行焉. 蓋民之所患有輕重, 上則持操縱之權, 相權而行之, 要之, 患輕則作重, 患重雖作輕而亦不廢重焉, 子可廢而母不可廢故也.

진나라에는 천하의 화폐를 합하여 두 등급으로 나누었으니, 황금을 상급 화폐로 삼았다. 그리고 동전의 경우에는 그 형태가 주나라의 전(錢)과 같았으며, 여기의 앞면에 글자를 새겨 "반량(半兩)"이라고 하였다. 그 무게는 새긴 글자와 같이 반량이었고, 이를 하등 화폐로 삼았다. 그리고 주옥

(珠玉)과 구패(龜貝), 은과 주석 등은 그릇을 장식하는 패물로 보관하고 화폐로 삼지 않았다.

> 秦兼天下幣爲二等, 黃金爲上幣, 銅錢質如周錢, 文曰 "半兩", 重如其文, 爲下幣, 而珠玉·龜貝·銀錫之屬爲器飾寶藏, 不爲幣.

신은 이렇게 생각합니다. 우임금과 하나라, 상나라의 화폐는 금을 세 가지 등급으로 삼았는데, 황색의 금·백색의 은·적색의 동, 전(錢)과 포(布), 또는 도(刀)와 구패(龜貝) 등이다. 주나라의 환법에 이르러 금은 단지 황금만을 사용하였지만, 여전히 도포(刀布) 종류도 있었습니다. 진나라는 천하의 화폐를 줄여서 두 가지 종류로 만들었는데, 단지 황금을 적금과 함께 전으로 삼았고, 기타 종류의 화폐는 모두 사용하지 않았습니다.

> 臣按: 虞·夏·商之幣, 金爲三品, 或黃【金】或白【銀】或赤【銅】, 或錢或布·或刀或龜貝. 至周圜法, 金惟用其黃者, 然猶有刀布之屬. 秦兼天下之幣爲二, 止用黃金並以赤金爲錢耳, 其他皆不用.

한 문제는 전(錢)의 도주(盜鑄) 금지령을 철폐하여 백성들에게 스스로 화폐를 주조하도록 하였다.

> 漢文帝除盜鑄錢令, 使民自鑄.

가의(賈誼)[8]가 말하였다.

"법에 따르면 천하에서는 공적으로만 구리와 주석을 주조하여 전(錢)으로 만들 수 있도록 하였는데, 감히 납과 철을 섞어 다른 것으로 교묘하게 만드는 자는 그 죄가 얼굴에 칼로 글자를 새겨 넣는 경형(黥刑)【경(黥)은 칼로 신체에 글자를 새겨 넣는 것이다.】으로 처벌하였다. 그렇지만 전을 주조하는 실정은 연철을 섞어 교묘하게 만들지 않고는 이득을 얻을 수 없다. 무릇 일이 화를 부르고 법이 간사함을 생기게 하는데, 지금 영세한 백성들로 하여금 사람마다 화폐를 만드는 권세를 갖게 하여 각각 후미진 곳에 숨어서 납과 철을 섞어 돈을 주조하게 하고, 이를 통해 많은 이익을 가져오는 숨겨진 죄를 막고자 한다면, 비록 경형하는 죄가 날마다 보고되더라도 그 형세가 그칠 수 없을 것이다."

> 賈誼曰: "法使天下公得鑄銅錫爲錢, 敢雜以鉛鐵爲他巧者, 其罪黥【刺字也】. 然鑄錢之情, 非殽雜爲巧則不可得贏. 夫事有召禍而法有起姦, 今令細民人操造幣之勢, 各隱屛而鑄作, 因欲禁其厚利微奸, 雖黥罪日報, 其勢不止."

신은 이렇게 생각합니다. 후세에 사전(私錢) 금지 법령이 느슨해진 것은 이로부터 시작되었습니다. 무릇 하늘은 사물을 생기게 하여 사람

---

8 가의(賈誼, 기원전 200~기원전 168): 한나라의 정치가로, 한 문제 때 정치 개혁을 주창하였다. 진나라의 잘못을 지적한 〈과진론(過秦論)〉이 대표적 논설이다. 《한서(漢書)》 권48 〈가의전(賈誼傳)〉.

을 양육하였는데, 차와 소금과 같은 것은 금령을 느슨하게 하는 것이
가능합니다. 그러나 전(錢)과 폐(幣)는 이권이 달려 있기 때문에 금령
을 없애면 백성은 오로지 그 이익에 매달리게 되고, 이익은 다툼의 발
단이 됩니다.

> 臣按: 後世弛私錢禁始此. 夫天生物以養人, 如茶鹽之類, 弛其禁可也,
> 錢幣乃利權所在, 除其禁則民得以專其利矣, 利者爭之端也.

이때 오왕 비(濞)는 동산(銅山)이 있는 곳에서 전(錢)을 주조하여 그의 부
유함이 천자에 버금갔는데, 그 뒤 마침내 반역을 하였다.[9]

> 是時吳王濞卽山鑄錢, 富埒天子, 後卒叛逆.

가산(賈山)[10]이 말하였다.
"전(錢)이란 용기가 없지만 부귀와 바꿀 수 있다. 부귀는 군주가 조
종하는 권한인데, 백성들이 이를 하게 하면, 이는 백성이 군주와 조종
하는 권한을 공동으로 가지는 것이니, 오래갈 수 없다."

---

9 오왕 비(吳王 濞)는 … 하였다: 이 일은 《사기》 권30 〈평준서(平準書)〉에 나온다. 오왕 비(기원
   전 216~154)는 한 고조 유방의 조카로, 7국의 난을 주도하였지만 실패하여 살해되었다.
10 가산(賈山): 영음후(潁陰侯)의 구종으로, 한 문제(漢文帝)에게 상서하여 치란(治亂)의 도를 말하
   면서 한나라를 진(秦)나라에 비유하였다.

> 賈山曰: "錢者, 亡用器也而可以易富貴, 富貴者人主之操柄也, 令民爲
> 之, 是與人主共操柄, 不可長也."

신은 이렇게 생각합니다. 돈의 이익은 천한 것을 귀하게 하며 가난한 자를 부유하게 할 수 있으니, 어리석은 백성 그 누가 가난하고 천한 것을 싫어하지 않고 부귀를 탐하지 않겠습니까. 다만 그렇게 할 길이 없었을 뿐인데, 이룰 수 있는 것이 돈입니다. 조종하는 권한이 위에 있고, 아래에서 얻을 수 있는 길이 없으니, 그래서 그 직분을 달게 지킬 뿐입니다.

만일 그 권한을 풀어 아랫사람들이 조정할 수 있게 하면 모두 천한 것을 싫어하고 귀하게 되고자 하고 가난을 싫어하고 부유하는 방향으로 내달릴 것입니다. 비단 겁탈하는 단서가 일어날 뿐 아니라, 실제로 화란의 근원이 될 것입니다. 옛사람들이 산과 바다의 이익을 사사로이 봉(封)하지 않았던 데는 진실로 이유가 있는 것입니다.

> 臣按: 錢之爲利, 賤可使貴, 貧可使富, 蚩蚩之民, 孰不厭貧賤而貪富貴
> 哉? 顧無由致之耳, 所以致之者錢也. 操錢之權在上, 而下無由得之, 是
> 以甘守其分耳. 苟放其權而使下人得以操之, 則凡厭賤而欲貴 · 厭貧而
> 欲富者皆趨之矣, 非獨起劫奪之端, 而實致禍亂之淵叢也, 古人山海之
> 利不以封, 良有以夫.

한 무제 때, 유사(有司)가 말하기를, "삼수전(三銖錢)은 가벼운데, 이처럼 가치가 가벼운 전은 간사하게 속이기 쉽습니다."라고 하고, 또 군국(郡國)에서 오수전[11]을 주조하되, 동전 둘레를 단단히 하여 동전을 갈아서 녹일 수 없도록 하라고 청하였다.

> 武帝時, 有司言三銖錢輕, 輕錢易作奸詐, 乃更請郡國鑄五銖錢, 周郭其質, 令不可得磨取鎔.

신은 이렇게 생각합니다. 진나라의 팔수전(八銖錢)은 너무 무겁다는 흠이 있었고, 한나라 초 유협(楡莢)[12]은 너무 가볍다는 흠이 있었습니다. 한나라 무제는 삼수전을 없애고 오수전을 주조하여 화폐의 경중을 가장 적절하게 하였습니다.

> 臣按: 秦世八銖失之太重, 漢初楡莢失之太輕, 武帝罷三銖錢, 鑄五銖錢, 最得輕重之宜.

---

11 오수전(五銖錢): 처음에는 동전이었으나 후대에는 철전으로 만들기도 하였다. 전한 초에는 진나라의 반량전을 계승하여 그 무게를 반으로 줄여, 한나라 소제 2년(기원전 186)에는 8수반량전(8銖半兩錢)으로 했고, 문제 5년(기원전 175)에는 4수반량전을 주조하였다. 한 무제 원수(元狩) 3년(기원전 120)에는 3수전, 이듬해인 원수 4년(기원전 119)에는 오수전을 주조하였다.

12 유협(楡莢): 한나라 초의 화폐로, 느릅나무처럼 얇게 생겼다고 하여 붙여진 이름이다. 일명 반량유협(半兩楡莢), 유협전(楡莢錢), 협전(莢錢)이라고도 한다.

한나라 원제(元帝, 재위 기원전 48~기원전 34) 때, 공우(貢禹)[13]가 주옥(珠玉)과 금은(金銀)을 캐는 것과 전(錢)을 주조하는 관직을 폐지하고, 다시는 화폐로 조세를 받지 않도록 하고, 녹봉과 하사품은 모두 포백과 곡식으로 지급하여 백성이 늘 농상(農桑)에 뜻을 두게 하라고 청하였다. 반대론자는 교역은 전으로 해야 하며 포백은 치나 자의 길이로 나누어 찢을 수 없다고 하였다.

> 元帝時, 貢禹請罷采珠玉金銀·鑄錢之官, 毋復以爲幣租稅, 祿賜皆以布帛及穀, 使百姓壹意農桑. 議者以爲交易待錢, 布帛不可以寸尺分裂.

신은 이렇게 생각합니다. 포백으로 의복을 만들고, 미곡으로 식량을 삼으니, 이것들은 사람이 살아가는 데 시급하게 쓰이는 물자이고 하루라도 없을 수 없는 것입니다. 다만 이것을 전(錢)으로 대신하고자 하면, 포백은 길이를 잘라야 하는 것을 면할 수 없고, 미곡도 낱알로 버려지기를 면할 수 없습니다. 부녀자가 실을 쌓아 한 길, 한 필을 만들고, 농부가 낱알을 쌓아 되나 말을 채우니, 어찌 쉽게 버릴 수 있겠습니까. 하물며 곡식과 비단은 유용성이 있지만 전폐는 쓰임이 없는 것입니다.

공림(孔琳)[14]이 말한바, 성왕이 쓰임이 없는 재화를 관리하여 유용

---

13 공우(貢禹, 기원전 124~기원전 44): 한나라 중기의 대신으로 낭야군(琅邪郡: 지금의 산동 제성) 출신으로 자는 소옹(少翁)이다. 그는 원제에게 여러 차례에 걸쳐 상소를 올려 현자와 능력자를 등용할 것과 간신을 제거할 것을 주장하였다. 특히 그는 절약할 것과 요역의 경감을 주장하였다. 《한서》 권72 〈공우전〉 참조.

한 재물을 만들어 유통시킨 것은 이미 물자가 훼손되거나 없어지는 비용을 없앨 뿐 아니라, 또한 물자를 운반하는 어려움을 덜었습니다. 오늘날 곡물과 비단을 나누어 화폐로 삼으면 손실이 심하고 수고가 많게 되니, 상인들의 손에서 훼손되고, 잘라서 씀으로써 소모되어 버리게 됩니다. 이로써 볼 때, 우공(禹貢)의 이 정책은 결코 적용해서는 안 됩니다. 만일 혹 치우쳐 있는 작은 읍에서 포백(布帛)을 찢고 미곡을 덜어서 이를 전 대신 사용한다고 하더라도, 관청에서는 오히려 이를 금지해야 하는데, 하물며 세워서 법으로 만들겠습니까.

臣按: 布帛以爲衣, 米穀以爲食, 乃人生急用之物, 不可一日亡焉者也. 顧欲以之代錢, 則布帛不免於寸裂, 米穀不免於粒棄, 織女積縷以成丈匹·農夫積粒以滿升斗, 豈易致哉? 況穀帛有用者也, 錢幣無用者也, 孔琳所謂聖王制無用之貨以通有用之財, 旣無毁敗之費, 又省運致之苦. 今分穀帛以爲貨, 則致損甚多勞, 毁於商販之手, 耗棄於割截之用. 由是觀之, 貢禹此策決不可用, 苟或偏方下邑有裂布帛·捐米穀以代錢用者, 官府尙當爲之禁制, 況立爲之法乎?

후한 환제(桓帝, 재위 147~167) 때, 어떤 사람이 상소하여 말하기를, "사람들이 화폐가 가볍고 재물이 박하기 때문에 백성들이 빈곤하게 되었으니, 마땅히 대전(大錢: 고액 화폐)으로 고쳐 주조해야 합니다."라고 하였다.

---

14 공림(孔琳): 공자의 무덤과 그 후손들이 묻혀 있는 일군의 무덤이 있는 곳을 말한다. 여기서는 공자를 일컫는다.

유도(劉陶)[15]가 말하였다.

"오늘날 걱정거리는 재화에 있는 것이 아니라, 백성의 기근에 있다. 백성은 백 년 동안이라도 재화가 없어도 되지만, 하루라도 굶주려서는 안 된다. 그런 까닭에 먹는 것이 가장 시급하다. 의논하는 자들이 농업 생산이 근본임을 이해하지 못하고, 화폐 주조의 편리함에 대해서만 많이 언급하였다.

무릇 백성을 풍요롭게 하고 재물을 부유하게 하려면, 역을 중단하고 수탈을 금지하는 데 달려 있으니, 백성이 수고하지 않고도 풍족하게 되는 것이다. 단지 전을 주조하고 화폐를 일정하게 하여 그 폐단을 구제하려는 것은, 마치 물고기를 물이 끓는 솥에서 기르고, 활활 타는 둥지에서 새를 기르는 것과 같다. 물과 나무는 본래 물고기와 새가 자라는 곳이지만, 사용할 때 때에 맞지 않으면 필시 타고 문드러진 것이다."

---

15 유도(劉陶): 후한말 영천(潁川) 영음(潁陰) 출신으로, 자는 자기(子奇)이다. 그는 남려왕(淮南南厉王) 유장(劉長)의 둘째 아들이며 제북정왕(濟北貞王) 유발(劉勃)의 후손이다. 《상서(尙書)》와 《춘추(春秋)》에 조예가 깊었을 뿐 아니라, 영제에게 《칠요론(七曜論)》, 《광노자(匡老子)》, 《반한비(反韓非)》, 《복맹가(復孟軻)》 등을 써서 여러 차례 간언하였다. 당시 환관의 발호에 대해 비판함으로써 하옥되자 굶어 죽었다.

饑, 故食爲至急也. 議者不達農殖之本, 多言冶鑄之便. 夫欲民殷財阜,
在止役禁奪則百姓不勞而足, 徒欲鑄錢齊貨以救其弊, 猶養魚沸鼎之
中·棲鳥烈火之上. 水木本魚鳥之所生也, 用之不時必致焦爛."

신은 이렇게 생각합니다. 유도(劉陶)가 "백성은 백 년 동안이라도 재화가 없어도 되지만, 하루라도 굶주려서는 안 된다"고 한 것은 지극히 맞는 말입니다. 백성이 굶게 되는 것은 곡식이 없기 때문입니다. 신이 원하건대, 나라에서 시가(市價)를 정할 때 늘 미곡을 근본으로 삼고, 유사에 명하여 안으로는 방시(坊市: 수도에 있는 시장)에서 매달 쌀값을 조정에 보고하도록 하며, 밖으로는 고을 동네에서 매일 쌀값을 읍에 보고하고 읍에서는 매달 부(府)에 올리며, 부에서는 계절마다 번복(藩服)에 보고하도록 하며, 번복은 호부에 이를 보고하도록 합니다. 이로써 위에 있는 사람이 전곡(錢穀)의 수량을 알도록 하고, 이를 통하여 백성의 식량이 풍족한지의 여부를 조사함으로써, 물자가 유통되고 서로 교환되는 법으로 삼아, 전이 항상 너무 남아돌지 않게 하고 곡물이 공급되지 않는 상황에 이르지 않도록 반드시 힘써야 합니다.

곡물의 가격이 늘 고르면 백성은 굶주림으로 고생하는 사람이 없게 될 것이며, 그 나머지 백성에게 있을 수도 있고 없을 수도 있는 재물과 패물은 굳이 계산할 필요가 없습니다. 비단 이것만이 아니라, 또한 이를 통하여 과차(科差: 화폐나 생사 등으로 부과하는 세)를 안정시키고, 토지세 수취를 통제하며, 공사 부역을 계산할 수 있습니다.

臣按: 劉陶所謂 "民可百年無貨, 不可一日有饑", 此至言也. 民之所以 有饑者, 以無穀也, 臣願國家定市價恒以米穀爲本, 下令有司, 在內俾 坊市逐月報米價於朝廷, 在外則閭里以日上於邑, 邑以月上於府, 府以 季上於藩服, 藩服上於戶部, 使上之人知錢穀之數, 用是而驗民食之足 否, 以爲通融轉移之法, 務必使錢常不至於多餘・穀常不至於不給. 其 價常平, 則民無苦饑者矣, 其餘貨賄民之可以有無者, 不必計焉. 不特 此爾, 亦可因是以定科差・制賦斂・計工役.

오나라의 손권(孫權)[16]이 처음으로 당천전(當千錢)을 주조하였는데, 너무 비싸 단지 빈 이름만 있었기 때문에, 백성들 사이에서 이를 걱정하였다.

吳孫權始鑄當千錢, 旣太貴, 但有空名, 人間患之.

신은 이렇게 생각합니다. 후세에 와서 대전(大錢)을 주조한 것은 이것 에서부터 시작되었습니다. 무릇 하늘은 군주를 세워 백성의 주인으 로 삼았고, 군주를 통해 천하의 이익을 관장하였으니, 이는 군주가 천 하의 이익을 독점하기 위해서가 아닙니다. 날마다 시장을 열어 백성

---

16 손권(孫權, 182~252): 삼국 시대 오나라의 황제이다. 양주(揚州) 오군(吳郡) 부춘현(富春縣) 출신 으로, 자는 중모(仲謀)이다. 손견(孫堅)의 차남으로, 조조, 유비와 더불어 삼국으로 정립하 였다.

들이 있는 것과 없는 것을 교역하여 물자로 물자를 바꾸는데, 모든 물자가 다 있는 것은 아니기 때문에 전폐(錢幣)를 만들게 되었습니다.

물자와 화폐는 반드시 서로 해당하는 가치로 책정되고, 물품과 화폐의 경중이 현격하게 차이가 나지 않게 된 후에야 비로소 오래 시행해도 폐단이 없습니다. 당대의 군주와 세습 신하들이 단지 용도가 부족하다는 이유로 이익을 독차지하려는 계획을 세워 천하의 백성들을 속이고 천하의 재물을 거두어 그 이익을 자신이 독차지한다면, 이 어찌 하늘이 군주를 세운 뜻이겠습니까. 그것이 결국 시행할 수 없던 것이 당연합니다.

> 臣按: 後世鑄大錢始此. 夫上天立君以爲生民之主, 蓋以之掌天下之利, 非以其專天下之利也. 日中爲市, 使民交易以通有無, 以物易物, 物不皆有, 故有錢幣之造焉. 必物與幣兩相當値, 而無輕重懸絕之偏, 然後可以久行而無弊, 時君世臣徒以用度不足之故, 設爲罔利之計, 以欺天下之人·以收天下之財而專其利於己, 是豈上天立君之意哉? 宜其卒不可行也.

남제(南齊)의 고조(高祖, 479~482) 때, 봉조(奉朝) 공의(孔顗)가 상소하여, "화폐 주조의 폐단은 경중이 자주 바뀌는 데 있고, 무거운 화폐의 근심은 쓰기 어렵다는 데 있지만, 쓰기 어려운 것은 허물이 아니지만, 가벼운 화폐의 폐단은 몰래 주조하는 데 있지만, 도주(盜鑄)는 그 화가 심각합니다. 사람들이 도주하는 것을 엄한 법으로 금할 수 없는 까닭은 위에서 전(錢)을 주조할 때 구리를 아끼고 기술을 아끼기 때문입니다. 따라서 구리를 아끼면서 기술을 아끼는 자는 '전은 소용이 없는 도구로 교역을 통할 수 있게 한다.'라고 말하면서, 가벼우면서도 수량이 많고자 하여 기술을 줄이고 쉽게 이루려고 애쓰는 것이니, 그 환란에 대해서 상세히 고려하지 않았습니다.

한나라에서 오수전을 만든 이래 송 문제(宋文帝)까지 4백여 년 동안, 제도는 폐치가 있지만, 오수전에서 변하지 않았습니다. 그 경중이 재화를 얻을 수 있는 온당함을 얻을 수 있게 되어, 전부(錢府)를 설립하여 크게 쇠를 녹여 주물하였으니, 전(錢)의 무게 5수(銖)를 한결같이 한나라의 법도대로 하였으니, 창고가 채워지고 나라의 경비도 저축이 있게 될 것입니다."라고 하였다.

南齊高帝時, 奉朝請孔顗上書曰: "鑄錢之弊在輕重屢更, 重錢之患在於難用, 而難用爲無累; 輕錢之弊在於盜鑄, 而盜鑄爲禍深. 人所以盜鑄而嚴法不能禁者, 由上鑄錢惜銅愛工也. 所以惜銅愛工者謂錢無用之器以通交易, 務欲令輕而數多, 使省工而易成, 不詳慮其患也. 自漢鑄五銖錢至宋文帝四百餘年, 制度有廢興而不變五銖者. 其輕重可得貨之宜也, 以爲開置錢府, 大興鎔鑄, 錢重五銖一依漢法, 則府庫以實·國用有儲."

신은 이렇게 생각합니다. 하늘이 군주를 세워 백성을 돌보고 그에게 이권을 맡겨 그것을 유통하여 천하를 구제하게 한 것은 오로지 군주 한 집안이나 한 사람만의 쓰임을 위한 것이 아닙니다. 온갖 물자를 유통하여 사방에 유행하는 수단은 화폐인데, 금과 은 종류는 잘게 세분하면 닳고, 포백(布帛)으로 된 종류는 조각으로 나누게 되면 너덜

너덜해져, 오직 구리를 주조하여 전(錢)으로 삼았던 것입니다. 물자가 많으면 전을 많이 지급하고 물품이 적으면 전을 적게 지급하여, 용도가 있으면 모두 얻을 수 있었습니다. 또한 금과 은은 하늘에서 나오고 폐백(幣帛)은 사람에 의해 만들어집니다. 전이란 하늘과 사람이 합쳐 그 모양을 만드니, 구리는 하늘이 생기게 하지만 구리가 전이 되는 것은 사람이 만드는 것입니다.

그런데 옛날부터 전법(錢法)에 대해 논하는 사람은 많았지만, 오직 남제(南齊) 때 공의(孔顗)가 "구리를 아끼지 않고, 기술을 아끼지 않는다"고 한 두 마디야말로, 만세토록 전을 주조할 때 바꿀 수 없는 좋은 법도입니다. 구리는 하늘에서부터 생기기 때문에 내가 구리를 아까워할 바가 없고, 기술은 사람에게서 이루어지기 때문에 내가 아낄 바가 없으니, 그 전이 전다운 것은 두께가 두껍고 테두리와 안쪽이 적절하게 균질할 뿐 아니라, 제작할 때 기술이 있고 윤곽이 두루 바르기 때문입니다. 1전을 주조하는 데 비용이 1전이 들어, 본전은 많고 기술에 비용이 드니, 사람을 몰아다가 주조를 시키려고 해도 하지 않는데, 하물며 금지하는 법을 무릅쓰고 도둑질하듯 몰래 만들 수 있겠습니까.

그렇지만 주나라 태부 환법(圜法) 이래로 구리로 천(泉)이나 반량(半兩), 유협(楡莢)을 만들기도 했고, 혹 팔수(八銖)나 사수(四銖)로 만드는 등 얼마나 많은 변화가 있었는지를 알 수가 없을 정도지만, 오직 한나라의 오수전(五銖錢)만이 가장 적절한 것이었습니다. 오수전 이후에는 때로는 적측(赤仄),[17] 혹은 당천(當千), 또는 계안(鷄眼)·연환(綖繯),[18] 또는

---

17 적측(赤仄): 한나라 말 왕망(王莽)이 섭정하면서 주조한 화폐인 착도(錯刀), 적동(赤銅)으로 테

행엽(行葉)을 만드는 등 얼마나 변화가 많은지를 알 수가 없을 정도입니다.

당나라에서는 개원(開元, 713~741)이 그 중도를 얻었고, 이 두 가지(개원통보와 오수전) 외에도 전 하나를 당삼(當三), 또는 당십(當十), 또는 당백(當百)으로 하여 사용하였지만, 모두 시행한 지 오래지 않아 갑자기 변하였고 다만 개원통보처럼 질이 좋은 화폐는 오늘날까지 통행되었습니다. 안타깝게도 세상의 도리가 가라앉고 간교하게 위조하는 풍조가 일어남에 따라, 옛날의 전(錢)이 세상에 남아 있게 된 것은 거의 없었습니다. 시장에 유통되어 거래된 화폐는 모두 몰래 주조한 위조전일 뿐이었습니다. 그 무늬가 아무리 옛날의 것과 같지만 그 도구는 새것이고, 율령에 금지하는 분명한 법이 없지 않는데도 불구하고, 저들은 보는 사람은 없는 듯하고, 만드는 사람들은 꺼리는 것이 없었고, 사용하는 자도 아무런 의심을 하지 않았습니다. 옛것을 녹여 오늘날의 화폐를 만들고 진짜를 없애버리고 가짜 돈을 파니, 이러한 풍조가 점차 퍼져 모두 이렇게 됨으로써, 마침내는 어떻게 할 수 없게 되었습니다.

오늘날 할 수 있는 방안으로는 몰래 주조하는 무리들을 구속하여 기술자로 삼는 것만큼 좋은 방안은 없습니다. 새롭게 주조한 전을 구리로 하되, 공의(孔顗)의 이 설명을 근거로 삼아 별도로 새로운 전(錢) 한 가지를 만듦으로써, 천하의 이목을 새롭게 하고 천하의 물자와 재

두리를 두른 화폐로서, 그 무게는 5수(5銖)였다.

18 계안(鷄眼)·연환(綖環): 송(宋)나라 때 심경지(沈慶之)가 건의하여 주조한 화폐로서, 그 무게는 5수(5銖)였다.

화를 유통하게 하며, 천하의 묵은 폐단을 혁신한다면, 천하의 백성에게 이롭게 될 것입니다. 【청컨대, 먼저 해당 관청에 신칙하여 사람을 천하에 나누어 보내 도주(盜鑄)하는 장소를 수소문하고 직접 찾아가서 그들을 잡아 모으고 죄와 벌을 면제해 주고, 작업장과 용광로가 있는 사사로이 주조한 장소에 가서 용광로를 설치하여 이들 무리를 활용하여 작업을 하게 합니다. 현재 정(丁)에게 역을 부여하고, 이들을 문서에 등록하고 기한을 정하여 식량을 지급하여 먹이고 관원을 설치하여 이를 감독하게 합니다. 이렇게 하면 전을 주조하는 기술자는 백성으로부터 따로 징발하지 않아도 얻을 수 있습니다. 그 다음으로는 내탕(內帑)에 명하여 당나라와 송나라 이래의 진짜 돈, 예컨대 개원통보와 태평통보와 같은 전(錢)을 선별하여 수백만 전을 호부에 내어 주고 천하에 나누어 주며, 상가와 시장이 있는 곳에는 줄을 사용하여 옛날 전 1백 문을 꿰어서 곳곳에 매달아 표본으로 삼고 백성들이 이러한 모양이 옛날 전이라고 알게 합니다. 이런 모양이 아닌 것은 숫자를 갖추어 관에 와서 스스로 고하게 하고 관청에서 거두는데, 가짜 돈 10근마다 신전(新錢) 6~7근으로 환산하여 보상하면, 백성은 이익을 잃지 않게 되고 관에서도 역시 그 쓰임을 얻게 될 것입니다. 이와 같이 하면, 전을 주조하는 구리를 백성에게서 구하지 않아도 얻을 수 있게 됩니다. 그렇지만 가난한 백성의 집에서 겨우 천 근, 백 근의 전을 가지고 이것을 믿고 생계로 삼기 때문에 하루라도 전이 없으면 믿을 바를 잃습니다. 관청에서 화폐를 개조하는 데 걸핏하면 세월이 걸린다면 이들이 어찌 기다릴 수 있겠습니까. 명을 발표하기 전에 미리 내외의 탕고에 명을 내려, 쓸데없는 동기(銅器)와 몰수한 위조전을 긁어 와 용광로를 설치한 곳으로 모두 보내 표본대로 주조하도록 합니다. 일 년이 지난 후 새 전이 만들어지게 되면, 곧 구전(舊錢)을 바꾸라는 명을 시행하십시오. 바꾼 구전의 분량이 이미 많으니 차례로 이를 개조하도록 하면 10년이 되지 않아 가짜 전은 모두 사라지게 될 것입니다.

이렇게 되면 천하에서 사용되는 전은 모두 전대의 정식 제조된 전(錢)이나 오늘날

신규 발행된 전이 될 것입니다. 오래 시행하면 비록 그 폐단이 없으리라 보장할 수는 없다고 하더라도, 또한 1백 년을 유지해도 이익은 있지만 해가 없을 것입니다. 새롭게 제조하는 전은 마땅히 어떠해야 하겠습니까. 전마다 10푼의 중량에, 전의 그 중간에 새기는 문양은 반드시 고전(古篆), 또는 연호, 혹은 따로 지은 아름다운 이름을 새깁니다. 그 앞면에도 해서(楷書) 두 글자를 쓰는데, 위에는 황(皇) 자를, 아래에는 명(明) 자를 써넣습니다. 전의 둘레에는 꽃문양을 돌아가면서 새겨 넣습니다. 문양마다 구리 15푼을 사용하면, 문양이나 문자를 새겨 넣어 다듬고 난 다음에는 이 중 5를 버리고 10을 남깁니다. 새로운 전이 만들어진 뒤에는, 또 천하에 명하여 구전을 관청에 내고 새것과 바꾸도록 합니다. 거둔 구전에는 신전처럼 둘레에 세세한 문양을 새겨 넣고 그 앞면에도 두 글자를 양쪽 가장자리나 위아래에 새겨 넣은 다음에 이를 유통시킵니다. 이어 천하에 조서를 내려 이 두 가지 문양의 전이 아니면 사용하는 것을 허용하지 않는다고 알리고, 만약 폐기된 구리를 궁중에 보내 파는 법률을 밝혀, 녹여서 그릇을 만드는 것을 금지하고, 국외로 유출하는 자는 형벌을 받는다는 사실을 신칙합니다. 이렇게 하면 전법(錢法)이 잘 유통되어 공사(公私)가 두루 편리하게 될 것입니다. 혹자는 진작시키는 데는 반드시 기술자들에게 본전을 계산해 주겠다고 약속해야 한다고 말하지만, 지금 구리 소모와 기술자 비용이 이렇게 많은데, 나라에 무슨 이익이 있겠습니까? 그러므로 신이 "하늘이 군주를 세워 백성을 돌보고 그에게 이권을 맡겨 그것을 유통하여 천하를 구제하게 한 것은 오로지 군주 한 집안이나 한 사람만의 쓰임을 위한 것이 아닙니다."라고 말씀드린 것입니다.】

臣按: 天立君以子民, 付之利權, 使其通融以濟天下, 非專以爲一家一人用也. 所以通百物以流行於四方者幣也, 金銀之屬細分之則耗, 布帛之屬片析之則廢, 惟鑄銅以爲錢, 物多則予之以多, 物少則予之以少, 惟所用而皆得焉. 且金銀出於天, 幣帛成於人, 錢也者合天人以成其器,銅天生者也, 銅而成錢則人爲之矣. 自古論錢法者多矣, 惟南齊孔顗所謂不惜銅・不愛工, 此二語者萬世鑄錢不易之良法也. 銅出於天吾無所惜, 工成於人吾無所愛, 則其錢之爲錢, 體質厚而肉好適均, 制作工而輪郭周正, 造一錢費一錢, 本多而工費, 雖驅之使鑄彼亦不爲矣, 況冒禁犯法而盜爲之哉? 然自太府圜法以來, 以銅爲泉或爲半兩或爲楡莢・或爲八銖或爲四銖, 不知幾變矣, 惟漢之五銖爲得其中, 五銖之後或爲赤仄或爲當千・或爲鵝眼蕡繯或爲荇葉, 又不知其幾變矣, 惟唐之開元爲得其中, 二者之外, 或以一當三・或以一當十・或以一當百. 然皆行之不久而遽變, 惟其質製如開元者則至今通行焉. 惜乎世道降而巧僞滋, 古錢之存於世者無幾, 凡市肆流行而通使者皆盜鑄之僞物耳, 其文雖舊, 其器則新, 律非無明禁也, 彼視之若無, 作之者無忌, 用之者無疑, 銷古以爲今, 廢眞而售贗, 滔滔皆然, 卒莫如之何也已矣. 爲今之計, 莫若拘盜鑄之徒以爲工, 收新造之錢以爲銅, 本孔顗此說別爲一種新錢, 以新天下之耳目, 通天下之物貨, 革天下之宿弊, 利天下之人民【請先敕所司遣人分行天下, 訪緝盜鑄所在, 親臨其地, 拘集其人, 免其罪罰, 就於其私鑄之所立場開爐, 就用其徒以爲工作, 見丁著役, 著籍定期, 給廩以食之, 置官以督之. 如此, 則鑄作之工不征於民而得之矣. 次敕內帑精選唐宋以來眞錢, 如開元・太平之類得數百萬, 發下戶部, 分散天下, 於闤闠市集所在, 用繩聯貫古錢百文, 隨處懸掛以爲式樣, 使小民知如此樣者是爲舊錢, 非此樣者皆俾其具數赴官首告, 官爲收之. 每僞錢十斤量賞以新錢六七斤, 則民不失利, 官得其用, 如此, 則鼓鑄之銅不求之民而得之矣. 雖然, 貧民之家僅有千百之錢, 恃此以爲生計, 一日無之則失所恃矣, 官府改造動經歲月, 彼安能待哉? 請於未出令之先, 預令內外帑藏拘刷無用之銅器・沒入之僞錢, 盡行送赴開爐去處, 照樣鑄造, 一年之後新錢既成, 方行倒換之令, 倒換既多, 次第改造, 不出十年, 僞錢盡矣. 夫然則天下所用者皆前代之眞劑·今日之新規, 行之旣久, 雖不能保其無弊, 然亦可以持循百年有利而無害焉. 所以爲新製者當何? 曰每錢以十分爲重, 中間錢文必以古篆, 或用年號·或別製佳名, 其漫加識以楷書二字, 上書 "皇"·下書 "明", 輪郭之旁周回鑿以花紋, 每文計用銅十五分, 剉磨之餘去五而存十. 新錢旣成之後, 又令天下輸舊錢於官以易新者, 將所得舊錢周以細紋如新錢製, 其漫亦劃以二字, 或兩旁或上下, 然後散之, 仍詔告天下非此二樣錢不許用, 而又申明廢銅赴官中賣之律, 鈺銷爲器者有禁, 漏出外國者有刑. 如此, 則錢法流通而公私俱便矣. 或曰凡興作必約工計本, 今耗銅而費工, 其多如此, 國家何利之有? 臣故曰天立君以子民, 付之利權, 使之通融以濟天下, 非專以爲一家一人用也】.

당나라 고조 무덕(武德) 4년(621), 오수전을 폐지하고 개원통보(開元通寶)를 주조하였다. 매 10전은 무게가 한 냥이고 1천 전의 무게를 계산하면 6근 4량이어서, 무게의 경중과 대소의 크기가 알맞았다.

唐高祖武德四年, 廢五銖錢, 鑄開通元寶錢. 每十錢重一兩, 計一千重六斤四兩, 得輕重大小之中.

신은 이렇게 생각합니다. 태공의 환법에서 천(泉)은 그 무게를 수(銖)로 삼았는데, 오늘날의 한 냥은 옛날의 24수에 해당됩니다. 1전을 계산하면 무게는 2수 반 이하가 되는 셈인데, 옛날 저울은 지금 저울의 1/3이니, 오늘날의 1전은 옛날 전 7수 이상이 되는 셈입니다. 그러므로 1전을 만들 때 구리 1전을 사용하는데, 이것이 개원통보가 무게의 경중과 대소의 크기가 가장 적합한 이유입니다. 이후의 전, 예컨대 송나라와 원나라의 태평전과 순화전(淳化錢)과 같은 것은 모두 이를 모방하여 만든 것으로, 지금까지 통행되고 있습니다. 후일 제작자들은 모두 마땅히 이를 기준으로 상법(常法)으로 삼아야 할 것입니다.

臣按: 太公圓法, 凡泉輕重以銖, 今之一兩卽古之二十四銖, 計一錢則重二銖半以下, 古秤比今秤三之一, 則今一錢爲古之七銖以上. 凡造一錢用銅一錢, 此開通元寶所以最得輕重大小之中也. 此後之錢, 如宋元太平·淳化之類皆倣此制, 至今行之, 後有作者皆當準此以爲常法.

이상 구리와 종이 화폐(상)이다.

以上銅楮之幣(上)

대학연의보
(大學衍義補)

—

권27

나라의 경비를 관리함 [制國用]

구리와 종이 화폐(하) [銅楮之幣(下)]

당 현종(唐玄宗) 개원(開元) 22년(734), 한 문제(漢文帝, 기원전 179~기원전 157)가 화폐의 사사로운 주조를 하지 않았던 것을 모방하고자 백관들에게 가부를 논의하도록 칙명을 내렸다. 녹사참군(錄事參軍) 유질(劉秩)[1]이 의논하기를, "《관자》에 '도포(刀布)는 하급 화폐이다. 선왕은 이것으로 재물을 지키고 인사를 다스려 천하를 평안하게 하였다.'라고 했습니다. 만약 이를 버리고 백성들에게 맡기면, 위에서 아래를 제어할 수 없고 아래는 위를 섬기지 않게 됩니다. 물자의 가치가 낮으면 농민을 해치게 되고, 돈이 가치가 낮으면 상인을 해치게 됩니다. 그러므로 나라를 잘 다스리는 군주는 물자의 귀천(貴賤)과 전의 경중(輕重)을 잘 살펴야 합니다. 물자가 중하면 전은 가벼워지게 마련인데, 전이 가벼워지는 것은 물자가 많은 데서 비롯되기 때문에, 물자가 너무 많으면 법을 만들어 거둬들임으로써 적게 합니다. 물자가 적으면 중해지니, 중해지면 법을 만들어 퍼뜨려 가

볍게 합니다. 경중의 근본은 여기서 유래하는 것인데, 어떻게 남에게 맡길 수 있겠습니까?"라고 하였다.

또 말하기를, "돈은 주조할 때 납과 철을 섞지 않으면 이익이 없고, 납과 철을 섞으면 질이 나빠지므로 엄하게 금지하지 않으면 징계하여 사전(私錢)을 주조하는 길을 막기에 부족하여 사람들이 오히려 죽음을 무릅쓰고 범할 터인데, 하물며 그 근원을 열어 놓겠습니까. 이야말로 함정을 설치하고 유혹하여 빠트리는 것입니다."라고 하였다.

玄宗開元二十二年, 欲倣漢文不禁私鑄, 敕百僚詳議可否, 錄事參軍劉秩議曰: "《管子》謂 ‘刀布爲下幣, 先王以守財物·以御人事而平天下’, 若舍之任人, 則上無以御下, 下無以事上. 夫物賤則傷農, 錢賤則傷賈. 故善爲國者, 觀物之貴賤·錢之輕重, 夫物重則錢輕, 錢輕由乎物多, 多則作法收之使少, 少則重, 重則作法, 布之使輕, 輕重之本必由乎是, 奈何而假之人?"
又曰: "鑄錢不雜以鉛鐵則無利, 雜以鉛鐵則惡, 不重禁不足以懲, 息塞其私鑄之路, 人猶冒死以犯之, 況啓其源乎? 是設陷阱而誘之入也."

신은 이렇게 생각합니다. 이익이 천하에 달려 있는 것은 실로 금할 수도 없을 뿐 아니라, 또한 금지하지 않을 수도 없습니다. 한 문제는 사사로운 주전을 방치하여 해내(海內)가 부유하게 되었지만, 당 고종은 사사로운 주조자를 사형에 처하고 그 이웃까지도 덩달아 연좌하였음에도 불구하고 또한 성대한 치세였다는 말을 듣지 못했으니, 무슨 까닭이겠습니까?

이익이 이로움은 의로움의 아래, 해로움의 위에 있는 것이니, 이익으로 남을 위하면 위에서 의로움에 화합하여 이익이 그 속에 있지만, 이익으로 자기를 위하면 아래는 해로움에 흐르고 필시 이익을 얻지 못합니다. 이 때문에 성인은 매사를 처리할 때 무슨 일이든 의로움으로 하지 않은 적이 없었습니다. 오직 의로움을 위주로 하고, 백성들에게 이익이 되는 것을 택하여 중용의 제도로 정함으로써 천하의 백성이 모두 그 이익을 입고 해를 당하지 않게 하였습니다.

> 臣按: 利之在天下固不可禁, 亦不可不禁, 漢文帝放鑄而海內富庶, 唐高宗私鑄者抵死·鄰保從坐, 亦不聞其大治, 何也? 利之爲利, 處義之下·害之上, 利以爲人則上和於義而利在其中, 利以爲己則下流於害而未必得利. 是故聖人之制事無往而不以義, 惟義是主, 擇其有利於人者而定爲中制, 使天下之人皆蒙其利而不罹其害焉.

당 헌종 원화(元和) 연간(806~820), 칙령을 내려 사사로운 저축을 금하고, 보유할 수 있는 전(錢)은 5천 관을 넘지 못하도록 하였다.

> 憲宗元和中, 敕禁私貯, 見錢不許過五千貫.

신은 이렇게 생각합니다. 옛날 사람들의 말에, "토지를 사들이는 자는 겸병에 뜻을 가지고 있기 때문에, 반드시 군주가 입법하여 그 면적을 제한하였다. 전(錢)을 비축하는 자는 유통에 뜻이 있기 때문에 당초 군주가 입법하여 그 교역을 가르치기를 번거로워하지 않았다."라고 하였습니다. 당 헌종은 단지 전을 무겁게 하고 물자를 가볍게 하려는 이유로 전의 비축에 한계를 세웠으니, 또한 심하지 않습니까.

臣按: 昔人有言買田者志於吞並, 故必須上之人立法以限其頃畝, 蓄錢者志於流通, 初不煩上之人立法以敎其懋遷也. 憲宗徒以錢重物輕之故, 立畜錢之限, 不亦甚乎!

오대의 주나라 세종이 오랫동안 주전하지 않았고 많은 백성들이 전(錢)을 녹여서 그릇과 불상 등을 만들었으므로, 이에 주전을 감독하는 관원을 세워, 모든 민간의 구리그릇과 불상을 모두 헐어 전을 주조하였다.

五代周世宗以久不鑄錢, 民多銷錢爲器皿及佛像, 乃立監鑄錢, 凡民間銅器 · 佛像皆毀以鑄錢.

후주의 세종이 옆에 있는 신하에게 말하기를, "부처는 어진 도로써 사람을 교화하니, 진실로 선함에 뜻을 둔다면 부처를 받들어야 하지만, 저 동상(銅像)을 어찌 부처라고 할 수 있겠는가. 또한 내가 듣기로는 부처의 뜻은 사람을 이롭게 하는 데 있다고 한다. 비록 부처의 머리와 눈이라도 오히려 버려서 보시해야 할 것이다. 짐의 몸으로 백성을 구제할 수 있다면 또한 애석한 바가 아닌 것이다."

世宗謂侍臣曰: "佛以善道化人, 苟志於善斯奉佛矣. 彼銅像者豈所謂佛

乎? 且吾聞佛志在利人, 雖頭目猶捨以布施, 若朕身可以濟民, 亦非所
惜也."

신은 이렇게 생각합니다. 세종이 불상을 헐어 전(錢)을 주조한 일은
의연하여 유혹되지 않았던 것이니, 강직하고 현명한 군주라고 할 만
합니다.

臣按: 世宗毁佛像以鑄錢, 毅然不惑, 可謂剛明之主.

송나라 초, 전(錢)에 새겨진 글자는 '송원통보(宋元通寶)'라 하였고, 태조
태평흥국(太平興國, 976~983) 이후 또 '태평통보(太平通寶)'를 주조하였는데,
이 이후로는 연호를 개정하면 반드시 전을 다시 주조하고 그 연호를 글
자로 새겼다.

宋初錢文曰 "宋元通寶", 太平興國後又鑄 "太平通寶", 自後改元必更鑄, 以
年號爲文.

신은 이렇게 생각합니다. 전(錢)을 주조할 때 연호를 새겨 넣게 된 것
은 유송(劉宋: 남조의 송나라)의 효건(孝建, 454~456) 연간에 시작되었습니
다. 송나라는 개보(開寶, 968~975) 연간부터 연호를 한번 바꿀 때마다

반드시 전을 새로 주조하였습니다. 그러므로 황제들은 모두 여러 종의 전을 가지게 되었으니, 가장 많았던 것은 인종(仁宗, 1041~1063)으로, 재위 42년 동안 9차례 연호를 개정하여 10종의 전을 주조하였습니다.

오호! 구리를 주조하여 전을 만들면 나라는 진실로 그 이익을 누렸겠지만, 구리와 숯은 어디에서 나며, 기술은 어떤 사람들을 이용하였습니까. 백성에게서 취하는 것을 면할 수 없었으니, 백성이 어찌 그 피해를 입지 않을 수 있겠습니까. 하물며 관리를 보내 기술자의 작업을 감독하여, 용액의 소모, 제작 때의 위반, 장거리 운반 등으로 관리와 백성이 이로 인해 죄를 지어 파산하는 자가 어딘들 없었겠습니까.

이로써 볼 때 옛사람들이 백성을 이롭게 한 방법으로 백성을 해쳤고, 백성은 이익을 미처 보기도 전에 먼저 그 피해를 입었을 뿐입니다. 우리 명나라 태조는 나라의 기틀을 세우기 전에 대중통보(大中通寶)를 창제하였고, 이어서 황제에 등극한 후에는 또 홍무통보(洪武通寶)를 주조하였습니다. 태종(太宗, 재위1403~1424)은 영락통보(永樂通寶), 선종(宣宗, 재위1426~1435)은 선덕통보(宣德通寶)를 만들었는데, 1백 년 동안 겨우 이 네 가지 종류의 전(錢)만 있었습니다. 이로부터 그 뒤로 전을 주조했다는 말을 듣지 못했지만, 백성의 용도가 부족하거나 나라의 경비가 손실이 있던 적이 없었습니다.

臣按: 鑄錢以年號爲文始於劉宋孝建, 宋自開寶每更一號必鑄一錢. 故每帝皆有數種錢, 最多者仁宗也, 在位四十二年, 九改年號而鑄十種錢. 嗚呼, 鑄銅以爲錢, 國固享其利矣, 然銅炭於何所出·工作以何人用, 不免取之於民, 民得無受其害乎? 矧供給官吏, 監督匠役, 鎔液耗損·造

作違式・輦運致遠, 吏民因之而得罪破家者何所不有? 由是觀之, 則是
以古人利民者害民, 民未見其利而先受其害已. 我聖祖未建極之前卽創
"大中通寶", 旣登基之後又鑄 "洪武通寶", 暨太宗鑄 "永樂通寶"・宣宗
鑄 "宣德通寶", 百年之間僅此四種錢, 自時厥後未聞有所鑄造, 然未見
民用之乏・國用之虧也.

송나라는 왕안석이 정사를 담당하면서부터 구리를 금하는 조치를 처
음으로 혁파하자 간사한 백성들이 날마다 전을 녹여 그릇으로 삼았고,
변방의 관문과 해관은 돈을 가지고 나가는 것을 더이상 기찰하지 않아
나라 재용이 날마다 고갈되었다.

宋自王安石爲政, 始罷銅禁, 姦民日銷錢爲器, 邊關海舶不復譏錢之出, 國
用日耗.

호인(胡寅)[2]이 말하였다.

"주전으로 그릇을 만들면 그 이익이 10배가 된다. 전은 모든 재화
의 가치를 평가하고 가격의 높낮이를 조정하니, 전을 주조할 때는 비
용을 계산하지 않고 이자를 도모하지 않기 때문이다. 그러니 오늘날
녹여서 그릇 만드는 것을 어찌 금지할 수 있겠는가. 비록 그렇지만

---

2   호인(胡寅, 1098~1157):《대학연의보》권21 주) 8 참조.

녹여서 그릇을 만들면 전은 훼손되어도 그릇은 남아 있게 된다. 그런
데 만일 전이 흩어져 사방으로 나가고, 배나 수레를 여기저기 옮겨져
다른 나라에 들어가고 만이(蠻夷)에게 돌아간다. 국경이 엄하지 않고
법제가 무너져 진짜 전은 날로 적어지고 가짜 전은 날로 많아져, 막대
한 가격으로 한정된 재화를 쓸어버리니, 만물로 구리를 만들고 음양
으로 숯을 만들더라도 또한 보급할 수 없을 것이다.”

胡寅曰: “鑄錢爲器, 其利十倍, 錢所以權百貨·平低昂, 其鑄之也不計
費·不謀息, 今而銷之, 可不禁乎? 雖然銷而爲器, 錢雖毁而器存焉, 若
夫散而四出, 舟遷車轉, 入於他國, 歸於蠻夷, 關防不嚴, 法制隳壞, 眞
錢日少·僞錢日多, 以不貲之價靡有限之財, 雖萬物爲銅·陰陽爲炭, 亦
且不給矣.”

신은 이렇게 생각합니다. 유질(劉秩)이 말하기를, “주전의 용도가 넉
넉하지 않은 것은 구리가 귀하기 때문이며, 구리가 귀한 이유는 이를
채굴하여 사용하는 사람이 많기 때문이다.”라고 하였습니다. 구리는
무기를 만들면 철(鐵)만 못하고 그릇으로 사용하면 칠(漆)만 못하므로
금지해도 해가 없습니다. 관청에서 금지하면 구리는 쓸데가 없게 되
고, 쓸데가 없게 되면 구리는 더욱 가치가 떨어질 것이니, 구리의 가
치가 떨어지면 전의 용도로 공급하는 것입니다.

구리가 아래에서 퍼지지 않으면 도주(盜鑄)하던 자는 주조할 이유가
없고, 주조할 이유가 없으면 공전(公錢)이 망가지지 않습니다. 공적으
로 주조한 전이 망가지지 않으면 사람들이 이를 어기면서 사형(死刑)

죄를 범하지 않을 것이고, 전 또한 날로 증가하여 다시 이익이 되지 않을 것입니다. 이는 일거에 네 가지의 좋은 점을 겸한 것입니다.

송나라의 주전은 전 시대에 비해 많아서, 천하에 감주전(監鑄錢) 모두 26곳을 설치하였는데, 가장 많았던 해를 계산하면 한 해에 549만 관을 부과하였습니다. 소주(韶州) 영통(永通)의 한 감주전에서 한 해에 80만 관이었으니, 다른 곳도 알 만합니다. 대체로 나라의 재정은 여기에서 지급되었습니다. 그래서 당시 구리를 금하는 조치가 가장 엄격하였고, 전을 녹여 그릇을 만든 자는 죄를 받고 전을 나라 바깥으로 누출하는 자는 사형에 처해졌습니다.

구리를 금지하는 조치가 이처럼 엄격함으로 인해 구리가 많아졌고, 구리가 많아지면 그 가격도 싸지게 되었습니다. 가격이 싸지면 쉽게 구할 수 있습니다. 전을 주조하는 일이 번거로워도 백성은 심히 어려운 상황에는 이르지 않았습니다. 왕안석이 한번 법을 변화시키자 국용은 날로 소모되었으니, 위정자가 어찌 법을 가볍게 변화시킬 수 있겠습니까?【이상은 전에 대해 말하였다.】

臣按: 劉秩有言: "鑄錢之用不贍者在乎銅貴, 銅貴之由在於采用者衆矣." 夫銅以爲兵則不如鐵, 以爲器則不如漆, 禁之無害. 官禁之則銅無所用, 銅無所用則銅益賤, 銅賤則錢之用給矣. 夫銅不布下, 則盜鑄者無因而鑄, 無因而鑄則公錢不破, 公錢不破, 則人不犯死刑, 錢又日增, 永爲利矣, 是一擧而四美兼也. 宋朝鑄錢比前代爲多, 天下置監鑄錢總二十六處, 計其最多之年歲課至五百四十九萬貫, 韶州永通一監歲造八十萬貫, 他可知矣. 大抵國計仰給於此, 所以當時銅禁最嚴, 銷錢爲器者有罪, 漏錢出界者抵死, 惟其禁銅之嚴, 所以致銅之多, 銅多則賤,

賤則易致, 故鑄雖煩而民不致於甚困, 王安石一變其法而國用日耗, 爲
政者烏可輕變成法哉.【以上言錢】

《주례(周禮)》〈소재〉에서 말하였다.

관부의 팔성(八成)으로 나라를 경영하는데, 네 번째【사(四)는 팔성(八成) 중에
서 네 번째이다.】는 임대차에 관한 송사를 심리하여 판결할 때는 증빙서를
근거로 하였다.

《周禮小宰》以官府之八成經邦治, 四曰【八成中此其四也】聽稱責以傳別.

신은 이렇게 생각합니다. 부별(傳別)은 권서(券書: 증빙서나 계약문서)로,
어떤 물건으로 대신하는 것을 말하는 것이며, 책(責)은 이에 대한 보
상을 말합니다. 이것이 후세의 계권문약(契券文約: 약속어음과 같은 저화)
의 시작인데, 특히 민간에서 사적으로 서로 보증하는 징표로 삼았을
뿐이고 교역을 위한 것은 아니었습니다. 그렇지만 권서를 사용하여
있고 없는 물자를 유통하게 했으니, 후세의 교회(交會)나 저초(楮鈔)와
그 용도는 비록 달랐지만, 문서만을 가지고 실제 물자를 보증하였으
니, 그 기원이 대체로 여기에서 비롯되었습니다.

臣按: 傳別謂券書也, 稱謂代之以物, 責謂責其所償. 此乃後世契券文
約之始, 特民間私相以爲符驗耳, 非以交易也, 然用券書以通貨物之

有無, 與後世交會·楮鈔其用雖不同, 而其以空文質實貨, 其原蓋兆於
是矣.

한나라 무제 원수(元狩) 4년(기원전 119), 유사(有司)가 말하기를, "현관(縣
官)의 용도가 텅 비었고, 부유한 대상인들은 재화가 혹 수만 금(金)인데도
나라의 위급함을 돕고 있지 않습니다. 청컨대 돈을 바꾸고 다시 화폐를
만들어서 재정을 넉넉하게 하고, 경박하고 방자하며 겸병(兼倂)하는 장사
꾼들을 억눌러야 합니다."라고 하였다. 이에 사방 1척인 흰 사슴 가죽에
오색실로 가장자리를 수놓아 피폐(皮幣)를 만드니, 한 장에 가치가 40만
이었다. 왕후(王侯)나 종실(宗室)이 조근(朝覲)하고 빙문(聘問)하며 잔치할 때
반드시 가죽으로 예물을 삼고 옥을 바친 뒤에야 예를 행하였다.

漢武帝元狩四年, 有司言縣官用度大空, 而富商大賈財或累萬金, 不佐國家
之急, 請更錢造幣以贍用, 而摧浮淫並兼之徒. 乃以白鹿皮方尺緣以藻繢爲
皮幣, 直四十萬, 王侯宗室朝覲·聘享必以皮幣薦璧然後得行.

신은 이렇게 생각합니다. 후세의 저폐는 이것에서 비롯되었습니다.
그렇지만 그 용처는 가죽으로 예물을 삼고 옥을 바친 뒤 조근, 빙문,
잔치를 했을 뿐입니다. 이를 사용한 것은 아니었기 때문에 그 제도는
비록 후세의 저화나 초(鈔)와 같지 않았지만, 금과 은, 납과 주석을 써
서 피폐로 사용하진 않았고 다른 물자를 대신하였으니 그 단서는 여

기에 있습니다.

臣按: 後世楮幣肇端於此. 然其用皮爲幣用之以薦璧以朝覲聘享爾, 非
以此爲用也, 其制雖與後世楮鈔不同, 然不用金銀銅錫爲幣, 而以他物
代之, 則權輿於此也.

당나라 헌종 때, 상인들이 경사에 이르면, 모든 로(路)의 진주원 및 제
군, 제사의 부유한 집에 전을 맡기고, 가볍게 차림으로 사방으로 가서,
어음을 맞추어 대조한 후에 물자를 받도록 하였는데, 이를 비전(飛錢)이라
불렀다.

唐憲宗時, 令商賈至京師, 委錢諸路進奏院及諸軍諸使富家, 以輕裝趨四
方, 合劵乃取之, 號"飛錢".

신은 이렇게 생각합니다. 이는 저법(楮法)이 발생한 연유입니다. 그렇
지만 전을 맡기고 어음을 맞추어 대조한 뒤에 물자를 받았으니, 전과
권이 여전히 두 가지 사물이었으며 오늘날의 초(鈔)가 아니었습니다.
즉 초를 전으로 삼아서 사용한 것입니다.

臣按: 此楮法所由起也. 然委錢而合劵以取, 而錢與劵猶是二物, 非若
今之鈔, 卽以鈔爲錢而用之也.

송나라 태조 때, 허(許) 지방 상인이 전을 좌장고(左藏庫)에 내고 제주(諸州)의 전을 지급받았는데, 상인들은 먼저 삼사(三司)에 첩지를 거쳐 창고에 납부하였다. 삼사의 계산을 거친 바 1민(緡)은 사사로이 새긴 20전이었다. 얼마 있다가 편전무(便錢務)를 설치하였다.

신은 이렇게 생각합니다. 이는 곧 당나라 사람들의 비전(飛錢)의 법입니다. 이 법은 지금 세상에도 시행할 만합니다. 다만 이를 받들어 시행하는 자가, 백성에게 지급할 때 정체되는 화폐가 있거나, 전을 지급하고 받을 때 줄여서 바꿔주는 폐단이 있을까 걱정됩니다.

臣按: 此卽唐人飛錢之法. 此法今世亦可行之, 但恐奉行者於民之給受有停滯之幣·於錢之出入有減換之弊耳.

송나라 진종(眞宗, 998~1021) 때, 장영(張詠)[3]이 촉(蜀: 지금의 사천 지역) 지방에 주둔하고 있을 때, 그 지역 사람들이 철전이 무거워 교역에 불편한

---

3 장영(張詠, 946~1015): 송나라 사람으로 복주(濮州: 지금의 산동 지역) 출신이다. 자는 복지(復之), 호는 괴애(乖崖)이다. 송 진종 함평(咸平) 5년(1002)에 촉 지방에 주둔하면서, 철전이 지나치게 무겁다고 생각하여 교자(交子) 제도를 시행하였는데, 교자는 세계에서 최초의 관방 지폐로 알려져 있다.

사정을 염려하여, 질제(質劑)⁴의 법을 만들었다. 이에 따라 1교[交: 지폐로, 교자(交子)라고 칭함]를 1민(緡)으로 하고, 3년을 기한으로 삼아 바꾸도록 하였다. 이렇게 하여 65년은 22계(界)가 되는데, 이를 일러 교자(交子)라고 하였다. 부민(富民) 16호에게 이를 주관하게 하였고, 이후 부민의 자산이 차츰 쇠퇴해져 그 부담을 보상할 수 없어 쟁송이 자주 일어나게 되었다.

> 眞宗時, 張詠鎭蜀, 患蜀人鐵錢重不便貿易, 設質劑之法, 一交一緡以三年爲一界而換之, 六十五年爲二十二界, 謂之"交子". 富民十六戶主之, 其後富民人貲稍衰, 不能償所負, 爭訟數起.

구감(寇瑊)⁵이 촉(蜀)의 지방관으로 있을 때, 교자의 금지를 청하였다. 전운사(轉運使) 설전(薛田)과 장약곡(張若穀)은 교자를 폐지하면 오히려 교역하는 데 불편하다고 주장하며, 관청에서 담당 관원을 두고 백성들의 사사로운 제조를 금할 것을 청하였다. 황제가 이들의 요청을 받아들여 익주(益州)에 교자무(交子務)를 설치하였다.

---

4 질제(質劑): 무역(貿易)·매매(賣買) 등에 사용하던 계권(契券), 곧 어음의 일종이다. 대시(大市)에 있어서는 질(質)을 사용하고, 소시(小市)에 있어서는 제(劑)를 사용하였는데, 대시는 인민(人民)·우마(牛馬) 등속이고, 소시는 병기(兵器)나 진이(珍異)한 물건을 말한다. 질은 장권(長券)이고, 제는 단권(短券)이다.

5 구감(寇瑊): 북송 시대 여주(汝州) 임여(臨汝) 출신으로, 자는 차공(次公)이다. 사천 지방에서 사용되던 지폐인 교자의 태환 가치가 문란해져 송사가 빈번함에 따라, 당시 익주(益州: 지금의 성도) 지주(知州)였던 그는 진종 천희(天禧) 4년(1020) 교자 사용을 금지하고 교자포(交子鋪)를 봉쇄하는 조치를 내렸다.

寇瑊守蜀, 乞禁交子. 轉運使薛田·張若穀議廢交子則貿易不便, 請官爲置務, 禁民私造, 詔從其請, 置益州交子務.

여조겸(呂祖謙)[6]이 말하였다.

"익주에 교자무(交子務)를 설치한 것은 일시 폐단을 부분적으로 구제하는 조치였지, 또한 전포(錢布)를 오래도록 시행할 수 있는 제도가 아니었다. 교자를 촉 지방에서 시행하는 것은 가능한 일이지만, 다른 곳에서는 그 이해가 크게 같지 않았으니, 그 이유는 무엇인가? 촉 지방에서는 철전을 사용하여 멀리 갈 때에는 재물을 지니고 가는 것이 불편했기 때문에, 교자법이 백성들 스스로의 행위에서 나왔고, 이를 관청에 맡긴 것이었으므로 시행될 수 있었다. 지금은 동전이 조금 가벼워 길을 떠날 때 지니고 갈 수 없는 것이 아니기 때문에, 종이화폐를 시행하고자 하여도 동전이 오히려 편리하고 종이어음이 불편하였다. 옛날에 편리했던 것이 지금은 불편한 것이다."

呂祖謙曰: "益州置交子, 此一時擧偏救弊之政, 亦非錢布經久可行之制. 交子行於蜀則可, 於他利害大段不同, 何故? 蜀用鐵錢, 行旅齎持不便, 交子之法出於民之所自爲, 托之於官, 所以可行. 今則銅錢稍輕, 行旅非不可以挾持, 欲行楮幣, 銅錢卻便·楮券不便, 昔者之便, 今日之不便."

6　여조겸(呂祖謙, 1137~1181):《대학연의보》권22 주) 31 참조.

신은 이렇게 생각합니다. 옛날부터 화폐는 모두 금이나 구리로 만들고 그 밖에 다른 것을 사용한 적이 없었고, 닥나무 종이를 화폐로 삼은 것은 이것에서부터 시작되었습니다. 또 닥나무 종이로 화폐를 만든 것은 한나라에서 시작되었고 삼대 이래로는 없었던 것입니다. 처음에 목간과 죽책을 대신하여 종이에 글자를 썼는데, 당나라 왕여(王璵)[7]는 이를 사용하여 가짜 돈으로 삼아 이를 태워 신(神)을 섬겼습니다. 아! 이때에 이르러 실제로 종이로 동전을 대신 사용함으로써, 이를 화폐로 삼게 될 줄을 누가 알았겠습니까? 그러므로 용(俑)을 만든[8] 자는 구감(寇瑊)이고, 이를 완성한 자는 설전(薛田)과 장약곡(張若穀)입니다. 쓸모가 없는 것을 쓸모가 있는 물건과 바꾸어, 마침내 채륜(蔡倫)의 지혜와 태공의 환법을 아울러 천하와 후세에 시행하게 하였으니, 아! 탄식할 만합니다.

臣按: 自古之幣皆以金若銅, 未有用他物者, 用楮爲幣始於此. 且楮之造始於漢, 三代以來未有也, 其初用之以代木簡竹冊以書字, 唐王璵乃用爲假錢焚以事神, 噫, 孰知至是眞以代銅錢, 而爲行使之幣哉? 作俑者寇瑊而成之者薛田·張若穀, 以無用之物易有用之物, 遂使蔡倫之智

---

7 왕여(王璵, ?~768): 당나라 망족(望族)으로, 낭야(琅邪) 임기(臨沂) 출신이다. 측천무후 때 재상을 지냈다. 당 숙종 때 재상과 포주(浦州) 자사(刺史)를 겸하고, 이후에는 중서시랑을 거쳐 동중서문하평장사를 역임하였다.

8 용(俑)을 만든: 안 좋은 전례를 만들었다는 뜻이다. 용(俑)은 장례에 쓰는 나무로 만든 사람 모양의 허수아비를 말한다. 《맹자》〈양혜왕 상(梁惠王上)〉에 "중니께서 말씀하시기를 '처음으로 용을 만든 자는 아마 후손이 없을 것이다.' 하였으니, 이는 사람을 형상하여 장례에 사용하였기 때문이다." 하였다.

> 與太公之法並行於天下後世, 噫, 可歎也哉!

송나라 인종 천성(天聖, 1023~1031) 연간, 교자의 계(界)는 125만 6천 340민(緡)을 액수로 삼았고, 신종(神宗, 1068~1085) 때 이르러 교자무(交子務)를 전인무(錢引務)로 바꾸었다.

> 天聖中, 界以百二十五萬六千三百四十緡爲額, 至神宗時改交子務爲錢引務.

신은 이렇게 생각합니다. 교자는 3년마다 한 번씩 바꾸는데, 이를 '계(界)'라고 합니다. 다시 바꿀 때는 신구 교자를 서로 바뀌고 상하가 연관되어 수고와 소란을 면치 못했습니다. 우리 명나라의 초법(鈔法)은 일정하여 바꾸지 않으니, 편리하다고 할 수 있습니다.

> 臣按: 交子每三年一換謂之界, 更換之際, 新舊相易, 上下相關, 不免勞擾, 我朝鈔法一定而不更, 可謂便矣.

송나라 신종 때, 피공필(皮公弼)[9]이 말하기를, "교자법은 사방 길이가 한

---

9   피공필(皮公弼, ?~1079): 송나라 하남 출신으로, 자는 헌신(憲臣)이다. 송 영종 때 사섬서전운

치인 종이로 된 비전으로 멀리 보낼 수 있지만, 전으로 쌓아 두고 밑천으로 삼을 수 없고, 또한 어음처럼 공문(空文)으로 유통할 수도 없습니다."라고 하였다.

> 神宗朝, 皮公弼言: "交子之法, 以方寸之紙飛錢致遠, 然不積錢以爲本, 亦不能以空文行."

신은 이렇게 생각합니다. 송나라의 교자와 회자(會子)는 모두 관전(官錢)을 근본으로 삼았는데, 금나라와 원나라의 초(鈔)에 이르러 원료를 백성으로부터 취하기 시작하였고, 다시 전(錢)을 근본으로 삼지 않게 되었습니다.

> 臣按: 宋朝交會皆是用官錢爲本, 至金·元之鈔始取料於民, 不復以錢爲本矣.

남송 고종 소흥(紹興) 31년(1161), 호부시랑 전단례(錢端禮)[10]가 황명을 받아 회자(會子)를 만들어 내외에 유통시키는 한편, 관전을 발행하는 데 합당한 것은 회자와 태환할 수 있도록 허용하고 이를 좌장고(左藏庫)에 수송

사, 강회(江淮) 발운사, 영흥군로(永興軍路) 발운사 등을 지냈다.

10 전단례(錢端禮, 1109~1177): 남송사람으로 임안(臨安) 출신이다. 자는 허화(處和)이다. 특히 그는 남송 고종 소흥31년(1161)에 호부시랑 겸 추밀도승지를 맡으면서 지폐발행 기구인 '행재화자무(行在會子務)'를 설치하여 회자 3종을 발행하였다.

하였다.

신은 이렇게 생각합니다. 송나라의 교자는 이때 이르러 회자로 이름을 바꾸었는데, 이것만이 아니고 또 전인(錢引), 관자(關子), 또는 '관회(關會)'라고 부르기도 하였지만, 실제로 모두 한가지였습니다. 당나라의 비전을 고찰해 보면, 합권은 특별히 상인들 중에 물자를 많이 교역하는 사람들이 유통하였습니다. 대개 어음을 가지고 전(錢)을 받은 것이지, 어음 자체를 전으로 삼은 것이 아닙니다. 송나라는 진종(眞宗) 이후부터 촉 지방에서 교자를 사용하기 시작하였고, 고종 이후에는 동남 지방에서 회자를 사용하기 시작하였는데, 처음 바로 종이를 전으로 삼았던 것입니다.

臣按: 宋朝交子至是更名會子, 不特此也, 又謂之錢引, 又謂之關子, 又謂之關會, 其實一而已矣. 考夫唐之飛錢, 合券特以通商賈之厚齎貿易者, 蓋執券以取錢, 而非以券爲錢也. 宋自眞宗以後蜀始有交子, 高宗以後東南始有會子, 而始直以紙爲錢矣.

남송 고종(高宗, 재위1127~1162)이 교자의 폐단에 대해 논하기를, "심해(沈該)의 칭제(稱提) 설[11] 같은 경우에는 관청에 늘 백만 민(緡)을 보유하였고, 교자의 가치가 낮아지게 되면 자체로 이를 사들였으니, 곧 폐단이 없었다."라고 하였다.

대전(戴埴)이 말하였다.

"전(錢)과 종이화폐는 물가를 조정하고 측정하는 것이어서, 경중이 있으면 낮아지거나 올라가게 마련이어서 조금도 힘이 들지 않는다. 대개 전과 종이화폐는 모두 본래 무용하나 유용한 물자로 바꾸니 사람들이 이를 사용한다. 만일 옛날처럼 이른바 곡식으로 기계와 바꾸고, 기계로 곡식과 바꿈으로써, 유무를 서로 바꿀 수 있게 한다면 어찌 전(錢)에 의지할 필요가 있겠는가. 또한 옛날처럼 토지 1백 무를 경작하여 해마다 1,500 종류를 쓸 수 있고 크고 작은 곡식이 풍족하다면, 어찌 종이화폐에 의지할 필요가 있겠는가.

물자가 풍부하게 유통되기 어렵게 되고부터 환법을 빌려 물자를 돌게 하였기 때문에 전(錢)을 평준(平準)이라고 하였다. 그래서 어떠한 전이 있으면 반드시 이에 해당되는 물자가 있은 뒤에 고르게 할 수 있

---

11 심해(沈該)의 칭제(稱提) 설: 심해는 남송 호주(湖州) 오흥(吳興: 지금의 절강 호주) 출신이다. 자는 수약(守約)이다. 고종 소흥(紹興) 연간에 예부시랑, 참지정사(參知政事) 등을 역임하였다. 저서로 《역소전(易小傳)》이 있다. 칭제는 불교에서 사람이 죽으면 염라대왕이 사자(死者)의 생전 행적을 평가하는 것을 말한다. 여기서는 지폐인 교자가 물가를 측정하고 평가하는 기능을 하고 있음을 뜻한다.

는 것이다. 전이 많아 쉽게 얻을 수 있으면 물자는 귀해지고 가격이 오른다. 이것이 한나라와 당나라 이후의 의논이다.

상인들이 반설(般挈)을 꺼리고부터 이에 교자의 태환을 이롭게 여겼다. 그러므로 종이화폐를 말할 때면 칭제라고 하였다. 지금 종이화폐가 있으면 반드시 전이 있어서 저울질하는 것이다. 종이화폐가 많아 쉽게 얻을 수 있으면 금전(金錢)이 귀중하다고 했는데, 이는 송나라 소흥 연간 이후의 의견이다. 평준과 칭제는 모두 저울에서 의미를 따온 것이기 때문에 올라가고 내려가는 것은 경중에 달렸음이 분명하다.

육지(陸贄)[12]는 "전이 많으면 가벼워지니 반드시 법을 만들어 거두어야 한다."라고 하였고, 조개(趙開)는 "종이화폐가 많으면 가벼워지니, 반드시 전을 사용하여 이를 거둬들여야 한다."라고 말하였다. 오늘날의 병폐는 종이화폐가 많은 데 있지, 전(錢)이 적은 데 있지 않다. 만약 전과 종이화폐가 모두 많게 하려고 하면 물자는 더욱 무거워질 것이다.

또 종이화폐가 아직 없었을 때는 모든 물자가 흔했는데, 종이화폐가 많아질수록 물자도 더욱 귀해져, 실제 전으로 계산하면 오히려 두 배 증가하였다. 대개 옛날에는 있는 물건과 없는 물건을 교역하는 수단은 전에 그쳤으므로, 전을 구하기 어려우면 물자로 전을 사서 전의 가치가 무겁게 되었고, 전을 구하기 쉬우면 전으로 물자를 사서 전의 가치가 가볍게 되었다.

종이화폐를 다시 첨가하여 전(錢)을 보조하게 하였으니, 교역을 위해 사용하는 수단이 많아질수록 물자의 가치는 더욱 귀해진다. 옛날

---

12 육지(陸贄, 754~805): 《대학연의보》 권21 주) 15 참조.

사람들은 오직 근본을 중하게 하는 정치를 펴서, 곡식과 뽕, 삼베 및 여러 식용(食用) 물자가 근본이었고, 돈은 말단이었으며, 종이화폐는 말단 중의 말단이었다. 유종원(柳宗元)[13]이 평형(平衡)에 대해 말하기를, "수[銖: 1/24량(兩)]와 량(兩)의 저울추를 늘이면 저울이 숙이고, 반대로 하면 저울이 올라가게 된다."라고 말하였으니, 이것이 칭제(稱提)의 큰 방법이다."

戴壎曰: "錢與楮猶權衡也, 有輕重則有低昂, 分毫之力不與焉. 蓋錢與楮皆本無用, 可以貿有用之物則人用之, 使如古所謂粟易械器·械器易粟, 有無可以相易, 則何資於錢? 如古所謂治田百畝, 歲用千五百之類, 小大粗足, 則何資於楮? 自物貨難於阜通, 於是假圜法以流轉, 故言錢則曰平準, 所以見有是錢必有是物, 而後可準平也, 錢多易得, 則物價貴踴, 此漢唐以後議論也. 自商賈憚於般挈, 於是利交子之兌換, 故言楮則曰稱提, 所以見有是楮必有是錢以稱提之也, 楮多易得, 則金錢貴重, 此宋紹興以後議論也. 平準·稱提皆以權衡取義, 而低昂有在於重輕明矣. 陸贄謂錢多則輕, 必作法以斂之; 趙開謂楮多則輕, 必用錢以收之. 今日病在楮多不在錢少, 如欲錢與楮俱多, 則物益重矣, 且未有楮之時, 諸物皆賤, 楮愈多則物愈貴, 計以實錢猶增一倍. 蓋古貿通有無止錢耳, 錢難得則以物售錢而錢重, 錢易得則以錢售物而錢輕, 復添

13 유종원(柳宗元, 773~819): 당나라 문학가이자 철학가로 당송팔대가의 한 사람이다. 하동(河東: 지금의 산서 운성 영제 일대) 출신으로, 자는 자후(子厚)이고, 하동선생(河東先生)으로 불렸다. 저서로 《하동선생집(河東先生集)》이 있고, 대표적인 시로는 〈계거(溪居)〉, 〈강설(江雪)〉, 〈어옹(漁翁)〉 등을 비롯하여 600여 수의 시를 남겼다.

楮以佐錢, 則爲貿通之用者, 愈多而物愈貴. 古人惟重本政, 穀粟·桑麻
及諸食用物本也, 錢末也, 楮又末之末. 柳宗元言平衡曰: '增之銖兩則
俯, 反是則仰', 此稱提大術也."

신은 이렇게 생각합니다. 칭제(稱提)의 설은 이른바 평준과 같은 것
입니다. 평준은 화폐를 통해 재화 가치의 낮고 높음을 저울질하는 것
이며, 칭제는 전(錢)으로 저화의 유통과 막힘을 저울질하는 것입니다.
오늘날 초법이 우연히 시행되지 않더라도 또한 이 칭제의 법을 준용
할 수 있으니, 내탕고에 있는 전을 꺼내어 물자를 거둬들이면 유통될
것입니다.

臣按: 稱提之說猶所謂平準也, 平準以幣權貨之低昂, 而稱提則以錢權
楮之通塞. 今世鈔法遇有不行, 亦可準此稱提之法, 出內帑錢以收之則
流行矣.

남송 고종 소흥(1131~1162) 말년, 회자(會子)가 시행되었는데, 양회(兩淮)
와 호광(湖廣) 구분이 아직 없었다. 효종 건도(乾道, 1165~1173) 초, 호부시랑
임안택(林安宅)[14]이 회자의 인쇄본을 회남주(淮南州) 군행사(軍行使)에 별도로

---

14 임안택(林安宅, 1097~1179): 남송 사람으로 자는 거인(居仁), 호는 우암(寓庵)이다. 고종 소흥
32년(1162) 호부좌낭중(戶部左郎中)을 거쳐 효종 건도(乾道) 2년(1166)에는 동지추밀원사(同知

지급하되, 다른 로(路)로까지 경계를 넘지 않도록 할 것을 청하였다.

> 紹興末年, 會子行未有兩淮·湖廣之分, 乾道初, 戶部侍郞林安宅乞別給會
> 子印付淮南州軍行使, 不得越至他路.

마단림(馬端臨)이 말하였다.

"회자(會子)를 처음 설치한 취지는 바로 회자를 전(錢)으로 삼고자 했던 것이 아니라, 차와 소금(茶鹽), 초인(鈔引)[15] 등에 속하는 것으로 간주하여【오늘날 중염(中鹽)[16]에서 창초(倉鈔)[17]가 있는 것과 같다.】일시적으로 전을 대신할 뿐이었다. 그렇지만 초인은 그 가치가 무거웠고 회자는 1관에 그쳤고, 아래로는 3백, 2백 초인에 이르렀다. 단지 상인들에게 이를 근거로 차나 소금을 지급받을 수 있게 하되, 반드시 로(路)에 따라 나누어 지급받도록 하였다. 회자는 공사 매매에서 지급할 때 어디에서나 사용하지 않는 곳이 없었을 뿐만 아니라, 또 1관부터 200초인까지 제조하였으니, 이는 현금을 대신한 것이 분명하다.

하물며 한 자의 종이화폐로 몇 근의 구리를 대신하면, 이를 지니고

樞密院事) 겸 추참지정사(樞參知政事)를 역임하였다.

15 초인(鈔引): 송나라 때 사용된 지폐의 일종으로, 특히 차나 소금을 관에서 지급받을 수 있는 증빙지폐로, 오늘날의 어음과 같은 것이다.

16 중염(中鹽): 상인들을 불러 모아 경사나 변방지역에 곡물을 공급하게 하는 대신에 전매인 소금을 살 수 있는 어음증서인 초인(鈔引)을 지급하는 방법을 말한다. 이후 명나라에서는 이를 개중법(開中法)이라 하였다.

17 창초(倉鈔): 상인들을 불러 모아 특정 지역에 곡물을 공급하게 하는 대신에, 전매하는 장소에서 소금을 지급받아 각지에서 이를 판매할 수 있는 어음증서를 말한다.

다니는 것은 가볍지만 쓰임은 무겁기 때문에, 비록 천 리나 되는 먼 거리에 액수가 수만 민(緡)에 달할지라도 한 사람의 힘으로 하루면 다 다를 수 있으니, 하필 사천은 사천에서, 회수는 회수에서, 호수는 호수에서 거래하게 하여 후에 초인을 폐지하기도 하고 혹 사용하기도 하면서 명령을 거듭 뒤집어 백성들이 듣고 의심하게 하겠는가."

馬端臨曰: "置會子之初意非卽以會爲錢, 蓋以茶鹽鈔引之屬視之【今中鹽猶有倉鈔】而暫以權錢耳. 然鈔引則所直者重, 而會子則止於一貫, 下至三百‧二百鈔引. 只令商人憑以取茶鹽, 必須分路, 會子則公私買賣支給無往而不用, 且自一貫造至二百, 則是明以代見錢矣. 又況以尺楮而代數斤之銅, 齎輕用重, 千里之遠‧數萬之緡, 一夫之力克日可到, 則何必川自川‧淮自淮‧湖自湖, 而使後來或廢或用, 號令反覆, 民聽疑惑哉?"

신은 이렇게 생각합니다. 송나라의 회자가 시작된 것은 천인(川引: 사천에서 사용된 초인)이었습니다. 그 뒤 회회(淮會: 회서와 회동에서 사용된 회자)와 호회(湖會: 호북과 호남에서 사용된 회자) 등이 있었습니다. 오호! 교자와 회자를 만들어, 허(虛)로 실(實)을 바꾸고 가짜로 진짜 물건을 교역하니, 진실로 성인(聖人)이 천하를 지극정성으로 다스리는 뜻이 아닙니다. 하물며 또한 그 지역에 구애되어 사용을 제한하고, 오직 내가 쓰기에 풍족하기를 바랄 뿐, 다시는 의로움의 여부, 백성의 유무를 돌아보지 않았으니, 삼대 이전에는 이런 일이 없었습니다.

금나라는 송나라 사천의 교자법을 따라 교초(交鈔)[18]를 발행하였고, 1관(貫)에서 10관까지 다섯 등급으로 나누어 이를 대초(大鈔)라고 하였고, 100냥에서 700냥까지 다섯 등급을 소초(小鈔)라 하였는데, 7년을 기한으로 삼아 옛날 교초를 거두고 새로운 교초로 바꾸었다. 그 뒤 7년마다 바꾸는 기한을 없애고, 글자가 닳아 희미하면 바로 교환해 주도록 하였다. 【교초의 모양은 밖으로는 테를 두르고 그 위에 꽃문양을 그리고 몇 관(貫)인지를 쓴다. 예대로 왼쪽에는 번호를, 오른쪽에는 재료를 쓰며, 그 밖에 전서(篆書)로 "위조하는 자는 참하고 이를 고발하는 자에게는 상을 준다"고 썼다. 테두리 아래에는 중도교초고(中都交鈔庫)는 상서와 호부는 문서 및 전을 수납하고 초(鈔)로 교환해 주거나 초를 받고 전으로 교환하는 것 등을 담당하는 관청에 준한다고 쓴다. 사방의 둘레에 용과 학을 그려 장식한다.】

金循宋四川交子法, 置交鈔, 自一貫至十貫五等謂之大鈔, 自一百至七百五等謂之小鈔, 以七年爲限, 納舊易新. 其後罷七年釐革之限, 字有昏者方換

---

18 교초(交鈔): 금나라와 원나라에서 발행한 지폐로, 이는 송나라의 교자와 회자를 모방한 것이다. 금나라 해릉왕(海陵王, 1149~1161) 때 처음 발행한 교초는 처음에는 염인(鹽引)처럼 사용되다가, 이후에는 태환이 가능한 화폐로 사용되었다.

之【交鈔之制, 外爲闌, 作花紋其上, 衡書貫, 例左書號·右書料, 其外篆書曰"僞造者斬, 告捕者賞", 衡闌下書中都交鈔庫準尙書·戶部文移及納錢換鈔·納鈔換錢等官司, 四圍畫龍鶴爲飾】.

신은 이렇게 생각합니다. 종이화폐를 당나라에서는 권(券: 어음)이라고 하고, 송나라에서는 이를 교자(交子)·회자(會子)라 하였지만, 초(鈔)라는 명칭은 여기에서 시작되었고 오늘날 초의 모양은 대개 여기서 시작되었다고 합니다. 송나라의 교자와 회자를 살펴보면, 남쪽으로 건너간 뒤에는 종이를 휘주와 지주 등지에서 거두었고 여전히 특별히 쓰는 종이로 만들어 그 위에 문양을 인쇄하고 글자를 써넣었습니다. 금나라와 원나라의 초는 뽕나무껍질로 초를 만들고 글자와 문양을 인쇄해 넣었습니다.

臣按: 楮幣在唐謂之券, 在宋謂之交·會, 而鈔之名則始於此, 今世鈔式蓋權輿於茲云. 考宋之交·會, 南渡後取紙於徽池, 猶是別用紙爲之, 而印文書字於其上, 金元之鈔則是以桑皮就造爲鈔而印以字紋也.

원나라 세조(1260~1294)는 교초(交鈔)를 만들기 시작하였는데, 이때 생사를 본위로 삼아 매 은 50냥으로 사초(絲鈔) 1천 냥을 교환하게 함으로써, 여러 물자의 가치는 모두 생사(生絲)의 예에 따르도록 하였다. 그 이후에는 또 다시 중통원보초(中通元寶鈔)를 만들어 10계(界)인 것은 4등급으로, 100계인 것은 3등급으로 하고, 관(貫)으로 계를 삼은 것은 2등급으로 하였다. 이때 1관은 교초 1냥과 같게 하고 2관은 백은 1냥과 같은 것으로 하였다. 그런데 중통원보 교초가 시행된 지 이미 오래되자, 물자의 가치는 무겁게 되고 초의 가치는 가볍게 되었다.

> 元世祖始造交鈔, 以絲爲本, 每銀五十兩易絲鈔一千兩, 諸物之直並從絲例. 其後又造中統元寶鈔, 以十計者四等·以百計者三等·以貫計者二等, 每一貫同交鈔一兩, 兩貫同白銀一兩. 元寶交鈔行之旣久, 物重鈔輕.

신은 이렇게 생각합니다. 원나라의 교초(交鈔) 제도에서는 은 50냥으로 초 천 냥을 바꿀 수 있었는데, 이는 은 1냥이 초 20냥의 가치인 셈입니다. 중통원보초(中統元寶鈔) 2관은 백은 1냥과 같아서, 은에 해당되는 그 가치 또한 (이에 해당하는) 교초(20냥)와 같습니다.

> 臣按: 元交鈔之制, 銀五十兩易鈔千兩, 是銀一兩直鈔二十兩也, 中統元寶鈔兩貫同白銀一兩, 其所直銀亦與交鈔同焉.

원나라 순제 지정 10년(1350), 조서에서, "세조가 반포하여 시행한 중통교초(中統交鈔)는 전(錢)을 문(文)으로 하였고, 그 뒤 지원보초(至元寶鈔)를 만들어 1:5의 비율로 삼아, '모(母)화폐와 자(子)화폐가 서로 알맞다'고 했지만 실제로 전은 사용되지 않았다. 세월이 점점 오래 흐르자 초법이 치우치고 기능을 잃어 물가는 비등하고 백성들의 용도는 부족해졌다. 이에 중통교초 1관문을 동전 1천문으로 낮추어 평가하고, 지원보초 1관을 기준으로 삼는다. 이어 지정통보전(至正通寶錢)을 주조하여 역대의 동전과 함께 사용하도록 함으로써 초법을 실질화하겠다."라고 하였다. 지정 11년 (1351), 또 지정통보전을 주조하고, 교초를 인쇄하여 민간에 통용하도록 하였다. 시행한 지 얼마 되지 않아서 물가가 폭등하여 가격이 10배를 넘자 이윽고 해내가 크게 어지러워졌다. 경사에서는 요초 10정(錠)으로 한 말의 곡식조차도 바꿀 수 없게 되었다.

> 至正十年, 詔曰: "世祖頒行中統交鈔, 以錢爲文, 厥後造至元寶鈔, 以一當五, 名曰子母相權, 而錢實未用. 歷歲滋久, 鈔法偏虛, 物價騰踊, 民用匱乏, 其以中統·交鈔一貫文省權銅錢一千文, 準至元寶鈔一貫, 仍鑄至正通寶錢與歷代銅錢並用, 以實鈔法." 十一年又鑄至正通寶錢, 印造交鈔, 令民間通用. 行之未久, 物價騰踊, 價逾十倍, 旣而海內大亂, 京師料鈔十錠易斗粟不可得.

신은 이렇게 생각합니다. 하늘이 사물을 낳아 백성을 기르고 이권을 군주에게 맡겨, 그 경중을 평가하여 천하의 백성을 편리하게 하려는 것이지, 이권을 한 사람에 대한 사사로운 봉양으로 삼으려는 것이 아닙니다. 군주가 사물의 경중을 평가하지 못하여 물자가 치우치거나 폐기된다면, 진실로 하늘이 군주에게 부여한 뜻을 이미 잃어버린 것입니다. 하물며 음모나 몰래 빼앗는 술수를 써서, 쓸데없는 물건을 가지고 유용한 재물을 얻어 사사로운 이익으로 삼아서야 되겠습니까. 전혀 하늘의 뜻이 아닙니다.

송나라 사람들이 교자와 회자를 만든 뒤 금나라와 원나라는 이어 초(鈔)를 만들었습니다. 이른바 초란 사용하는 가치가 3~5전에 불과하지만, 이를 사람들에게 팔 때는 1천 전(錢)에 해당하는 물건이었습니다. 오호! 세상의 물자는 비록 천지로부터 생겨난다고 하지만, 모두 반드시 사람의 힘에 의지한 후에야 비로소 그 용도를 이룰 수 있습니다. 그 물체는 대소(大小)와 정밀하고 거친 것이 있고, 그 공력(功力)은 낮고 깊음이 있으며, 그 가치에도 다소(多少)의 차이가 있어서, 그 가치가 1천 전에 이르는 것도 있습니다. 그 물체가 크지 않으면 정교한 것으로, 이는 반드시 하루의 노력으로 만들어진 것이 결코 아닙니다. 사방 한 자인 종이화폐로 그 가치를 3~5전으로 계산하여 판다면, 되겠습니까, 안 되겠습니까.

아래에 있는 백성이 계책을 내어 다른 사람에게 이렇게 취하는 것을 군주가 이를 금지하지 못하는 것도 진실로 이미 윗사람의 직분을 잃은 것입니다. 하물며 윗사람이 스스로 그런 짓을 한다는 말입니까. 백성은 처음에 속임을 당하지만, 이어서 그 위엄을 두려워하여 부득이 애써 따르는 것이니, 시행한 지 이미 오래 지나면 하늘이 정하고 백성이 이겨서 마침내 시행할 수 없습니다. 1천 전의 이윤을 얻을 수 없을 뿐만 아니라, 아울러 소비한 3~5전의 본전조차 잃게 됩니다. 장차 이로 인해 인심을 잃게 되고 국용(國用)도 줄어들게 됨으로써, 원나라 사람들처럼 나라가 어지러워져 멸망하는 화를 초래할 것이니, 귀감으로 삼아야 합니다.

그렇다면 초법은 결국 시행할 수 없는 것입니까? 어찌 시행할 수 없겠습니까? 다만 시행할 수 있는 것과 시행할 수 없는 것의 이 두 끝을 잡으면 시행할 수 있습니다. 어째서겠습니까? 상고(上古) 시대에는 주옥을 상폐(上幣)로 삼고 황금을 중폐(中幣), 도포(刀布)를 하폐(下幣)로 삼았습니다. 중고(中古) 시대에는 주나라에서 환법(圜法)을 세워 역시 황금과 포백(布帛) 두 가지를 겸하여 말하였습니다. 비록 왕망 시절에도 금은과 거북 등껍질, 전포(錢布) 등의 종류가 있었지만, 후세에는 구리와 닥나무 두 가지만 화폐로 삼고 금은을 기준으로 삼지 않았습니다. 그래서 사용하는 자는 권한이 없었고 오랫동안 시행하여 폐단이 없을 수 없었습니다.그러므로 이를 입법한 초기에는 일찍이 좋지 않은 것이 없었지만, 모두 좋지 않게 끝나게 된 것은 예나 지금이나 한결같았습니다.

우리나라에서 동전과 보초를 제조하고 겸하여 시행하면서 지금까지 백 년인데 아직 고치지 않았습니다. 그렇지만 시행한 지 이미 오래되어 의외의 폐단이 생기고 있습니다. 전(錢)의 폐단은 위조에 있고, 초의 폐단은 통화량이 많은 데 있습니다. 위조전을 개혁하는 방책은 신이 이미 앞에서 설명한 바 있거니와, 초법을 유통하게 하는 방도에 대해서는, 신이 청하건대, 옛날 세 등급 화폐에 대한 법제를 살펴서, 은을 상폐(上幣), 초를 중폐(中幣), 전을 하폐(下幣)로 삼되, 중·하 두 화폐를 공적으로나 사적으로 통용하는 수단으로 삼고, 한결같이 상폐를 기준으로 삼아 가치를 평가하도록 하십시오.

대개 국초 이래로 은을 금지하였으니, 이는 아마도 전(錢)과 초(鈔)의 사용을 방해할까 염려한 것이지만, 전을 사용한 것은 복건이나 광동을 벗어나지 못했습니다. 선덕(宣德, 1426~1435)·정통(正統, 1436~1449) 이후에야 전이 서북 지방에 처음 사용되기 시작하였고, 천순(天順, 1457~1464)·성화(成化, 1465~1487) 이래 초의 사용은 더욱 미미하였습니다. 반드시 보초(寶鈔)의 속강(屬鏹) 형태로 만들려고 하면, 1관마다 전 1천 문, 은 1냥에 준하여 다시 처음 제조했던 구 화폐를 제조하였으며, 엄격한 형벌을 사용하지 않고는 할 수 없었습니다. 그러나 엄격한 형벌은 성스러운 시대에 있어서는 안 됩니다. 법으로 백성을 다스리는 형세는 한때 시행할 수 있지만, 도리로 백성의 마음을 승복시켜 오래도록 시행하는 것만 못합니다.

대개 하늘의 이치에 근본을 두고 사물의 의로움을 제어하여 백성의 이익으로 삼고, 때에 따라 법제를 세우고 때에 따라 중도에 처하는 것이 성현(聖賢)이 일을 제어하는 권한입니다. 생각건대, 오늘날 화폐를 제조하여 쓰는 법은 은과 전초를 서로 조절하여 시행하는 것만 한 것이 없습니다. 은 매 1푼으로 전 10문을 바꿔 주고, 새롭게 제조한 초(鈔)는 1관마다 전 10문을 바꿔 줍니다. 4각(角)이 완전하고 아직 중간이 부러지지 않은 것은 1관마다 전 5문을 바꿔 주고, 중간이 부러진 초는 전 3문, 다 닳아 문드러져 1관이란 글자만 남아 있을 경우는 전 1문으로 바꿔 줍니다. 널리 조서를 내려 천하의 정해진 제도로 삼아 마음대로 하면 가감하는 데 대한 죄를 엄하게 세우십시오.

비록 사물이 생기면 넉넉하고 부족함이 있고, 재화의 가치에 귀천이 있지만, 은과 전초가 교역하는 수량은 일정하여 영원히 바뀌지 않고 백세토록 시행하고 만방에 유통합니다. 이렇게 하면, 관청에서는 상고할 장부가 있어서 돌려쓰는 폐단이 없고, 백성의 마음도 미혹되지 않아 속이는 근심거리가 없게 되어, 밖에 나가서 거래하는 상인이나 시장에 앉아서 장사하는 상인들도 모두 물건을 팔 때 가격에서 손해를 보지 않게 됩니다.

이미 제도를 정한 후에는 전이 많으면 초(鈔)를 방출하여 전을 거둬들이고, 초가 많으면 전을 방출하여 초를 거둬들입니다. 은의 사용은

10냥 이상이 아니면 금하여 교역을 허락하지 않습니다. 은의 색깔은 불로 시험하여 흰색을 기준으로 삼고, 보초와 동전은 상하로 두루 사용하게 하되, 한결같이 은으로 가치를 평가하면 나라를 풍족하게 하고 백성을 편리하게 하는 법에 아마도 가까울 것입니다.

신의 어리석은 사견은 이와 같습니다. 대개 시행할 수 있거나 시행할 수 없는 두 끝을 통해 헤아려 중용을 취하여 위에서 판단하십시오. 감히 스스로 옳다고 여겨 그때마다 완성된 법을 변경하려는 것이 아니니, 시행할 수 있느냐의 여부는 중론(衆論)에 자문하여 성심(聖心)으로 판단하십시오.

臣按: 天生物以養人, 付利權於人君, 俾權其輕重以便利天下之人, 非用之以爲一人之私奉也. 人君不能權其輕重, 致物貨之偏廢, 固已失上天付畀之意矣, 況設爲陰謀潛奪之術, 以無用之物, 而致有用之財以爲私利哉? 甚非天意矣. 自宋人爲交·會而金·元承之以爲鈔, 所謂鈔者, 所費之直不過三五錢, 而以售人千錢之物. 嗚呼, 世間之物雖生於天地, 然皆必資以人力, 而後能成其用, 其體有大小精粗, 其功力有淺深, 其價有多少, 直而至於千錢, 其體非大則精, 必非一日之功所成也, 乃以方尺之楮直三五錢者而售之, 可不可乎? 下之人有以計取人如是者, 上之人不能禁之, 固已失上之職矣, 況上之人自爲之哉? 民初受其欺, 繼而畏其威, 不得已而黽勉從之, 行之旣久, 天定人勝, 終莫之行, 非徒不得千錢之息, 並與其所費三五錢之本而失之, 且因之以失人心·虧國用而致亂亡之禍如元人者, 可鑒也已. 然則鈔法終不可行哉? 曰何不可行, 執其可行不可行之兩端而用其中, 斯可行矣. 何者? 上古之世以珠玉爲上幣·黃金爲中幣·刀布爲下幣, 中古之世周立圜法, 亦兼以黃金·布帛二者爲言, 雖以王莽亦作金銀·龜貝·錢布之品, 後世專用銅楮二者爲幣, 而不準以金銀, 是以用之者無權, 而行之旣久不能以無弊. 故其立法之始未嘗不善, 然皆以不善終之, 古今一律也. 本朝制銅錢·寶鈔相兼行使, 百年於茲, 未之改也, 然行之旣久, 意外弊生, 錢之弊在於僞·鈔之弊在於多. 革僞錢之策, 臣旣陳於前矣, 所以通行鈔法者, 臣請稽古三幣之法, 以銀爲上幣·鈔爲中幣·錢爲下幣, 以中下二幣爲公私通用之具, 而一準上幣以權之焉. 蓋自國初以來有銀禁, 恐其或閡錢鈔也, 而錢之用不出於閩·廣, 宣德·正統以後, 錢始用於西北, 自天順·成化以來, 鈔之用益微矣. 必欲如寶鈔屬鏹之形, 每一貫準錢一千·銀一兩以復初制之舊, 非用嚴刑不可也. 然嚴刑非聖世所宜有, 夫以法治民之形, 可行於一時, 不若以理服民之心, 可施於悠久也. 蓋本天之理, 制事之義, 以爲民之利, 因時立法, 隨時以處中, 聖賢制事之權也. 竊以爲今日制用之法, 莫若以銀與錢鈔相權而行, 每銀一分易錢十文, 新制之鈔每貫易錢十文, 四角完全未中折者每貫易錢五文, 中折者三文, 昏爛而有一貫字者一文, 通詔天下以爲定制, 而嚴立擅自加減之罪. 雖物生有豐歉·貨直有貴賤, 而銀與錢鈔交易之數一定而永不易, 行之百世, 通之萬方. 如此則官籍可稽, 而無那移之弊; 民志不惑, 而無欺紿之患. 商出途·賈居市皆無折閱之虧矣. 旣定制之後, 錢多則出鈔以收錢, 鈔多則出錢以收鈔, 銀之用非十兩以上禁不許以交易, 銀之成色以火試, 白者爲準, 寶鈔·銅錢通行上下, 而一權之以銀, 足國便民之法蓋亦庶幾焉. 臣愚私見如此, 蓋因其可行不可行之兩端, 量度以取中而取裁於上, 非敢自以爲是, 而輕變成法也, 可行與否, 請詢之衆論而斷以聖心.

이상은 구리와 종이화폐(하)이다.

以上銅楮之幣(下)

저자 소개

구준(邱濬, 1420~1495)

중국 명(明)나라의 유학자, 정치가이다. 자는 중심(仲深), 호는 경대(瓊臺). 구준(丘濬)으로도 쓴다. 현재의 하이난성[海南省] 출신이다. 경제(景帝) 경태(景泰) 5년(1454) 과거에 급제하였다. 한림원(翰林院)의 서길사(庶吉士)로 뽑혀 지리지인 《환우통지(寰宇通志)》, 《영종실록》 편찬에 참여하였다. 예부상서를 지냈고 이어 《헌종실록》 편찬에 참여했으며 문연각 대학사(文淵閣大學士)를 역임했다.

남송 시대 성리학자 진덕수(眞德秀, 1178~1235)의 《대학연의(大學衍義)》를 보충해 《대학연의보(大學衍義補)》 160권을 저술하였다. 이 외에도 《세사정강(世史正綱)》, 《가례의절(家禮儀節)》, 《오륜전비충효기(伍倫全備忠孝記)》, 《구문장집(丘文莊集)》, 《경태집(瓊台集)》 등의 저술을 남겼다.

역주자 소개

윤정분(1952~2017)

연세대학교 사학과 졸업. 國立臺灣大學校 歷史學研究所 석사, 연세대학교 대학원 사학과 박사. 덕성여자대학교 사학과 교수를 역임했다.

논저로 《군신, 함께 정치를 논하다》, 《한국 여성사 연구 70년》, 《중국근세 경세사상연구》 등이 있다.

오항녕(吳恒寧)

고려대학교 한국사학과 졸업. 태동고전연구소, 한국사상사연구소, 국가기록원을 거쳐, 현재 전주대학교 사학과(대학원)에 재직 중이다.

저서로 《실록이란 무엇인가》, 《후대가 판단케 하라》, 《호모 히스토리쿠스》, 《광해군, 그 위험한 거울》, 《조선의 힘》, 《기록한다는 것》, 《밀양 인디언》, 《한국 사관제도 성립사》, 《조선초기 성리학과 역사학》 등이 있고, 역서로 《사통(史通)》, 《대학연의(大學衍義)》, 《국역 영종대왕실록청의궤(英宗大王實錄廳儀軌)》, 《문곡집(文谷集)》, 《존재집(存齋集)》 등이 있다. 그 외 논문 50여 편이 있다.